L'ÉPOPÉE TOULOUSAINE

ou

LA GUERRE DES ALBIGEOIS.

TYPOGRAPHIE DE VEUVE DIEULAFOY,
rue des Chapeliers, 13, Toulouse.

L'ÉPOPÉE

TOULOUSAINE

OU

LA GUERRE DES ALBIGEOIS

Poème en 24 Chants, avec des Notes historiques,

PAR M. FLORENTIN DUCOS

Chevalier de la Légion d'Honneur,

DOCTEUR EN DROIT, MAINTENEUR DE L'ACADÉMIE DES JEUX-FLORAUX, MEMBRE DE L'ACADÉMIE DES SCIENCES, INSCRIPTIONS ET BELLES-LETTRES DE TOULOUSE.

Gloriæ Majorum!

TOME I.

TOULOUSE	PARIS
DELBOY, LIBRAIRE	**AMYOT, LIBRAIRE**
rue de la Pomme, 71.	rue de la Paix, 8.

1850

INTRODUCTION.

L'apparition d'une œuvre épique, qui, du moins par ses proportions, rappelle les larges créations homériques, est un événement pour toute littérature. Ce n'est que de loin à loin que l'on voit se développer sur l'horizon poétique un de ces vastes cadres, où viennent se refléter cette vie collective des peuples, avec leurs mœurs, leurs caractères, leurs croyances religieuses; et ces guerres, ces luttes historiques qui changent, ou tout au moins modifient les vieilles nationalités. Un tel ouvrage, pour peu qu'il se recommande par le mérite de l'exécution, est tout à fait digne d'une attention sérieuse.

L'auteur n'a pas pu se dissimuler que l'époque (indépendamment des complications de la politique qui ont singulièrement empiré cette position), était mal choisie pour la publication d'un poème épique, et qu'elle lui offrait peu de chance de succès. Notre siècle, répète-t-on sans cesse, n'est pas favorable à la poésie; l'on a écrit partout et dans tous les styles cette sentence qui semble résumer l'esprit de notre âge : *la poésie s'en va.* Mais comment cette sentence désespérante doit-elle être entendue, en ce qui touche les travaux littéraires ? A-t-on voulu dire que le goût bien déterminé du siècle repousse ces larges conceptions qui élèvent l'homme dans les hautes régions de l'idéal artistique, et ennoblissent sa nature ; en telle sorte que, dominé par un positivisme abject, il ne reste plus en lui d'appétits que pour les intérêts matériels de l'existence ? ou bien a-t-on voulu exprimer que l'art était perdu par l'artiste ; que, dédaigneux des grandes inspirations qui souvent ne procurent que des succès posthumes, le poète escomptant sa gloire, courait après les applaudissements du jour et les avantages pécuniaires qui en sont le résultat ?

Il est possible que cette question soit résolue dans l'un ou dans l'autre sens, suivant la nature des esprits qui chercheront à en donner la solution. Quant à nous, nous sommes portés à croire que la réponse, pour être juste, ne doit pas être exclusive ; que l'on peut accuser de cette dégénérescence tout à la fois et le siècle et l'artiste, et peut-être encore plus l'artiste que le siècle. L'on ne saurait se dissimuler que ces deux termes du problème réagissent constamment l'un sur l'autre. Il est assez naturel que l'artiste étudie le goût du siècle, et que pour arriver au succès, but de ses efforts, il cherche à servir ce goût. Mais, d'un autre côté, le poète a une grande mission à remplir, une mission de civilisation et de haute morale. Il est investi de cette suprême magistrature des esprits qui peut donner la direction aux idées ; et si, au lieu de se laisser entraîner par le siècle, il appelle le siècle à lui ; si, au lieu de se montrer l'adulateur de ses faiblesses et de ses caprices, il le régente et le conduit dans le sentier du bon goût et des saines doctrines, son triomphe sera plus tardif ; mais il deviendra le sauveur de l'art, et il méritera les applaudissements durables de la postérité.

Et qui peut dire, au bout du compte, si le siècle n'est pas calomnié ? N'est-ce pas en effet le poète qui manque au siècle, plutôt que le siècle ne manque au poète ? Cette vérité ne paraît-elle pas démontrée par le succès qu'ont eu les ouvrages de M. de Châteaubriand, et par l'influence incontestable que ce grand écrivain a exercée sur la littérature française ? La plus brillante de ses productions, *les Martyrs*, est un poème, un véritable poème épique en prose. Or, nous le demandons, le succès lui a-t-il fait défaut ? cette œuvre n'a-t-elle pas eu la plus belle destinée et une incroyable fortune ? L'on objectera sans doute que les poèmes épiques de M. Dorion, que le *Philippe-Auguste* de M. Parceval, que l'*Epopée Divine* de M. Soumet n'ont pas eu beaucoup de retentissement. Mais à cela on peut répondre, quant aux premiers, que les sujets, *la Bataille d'Hastings* et *Zénobie, reine de Palmyre*, ont été assez mal choisis, et qu'ils sont dépourvus pour nous de tout intérêt; que d'ailleurs l'ouvrage est d'une grande faiblesse d'exécution pour le style; quant au chantre de *Philippe-Auguste*, que le talent de la versification ne suffit pas pour faire vivre un poème que son auteur a placé dans une température glaciale; et enfin pour ce qui est de l'*Epopée Divine*, qu'il ne s'est pas écoulé encore un assez long espace de temps depuis la publication, pour que cette œuvre soit définitivement jugée; et que d'ailleurs l'étonnante bizarrerie du sujet, et quelquefois les bizarreries d'un style qui cependant étincelle de beautés du premier ordre, pourraient bien expliquer le peu d'empressement des lecteurs. Qu'un ouvrage digne de l'attention du siècle paraisse, et l'on verra si le siècle l'abandonne; alors le siècle pourra être jugé.

Il faut le reconnaître, depuis plus de quarante ans, un tel ouvrage n'a point paru. Toutefois ce n'est point le talent qui manque aux écrivains; ce qui leur manque, c'est peut-être le courage et l'abnégation. Un poème épique de quelque importance est une œuvre d'études, d'application, de patience et de dévouement. Il faut au moins dix ans de travaux assidus pour mettre une œuvre de ce genre en état de soutenir les regards d'un public éclairé. Il faut vivre loin de Paris; à Paris, l'accomplissement d'un poème épique est impossible. Aujourd'hui plus que jamais, le poète est homme du monde. Quel est celui qui, se sentant doué de quelque talent et se croyant appelé à de vrais succès, pourra se résoudre à embrasser le genre de vie qu'impose la composition de cette œuvre immense, où la société entière d'une époque doit revivre? Qui pourra se condamner à mourir au monde et à sa renommée pendant dix ans? à s'occuper pendant dix ans d'un seul travail? à diriger pendant dix ans tous les efforts de son esprit vers le même but? à vivre pendant dix ans dans une seule pensée? et tout cela pour obtenir une palme incertaine, qui ne couronnera que son image, qui ne fleurira que sur son tombeau! Ne faut-il pas un courage surhumain, un dévouement qui n'est pas de notre siècle, pour entrer dans une pareille carrière, et doit-on s'étonner que la tige épique croisse si rarement dans le champ de notre littérature?

Il a fallu que l'auteur de *l'Epopée Toulousaine* habitât une ville de province et pût créer une sorte de solitude autour de lui, pour achever dans dix ans la grande composition qu'il ajoute à la littérature de son pays. Dans une œuvre de ce genre, la versification, travail déjà peu facile par lui-même, est peu de chose, comparée aux difficultés que présentent la conception et la charpente de ce vaste ensemble. La marche de l'action, les personnages, les caractères, les incidents, le merveilleux, sont les parties qui lui donnent la vie, et ce sont les plus difficiles à traiter. A ces difficultés communes à toute épopée, se joignaient pour notre auteur les difficultés particulières à son sujet : difficultés relatives au héros, aux personnages, à la nature des événements et au merveilleux qu'il devait employer. Pour mettre en jeu tous ces ressorts de la machine épique, le poète a dû surmonter une foule d'obstacles qu'il importe de pouvoir apprécier.

§ I. — LE HÉROS.

L'auteur, ayant lu dans l'histoire de sa ville natale des pages riches en souvenirs glorieux, où se dessinaient largement et le courage héroïque qui fait un peuple grand et libre, et quelques-uns de ces personnages qui se relèvent en saillie sur le commun des acteurs, au milieu d'événements pleins d'un haut intérêt dramatique, conçut la pensée d'en consacrer la mémoire. Après y avoir longtemps réfléchi et comparé les divers genres de poésie, il reconnut que le cadre du poème épique était le seul qui pût reproduire avec avantage les personnages et les événements que signale la croisade connue sous le nom de : *la guerre des Albigeois.*

Mais il fallait trouver un héros. Le héros est le principal ressort de la machine épique ; c'est le *caput et fondamentum* du poëme. De même que l'intérêt doit se résumer dans une action, l'action à son tour doit se faire homme et prendre un corps dans le principal personnage, auquel l'intérêt répandu dans les diverses parties de l'œuvre doit constamment aboutir. Mais, où trouver ce héros parmi les acteurs du grand drame de la guerre des Albigeois? quel sera le personnage à qui on pourra imposer ce rôle si élevé ? Sans doute, il en est un qui domine tous les autres par l'intelligence, le courage et les succès du champ de bataille ; il faut le reconnaître, Montfort est le véritable grand homme de la croisade. Mais l'auteur, qui voulait consacrer un monument à la gloire de sa patrie, ne pouvait pas prendre pour son héros celui qui en fut l'oppresseur et l'ennemi le plus cruel. Montfort devait être rejeté.

Il y avait bien dans le roi d'Aragon l'étoffe d'un héros épique. Ce monarque puissant, orné des plus nobles qualités, guerrier, chevalier intrépide, toujours vainqueur jusqu'à la funeste bataille de Muret, offrait un de ces hommes que le poëte était heureux de trouver sous sa main. Mais le roi Pierre était étranger à la plus grande partie des événements, sujet du poëme ; puis, au lieu de faire triompher la cause toulousaine, il est tué au milieu de la guerre des Albigeois. La force des choses l'empêchait d'être le héros de *l'Epopée Toulousaine.*

Il restait à l'auteur le Comte de Toulouse, Raymond VI. Mais, comment prendre pour héros un prince qui n'eut rien d'héroïque, ni le courage, ni la fortune, ni le malheur ; qui manqua par le caractère, qui se perdit par l'indécision, qui ne sut ni servir, ni combattre la croisade ; qui put avoir quelques qualités guerrières, mais qui se laissa misérablement dominer par les événements et par les hommes qu'il aurait dû constamment dominer lui-même ; qui laissa pièce à pièce tomber l'édifice de son pouvoir, et que l'on vit enfin, pénitent soumis à Saint-Gilles, dégrader un front souverain sous la verge flétrissante du légat Milon. Il fallait, ou mentir à l'histoire, ou abandonner encore ce personnage. Or, il était impossible de mentir à l'histoire. L'embarras croissait avec l'étude et la réflexion ; tout semblait conclure à l'impossibilité du poème par absence de héros.

L'auteur a arraché à l'histoire ce que l'histoire s'obstinait à lui refuser. Le fils de Raymond VI, jeune prince arrivé tard sur le théâtre des événements, et par conséquent étranger à la flétrissure et aux tergiversations de son père, doublement intéressant, et par ses malheurs, et par de brillantes qualités, lui parut très propre à remplir le premier rôle. D'ailleurs, le jeune Raymond y avait quelques droits. Entré dans la carrière des combats à l'époque de la restauration du Comte de Toulouse en Provence, il s'était distingué au siége de Beaucaire par un courage et une intelligence au-dessus de son âge. Sa conduite pendant le second siége de Toulouse et jusqu'à la mort de Montfort, le plaça à un rang très élevé parmi les guerriers ; et après que le siége de Toulouse fut levé, il poursuivit vivement Amaury, fils de Montfort, et combattit en héros à la bataille de Baziège. — Le jeune Raymond était donc un chevalier de grand mérite. L'auteur conçut la pensée d'en faire son héros. Mais ici se présentait une double difficulté, résultant de la vérité historique et de l'économie du poème.

D'après la vérité historique, le jeune Raymond ne prit part, ni aux combats de Castelnau-d'Arry, ni à la bataille de Muret. A cette dernière époque, trop jeune encore pour combattre, il assista à ce drame sanglant du haut d'une colline, où l'on l'avait placé hors de toute atteinte. D'après l'économie du poème, l'action commence aux affaires de Castelnau-d'Arry; le poète a dû adopter cette disposition, parce qu'il lui était impossible de rejeter dans le récit, des faits aussi importants que les combats de Castelnau-d'Arry et la bataille de Muret ; il ne pouvait s'empêcher de les mettre en action. Il a donc fallu que le jeune Raymond prît part aux affaires de Castelnau-d'Arry. Pour cela, il a suffi de donner une légère entorse à l'histoire, en le faisant naître quelques années plus tôt. C'est là un genre de licence dont les poètes épiques et dramatiques usent si fréquemment, que notre poète n'a pas dû s'en faire un sérieux scrupule.

Mais voici un autre embarras qui surgit de ce léger anachronisme. Si le jeune Raymond prend une part active aux combats de Castelnau-d'Arry, il doit aussi combattre à la bataille de Muret qui lui est postérieure d'environ deux ans. Or, la bataille de Muret est perdue par le Comte de Toulouse, et le roi d'Aragon y est tué. Ici encore il est impossible de changer l'histoire. Le héros devait remporter la victoire ou périr avec le roi Pierre, ce qui n'était pas praticable, car il faut que la vie du héros dure au moins autant que le poème. D'un autre côté, il serait intolérable que le héros du poème perdît deux batailles de suite. La position était difficile ; l'auteur a imaginé de la tourner. Il a éludé la difficulté, en rendant son héros prisonnier de Montfort au combat de Castelnau-d'Arry. Au moyen de cette captivité et des suites qu'elle amène, le jeune Raymond se trouve écarté du théâtre de la guerre, et il est mis dans l'impuissance de prendre part à la bataille de Muret.

Cette captivité a été fécondée par le poète ; il en a fait la source d'une foule d'épisodes qui embellissent singulièrement son ouvrage. C'est à elle que l'on doit la présence inattendue du jeune Raymond au tournoi de Saragosse, le secret dont il s'entoure, et l'émotion dont il remplit tous les cœurs en se faisant connaître. De là, viennent les amours de Raymond et d'Elma, ainsi que toute la partie magique et féerique du poème ; de là, les courses aventureuses de Marcel, les obstacles qu'il est obligé de surmonter pour découvrir et délivrer son maître ; enfin le drame pathétique qui met fin aux amours de Raymond et motive l'apparition du grand Raymond le croisé. Convaincu que cette fiction portait avec elle son amnistie, le poète a osé. Au lecteur de juger s'il doit être absous.

§ II. — LES PERSONNAGES.

Toute épopée offre le spectacle de deux camps qui sont en présence. Dans chaque camp, autour du personnage principal, viennent se grouper des personnages accessoires qui, par la variété des caractères et des incidents, animent la scène et soutiennent l'intérêt. Ainsi, autour d'Agamemnon, l'on voit s'agiter Ménélas, Diomède, Ulysse, les deux Ajax, Achille, Patrocle, Nestor, etc.; autour d'Hector, c'est Pâris, Enée,

Idoménée, Sarpédon, Priam, etc. Mais une fois ces personnages acceptés, on les voit tour à tour reparaître, pour prendre à la marche générale du poème la part d'action qui leur est accordée. La mort peut en faire disparaître certains; il peut en survenir de nouveaux; mais ce n'est guère qu'à titre d'exception. En général, ce sont les mêmes personnages qui concourent au développement de l'action jusqu'au dénouement; on ne les voit point s'écarter pour faire place à d'autres. C'est là le grand avantage des sujets ordinaires d'épopée.

Il n'en saurait être de même pour la guerre des Albigeois, et c'est là encore un des vices du sujet contre lequel il a fallu que le poëte luttât. Le théâtre de la guerre était presque dans le voisinage des guerriers qui prenaient la croix, et il suffisait de combattre pendant quarante jours pour gagner l'indulgence. Or, les croisés, du moins les chefs, n'avaient pas d'autre but; aussi, une fois l'indulgence obtenue, la plupart des seigneurs croisés qui ne prenaient aucun intérêt à cette lutte ou à la fortune de Montfort, s'empressaient de regagner leurs foyers; plus tard, ces seigneurs étaient remplacés par d'autres; mais les mêmes ne reparaissaient pas, à l'exception d'un bien petit nombre qui s'étaient réellement dévoués à la fortune de Montfort. Ainsi, le duc de Bourgogne, les comtes de Saint-Pol, de Nevers, de Courtenay et plusieurs autres que l'on voit figurer à la prise de Beziers et de Carcassonne, ne se montrent plus, du moins dans l'histoire, aux derniers temps de la croisade. Guillaume Desbarres, frère utérin de Montfort, se signale à la bataille de Muret; mais, avec cette bataille, son rôle est fini. Il n'est pas jusqu'aux légats qui disparaissent ou changent de rôle. Arnaud, le généralissime des croisés au sac de Beziers, à peine élu archevêque de Narbonne, se brouille avec Montfort, au sujet du duché de cette ville, qui devient entre eux une pomme de discorde. A l'exception, parmi les prélats, de Foulque et des deux Vaux-Sernay oncle et neveu; et parmi les guerriers, à l'exception de Guy, frère de Montfort, de Lévis son maréchal, et de Bouchard de Marly, tout le personnel change autour de ce chef des croisés. Il n'en est pas de même autour du Comte de Toulouse; la raison en est simple : c'est que la défense du pays intéressait toujours les mêmes seigneurs; aussi, voyons-nous constamment se presser sous les bannières de Raymond, le comte de Foix, celui de Comminge, et même celui de Béarn. Il n'est pas douteux que ce changement de personnages est un grand inconvénient dans un sujet épique, et qu'une semblable disposition doit avoir pour résultat d'affaiblir l'intérêt, en désorientant le lecteur dont l'attention est distraite et fatiguée. L'auteur a tâché d'y remédier, en ne laissant figurer sur le premier plan que les acteurs qui ne doivent point se séparer de Montfort.

Ce premier obstacle fut bientôt suivi d'un plus grand qui jeta dans l'esprit du poète un véritable découragement et fit tomber de ses mains le manuscrit à peine commencé. L'auteur, qui professe le plus sincère respect pour les croyances religieuses catholiques, n'eût pas voulu écrire un livre hostile au catholicisme et à ses ministres ; il aurait préféré renoncer à tous les succès littéraires imaginables. Or, plus il avançait dans l'étude des événements de l'époque, plus il voyait que leur histoire se résumait en une accusation violente contre le clergé contemporain ; partout se révélaient dans sa conduite une ambition insatiable, une violence odieuse et un incroyable système de barbarie envers les vaincus. Les légats se faisaient nommer aux évêchés dont ils avaient persécuté les titulaires : l'un à Narbonne, celui-ci à Agde, celui-là à Carcassonne. Le Pape s'appropriait le comté de Melgueil au préjudice du Comte de Toulouse. A Beziers, au début de la croisade, une population entière est égorgée, sous les yeux de l'abbé de Citeaux, généralissime des croisés. A Carcassonne, une ignoble cupidité dépouille les vaincus de leurs vêtements et les réduit à une hideuse nudité. A Lavaur, quatre-vingts chevaliers sont pendus autour de la place, et les hérétiques livrés aux flammes ; la seigneuresse du lieu est jetée dans un puits et lapidée. A la prise de Minerve et du château de Casser, les hérétiques sont également brûlés. Le moine Pierre de Vaux-Sernay qui raconte ces horreurs, ne manque pas d'ajouter, avec une étourdissante naïveté, que *l'on vit brûler ces malheureux* AVEC LA PLUS GRANDE JOIE. L'évêque de Toulouse, Foulque, se fait remarquer par ses violences et sa haine constante envers le Comte son souverain et les habitants de Toulouse. Tous ces faits embarrassaient singulièrement l'auteur ; ils avaient jeté dans son esprit la plus grande perplexité; il allait renoncer à son entreprise, ne voulant à aucun prix représenter le clergé de l'époque sous ces couleurs odieuses, qui sont (il faut le confesser) celles de la vérité historique. Heureusement une circonstance vint le tirer d'embarras.

L'auteur eut occasion de lire la vie de Saint-Dominique, par le père Lacordaire; il vit avec bonheur que ce saint homme, si prodigieusement calomnié par la philosophie du XVIIIe siècle, était réhabilité dans l'estime et la vénération des siècles; que sous le jour de la vérité, l'on avait rendu à son apostolat le caractère de miséricorde et de paix qu'il eut toujours. En effet, saint Dominique n'est point nommé par l'histoire dans ces exécutions sanglantes qui souillèrent la croisade; son nom ne figure que dans les conférences, dans les œuvres de persuasion et de paix. Il assista à la bataille de Muret, mais c'était pour prier, pendant que Montfort combattait; il ne créa pas le tribunal de l'inquisition, qui ne fut établi à Toulouse que quelques années après sa mort; mais il fonda le monastère de Prouille, mais il institua l'ordre des frères prêcheurs; toutes ces œuvres bienfaisantes s'accordaient parfaitement avec la mission conciliatrice qu'il s'était imposée. La lecture du livre du père Lacordaire avait résolu le problème.

Le type du clergé, le véritable prêtre de l'époque était trouvé. L'auteur pouvait saisir cet idéal du ministère évangélique, dans lequel s'était conservé, comme dans un sanctuaire inviolable, le dépôt sacré de toutes les vertus qui font le véritable apôtre; il pouvait l'opposer à ce clergé violent, ambitieux et cruel, qui déposait le glaive de la parole pour armer les mains de ses exécuteurs d'un glaive teint de sang; dès-lors le catholicisme était suffisamment défendu, l'honneur de l'Eglise vengé. Le poète reprit courage et le poème fut continué.

§ III. — L'UNITÉ DU SUJET.

En général, les poèmes épiques ont pour sujet un fait déterminé, qui sert à établir l'unité de l'action et de l'intérêt. Le sujet de *l'Iliade* est la colère d'Achille, qui se résume par la mort d'Hector. Le sujet de *l'Odyssée* est le retour d'Ulysse dans son île d'Itaque ; le sujet de *l'Enéide* est l'établissement des Troyens dans le Latium ; celui de la *Jérusalem délivrée* est la prise de cette ville par les croisés ; celui du poème de *Milton*, la chute du premier homme ; celui de la *Lusiade*, les conquêtes des Portugais dans l'Inde ; celui de la *Henriade*, le siége de Paris par Henri IV ; enfin, celui des *Martyrs*, le triomphe de la religion chrétienne.

Ici se présente un nouveau désavantage du sujet choisi par notre auteur. La guerre des Albigeois est un fait tellement complexe, qu'il est difficile de le réduire à l'unité ; on n'y parvient qu'en prenant Toulouse pour point de ralliement, et en faisant converger à ce centre fictif tous les faits racontés ou décrits. L'auteur a si bien senti le vice de son sujet, qu'il a eu recours à un artifice licite pour le dissimuler ; il a donné deux titres à son ouvrage : il l'a appelé d'abord *l'Epopée Toulousaine*, et en second lieu *la Guerre des Albigeois*. Par le premier titre, il indique assez que le véritable sujet de son poème, œuvre éminemment patriotique, est la gloire et la grandeur de Toulouse, à l'époque où elle était la capitale d'un état puissant, et la centralisation d'une civilisation brillante ; par ce moyen, le grand principe de l'unité d'action et d'intérêt est suffisamment sauvegardé, et il faudrait pousser la critique jusqu'à la mauvaise foi, pour inquiéter l'auteur sur cette unité. D'un autre côté, il a eu le soin de rejeter dans le récit tous les faits antérieurs à la rupture ouverte entre Montfort et Raymond, et qui, par conséquent, ne se rapportaient pas aussi directement à Toulouse. Tous ces faits nombreux, éparpillés, rentrent bien dans la généralité du sujet, LA CROISADE ; mais leur connexité n'étant pas intime avec la destinée de Toulouse, le poète a jugé avec raison qu'il convenait de les laisser dans l'avant-scène.

L'économie ou la conduite du poème est une chose fort simple. Le point de départ reporte l'esprit aux considérations sociales les plus élevées ; il est pris dans l'*Unité catholique*, dont la garde est confiée au chef de l'Eglise et que l'hérésie cherchait à détruire. L'action commence au siége de Castelnaud'Arry ; la bataille fut perdue par le Comte de Toulouse. Le poète suppose que le jeune Raymond a été fait prisonnier.

Affaibli par ce funeste échec, le vieux Comte implore l'appui de son beau-frère le roi d'Aragon. Il lui envoie un ambassadeur pour lui demander des secours ; cet ambassadeur est Marcel, jeune troubadour, fils de la nourrice du jeune Raymond. Marcel arrive à la cour du roi Pierre ; il trouve ce prince dans les joies du triomphe qu'il venait de remporter sur les Maures. On demande au troubadour l'histoire des événements de la croisade.

Ainsi est amené le récit qui, dans sa marche rétrospective, complète le tableau de la croisade et remonte jusqu'aux origines de l'hérésie. Le récit occupe quatre chants. L'on y voit le meurtre de Pierre de Castelnau et la pénitence publique subie à Saint-Gilles par le Comte de Toulouse ; l'on assiste au sac de Beziers, à la prise de Carcassonne, à l'élévation de Montfort. L'on apprend les injustices des légats qui accusent toujours le Comte de Toulouse, et ne veulent jamais entendre sa justification. A ces détestables tracasseries viennent se joindre les vexations de Foulque, l'un des ennemis les plus dangereux de Raymond. D'un autre côté, l'on voit se dérouler le tableau des conquêtes de Montfort ; là se place le premier siége de Toulouse qu'il est obligé de lever honteusement. Le récit finit à la bataille de Castelnau-d'Arry, déjà décrite dans le premier chant. Par cet ordre, les détails indispensables de l'exposition, la bataille de Castelnau-d'Arry, les suites de cette défaite pour Toulouse et pour Raymond, et le récit, remplissent les six premiers chants.

Le septième contient la description des fêtes et du tournoi de Saragosse. Là, se montre un chevalier inconnu qui triomphe de ses adversaires ; le roi qui le couronne, reconnaît son neveu, le jeune Raymond de Toulouse. L'on apprend plus tard comment a fini sa captivité. Satan, pour venger Mahomet de Pierre d'Aragon qui a massacré ses adorateurs, a pratiqué un artifice qui doit empêcher le jeune Raymond de se trouver à la bataille de Muret. Il a inspiré à l'enchanteresse Elma, fille d'un roi Maure et d'une esclave chrétienne, la plus violente passion pour le héros toulousain. Elma brise ses fers et le conduit à Saragosse ; mais, lorsqu'il a été proclamé vainqueur au tournoi, elle le transporte avec elle dans le palais enchanté d'Atland, au sommet glacé des Pyrénées. Là, elle l'endort dans les bras de l'amour.

Le huitième chant est consacré aux amours de Raymond et d'Elma. La fin de ce chant en fait pressentir le dénouement.

Dans le neuvième chant, l'on voit les armements du roi d'Aragon et la marche de son armée ; il franchit les Pyrénées et vient camper dans la plaine de Martres, où le comte de Foix et celui de Comminges conduisent leurs milices.

Au dixième, Pierre s'est rendu à Carcassonne pour conférer avec les chefs de la croisade sur les moyens de rétablir la paix ; ses propositions sont rejetées. A son retour, il s'égare dans les montagnes du Mas-d'Azil, et passe la nuit parmi des bergers qui se livraient aux travaux joyeux des vendanges.

Le onzième et le douzième chants sont remplis par la grande bataille de Muret et par les préparatifs qui l'ont précédée.

Au treizième chant, le vieux Raymond fait ses adieux à la ville de Toulouse ; sa femme, sœur du roi Pierre, obtient de Montfort la remise du cadavre de son frère, et lui rend les honneurs funèbres. Montfort prend possession de Toulouse, dont il maltraite les habitants et rase les murailles.

Au quatorzième chant, la délivrance du jeune Raymond est opérée par Marcel, qui surmonte une foule d'obstacles et conjure les enchantements d'Elma. Raymond, en apprenant la mort du roi d'Aragon et l'occupation de Toulouse par Montfort, veut attenter à ses jours. Raymond le croisé lui apparaît, lui montre sa future destinée et le conduit dans un lieu d'expiation. Le palais enchanté d'Elma est emporté par un volcan.

Dans les quinzième et seizième chants, le jeune Raymond, accompagné de son illustre aïeul, visite l'enfer, le purgatoire et le paradis. Le poète a rajeuni son enfer en le remplissant d'allégories qui lui fournissent des peintures neuves : telle est la peinture de la corruption, des sept péchés capitaux ; des trois fléaux : la guerre, la peste, la famine ; de l'adultère, etc. Raymond de Saint-Gilles, aidé de son petit-fils, va dans l'enfer combattre Mahomet, et l'enchaîner à jamais aux pieds de Satan qui s'agite, plein de fureur ; puis le jeune Raymond se plonge volontairement dans les feux du purgatoire pour y subir les douleurs et y recueillir les bienfaits de l'expiation. Dans le paradis, le jeune Raymond apprend l'avenir réservé à sa famille et à la ville de Toulouse. Là, viennent se dérouler les destinées futures et les illustrations toulousaines ; là sont prédits et caractérisés à grands traits les personnages célèbres dont les bustes sont consacrés dans le Panthéon de son Capitole et qui doivent ajouter à sa gloire. Le héros redescend sur la terre pour assister au concile de Latran qui va prononcer sur sa destinée et celle de son père.

Le concile de Latran, avec tous les incidents qui l'accompagnent, fournit la matière des chants dix-septième et dix-huitième. L'accusation portée contre le vieux Raymond est formulée par l'évêque de Toulouse. Raymond présente sa défense ; l'évêque de Lyon lui fournit son appui ; ce prélat est frappé au milieu du concile que sa mort remplit de confusion. Raymond retrouve dans la campagne de Rome l'écuyer qui avait ôté la vie à Pierre de Castelnau. La décision du concile donne à Montfort les états du Comte de Toulouse. Le Pape, touché des malheurs du jeune Raymond, lui forme un apanage sur les bords du Rhône, pour le dédommager de la perte du douaire de sa mère, Jeanne d'Angleterre.

Dans les dix-neuvième et vingtième chants, l'on assiste à la restauration du prince de Toulouse en Provence. Après plusieurs combats et un long siège, malgré les secours que conduit Montfort, le jeune Raymond s'empare du château de Beaucaire, que Lambert de Limoux défendait vaillamment.

Au vingt et unième chant, on retrouve Elma dans le monastère de Prouille ; elle est possédée par un démon que chasse saint Dominique. L'Occitanie apparaît à Montfort, lui reproche ses crimes et lui annonce son châtiment prochain. Montfort méprise ses avis. Les Toulousains lui sont livrés sans armes, par la trahison de l'évêque Foulque. Montfort les rançonne durement, et emploie le butin à lever de nouvelles troupes pour combattre le jeune Raymond sur les bords du Rhône.

Le vingt-deuxième chant s'ouvre par le tableau des réjouissances de la cour d'Alice, femme de Montfort, au Château-Narbonnais, pour célébrer la fête de Montfort. Les troubadours chantent diverses légendes toulousaines. La fête est interrompue par l'insurrection de la ville en faveur du vieux Raymond. Les

Franks sont rejetés dans le Château-Narbonnais. Montfort hâte son retour vers Toulouse ; il y est suivi par le jeune Raymond. L'ange de la guerre enlève les armes du jeune Comte, et les retrempe aux célestes fourneaux. Ce chant se termine par la description du bouclier de Raymond. A l'aide de cet artifice épique, le poète retrace le tableau des faits les plus remarquables de l'histoire antérieure de Toulouse. C'est ainsi, qu'avec l'artifice correspondant dans un autre sens, nous voulons dire, les prophéties écrites au livre du destin, l'auteur justifie le titre d'*Épopée Toulousaine*, puisqu'il embrasse le passé et l'avenir de la ville, objet de son poème.

Le vingt-troisième et le vingt-quatrième chants reproduisent les événements du second siège de Toulouse, qui se termine par la mort de Montfort. Là, se déroulent une foule de combats, d'attaques et d'assauts, où Montfort est constamment repoussé. Le poète raconte l'origine du nom de la porte Arnaud-Bernard. Deux jeunes guerriers de ce nom, deux frères jumeaux, fils d'un guerrier toulousain tué à la bataille de Muret, étaient chargés de la défense de cette porte ; ils sont immolés par Montfort. Blanche, mère de ces jeunes victimes, à qui Montfort a enlevé son époux et ses enfants, les venge en lançant la pierre qui écrase la tête du général des croisés. — Telle est la fin du poème ; cette fin, quant au fait en soi, est conforme à la tradition historique.

Il faut compter au nombre des difficultés que le poète a dû vaincre, ce dénouement historique, si imprévu, cette pierre qui vient frapper Montfort. Pour amener ce dénouement (et l'histoire ne pouvait pas être changée), il a fallu que le poète introduisît l'épisode des frères Arnaud-Bernard. — Une fois ce ressort trouvé, le dénouement coule de source ; ce n'est plus qu'un acte naturel, une vengeance accomplie par une épouse, par une mère. Mais, sans l'épisode de la famille Arnaud-Bernard, ce dénouement était inexécutable. L'auteur a désespéré du sujet, jusqu'au moment où cet obstacle, qui semblait invincible, a été surmonté.

Ce dénouement amène la délivrance de Toulouse. Bientôt après, le siége est levé. Ainsi l'action est ramenée à son principe, à la ville de Toulouse que l'on n'a jamais perdue de vue, qui n'a pas cessé d'être le centre constant de tous ces événements divers, à laquelle ils viennent aboutir comme autant de rayons. Ainsi est conservée, pendant tout ce long poème, l'unité d'action et d'intérêt.

§ IV. — LE MERVEILLEUX.

Un poème épique ne peut point exister sans merveilleux. L'action épique ne se passe pas seulement sur la terre ; elle doit agiter le ciel et les enfers. Les événements accomplis par les hommes ne sont que l'exécution des desseins arrêtés dans les hauts conseils. Le merveilleux est donc indispensable à l'œuvre épique, et c'est pour cette raison que la *Pharsale*, qui en manque, passe, au point de vue de l'art, pour une gazette en vers. La seule question est de savoir où il doit être pris et quelle doit être sa nature.

Si l'on consulte les modèles éternels de l'épopée, le merveilleux doit prendre sa source dans les croyances religieuses de l'époque où l'action se passe. Ainsi, dans l'*Iliade* et l'*Odyssée*, le merveilleux est emprunté à cet Olympe mythologique dont Homère est regardé comme le créateur. Il en est de même dans l'*Énéide*. Le Tasse, qui chantait une expédition toute chrétienne, a puisé son merveilleux dans les croyances catholiques ; son ciel, son enfer, ne sont autres que ceux que consacrent les dogmes du christianisme, et dont le modèle se trouve dans les livres inspirés. M. de Châteaubriand a suivi l'exemple du Tasse ; il faut même dire que le sujet des *Martyrs* étant le triomphe de la religion chrétienne, ce merveilleux devenait une partie intégrante de son ouvrage. La même observation doit s'appliquer au *Paradis perdu*. Au surplus, on reconnaîtra, abstraction faite de l'autorité des modèles et des préceptes de l'art, que la raison seule suffirait pour faire sentir le besoin d'harmoniser le merveilleux d'un poème avec les faits qui y sont racontés et les personnages qui y figurent ; personnages auxquels on ne peut prêter que les sentiments et les croyances de leur époque. On peut se convaincre, en lisant la *Lusiade*, du mauvais effet de ces dieux mythologiques, de ce Jupiter et de cette Vénus, réglant les actes et les destinées d'une troupe de conquérants chrétiens. L'on regrette que ce merveilleux de mauvais goût dépare un poème qui renferme de si grandes beautés.

Le sujet de *l'Épopée Toulousaine* rentrait tout-à-fait dans la catégorie de la *Jérusalem délivrée* et des *Martyrs* ; c'est dire que le genre du merveilleux était indiqué par le sujet lui-même, et qu'il ne pouvait pas y avoir de choix pour l'auteur. A une époque où les idées philosophiques avaient établi leur prédominance jusques dans le domaine des arts, Voltaire a pu personnifier les passions et en composer le merveilleux de sa *Henriade* ; mais, indépendamment de ce que le fanatisme et la discorde, ces êtres allégoriques, jettent de la froideur dans cette brillante composition, de pareils ressorts sont trop usés pour pouvoir de nos jours donner le mouvement et la vie à une machine épique. La croisade contre les Albigeois, sujet éminemment chrétien, ne pouvait refléter que le ciel et les agents surnaturels des saintes écritures. De là, l'emploi des anges, des démons, de la Sainte-Trinité, de la Vierge, des martyrs et des autres élus, immortels convives du banquet de l'éternelle félicité. La scène se passe, tantôt dans le ciel, où les décrets de la sagesse divine règlent le sort des mortels ; tantôt dans les enfers, où les démons se préparent à exécuter les vengeances célestes qui doivent expier les offenses de la terre. On voit, avant la bataille de Muret, un conciliabule présidé par Satan, où les démons se font le partage des victimes qui leur sont abandonnées dans cette journée meurtrière.

Dans tout ce merveilleux, l'on remarque une circonstance qui sert à le localiser, en ce qu'elle est tout-à-fait particulière à la ville de Toulouse ; c'est l'assistance de ses deux patrons, saint Etienne et saint Saturnin. Il est naturel que ce peuple opprimé invoque dans sa détresse ces deux protecteurs, dont l'un a donné son nom à la cathédrale de Toulouse, dont l'autre a régénéré cette ville dans les flots de son sang. Il est également dans l'ordre des choses, que ces augustes patrons couvrent de leur égide une cité dont le sol est consacré par leurs temples, et qu'ils intercèdent les hautes puissances du ciel en faveur de ses habitants.

L'auteur du poème a donc employé un merveilleux très convenablement accommodé à son sujet. Il a dû faire une peinture du ciel. L'on sait que l'Apocalypse a fourni les couleurs, plus tard employées par Torquato et par M. de Châteaubriand. Notre poète n'a pas voulu marcher servilement sur les traces de ces grands écrivains ; il s'est efforcé de rajeunir les brillantes colonnes de jaspe et les escaliers de diamant, en y ajoutant les tableaux tout aussi brillants de la création. S'il n'a pas armé l'ange de la toise d'or pour mesurer les murs de la Jérusalem céleste, il lui a restitué la balance homérique où sont pesées les destinées des héros ; mais cette balance est tout aussi biblique que les autres peintures, puisqu'elle rappelle le passage célèbre : *Positus est in statera, et inventus est minus habens.*

La possession d'Elma par le démon, et les cérémonies de l'exorcisme accomplies par saint Dominique, rentrent également dans les mœurs de cette époque. De pareilles obsessions et de pareilles délivrances étaient alors assez communes ; on en trouve plusieurs exemples dans la vie de saint Dominique. On peut lire dans la célèbre Somme de saint Thomas, auteur contemporain, de quelle manière les démons prenaient possession du corps humain ; on y voit aussi le détail et l'explication des pratiques et des prières mises en usage pour chasser l'esprit immonde et les applications allégoriques dont elles étaient accompagnées.

Enfin, notre poète a employé la magie. Lui en fera-t-on un reproche ? Il peut invoquer de grands exemples pour sa justification. Le Tasse d'abord, Voltaire ensuite, M. de Châteaubriand lui-même. Quant au Tasse, Armide et Hidraot sont trop connus pour qu'il soit nécessaire d'insister. L'on s'étonnera peut-être de l'allégation relative à la Henriade. Comment penser que, dans un poème aussi philosophique et dans un siècle aussi positif, Voltaire a pu employer la magie comme ressort épique ? Voici le passage ; il est extrait du cinquième chant.

« Dans l'ombre de la nuit, sous une voûte obscure,
» Le silence a conduit leur assemblée impure.*

---

* L'assemblée des ligueurs.

» A la pâle lueur d'un magique flambeau,
» S'élève un vil autel dressé sur un tombeau.
» C'est là que des deux rois on plaça les images,
» Objets de leurs terreurs, objets de leurs outrages.
» Leurs sacrilèges mains ont mêlé sur l'autel,
» A des noms infernaux celui de l'Eternel.
» Sur ces murs ténébreux, cent lances sont rangées;
» Dans des vases de sang leurs pointes sont plongées;
» Appareil menaçant de leur mystère affreux.
» Le prêtre de ce temple est un de ces hébreux
» Qui, proscrits sur la terre et citoyens du monde,
» Portent de mer en mer leur misère profonde,
» Et d'un antique amas de superstitions
» Ont rempli dès longtemps toutes les nations.
» D'abord, autour de lui, les ligueurs en furie
» Commencent à grands cris ce sacrifice impie.
» Leurs parricides bras se lavent dans le sang:
» De Valois sur l'autel ils vont percer le flanc.
» Avec plus de terreur, et plus encor de rage,
» De Henri sous leurs pieds ils renversent l'image,
» Et pensent que la mort, fidèle à leur courroux,
» Va transmettre à ces rois l'atteinte de leurs coups.
» L'hébreu joint cependant la prière au blasphème;
» Il invoque l'abîme, et les cieux, et Dieu même;
» Tous ces impurs esprits qui troublent l'univers,
» Et le feu de la foudre et celui des enfers.
» Tel fut, dans Gelboa, le secret sacrifice
» Qu'à ses dieux infernaux offrit la pythonisse,
» Alors qu'elle évoqua devant un roi cruel,
» Le simulacre affreux du prêtre Samuel.... »

Dans le xviiie livre des *Martyrs*, M. de Châteaubriand a eu recours à la magie; il s'agit de transporter par un moyen surnaturel, Cymodocée, de Jérusalem à Rome. C'est Hiéroclès qui, pour assouvir sa passion, invoque les secrets de cet art dont il reconnaît la puissance. Nous transcrivons cette lugubre scène que l'auteur a revêtue de son brillant coloris.

« Il y avait à Rome un hébreu, déserteur de la foi de ses

pères; il vivait parmi les sépulcres, et la voix du peuple l'accusait d'entretenir un commerce secret avec l'enfer. Cet homme faisait sa demeure accoutumée dans les souterrains du palais en ruine de Néron. Hiéroclès charge un de ses confidents d'aller trouver au milieu de la nuit l'infâme israélite. L'esclave, instruit de ce qu'il doit demander, part, et à travers des décombres, descend au fond du souterrain. Il aperçoit un vieillard couvert de lambeaux, réchauffant ses mains glacées à un feu d'ossements humains.

« Vieillard, dit l'esclave tremblant d'épouvante, peux-tu transporter dans un moment de Jérusalem à Rome une chrétienne échappée au pouvoir d'Hiéroclès ? Reçois cet or et parle sans crainte. »

» L'éclat de l'or et le nom de Jérusalem arrachèrent un sourire affreux à l'israélite.

« Mon fils, dit-il, je connais ton maître ; il n'y a rien que je ne tente pour le satisfaire ; je vais interroger l'abîme. »

» Il dit et creuse la terre ; il découvre l'urne sanglante qui renfermait les restes de Néron; des plaintes s'échappaient de cette urne. Le magicien répand sur un autel de fer les cendres du premier persécuteur des chrétiens ; trois fois il se tourne vers l'Orient, trois fois il frappe dans ses mains, trois fois il ouvre la bible profanée. Il prononce des mots mystérieux, et du sein des ombres il évoque le démon des tyrans. Dieu permet à l'enfer de répondre ; le feu qui brûlait la dépouille des morts s'éteint, la terre tremble, la frayeur pénètre jusqu'aux os de l'esclave, le poil de sa chair se hérisse, un esprit se présente devant lui ; il voit quelqu'un dont il ne connaît pas le visage ; il entend une voix faible comme un petit souffle.

« Pourquoi, dit l'hébreu, as-tu tardé si longtemps à venir ?
» Dis-moi : peux-tu transporter de Jérusalem à Rome une
» chrétienne échappée à son maître ? »

« Je ne le puis, répondit l'esprit de ténèbres; Marie défend
» cette chrétienne contre ma puissance ; mais, si tu le veux,
» je porterai dans un instant en Syrie l'édit de la persécution
» et les ordres d'Hiéroclès. »

» L'esclave accepte la proposition de l'enfer, et se hâte d'aller rendre compte de son message à l'impatient Hiéroclès.

Transformé en messager rapide, l'esprit de ténèbres descend à Jérusalem chez le Centurion qui devait réclamer Cymodocée ; il le presse, au nom du ministre de Galérius, de remplir promptement sa mission, et il remet l'édit fatal au gouverneur de la cité de David : aussitôt les portes des saints lieux sont fermées, et les soldats dispersent les fidèles..... »

M. de Châteaubriand a accompagné cet épisode d'une note dans laquelle il s'attache à justifier l'emploi de la magie comme ressort de la poésie épique.

« Cette machine, dit-il, est justifiée par l'usage que tous les
» poètes chrétiens ont fait de la magie. Ainsi Armide enlève
» Renaud ; ainsi le démon du fanatisme arme Clément d'un
» poignard. Il ne s'agit ici que de porter une nouvelle. Hiéro-
» clès ne voit point lui-même l'hébreu ; il l'envoie consulter
» par un esclave superstitieux et timide. Rien ne choque donc
» la vraisemblance des mœurs dans la peinture de la scène ; et,
» quant à la scène elle-même, elle est du ressort de mon su-
» jet ; elle sert à avancer l'action et à lier les personnages de
» Rome à ceux de Jérusalem. »

Nous sommes donc autorisé à conclure, d'après le sentiment des hommes les plus éclairés en matière de goût, et des juges les plus compétents dans les compositions littéraires, que la magie peut, sans difficulté, être employée comme ressort épique. La question, quant à l'*Epopée Toulousaine*, se réduira donc au point de savoir si l'auteur a fait un heureux usage de cette faculté. Il ne nous appartient pas de prononcer un tel jugement qui est entièrement remis à la discrétion du lecteur ; seulement, nous nous permettrons quelques observations sur ce qu'il peut y avoir de neuf et d'inventé dans les enchantements de l'*Epopée Toulousaine*.

Les scènes de magie se passent dans le palais d'Atland. Notre poète s'est emparé avec succès d'un passage de l'Arioste qui place le palais de l'enchanteur Atland sur un sommet des Pyrénées, le Mont-Perdu ; par là, il rattache sa machine à une tradition déjà existante. Elma est fille d'un roi maure et d'une esclave chrétienne ; le poète prépare ainsi à l'avance un rôle pour saint Dominique, une conversion à faire, et la scène de l'exorcisme. Il est bien vrai que la mission de Marcel qui va délivrer Raymond, rappelle celle d'Ubalde et du chevalier danois allant délivrer Renaud ; mais, si le fond même de ces entreprises a quelque rapport, elles diffèrent tellement par la forme et par les incidents, que toute ressemblance, toute imitation disparaît. C'est en montrant un bouclier à Renaud, qu'Ubalde détruit l'enchantement ; Renaud se voit dans ce bouclier qui lui sert de miroir et il rougit de sa mollesse. On se demande comment Renaud ne s'est pas vu déjà plusieurs fois, soit dans l'onde des ruisseaux au bord desquels il s'égare avec Armide, soit dans le miroir que cette amante vaniteuse a suspendu aux branches d'un lilas, et où elle se contemple exclusivement, comme l'exprime si bien ce vers de M. Baour-Lormian, où se peint merveilleusement la différence des deux passions qui sont en présence : l'amour dans le cœur de Renaud, la vanité dans celui d'Armide :

« Renaud ne voit qu'Armide, Armide ne voit qu'elle. »

Il nous semble que le rameau bénit de Marcel est une machine beaucoup plus simple et beaucoup plus dans les convenances de la chose, pour détruire les enchantements ; tous ces enchantements en effet sont l'œuvre de l'esprit de ténèbres. Or, il est de croyance religieuse que l'eau bénite, que les rameaux consacrés ont la vertu de détruire les maléfices, de détourner les fâcheux accidents, de mettre en fuite les démons.

Le palais d'Elma, comme celui d'Armide, est gardé par des monstres. Mais voici la différence qui donne à notre poète les honneurs de l'invention. Dans le palais d'Elma, les monstres sont soumis au pouvoir de l'enchanteresse, qui peut à son gré exciter leur fureur, ou les frapper d'immobilité, en les touchant avec son sceptre d'or. Qui ne voit ici une de ces belles allégories morales qu'on est heureux de trouver dans la haute poésie ? qui ne voit dans ces monstres l'image des passions qui, abandonnées à elles-mêmes, ne connaissent plus de frein, et que la sagesse ou la persuasion, si bien figurée par le sceptre d'or, a le pouvoir de dompter ? Cette différence caractéristique fait disparaître toute apparence d'imitation.

Enfin, il faut reconnaître que la passion d'Elma est bien plus vraie, plus attachante que celle d'Armide. Le Tasse a fait d'Armide une coquette vaniteuse ; l'auteur de *l'Epopée Toulousaine* a peint dans Elma une amante vraiment passionnée. Il y a de la Phyllis dans Armide ; il y a de la Didon dans Elma. Armide se berce mollement sur les verts gazons, comme si son bonheur devait toujours durer ; elle ne demande rien à son art pour lire dans l'avenir et se mettre en garde contre l'abandon de son amant. Elma, au contraire, se préoccupe constamment de l'avenir ; elle prévoit le changement de Raymond, l'affaiblissement de sa passion, sa froideur et la perte de son amant. Aussi elle l'entoure de prestiges ; elle attaque successivement en lui toutes les passions généreuses qu'elle cherche à étouffer : l'amour de la famille, l'amour de la patrie, l'amour de la gloire. Elle lui inspire l'horreur de la guerre ; puis, quand arrive le moment fatal d'une séparation qu'elle a prévue, elle lutte avec courage contre son ennemi ; elle multiplie les obstacles au-devant des pas de Marcel ; elle l'entoure de prestiges, les uns terribles, les autres séduisants ; elle cherche d'abord à l'épouvanter, puis à le désarmer, à le dompter par le plus funeste et le plus irrésistible des enchantements, par l'amour. Enfin, quand elle voit toute sa magie s'évanouir devant le pouvoir suprême du rameau bénit, elle veut faire de Raymond un renégat, et elle est au moment de réussir, lorsque l'heureuse arrivée de Marcel dissipe tous les prestiges et délivre le héros toulousain.

Tel est l'emploi que notre poète a fait du merveilleux ; il s'en est servi pour former le nœud de l'action, et pour répandre dans son œuvre une foule d'épisodes que nous croyons pleins d'intérêt et d'agrément.

§ V. — LA COULEUR RELIGIEUSE DU SUJET.

Parmi les embarras du sujet, la couleur religieuse ne doit pas être oubliée. Il s'agit d'une guerre de religion : deux croyances ennemies sont en présence. Il paraît impossible que l'auteur n'embrasse pas un parti. Mais ici naît la complication et par suite une grave difficulté.

Il eût été tout simple que l'auteur se rangeât sous la bannière catholique, et qu'il rejetât la haine ou la défaveur sur les

Albigeois ; les Albigeois sont des hérétiques. Mais les Toulousains font le plus souvent cause commune avec les Albigeois ; ils se confondent, ou, pour mieux dire, on les confond injustement dans les mêmes rangs. Toulouse est regardée comme le palladium des hérétiques ; le vieux Raymond en est appelé le chef (le pape des hérétiques). Il est bien certain que la plupart de ces accusations sont calomnieuses ; mais il n'en est pas moins vrai qu'elles sont acceptées. Cependant, toute la faveur du poète, toutes ses tendresses sont pour Toulouse ; pour cette Toulouse qu'il chérit et dont il veut célébrer la gloire, et que par conséquent il ne peut point poursuivre de ses anathèmes poétiques.

D'un autre côté, il faut être juste envers les Albigeois. La plupart des sectaires étaient des fanatiques ignorants ; mais ils comptaient parmi eux des chefs éclairés, des ministres vertueux. Ces ministres proclamèrent la réforme au XIIe siècle. La corruption du clergé appelait cette réforme. St. Dominique et l'évêque d'Osma voulurent la commencer. Ce vertueux prélat jugea utile de donner l'exemple ; on le vit renvoyer ses domestiques, et entreprendre à pied, accompagné seulement de St. Dominique, ses pérégrinations et ses prédications rurales. De leur côté, les sectaires, soit orgueil, soit fausse conviction, montrèrent la plus grande fermeté dans leurs croyances ; dans plusieurs occasions, ils surent braver les tortures et la mort, plutôt que de renoncer à leur foi, plutôt que de commettre ce qui leur semblait être une apostasie. Une idée peut être fausse ; il n'en est pas moins certain que celui qui meurt pour cette idée, est le martyr d'une idée. La constance, la foi, la pureté, le dévouement, appliqués à de faux principes, n'en sont pas moins des vertus ; on peut regretter le mauvais emploi qui en est fait ; mais elles auront toujours droit, sinon à nos respects et à nos hommages, du moins à nos regrets.

Il faut d'ailleurs reconnaître que les Albigeois ont été calomniés dans leurs mœurs et dans leurs principes. L'histoire des vaincus a été écrite par les vainqueurs, et les vainqueurs le plus souvent ne se piquent pas d'une grande impartialité. Les Albigeois ont été traités comme les chrétiens de la primitive Église. Tandis que ces sectaires affectaient une certaine rigidité de mœurs ; tandis que dans leurs assemblées ils séparaient les hommes des femmes, on les a accusés de toute sorte de désordres. L'oubli a passé sur tous ces faits, sans qu'aucun écrivain se soit mis en peine de réhabiliter leur mémoire.

Dans cette circonstance difficile, que devait faire le poète ? il avait un devoir à remplir ; il devait être juste ; c'est à quoi il s'est appliqué. Il a fait éclater ses vives sympathies pour le catholicisme ; mais en même temps il a signalé la vertu et les sentiments généreux partout où il les a rencontrés.

Ainsi, les excès, les fureurs des croisés ont été frappés d'une réprobation méritée, tandis que les actes miséricordieux de St. Dominique ont reçu le plus sincère hommage. A leur tour, la constance, le courage, le dévouement des Albigeois à leurs croyances, ont obtenu des regrets dont ils étaient dignes. Par là, le poète a rendu à ses personnages la justice qui leur était due ; il a rempli les obligations que sa conscience lui imposait.

Il est bien vrai qu'il résulte de cette marche adoptée une apparente indécision et une sorte de tiraillement qui pourraient nuire à l'intérêt ; mais nous nous hâtons de dire que cette indécision n'est qu'apparente ; que, dès l'instant qu'on a pénétré dans la pensée du poète, cette indécision cesse d'exister, pour faire place à une allure franche qui ne connaît et n'adopte d'autre parti que celui de la justice et de la moralité. Et quant à l'intérêt, comme il se reporte constamment sur Toulouse, la question religieuse n'est pas de nature à lui porter une véritable atteinte.

On ne peut pas formuler un reproche qui serait grave, en disant que l'ouvrage manque de conviction. Cette conviction éclate dans toutes ses parties ; on la trouve au point de départ, d'où elle rayonne pour dominer l'ensemble de l'Épopée. Voici les vers :

« Le Pontife romain défend, chef de l'Eglise,
» L'unité catholique à sa garde commise.

» C'est ce dépôt sacré, cette arche des humains,
» Qui ne doit point périr dans ses fidèles mains.

. . . .

» Du vaisseau de la foi ce pilote suprême,
» Pour conjurer l'orage armé de l'anathème,
» Saisit le gouvernail, ou, vigilant soldat,
» Il marche à l'hérésie et lui livre combat :
» Unité dont la loi saintement obstinée,
» Des peuples à venir garde la destinée. »

Cette conviction se manifeste constamment dans tout le cours de l'ouvrage; et, dans la partie du merveilleux qui y occupe une grande place, elle est mise plus particulièrement en relief. A cet égard, un doute raisonnable ne peut pas être élevé; et ce ne sont pas quelques accents de regrets ou de pitié accordés à des sentiments généreux ou à des vertus égarées, qui peuvent autoriser la critique à nier l'existence de cette conviction.

On peut raisonnablement conclure des précédentes observations, que l'auteur, en parcourant une carrière semée d'écueils, a sagement évité celui qui vient d'être signalé.

§ VI.

Il a existé au XIIe siècle, dans les provinces Gallo-Romaines qui n'étaient pas encore FRANCE, une puissante nationalité dont Toulouse était la capitale, et, si on peut le dire, la personnification. Cette nationalité avait sa langue, sa littérature, ses poètes, ses monuments, ses institutions, ses princes, sa famille dynastique. C'est cette grande figure perdue dans le cataclysme de nos antiquités, que l'auteur du poème a exhumée de la poussière de l'histoire. Il a relevé cette noble image en l'animant des couleurs de la poésie. Il a essayé de rendre à Toulouse, avec son antique physionomie, ces grandeurs d'un autre âge, dont la faiblesse de ses souverains et la lutte gigantesque engagée sur le terrain des croyances religieuses, l'ont dépouillée depuis plusieurs siècles. Si la science, curieuse du passé et infatigable dans ses recherches, emprunte à l'Egypte ses obélisques pour les dresser sur nos places publiques et en interroger les ciselures énigmatiques, pourquoi dédaignerions-nous de relever les monuments qui ont couvert notre sol, et d'étudier un passé qui est le nôtre?

Cette pensée patriotique a été la muse de notre poète. A-t-elle fécondé ses efforts dans l'érection du monument qu'il a voulu consacrer à sa patrie? L'auteur aura-t-il doté la littérature française d'un genre de poésie dont les littératures étrangères ont brillé avant nous et mieux que nous? C'est ce que décidera, d'abord la critique contemporaine dont le poète recevra les conseils avec toute soumission, en attendant l'arrêt définitif de la postérité, seul juge en dernier ressort.

Nous savons que des esprits supérieurs ont contesté la *possibilité* du poème épique dans nos temps modernes et dans le milieu d'une civilisation très avancée. Cette théorie, qui nous semble un peu paradoxale, peut être soutenue à l'aide de beaucoup d'esprit et de quelques rapprochements ingénieux. Nous ne dirons pas que notre poète a fait comme ce philosophe grec à qui on niait le mouvement, et qui, pour toute réponse, se contenta de marcher; on nous reprocherait de donner la thèse pour raison. Mais nous pensons qu'il suffit de quelques réflexions bien simples pour ébranler cette opinion qui prononcerait un arrêt fatal à jamais contre l'avenir de l'esprit humain.

D'abord, pourquoi un fait qui s'est produit une fois et même plusieurs fois, ne pourrait-il pas se reproduire encore? On dira que la nature n'enfante plus des Homère, des Virgile. Mais Homère et Virgile ont eu leurs détracteurs; l'histoire nous a transmis pour le vouer au ridicule et au mépris, les noms des *Zoïle*, des *Bavius*, et des *Mœvius*; et qui sait ce que l'on disait du temps de ces génies immortels, et quels blasphèmes l'envie exhalait autour d'eux?

Et puis, cette objection *d'impossibilité*, on aurait pu la faire à Torquato, à Milton; et si ces poètes sublimes s'y étaient arrêtés, la littérature moderne serait privée des deux créations qui l'honorent le plus, *la Jérusalem délivrée* et *le Paradis perdu*.

Heureusement cette théorie désolante n'est pas universellement reconnue; si d'excellents esprits l'ont professée, des littérateurs fort distingués ne l'ont pas admise. Nous croyons, par exemple, que telle n'est point l'opinion de M. Ampère, professeur de littérature française au Collége de France, et membre de l'Académie française. Il écrivait à notre auteur * : « Votre sujet est ce que doit être, selon moi, le sujet d'une » épopée ; c'est un grand fait historique et national. » Ces mots si simples excluent la pensée de l'impossibilité du poème épique dans notre littérature moderne.

Quelle que soit la destinée que réserve le présent ou l'avenir à *l'Epopée Toulousaine*, le suffrage de plusieurs écrivains éminents, le haut patronage des conseils du département et de cette ville **, suffisent, à l'auteur, pour honorer et récompenser ses longs travaux. A quelque rang que l'on place son œuvre, il est un genre de succès ou de récompense que rien ne peut lui disputer ; c'est le bonheur d'avoir élevé un vaste monument en l'honneur de la cité qui fut son berceau ; c'est la pensée d'avoir donné aux talents qui pourront surgir dans son enceinte, l'exemple de chanter la gloire et les grandeurs de leur pays.

* Lettre du 12 juin 1850. Cette lettre a été publiée dans le journal *le Midi*, n° du 24 août 1850.
** Le conseil-général a voté (séance du 3 septembre 1849) une subvention de 2,000 fr., et le conseil municipal (séance du 13 avril 1850) une subvention de 1,000 fr., pour l'impression de *l'Epopée Toulousaine*.

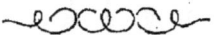

ERRATA.

Lisez :

Chant 1er, pag. 8, v. 18. — De leur âge inégal marquaient la différence.
— 4e, Notes, p. 177, lig. 21. — Non era sparnyat viel ni jove.
— 6e, p. 244, v. 22. — A remplacé la soie, ou l'or des bracelets.
— 6e, p. 246, v. 7. — Touchés de nos malheurs que raconte Roger.
— 7e, p. 292, v. 11. — Où le printemps sourit, prodigue de couleurs.
— 7e, Notes, p. 319, lig. 18. — Exlibro : civitates orbis, etc.
— 8e, p. 329, v. 3. — Lui montrent un héros qui languit dans les fers.
— 9e, p. 367, v. 21. — Mes domaines conquis, dépeuplés de vassaux.
— 12e, p. 461, v. 10. — Il se laisse entraîner au flot de ses soldats.

CHANT PREMIER

SOMMAIRE.

Exposition. — Invocation à Clémence-Isaure. — Le Pape veille au maintien de l'unité catholique. — L'hérésie a levé de nouveau son étendard. — Le Pape a fulminé l'anathême. — Il a envoyé dans la Provence ses Légats. — Raymond, comte de Toulouse. — Tableau de sa cour. — Son fils, né de Jeanne d'Angleterre. — Le troubadour Marcel, ami du jeune Raymond. — Portrait de Montfort. — Les partisans de Raymond : le comte de Foix ; le comte de Comminges ; les seigneurs. — Le jeune Raymond est armé chevalier. — La guerre recommence. — Les Croisés, battus devant Toulouse, se retirent dans Castelnau-d'Arry. — Combat. — Lévis et Bouchard de Marly se signalent. — Déroute de l'armée toulousaine. — Montfort est vainqueur. — Le jeune Raymond est fait prisonnier.

CHANT PREMIER.

Je chante la croisade et la ligue puissante
Qui vainquit l'hérésie un moment triomphante;
Mais bientôt, étrangère à la cause de Dieu,
Promena dans nos champs et le fer et le feu;
Servit d'un conquérant l'ambition jalouse, ²
Déchira les états du comte de Toulouse;
Tandis que, repoussant par un immense effort
L'assaut victorieux des phalanges du Nord,
Le Midi, palpitant sous le choc des batailles,
Des héros et des rois pleura les funérailles;
Jusqu'au moment prédit, où le ciel désarmé
Condamna l'oppresseur, releva l'opprimé,
Bénit des Toulousains la longue résistance,
Et rétablit leur comte enfin dans sa puissance.

O toi, qui, tous les ans, dans un jour fortuné,
De lauriers et de fleurs vois ton front couronné;
Dont le nom, rayonnant d'une sainte auréole,
Fait tressaillir les murs de notre Capitole,
Quand d'heureux troubadours, tes doctes nourrissons,
Viennent y conquérir tes poétiques dons;
Si jadis dans ta lice, élu de la victoire,
J'ai moissonné tes fleurs qui n'étaient pas sans gloire,
Daigne sourire, ISAURE, au vainqueur de tes jeux!
Inspire-moi des chants dignes de tes aïeux, [3]
Dignes de ma patrie et de ses longs orages!
Je vais chanter la guerre et de sanglants ravages.
Redis-moi ces combats, ces siéges, ces assauts;
Ces hardis citadins transformés en héros;
Ouvre-moi les conseils du Pontife suprême;
Fais gronder dans mes vers le terrible anathême
Qui d'un pouvoir auguste anéantit les droits,
Souleva tour à tour les peuples et les rois,
Et, d'une autre croisade enflammant le génie,
D'un long voile de sang couvrit l'Occitanie. [4]
Ah! puisque dans leur cours les ans précipités,
Ainsi que les mortels emportent les cités;
Puisque les souvenirs de gloire et de courage
Roulent confusément dans ce vaste naufrage,
Et que les chants divins qui n'ont jamais vieilli
Peuvent seuls enlever quelques noms à l'oubli,
Essayons d'arracher Toulouse à son empire;
Confions ses grandeurs au pouvoir de la lyre.

Vingt phares radieux, honneur de mes foyers,
Ouvrent devant mes pas de lumineux sentiers.
Muse, suivons de loin leurs traces immortelles !
J'irai, m'abandonnant à tes puissantes ailes,
Boire la poésie aux célestes torrents.
La voile qu'arrondit l'heureux souffle des vents,
A travers les écueils conduira mon navire ;
Le passé m'ouvrira son livre qui m'inspire ;
Et daigne enfin la gloire, idole que je sers,
Couvrir de ses rayons ma patrie et mes vers !

Le Pontife romain défend, chef de l'Eglise,
L'unité catholique à sa garde commise ;
C'est ce dépôt sacré, cette arche des humains,
Qui ne doit point périr dans ses fidèles mains.
Comme pour signaler les écueils, ou la rive,
Sur le mât le plus haut la vigie attentive
Jette au loin ses regards, et, d'un œil inquiet,
Interroge l'abîme et l'horizon muet :
Du vaisseau de la foi ce pilote suprême,
Pour conjurer l'orage armé de l'anathême,
Saisit le gouvernail ; ou, vigilant soldat,
Il marche à l'hérésie et lui livre combat :
Unité dont la loi saintement obstinée
Des peuples à venir garde la destinée.

Le front tout sillonné des foudres de Bernard, [5]
L'hérétique a levé son funeste étendard.

Des enfants de l'erreur partout grossit le nombre;
Henri sort du tombeau, les couvrant de son ombre; [6]
Et l'on entend déjà le tonnerre lointain
Qui gronde sourdement sur le mont Aventin.
Contre les Albigeois, qu'enhardit sa clémence,
Le Pape a fulminé la fatale sentence;
Les légats tout-puissants, en cent lieux envoyés,
Ont prêché la croisade aux peuples effrayés;
Et tous s'étaient levés, du Rhin jusqu'à la Loire,
Barons et chevaliers, tous émules de gloire,
Ils avaient pris la lance et quitté leurs donjons,
Déployant dans les airs leurs riches écussons.
Des prêtres se mêlaient à ces bandes guerrières;
Des prélats, désertant l'ombre des sanctuaires,
A de fidèles mains confiant leurs troupeaux,
De vingt peuples croisés conduisaient les drapeaux.
D'abord, un zèle pur, une ferveur sauvage,
Semblaient de ces guerriers échauffer le courage;
Mais bientôt le succès corrompit leur vertu;
Heureux si pour Dieu seul ils eussent combattu!
Quand la soif du pouvoir s'alluma dans leur âme,
La sombre ambition les brûla de sa flamme;
A tous ces noirs levains d'indignes passions,
De funestes conseils mêlèrent leurs poisons;
Jaloux de dominer, ils veulent tout soumettre.

Le Comté de Toulouse avait alors pour maître
Un faible descendant du glorieux Raymond, [7]

Inhabile à porter ses armes et son nom.
Son pouvoir l'accabla. Dans les destins contraires,
La gloire et le succès sont aux grands caractères.
Par de nombreux revers Raymond fut abattu;
Il manqua par la force et non par la vertu.
Mais, avant qu'il cédât à son mauvais génie,
Sous ses lois florissait l'heureuse Occitanie.
Il chérissait les arts; leur culte solennel
Parait d'un noble éclat son règne paternel.
Des sommets de Pyrène aux champs de la Provence,
Régnait la douce paix, mère de l'abondance.
L'on voyait accourir dans sa brillante cour
Le trouvère envieux des chants du troubadour,
Et sous les cintres d'or, les voûtes triomphales,
Eclatait le duel de leurs lyres rivales.
Ainsi, dans nos bosquets, quand le mois des amours
Mêle l'éclat des fleurs à l'éclat des beaux jours,
Deux oiseaux font entendre un assaut d'harmonie.
C'étaient de doux combats d'amour et de génie;
Ils chantaient les hauts faits, les guerres d'autrefois,
La gloire des aïeux, l'honneur des grands exploits;
Charlemagne et Roland, et la sainte entreprise,
Les Sarrasins vaincus et Solyme conquise;
Ou d'un galant servage ils vantaient les douceurs,
Les peines de l'amour et ses tendres faveurs.
Là, rayonnait encore, à l'éclat de ces fêtes,
Un essaim de beautés, enivrantes conquêtes;
Les plus nobles barons, les chevaliers courtois

Y disputaient le prix dans de brillants tournois;
Et chaque jour les chants, les jeux, les passes-d'armes
De ces heureux loisirs se partageaient les charmes.

Alors, un doux lien unissait à Raymond
Léonor, digne sœur du prince d'Aragon. [8]
D'un hymen précédent Toulouse heureuse et fière,
Gardait le souvenir de Jeanne d'Angleterre;
Le trépas la ravit dans sa jeune saison.
Mais de son chaste hymen un noble rejeton
Naquit, pour partager, dans des jours de colère,
Les vertus et le sort de son malheureux père.

Un enfant de Toulouse avec lui fut lié
Par le nœud fraternel de la sainte amitié,
Le troubadour Marcel; de ses belles années
Coulaient près de Raymond les heures fortunées.
Le prince, objet sacré de ses soins assidus,
Le vit croître avec lui; quatre ou cinq ans au plus
De leur âge inégal marquait la différence;
Le même sein de femme allaita leur enfance.
Dans ces jours d'innocence et de penchants heureux,
Sur le seuil de la vie, ils formèrent entr'eux
Ce fort attachement, ces vives sympathies
Que les cœurs généreux n'ont jamais démenties.
Tout riait autour d'eux; mais, de Rome parti,
Un cri fatal de guerre a soudain retenti.
Tels d'heureux villageois qu'abrite un doux ombrage,

CHANT PREMIER.

Dans un calme profond, sous un ciel sans nuage,
Entendent tout-à-coup frémir dans le vallon
Un tonnerre lointain qui gronde à l'horizon.

Deux ans déjà passés, une lutte sanglante
Jusqu'aux murs de Toulouse a porté l'épouvante.
Après trente combats où brilla sa valeur,
Repoussé quelquefois, mais plus souvent vainqueur,
Montfort des deux Raymond préparait la ruine.
Ce guerrier réunit dans sa double origine [9]
Le comte de Leycestre au seigneur d'Amaury.
Indomptable croisé, dans les combats nourri,
De cet âge de fer représentant fidèle,
D'héroïsme et de foi redoutable modèle,
Impétueux guerrier, fanatique soldat,
Le premier à l'assaut, le premier au combat,
Ardent, audacieux, vigilant, intrépide,
De la cause du ciel champion homicide;
Ministre de terreur, par le fer et le feu,
Quand il croit l'honorer, il outrage son Dieu.

Raymond vit accourir, pour venger sa disgrace,
Les princes qu'à leur tour la croisade menace;
Les puissants étendards de Comminge et de Foix; [10]
Défenseurs de sa cause, et vengeurs de leurs droits,
Les barons dépouillés du fief héréditaire [11]
Rangèrent leurs soldats autour de sa bannière.
Les chevaliers loyaux, accourus librement;

Les seigneurs, enchaînés par la foi du serment,
Du manoir féodal exilés volontaires;
Le citadin, fidèle au culte de ses pères,
Qui défend son seigneur, sa vie, et ses foyers;
Les nobles troubadours, poètes et guerriers,
Dont la main, s'animant sous un double délire,
Combat avec la lance, et charme avec la lyre,
Alliés ou vassaux, jaloux de le servir,
Aux fidèles barons vinrent se réunir.

Mais le jeune Raymond, dont le bouillant courage
Décèle l'origine et devance son âge,
Au rang des chevaliers demande d'être admis. [12]
A son désir ardent ce bienfait est promis.
Au Château-Narbonnais la pompe se prépare;
Noble solennité de cet âge barbare,
Qui dompte par l'honneur un courage effréné
Et consacre le fer aux combats destiné !
Le prince, pour hâter ce moment plein de charmes,
Durant la sombre nuit veille auprès de ses armes;
Il prend pour protecteurs de son nouveau destin
Les patrons de Toulouse, Etienne et Saturnin :
Dans la chapelle antique il les invoque, il prie;
Il unit à leurs noms le saint nom de Marie.
Dès que le jour naissant illumine les cieux,
Le vieux comte, entouré d'un cortége nombreux,
S'empresse de remplir sa généreuse attente.
L'oratoire a reçu l'assemblée imposante.

CHANT PREMIER.

Là sont Jordan, Comminge, avec Roger de Foix,
Et Montaut dont le glaive a vaincu tant de fois,
Et vingt autres seigneurs, dignes d'entrer en lice.
Roger, garant d'honneur, présente le novice.
« Nobles seigneurs, dit-il, c'est le jeune Raymond,
» Des héros toulousains le dernier rejeton,
» Qui par ma voix aspire à la faveur insigne
» D'être armé chevalier, si vous l'en jugez digne.
» Le jeune suppliant mérite votre appui.
» Puisse le grand Raymond bientôt revivre en lui! »

Ainsi parle Roger. L'assistance guerrière
Accueille avec transport sa modeste prière.
Le prince alors s'approche, et, le front dépouillé,
Devant le vieux Raymond il tombe agenouillé.
Sur le livre divin sa main droite est placée;
Et là, d'une voix pure autant que sa pensée,
Il jure d'accomplir les soins hospitaliers,
Les devoirs que l'honneur impose aux chevaliers;
De prodiguer son sang que la gloire réclame,
Pour défendre son Dieu, son pays et sa dame.
Le comte le relève, et, consacrant ses droits,
Du plat de son épée il le touche trois fois;
Il l'embrasse et lui dit : « Au nom du divin Maître,
» Je vous fais chevalier, soyez digne de l'être ! » [13]
A ces mots prononcés, l'écuyer qui le sert
Revêt le jeune élu d'une armure de fer;
L'écharpe au tissu d'or à son flanc se balance;

Comminges dans sa main met une forte lance ;
Jordan suspend le glaive au riche ceinturon,
Et le noble parrain lui chausse l'éperon.
« Vous voilà chevalier, mon fils ! reprend le comte ;
» Qu'un jour de gloire enfin succède aux jours de honte !
» Un ennemi puissant nous foule sous ses pieds ;
» Accablés de revers, vaincus, humiliés,
» D'un pouvoir que fonda l'honneur et la justice
» Nous avons vu tomber le superbe édifice.
» Nos peuples malheureux, qu'opprime l'étranger,
» Implorent un héros qui puisse les venger ;
» Le Ciel vous gardera cette tâche sublime.
» Poussés de jour en jour jusqu'au bord de l'abîme,
» Nous avons ressaisi le glaive des combats :
» Toulouse qui vous aime espère en votre bras.
» Oh ! puissiez-vous, changeant le destin des batailles,
» Couvrir d'un bouclier ses antiques murailles,
» De notre grand Raymond rappeler les hauts faits,
» Et nous rendre sa gloire aussi bien que ses traits ! »

Le jeune comte alors : « O jour d'heureux présage !
» L'honneur que je reçois enflamme mon courage.
» Mais d'un si grand bienfait je cherche à m'acquitter ;
» C'est peu de l'obtenir, je veux le mériter.
» Seigneurs, écoutez-donc le serment qui me lie :
» Au salut de ces murs je consacre ma vie ;
» Je jure que ce glaive, entre mes mains remis,
» Portera la terreur dans les rangs ennemis,

CHANT PREMIER.

» Et qu'avant que Toulouse à Montfort soit livrée,
» Tout mon sang baignera son enceinte sacrée.
» Que Dieu me soit en aide ! » Il dit. Puisse son bras
Toujours pour son pays livrer d'heureux combats!
Toulouse en le voyant espère et se rassure.
Ainsi le voyageur, dans une grotte obscure,
Voit poindre avec bonheur, pour guider son retour,
Un rayon de clarté qui lui promet le jour.

Montfort a ravagé les bourgs et les campagnes.
Cependant, descendu comme un roc des montagnes,
Quand Raymond, son ami, son ancien allié,
Courbait sous le malheur un front humilié,
Roger de Foix parut, releva sa fortune,
Et combattit Montfort pour la cause commune.
Mais le fils de Raymond veut marcher aux combats;
Le fidèle Roger conduit ses premiers pas.
De ce jeune héros qui tente la carrière
La gloire a couronné l'ardeur bouillante et fière;
La fortune sourit à ses nobles vertus;
Sous leurs coups réunis les croisés abattus,
A leur tour ont compté de fatales journées.
Montfort rallie enfin leurs troupes consternées;
Et, refoulé lui-même, il demande un abri
Aux remparts menacés de Castelnau-d'Arry.

Dans ces murs qu'environne une triple défense
La croisade a placé sa plus ferme espérance.

Déjà les Toulousains sont au pied de ces tours. [14]
Montfort appelle à lui de rapides secours.
Les tentes de Raymond couvrent au loin la plaine.
Là, brillent Mauléon, sénéchal d'Aquitaine, [15]
Gaston qui voit fleurir le Béarn sous ses lois,
Le lion de Comminge et les armes de Foix.
Comme un marin prudent, qui, dans les mers du pôle,
A travers les écueils guidé par la boussole,
A vu, du haut d'un mât, autour de son vaisseau,
Les glaces s'entasser en mobile monceau,
Pour éviter leur choc, armé de son courage,
Parmi ces monts flottants cherche et tente un passage;
Ainsi Montfort, planant du sommet des remparts
Sur un vaste horizon qu'explorent ses regards,
Des ennemis nombreux, aux enseignes flottantes,
Voyait autour de lui se déployer les tentes,
Et cherchait, dans la plaine, au détour des vallons,
Une issue à travers les épais bataillons.
Mais Hugues de Lastic : « Seigneur, daignez m'entendre;
» Ce poste est important, nous devons le défendre. [16]
» Fuir devant l'ennemi n'est pas digne de nous;
» Au lieu de l'éviter, résistons à ses coups.
» Sa force l'embarrasse, et cette foule vaine
» Ne sait où diriger sa fureur incertaine;
» Avant qu'il se décide et qu'il ose attaquer,
» Les secours attendus ne peuvent nous manquer.
» Lévis a soulevé le peuple de Narbonne; [17]
» Guy de Lucé parcourt Beziers et Carcassonne;

» Des tours de Cabardès, des coteaux de Revel,
» De nombreux combattants marchent à votre appel ;
» Lavaur vous fournira sa garnison fidèle,
» Et Bouchard de Marly qui combat avec elle,
» Et l'espagnol Algaïs qui vous jura sa foi.... » [18]
Montfort l'interrompant : « Fort bien. Mais, dites-moi,
» Quand je vous conduirai dans ce terrible orage,
» De suivre tous mes pas aurez-vous le courage ? »
— « N'en doutez pas, seigneur, partout je vous suivrai. »
Et Montfort lui répond : « Bientôt je le saurai.
» Soyez prêt à combattre. »

Il achevait à peine,
Un tourbillon poudreux s'élève dans la plaine.
Ainsi lorsque la nue, en traversant les airs,
Emporte dans ses flancs la grêle et les éclairs,
Devant elle en grondant s'envole dans l'espace
La poudre des sillons que la tempête chasse.
Le camp des Toulousains s'ébranle; avec ardeur
Un corps nombreux s'élance et gravit la hauteur.
Bientôt mille guerriers en couronnent le faîte;
C'est le jeune Raymond qui s'avance à leur tête.
Il attaque le bourg. Les croisés, sans appui,
Surpris et chancelants, reculent devant lui;
Le nombre cependant raffermit leur courage;
Leur troupe se rallie, et le combat s'engage.
Montfort suivait de l'œil ce choc inattendu,
Et, pour le soutenir, Lastic est descendu.

Il marche vers Raymond; plein d'une ardeur fatale,
Il désire à tout prix que son bras se signale;
Contre les assaillants on le voit s'élancer;
C'est toi, jeune héros, qu'il ose menacer.
Des premiers combattants que son coursier refoule,
Sous le fer de sa lance il disperse la foule,
Et de ce fer sanglant qui lui fraie un chemin,
Il porte un coup terrible au guerrier toulousain,
Lui disant : « Toi, combattre, enfant! va, tête folle!
» L'armure des combats est lourde à ton épaule;
» Dans les jeux d'un tournoi tu peux tenter le sort;
» Mais ici, c'est du sang; mais ici, c'est la mort. »

Et le jeune Raymond, habile à se défendre :
« C'est du sang, je le sais; pensais-tu me l'apprendre?
» Pour moi, je t'apprendrai, car tu ne le sais pas,
» Que la force est au cœur, tout aussi bien qu'au bras;
» Et surtout, que l'adresse unie au vrai courage,
» Non moins qu'à l'âge mûr, appartient au jeune âge. »
Sous le coup imprévu ferme il est demeuré;
Puis, il porte à son tour un coup plus assuré.
Lastic reste étourdi sous l'atteinte fatale;
Il sent bien qu'il affronte une lutte inégale.
Hélas! au repentir il n'est plus de chemin,
Et l'honneur lui défend d'éviter son destin.
Tel un jeune coursier, dédaigneux de son guide,
S'élance, impétueux, dans un fleuve rapide,
Et contre le courant qui le pousse, entraîné,

Lutte en se débattant d'un effort obstiné;
Mais c'est en vain; il jette une prunelle ardente
Au bord qu'abandonna son ardeur imprudente,
Le voit fuir, et, sentant sa force défaillir,
Se livre au flot grondant prêt à l'ensevelir.
Tel l'imprudent Lastic, dont l'attente est trompée,
D'un noir pressentiment l'âme déjà frappée,
N'osant pas reculer devant son ennemi,
Se livre au sort fatal qui l'entraîne à demi.
Un pouvoir inconnu le pousse vers l'abîme;
D'orgueil et de terreur c'est une lutte intime;
L'orgueil l'emporte. Il veut combattre de plus près;
Il a jeté sa lance, il dédaigne les traits;
Sa main saisit le glaive, et ses coups pleins d'audace
Frappent de son rival le casque et la cuirasse.
Le héros toulousain, qui brave ses transports,
Le laisse s'épuiser en stériles efforts,
Se dérobe à ses coups, le fatigue, et diffère
D'attaquer à son tour ce fougueux adversaire.
Tel un nocher prudent, sur la rive des mers,
Avant d'abandonner sa barque aux flots amers,
Attend que la tempête ait épuisé sa rage.
Tel Raymond, dès l'abord, résiste et se ménage;
Mais, le moment venu, sitôt qu'il a senti
La vigueur défaillante et le bras ralenti,
Lui qui se défendait, plein d'une ardeur soudaine,
Il attaque Lastic qui résiste avec peine;
Il le pousse, il le presse, et, de son glaive armé,

Le bras levé, le front pâle, l'œil enflammé,
Le frappe, et fait pleuvoir sur ses flancs, sur sa tête,
De coups précipités une horrible tempête.
Le croisé frémissant, pour défendre ses jours,
D'un noble désespoir emprunte le secours ;
Mais, tandis qu'à deux mains saisissant son épée,
Il menace une tête à son bras échappée,
Le glaive de Raymond qui plonge dans son flanc,
En fait sortir la vie avec des flots de sang.
Le croisé pousse un cri, tombe et meurt. Son escorte
Le relève sanglant, le pleure, et le transporte
Dans les murs du château, pour le rendre à Montfort
Qui prévit sa disgrace et veut venger sa mort.

Les Toulousains, couverts de sang et de poussière,
Restés maîtres du bourg, y plantent leur bannière.

Cependant, empressés d'affranchir ces remparts,
Les secours attendus marchaient de toutes parts.
Dans le camp de Raymond qu'ils cherchent à surprendre
Le bruit de leur progrès commence à se répandre ;
On suit leurs mouvements, on les fait épier.
Ces combattants épars doivent se rallier ;
Qu'avant de se former leur masse soit rompue !
Foix court à leur rencontre; une attaque imprévue
Prenant isolément, l'un de l'autre écartés,
Ces bataillons divers, dans leur course arrêtés,
Peut, en les surprenant, aisément les détruire.

Le soldat sûr de vaincre est facile à conduire;
On connaît la valeur, les exploits de Roger;
Sous ses heureux drapeaux chacun veut se ranger. [19]
Roger choisit sa troupe; en avant de ces hordes,
Dirigeant ses archers, il occupe Lasbordes.
A Lévis, à Lucé, près d'en venir aux mains,
De la place investie il ferme les chemins,
Et retient en échec, dans leur marche incertaine,
Les secours de Lavaur que Bouchard leur amène.

Mais Lévis, excitant l'ardeur de ses soldats,
Vers Castelnau-d'Arry précipitait leurs pas.
Toutefois il maîtrise une ardeur qu'il redoute;
Capitaine prudent, il éclaire leur route,
Et d'un piége fatal pressentant le danger,
Evite le passage où l'attendait Roger.
Le comte a vu bientôt une troupe légère
S'avancer lentement, retourner en arrière,
Et sonder les grands bois que l'on doit traverser.
La ruse est découverte, il faut y renoncer.
Par son ordre aussitôt, du sein de ces retraites,
Eclate dans les airs le bruit de vingt trompettes;
Elles sonnent l'attaque. A leur puissante voix,
Cent chevaliers brillants s'élancent à la fois.
Le sol tremble et frémit; Lévis troublé s'étonne:
Le choc impétueux ébranle sa colonne;
Elle hésite un moment; frappés, demi-vaincus,
Sous le fer teint de sang les rangs sont abattus;

Une grêle de traits épaisse et meurtrière,
Dans les airs obscurcis dérobe la lumière;
Les Franks ne tiennent plus; ceux-ci sont dispersés;
Ceux-là jonchent le sol, sanglants et renversés;
Partout règnent l'effroi, le trouble, la défaite;
Des soldats de Lévis la déroute est complète;
Il couvre de ses morts le terrain qu'il défend.

De ce premier succès heureux et triomphant,
Sur les croisés vaincus Roger se précipite,
Et s'attache au butin qu'abandonne leur fuite.
Mais souvent la victoire est bien près de l'écueil,
Et le succès précoce est un sujet de deuil.
Tandis que les vainqueurs partageaient avec joie
Le bagage opulent qui devenait leur proie,
Guy de Lucé survient. Les fuyards poursuivis
Lui révélaient leur honte et l'échec de Lévis;
Il a formé sa troupe, et cet appui fidèle
Contient les fugitifs ralliés autour d'elle.
A la voix du héros on les voit s'avancer,
Le combat se prépare et va recommencer.
Lévis se joint à lui; leur attaque soudaine
Surprend les Toulousains répandus dans la plaine;
En colonne serrée ils marchent sur un tas
D'ennemis expirants que renversent leurs bras.
Roger voit tout-à-coup ses tentes menacées;
Il rassemble à grands cris ses bandes dispersées.
Ainsi, des blonds épis liés en gerbe d'or,

Quand l'aire impatiente a reçu le trésor,
Que l'heureux moissonneur, en dénouant leurs tresses,
Des champs aux feux du jour étale les largesses;
Si tout-à-coup, grondant et sillonné d'éclairs,
Un nuage imprévu vient obscurcir les airs,
On voit au même instant plusieurs mains empressées
Relever en faisceau les gerbes dispersées.
Ainsi Roger de Foix, que l'ennemi surprend,
Réunit ses soldats et résiste au torrent.
L'ardeur de ces guerriers ne s'est point affaiblie;
Le clairon les émeut, l'étendard les rallie;
Bientôt Roger conduit, de sa flamme embrasés,
Ses nobles compagnons, en trois corps divisés;
Cavaliers, fantassins, émules de courage,
Répandent la terreur, le sang et le ravage.

Le Comte triomphait; pour la seconde fois,
Lévis était vaincu par les armes de Foix;
Mais un nouvel échec vient troubler sa victoire.
A l'horizon s'élève une ombre épaisse et noire;
Au travers, on croit voir des armes rayonner,
Et bientôt on entend des trompettes sonner.
C'est Bouchard. Emporté par son bouillant courage,
Il a vaincu l'obstacle et forcé le passage;
A travers des chemins que nul n'osait tenter,
Il a fui l'ennemi qui devait l'arrêter.
Algaïs est avec lui. Là, brille sous les armes
L'évêque de Cahors, suivi de ses gens d'armes;

Ici, l'abbé de Castre; à ses ordres soumis,
Châtelain de Lavaur, il conduisait tes fils.
Ils ont franchi la plaine; une lutte animée
S'engage au même instant sur les flancs de l'armée.

Roger, qui voit flotter ces nombreux étendards,
Entouré d'ennemis, combat de toutes parts;
De Lucé, de Lévis, forcés à la retraite,
Il a laissé Comminge achever la défaite;
Il porte sur Bouchard l'effort de ses guerriers,
Et dans des flots de sang cueille encor des lauriers.
Tout cède sous ses coups; point de bande aguerrie
Qui puisse soutenir le choc de sa furie;
L'impétueux coursier qui le porte aux combats
Des rangs qu'il a rompus foule aux pieds les soldats;
Dans cette large brèche, ouverte à ses colères,
Roger s'agite et frappe, et ravage; trois frères
Tombent en maudissant leurs imprudents défis;
Châtelain de Lavaur, il immole tes fils!
Algaïs se trouble et fuit la lance redoutée,
Entraînant avec lui sa troupe épouvantée.
Le désordre et l'effroi courent de rang en rang;
Chacun se précipite, et tout cède au torrent;
Tout.... Bouchard excepté. Seul, bravant la tempête,
Il couvre les fuyards et sa voix les arrête.
Le prélat de Cahors, à regret éloigné,
De la fuite d'Algaïs justement indigné, [20]
Court à lui, le gourmande, et, prodiguant l'outrage,

Réveille en lui la honte, à défaut de courage.
Algaïs rougit; il cède à la voix du remord;
Au déshonneur de vivre il préfère la mort.
Il retourne au combat; son âme impatiente
Se jette avec fureur dans la mêlée ardente;
Sa troupe suit. On voit, sur ses pas accourus
Des secours que déjà Bouchard n'espérait plus.
Il rétablit ses rangs; le combat recommence.
Tandis que ce guerrier que soutient sa constance,
Lutte avec désespoir jusqu'au dernier effort,
Ses yeux ont vu flotter l'étendard de Montfort.
C'est lui. Ce fier géant, appelé par l'orage,
Bondit, comme un lion, dans ce champ de carnage.
Du péril des croisés fidèlement instruit,
Il vole à leur secours; son ardeur le conduit.
Terrible, impatient au signal des alarmes,
Il brûle d'affronter ces hasards pleins de charmes;
Ses fidèles Bretons s'élancent avec lui;
Point de lance à leur bras, les glaives seuls ont lui;
Ils plongent dans le sang leur pointe inévitable;
Glaives longs et massifs dont le poids seul accable,
Qui frappent sans relâche, et, prompts comme l'éclair,
Font voler en éclats les armures de fer.

Tout change en un moment; la victoire indécise
Glisse aux mains de Roger qui crut l'avoir conquise.
C'est le tour des croisés : Guy de Lucé, Lévis,
Pressent les combattants qui les ont poursuivis;

Comminge est repoussé, sa troupe prend la fuite ;
Dans les rangs ennemis Bouchard se précipite ;
Algaïs ose l'y suivre ; et plus qu'eux tous Montfort
Répand autour de lui l'épouvante et la mort.
Comme au cirque sanglant du large amphithéâtre,
Cent animaux cruels déchaînés pour combattre,
Tigre, lion, panthère, ours, crocodile affreux,
Disputant de fureur, se dévorent entr'eux ;
Telle, dans ce vallon qui se change en arène,
De ces fiers ennemis la rage se déchaîne.
Et puis, comme, à travers ce mélange hideux
D'animaux palpitants, déchirés, furieux,
Un superbe éléphant s'avance et les domine,
Et, déroulant sa trompe, atteint, broie, extermine
Les tigres, les lions, et vingt monstres divers,
Ennemis impuissants qu'il jette dans les airs.
Ainsi le fier Montfort, dressant sa haute taille,
Fait planer la terreur sur le champ de bataille ;
Il règne avec orgueil sur ce champ dévasté
Qu'il a rempli de morts tombant à son côté.
Roger voit ses guerriers renversés dans la poudre ;
Comme un cèdre aux cent bras écrasé par la foudre,
Ces brillants escadrons, mutilés, abattus,
A la voix de leur chef ne se relèvent plus.
Il cède en frémissant ce théâtre de gloire,
Où deux fois en un jour lui sourit la victoire,
Et le laisse fumant de ce sang généreux
Qu'ont prodigué pour lui tant d'amis malheureux.

Mais pendant que Montfort signalait sa vaillance,
Dans le camp toulousain on savait son absence;
On redouble d'efforts pour emporter ces murs
Qu'occupent tristement quelques guerriers obscurs.
Par ordre de Raymond les machines dressées,
Sous le bélier tonnant et les pierres lancées,
Ebranlent les remparts, démantèlent les tours.
Sicard qui les défend est seul et sans secours.
La brèche s'élargit en des brèches nouvelles;
On comble les fossés, on porte des échelles,
Et pour le point du jour l'assaut est préparé;
Tout promet à l'attaque un succès assuré.

Montfort qui des croisés pressentait la détresse,
Arrive triomphant, plein d'orgueil et d'ivresse.
La nuit couvre sa marche, et dans l'obscurité
Sur le camp de Raymond il s'est précipité.
La flamme est dans les mains de sa troupe hardie;
Aux tentes de Toulouse il jette l'incendie.
Mille feux allumés éclatent dans le camp
Qui s'étonne et se croit surpris par un volcan.
Partout des tourbillons d'une épaisse fumée,
Comme un linceul funèbre enveloppent l'armée.
Le soldat éperdu, qui s'éveille en sursaut,
Ne sait plus qu'opposer à ce terrible assaut.
La flamme se propage; à la toile des tentes
Elle attache le dard de ses flèches brûlantes,
Et son foyer terrible, à toute heure agrandi,

Allume sa colère au souffle du Midi.
En vain, pour arrêter ce funeste ravage,
Le héros toulousain signale son courage;
Tout le camp se remplit de tumulte et d'horreur.
Habile à profiter d'un moment de terreur,
Montfort lui-même accourt poussant des cris sauvages;
Comme un torrent fougueux gonflé par les orages,
Il fond dans ce désordre, et mêle avec grand bruit
L'horreur de son attaque à l'horreur de la nuit.
A son tour, du château négligeant la défense,
Au signal de Montfort, Sicard saisit sa lance;
Ses compagnons et lui, dans la lutte emportés,
Frappent les assiégeants, saisis de tous côtés.
Dans la nuit, dans les feux, sous mille traits qui tombent,
Les guerriers toulousains résistent.... et succombent.
Oh! qui dira jamais de tant d'illustres morts
L'intrépide courage et les vaillants efforts!
Trois fois le fier Raymond, dont le grand cœur s'indigne,
Des soldats de Montfort avait rompu la ligne;
Trois fois il triomphait, et sa vaillante main
Sur des monceaux de morts lui frayait un chemin.
Mais à travers ces feux dont les clartés funèbres
Ne laissent voir que sang, que meurtres, que ténèbres,
Il aperçoit Marcel et les siens épuisés
Qu'opprimait sous le nombre un groupe de croisés,
Et qui, près de tomber sous leur rage assouvie,
Leur vendaient la victoire et défendaient leur vie.
Cet aspect le transporte.... il s'élance.... son bras

Se jette avec fureur dans de nouveaux combats.
Emporté par sa fougue, et d'un élan rapide,
Il se rue à travers cette foule homicide;
Le nombre, le péril, Raymond a bravé tout.
Au fort de la mêlée on l'aperçoit debout,
Multipliant les coups, prodiguant le carnage.
Déjà jusqu'à Marcel il s'ouvrait un passage;
Sur les corps expirants dont il s'est entouré,
Vainqueur, il ramenait son ami délivré....
Montfort l'a reconnu ; Montfort, ivre de joie,
Comme un tigre affamé découvre enfin sa proie.
Il lance contre lui ses farouches Bretons
Dont les bras sont si lourds et les glaives si prompts;
De leur troupe pesante excitant la vitesse,
Dans un réseau de fer il l'enferme et le presse.
Raymond que rien n'effraie, appuyé sur Marcel,
A plus d'un ennemi porte le coup mortel.
Mais, pendant qu'il combat (ô disgrace imprévue!)
Dans la main du héros sa lance s'est rompue;
Il a saisi son glaive, et le glaive en éclats
Sur un dur corselet se brise avec fracas.
Désarmé, soulevant une main affaiblie,
Perdant avec son sang ses forces et sa vie,
Raymond a vu Marcel, après de longs efforts,
Tomber non loin de lui dans la foule des morts.
Trahi par cette nuit dont l'horreur l'environne,
Cherchant en vain la mort, espoir qui l'abandonne,
Demeuré seul des siens, abattu le dernier,

Dans les mains de Montfort il reste prisonnier.

Mais le comte de Foix qu'un égal danger presse,
Roger de son ami n'a point su la détresse ;
Pour le jeune Raymond lui qui voudrait mourir,
Ignorant son destin, n'a pu le secourir.
Enfin le jour se lève, et c'est la renommée
Qui lui révèle alors les malheurs de l'armée,
Et tout ce qu'il apprend, dans ce moment d'horreur,
Vient briser son espoir et déchirer son cœur.
Alors, en gémissant, il rassemble le reste
Des guerriers qu'épargna cette nuit si funeste ;
Il conduit leur retraite ; et, pour de meilleurs jours,
Foix reçoit ses enfants à l'ombre de ses tours. [21]

NOTES DU CHANT PREMIER.

---

[1] LA GUERRE DES ALBIGEOIS (titre).

L'origine du nom *Albigeois* donné aux hérétiques des XIe et XIIe siècles, a singulièrement exercé l'érudition et la sagacité des écrivains qui ont raconté les événements de cette époque.

Il est certain que cette guerre n'a pas eu pour théâtre l'*Albigeois* proprement dit, et qu'elle n'a pas non plus été faite contre les habitants de ce pays. Il est également certain que le pays d'Albi n'était pas plus infesté de l'hérésie que le pays de *Carcassonne*, et de *Beziers* surtout qui en était regardé comme le siége principal. Il y a donc lieu de s'étonner de cette dénomination d'*Albigeois* donnée aux fauteurs de l'hérésie.

Les savants auteurs de l'Histoire de Languedoc qui ont possédé la sagacité et l'érudition à un si haut degré, ont examiné, avec cette sûreté de jugement et cette clarté de discussion qui les caractérise; les opinions de Basnage, de l'historien de Thou, du père Percin, du religieux Robert, de l'abbé Fleuri, de Guillaume de Nangis, de Mathieu Paris et de plusieurs autres. Ils ont démontré de la manière la plus irrésistible que les hérétiques, appelés dans le xii⁰ siècle tour à tour *Manichéens*, *Vaudois*, *Cathares*, *Patarins*, *Poblicains*, *Ensabattés* (à cause de leur chaussure), ne reçurent le nom d'*Albigeois* qu'en 1208, c'est-à-dire à l'époque de la croisade. Après une discussion pleine d'intérêt, ils se sont arrêtés à l'opinion que nous allons transcrire :

« En 1208, lorsque ce nom *Albigeois* fut mis en usage, les
» hérétiques qu'on appelait auparavant Manichéens, Bulgares,
» Ariens, Poblicains, Patarins, Cathares, Vaudois, *Sabbattati*
» ou *Insabbattati*, avaient, à la vérité, fait de grands progrès
» dans le diocèse d'Albi, mais beaucoup moins que dans ceux
» de Toulouse, Beziers, Carcassonne, Narbonne, etc.; aussi le
» fort de la croisade tomba-t-il sur ces derniers diocèses, où
» les hérétiques firent beaucoup plus de résistance que dans
» l'Albigeois, pays qui se soumit volontairement presque tout
» entier à Simon de Montfort, en 1209. Nous inférons de là
» que les étrangers qui, suivant Pierre de Vaux-Sernay, don-
» nèrent alors le nom général d'*Albigeois* à tous les hérétiques
» de la province, soit Manichéens ou Ariens, soit Vaudois,
» etc., le firent, ou parce que ces sectaires avaient été con-
» damnés longtemps auparavant au concile tenu à Lombers
» en Albigeois, ou à cause qu'on comprenait alors sous le
» nom général d'Albigeois une grande partie de la province,
» entr'autres les diocèses de Beziers et de Carcassonne, et le
» Lauraguais, qui étaient, avec l'Albigeois, sous la domina-
» tion du vicomte Raymond Roger (Trencavel), et qui étaient
» également infectés par les hérétiques. Cette dernière raison
» nous paraît la plus vraisemblable. » (*Histoire de Languedoc*, liv. 21, note 5.)

² Servit d'un conquérant l'ambition jalouse.

La haute position des comtes de Toulouse fut la principale cause de leur perte. Ils possédaient, comme souverains, les plus belles et les plus riches contrées des anciennes Gaules. Ils étaient comtes de Toulouse et de Saint-Gilles, marquis de Gothie et de Provence, ducs de Narbonne. Leur famille, illustrée dans les premières croisades, était aussi antique que glorieuse. Tant de prospérité fut enviée. La croisade, bientôt détournée de son but, devint le prétexte religieux d'une guerre essentiellement politique. Le Nord poursuivait dans ces contrées méridionales les restes imposants de la domination romaine qui vivait encore par les institutions.

³ Daigne sourire, Isaure, au vainqueur de tes jeux.

Clémence Isaure descendait des comtes de Toulouse ; elle vivait dans la seconde moitié du xve siècle. Elle fut, non l'institutrice, mais la restauratrice des Jeux-Floraux, dont le collège existait déjà en 1323. Elle assura, par ses libéralités, la distribution annuelle des prix, qui, comme l'on sait, consistent dans des fleurs d'or et d'argent. Cette distribution est encore aujourd'hui une fête populaire dans Toulouse. Les fleurs sont déposées, dès le matin du 3 mai, sur le maître-autel de l'église de la Daurade ; c'est là que les commissaires de l'Académie, précédés d'un cortége et d'une musique militaires, vont les recevoir des mains du curé de cette paroisse, à travers les flots du peuple qui se précipite autour d'eux. La séance s'ouvre par l'éloge de Clémence Isaure, qui est ordinairement prononcé par le mainteneur nouvellement reçu, ou par un maître ès-jeux. Au retour des commissaires, on lit les ouvrages couronnés et on distribue les prix. La statue en marbre blanc de Clémence Isaure que l'on voit au Capitole, dans la salle de son nom, est couronnée de fleurs. (Voir l'*Histoire des Jeux-Floraux*, par M. Poitevin-Peytavi.)

⁴ D'un long voile de sang couvrit l'Occitanie.

Le nom d'OCCITANIE donné aux contrées qui formèrent plus tard la province de *Languedoc*, remonte à une époque au moins contemporaine de la croisade contre les Albigeois. On en trouve la preuve dans la fameuse lettre que le pape Innocent III adressa à une foule d'évêques et de princes, au sujet du meurtre du légat Pierre de Castelnau ; on y lit : « ..... *Cum sanctæ memoriæ F. P. de Castronovo, monachus et sacerdos, vir inter viros utique virtuosus, vitâ, scientiâ et famâ præclarus, ad evangelisandam pacem et confirmendam fidem, in provinciâ* OCCITANA, *cum aliis destinatus in commisso sibi ministerio laudabiliter profecisset,* etc. »

⁵ Le front tout sillonné des foudres de Bernard.

L'on connaît la mission que saint Bernard vint remplir dans les contrées méridionales environnant Toulouse, Castres, etc. Voici ce qu'en dit Catel dans son *Histoire des Comtes de Toulouse* : « Saint Bernard fut très bien venu dans Tolose, et
» comme dit l'autheur de sa vie parlant de son arrivée: *Veniens*
» *autem cum incredibili devotione susceptus est à populo terræ,*
» *ac si de cœlo angelus advenisset.* Il séjourna peu de temps
» dans Tolose, mais pourtant son arrivée apporta beaucoup
» de fruict, ce que lui-mesme escrit en l'épistre 241, *ad Tolo-*
» *sanos* : *Gratias* (dit-il) *agimus Deo quia non fuit ociosus*
» *adventus noster ad vos et mora quidem brevis, sed non*
» *infructuosa.* Et cependant qu'il y fut, il y prescha et aux
» lieux circonvoisins qui avaient besoing de son secours, ce
» que le susdit autheur qui a fait sa vie raconte en ces termes:
» *Prædicavit autem in civitate Tolosanâ per aliquot dies, et*
» *cœteris locis quæ miser ille frequentasset amplius, et gravius*
» *infecisset, multos errantes revocans, subversos reparans,*
» *subversores et obstinatos authoritate suâ premens et oppri-*
» *mens, ut nec dico resistere, sed ne audere quidem vel*
» *apparere præsumant.* Il quitta sitost Tolose, à cause qu'il
» était comme opprimé du grand nombre de peuple qui ac-
» courait de jour et de nuit à lui pour recevoir sa bénédiction
» et l'assistance de ses prières envers Dieu, comme le mesme
» autheur escrit, lequel aussi remarque que, tandis qu'il fut
» à Tolose, il fit un miracle fort célèbre, car il guérit un pa-
» ralytique qui estoit dans la maison d'un chanoine régulier
» de Saint-Sernin. Il prescha aussi à Verfeil lés Tolose, où il
» y avoit grand nombre de gens de guerre infectés de cette
» hérésie, et n'y profita guères, ainsi qu'a remarqué Guil-
» laume de Puylaurens en son *Histoire des Albigeois*, à cause
» de quoi il fut contraint de se retirer à un lieu près de
» Verfeil, qui, pour l'avoir receu, porte encore le nom de
» Bourg-Saint-Bernard. »

⁶ Henri sort du tombeau les couvrant de son ombre.

Henri, disciple de Pierre de Bruïs, renouvela ses erreurs.

C'était un homme éloquent, mais de mœurs corrompues. Il eut pendant quelque temps un grand succès, et donna son nom aux *Pétrobusiens* *, qu'on appelait aussi *Henriciens*. Il fut démasqué par saint Bernard (*épist.* 241), pris et livré à l'évêque. Il vivait en 1150. (Voir l'*Histoire ecclésiastique* de Fleury, liv. 69, 24 et 25.)

⁷ Un faible descendant du glorieux Raymond.

Raymond VI, fils et successeur de Raymond V, et arrière-petit-fils de Raymond le Croisé, comte de Toulouse et de Saint-Gilles.

⁸ ...... Un doux lien unissait à Raymond
Léonor, digne sœur du prince d'Aragon.

Raymond VI, si maltraité par l'historiographe de Montfort, Pierre de Vaux-Sernay, avait eu plusieurs femmes. Il avait épousé, en 1172, Ermessinde de Pelet, comtesse de Melgueil, qui mourut en 1176. Il se maria en secondes noces avec Béatrix, qui était sœur du vicomte de Beziers et qu'il répudia dans la suite. Un troisième mariage l'unit avec la fille du duc de Chypre. Plus tard, il épousa Jeanne d'Angleterre, sœur de Richard Cœur-de-Lion et veuve de Guillaume, roi de Sicile. Cette princesse, qui mourut en 1199, laissa un fils qui succéda à son père sous le nom de Raymond VII; c'est le héros de ce poème. Après la mort de Jeanne, Raymond prit pour cinquième femme Eléonor, sœur de Pierre II, roi d'Aragon, vainqueur des Maures à la bataille de *las Naves de Tolosa* et tué plus tard à la bataille de Muret.

⁹ Ce guerrier réunit dans sa double origine....

Il s'agit du fameux Simon, comte de Montfort et de Leycestre. Son historiographe, Pierre de Vaux-Sernay n'a pas manqué d'en faire le portrait le plus avantageux. « Sa nais-
» sance était des plus illustres; on le fait descendre de Guil-
» laume, fils d'Amauri, comte de Haynaut, qui vivait au xe
» siècle, et on compte plusieurs grands hommes parmi ses

---

* Ainsi appelés du nom de leur chef Pierre de Bruïs.

» ancêtres. Guillaume, fils du comte Amauri, avait épousé
» l'héritière de Montfort, lieu situé sur la Seine, à huit lieues
» de Paris, vers le couchant, qu'on nomme Montfort l'Amauri,
» à cause que le fils de Guillaume s'appelait Amauri. Simon
» fut le troisième seigneur de Montfort de son nom ; il était
» fils puîné de Simon II, seigneur de Montfort et comte
» d'Evreux, et d'Amicie, comtesse de Leycestre en Angleterre.
» Il eut la seigneurie de Montfort et le comté de Leycestre en
» partage. Il avait épousé, avant l'an 1190, Alix de Montmo-
» rency, dame non moins recommandable par sa naissance
» que par sa piété et par sa sagesse. Il en avait alors plusieurs
» fils qui prirent part avec lui à l'expédition contre les héré-
» tiques, où il était venu servir sous les enseignes du duc de
» Bourgogne qui l'avait engagé à le suivre. Il avait déjà donné,
» en 1204, dans la Terre-Sainte, des preuves de sa valeur.
» Il portait une grande chevelure et était d'une taille avanta-
» geuse, bien fait de corps, beau de visage, actif, vigilant,
» fort, vigoureux, infatigable, propre à tous les exercices,
» affable, poli, éloquent ; mais de quelques grandes qualités
» qu'il fût doué, la suite de ses actions nous fera voir qu'il
» avait une ambition démesurée, passion qui n'est jamais si
» dangereuse que lorsqu'elle se couvre du voile de la reli-
» gion. » (*Histoire de Languedoc*, liv. 21, ch. 62.)

¹⁰ Les puissants étendards de Comminge et de Foix.

Les comtes de Comminges et de Foix partagèrent pendant cette longue lutte les vicissitudes de la fortune si diverse du comte de Toulouse. Ils furent ses plus constants et ses plus fidèles alliés. Les comtes de Foix étaient au nombre de deux : il y avait Raymond-Roger, le comte régnant, et Roger-Bernard, son fils, qui avait aussi le titre de comte. Les princes de cette maison puissante étaient également renommés par leur intrépidité et leur héroïsme chevaleresque. L'auteur de ce poème ne pouvait pas les placer tous les deux sur la même ligne ; devant opter, il a donné la préférence à Roger-Bernard, et par là il a évité l'inconvénient de reproduire encore le nom de Raymond, déjà répété tant de fois.

¹¹ Les barons dépouillés du fief héréditaire.

Dans le langage de la chronique, on les appelle les *faidits* ; ce qui signifie les seigneurs que Montfort avait déposés, et dont le domaine avait été par lui adjugé à quelqu'un de ses compagnons d'armes. *Faidits* est synonyme de proscrits.

¹² Au rang des chevaliers demande d'être admis.

On peut lire au long, dans l'ouvrage de Lacurne de Saint-Palaye, les cérémonies qui précédaient et accompagnaient la réception des chevaliers. Le poète a cru devoir les abréger. Mais l'on ne sera peut-être pas fâché de connaître comment l'historien de Montfort raconte l'admission du fils de son héros parmi les guerriers croisés, ce qu'il appelle la réception de la *ceinture militaire*.

« L'an de l'incarnation du Verbe divin 1213, le noble comte
» de Montfort, ensemble plusieurs barons et gendarmes, s'as-
» semblèrent le jour de la sainct Jehan, à Chasteau-Neuf
» d'Arry, et avoit le comte quant et luy deux vénérables éves-
» ques susdicts et certains gendarmes estrangers. Le comte
» très chrestien, volut prier l'évesque d'Orléans de voloir, ce
» jour-là, faire son enfant gendarme de Jesuchrist, et luy
» bailler la ceinture militaire, à quoi longuement résista
» l'évesque. Toutefois, vaincu par ses prières et les nostres,
» y acquiesça. Et parce que le fort de Chasteau-Neuf n'estoit
» capable pour contenir si grande multitude, mesmes estant
» temps d'esté, ayant le fort desia esté destruict par deux fois,
» feit faire, en une plaine bien près de là, force pavillons. Et
» le jour de la Nativité Sainct Jehan-Baptiste, l'évesque d'Or-
» léans, orné de ses habitz pontificaux, célébra la messe en
» une des tentes, où chascun s'assembla, tant clercz que gen-
» darmes ; et durant la célébration d'icelle, le comte, prenant
» son enfant par la main dextre, et la comtesse par la sénestre,
» s'en allèrent au devant de l'autel pour l'offrir à Dieu, et prier
» l'évesque de le voloir faire gendarme de Jesuchrist. Quoi
» plus? Soudain les évesques d'Orléans et d'Auxerre, les
» genoux fléchis devant l'autel, ceignirent l'enfant de la cein-

» ture militaire, commençant à chanter, en grande dévotion,
» l'hymne qui dit : *Veni, creator Spiritus....* » (*Histoire des
Albigeois*, par Pierre de Vaux-Sernay, ch. 121, traduction
d'Arnaud Sorbin, à Tolose, 1568.)

¹³ Je vous fais chevalier, soyez digne de l'être!

« A regarder la chevalerie comme une dignité qui donnait
» le premier rang dans l'ordre militaire, et qui se conférait
» par une espèce d'investiture accompagnée de certaines céré-
» monies et d'un serment solennel, il serait difficile de la faire
» remonter au-delà du xie siècle. » (Lacurne de Saint-Palaye,
tome 1er, 2e partie, page 68. — Voir, dans le même auteur,
le cérémonial suivi pour la réception des chevaliers.)

¹⁴ Déjà les Toulousains sont au pied de ses tours.

Il s'agit du siége de Castelnau-d'Arry et de la bataille qui
porte ce nom. Ici le poète a cru devoir s'écarter un peu de
l'histoire. La bataille fut livrée entre le vieux Raymond, comte
de Toulouse, le comte de Foix d'une part, et Monfort de
l'autre. Le poète a substitué le jeune Raymond, héros du
poème, à la place de son père; il suppose aussi que le jeune
Raymond est fait prisonnier, circonstance nécessaire pour
amener les principaux incidents qui se rattachent dans le
poème à la partie de la fiction.

¹⁵ Là, brillent Mauléon, sénéchal d'Aquitaine......

Voir la note 21.

¹⁶ Mais Hugues de Lastic : « Seigneur, daignez m'entendre ;
» Ce poste est important, nous devons le défendre. »

Voir la note 21.

¹⁷ Et Bouchard de Marly qui combat avec elle,
Et l'espagnol Algaïs qui vous jura sa foi.

Voir la note 21.

¹⁸ Levis a soulevé le peuple de Narbonne.

Guy de Levis, surnommé *Maréchal de la Foi*, fut le compagnon le plus constant et le plus intrépide de Montfort dans

cette guerre qui dura environ onze années. Nous copions avec plaisir une partie de la note que lui a consacrée le savant M. Du Mège, dans la nouvelle édition de l'*Histoire de Languedoc*, publiée par ses soins.

« Parmi les familles qui vinrent du nord de la France s'éta-
» blir en Languedoc, lors de la croisade contre les Albigeois,
» on doit distinguer surtout celle de Levis, qui prit son nom
» de la terre de Levis ou de Levies, en Mirepoix, près de
» Chevreuse. Guy de Levis, qui accompagnait Simon de
» Montfort, et qui fut l'un des plus braves adversaires du
» comte Raymond VI, est le chef de toutes les branches de
» cette noble famille. Il avait fondé, en 1190, l'abbaye de la
» Roche, ordre de Saint-Augustin, près de son château de
» Levis. Les descendants de ce fougueux croisé nous pardon-
» neront, sans doute, de raconter ce qu'il fit dans la croisade,
» et ce qui lui mérita le titre de *Maréchal de la Foi*, qui de-
» vint héréditaire parmi les siens. Guy de Levis fut l'un des
» plus terribles ennemis de la ville de Toulouse. Dans la suite,
» les Levis-Mirepoix sont devenus l'une des illustrations du
» Languedoc; mais, au XIIIe siècle, nos pères ne pouvaient
» aimer ceux qui venaient, la lance au poing, leur prêcher
» une croyance que presque tous avaient conservée, etc. »

Il faut remarquer que Montfort avait donné à Guy de Levis le château de Mirepoix pour prix de ses services. De là, le nom de *Mirepoix* ajouté à celui de *Levis*, par les descendants de ce fameux croisé.

[19] Sous ses heureux drapeaux chacun veut se ranger.

Voir la note 21.

[20] De la fuite d'Algaïs justement indigné.

« Martin d'Algaïs fut un des premiers qui lâcha le pied ;
» mais l'évêque de Cahors lui fit des reproches si vifs, qu'il se
» remit au combat. » (Voir la note 21.)

[21] Foix reçoit ses enfants à l'ombre de ses tours.

Voici le récit du siège de Castelnau-d'Arry et des combats livrés à cette occasion, qu'on lit dans le savant ouvrage des Bénédictins, déjà cité (liv. 22, chap. 7, 8 et 9):

« Simon laissa une partie de ses troupes à Castelnau-d'Arry,
» renforça la garnison de Montferrand, et se retira avec le
» reste à Carcassonne. Il fut obligé de prendre ses précau-
» tions, à cause que le comte Raymond s'était mis en campa-
» gne et tâchait de recouvrer les places que les croisés lui
» avaient enlevées. Raymond ayant reçu de nouveaux ren-
» forts, reprit, en effet, divers châteaux aux environs de
» Toulouse, et soumit entre autres, au mois d'août de l'an
» 1211, ceux de Belvèze et de Montgiscard, voisins l'un de
» l'autre : ils appartenaient à Matfret de Belvèze, qu'on qua-
» lifie cousin de ce comte, et qui, dit-on, après l'avoir
» exhorté vainement à abandonner les hérétiques, avait quitté
» son parti pour embrasser celui de Simon de Montfort.

» Parmi ceux qui s'empressèrent de marcher au secours de
» Raymond, l'un des plus qualifiés fut Savaric de Mauléon,
» sénéchal d'Aquitaine, pour le roi d'Angleterre, qui lui amena
» deux mille Basques. Ce prince eut recours d'un autre côté à
» ses vassaux et à ses amis. Il fit ensuite préparer toutes les
» machines nécessaires pour un siége, et résolut d'aller atta-
» quer Carcassonne. Montfort, alarmé de ces préparatifs, se
» tint sur ses gardes; et ayant assemblé son conseil, il se
» rendit à l'avis d'un chevalier nommé Hugues de Lastic, qui
» était de ne pas attendre le comte de Toulouse, mais de se
» jeter dans Castelnau-d'Arry pour l'arrêter dans sa marche.
» Montfort suivit ce sentiment malgré l'opposition de quel-
» ques-uns des siens, qui, sachant que Raymond s'avançait
» avec une nombreuse armée, voulaient qu'on laissât seulement
» quelques troupes à la garde de Castelnau-d'Arry, et que le
» gros des croisés l'attendît à Carcassonne, ou à Fanjaux. Il se
» jeta donc dans Castelnau-d'Arry avec toutes ses troupes
» qu'on ne fait monter qu'à cinq cents hommes, tant cheva-
» liers que sergents ou fantassins. Il fut joint peu de temps
» après par Guy de Lucé et cinquante autres chevaliers qu'il
» avait envoyés pour servir le roi d'Aragon, son seigneur,
» contre les Maures d'Espagne, et qu'il avait rappelés sur le
» bruit de l'armement du comte de Toulouse. On prétend que
» le roi d'Aragon les voyant partir, leur dressa des embûches
» pour les faire périr en chemin, et qu'ils les évitèrent en

» prenant une autre route. Simon ne put recevoir alors que
» ce secours, et il fut obligé de partager le reste de ses
» troupes en d'autres endroits. Il avait laissé sa femme à
» Lavaur, sous la garde de Bouchard de Marly, à qui il
» avait donné la seigneurie et le gouvernement de cette ville.
» Son fils aîné était actuellement malade à Fanjaux, et une
» fille qu'il avait eue dans le pays était en nourrice à
» Montréal; en sorte que toute sa famille était dispersée.

» Le comte Raymond, suivi des comtes de Foix et de Com-
» minges, de Gaston, vicomte de Béarn, de Savaric de Mau-
» léon et de divers autres seigneurs, parut devant Castelnau-
» d'Arry vers la fin de septembre de l'an 1211, et fit camper
» son armée dans les prairies voisines de la ville. On assure
» que cette armée était forte de cent mille hommes; mais ce
» nombre paraît exagéré. Les habitants qui le favorisaient, lui
» livrèrent aussitôt le bourg, ou la ville, dont il s'assura;
» mais Simon, maître du château, détacha sur-le-champ une
» partie de sa garnison, qui chassa les Toulousains de ce
» poste. Ces peuples le reprirent toutefois le soir même, parce
» que les assiégés, qui n'étaient pas assez forts pour le garder,
» furent obligés de l'abandonner.

» Castelnau-d'Arry est situé sur une haute colline environ-
» née d'une vaste et fertile campagne, à une demi-lieue de la
» petite rivière de Tonques. Le comte Raymond établit son
» attaque sur cette colline, après s'être retranché de tous
» côtés par de bons fossés, et avoir entouré son camp de ses
» chariots; en sorte qu'il paraissait enfermé dans une forte-
» resse, et que les assiégeants semblaient être les assiégés. Ce
» prince, pour éviter d'être chassé de nouveau du bourg de
» Castelnau-d'Arry, en fortifia les murailles du côté du châ-
» teau, situé sur la cime de la colline, et fit diverses ouver-
» tures du côté de la campagne, pour avoir la communication
» libre avec l'armée; mais les croisés, dans une seconde
» sortie, chassèrent de nouveau les assiégeants du bourg, et
» les poursuivirent jusque dans leur camp, où ils les forcè-
» rent de se retirer. Ils conservèrent la liberté du passage
» dont ils se servaient tous les jours pour envoyer abreuver
» leurs chevaux à une demi-lieue de la ville, et firent tran-

» quillement leurs vendanges, sans que les assiégeants osas-
» sent s'y opposer.

» Raymond fit travailler cependant à ses machines, malgré
» les sorties des assiégés, qui venaient fréquemment escarmou-
» cher autour de son camp. Le comte de Foix et Roger-Bernard
» son fils, voulant un jour se revancher, provoquèrent au
» combat les croisés qui s'étaient postés devant la porte du
» château; mais ceux-ci les reçurent si bien, qu'après avoir
» démonté Roger-Bernard et plusieurs autres chevaliers, ils
» les obligèrent de se réfugier avec précipitation dans leurs
» tentes. Le comte de Foix s'empara néanmoins du village de
» Saint-Martin de Landes, situé à une demi-lieue de Cas-
» telnau-d'Arry vers Carcassonne, et de plusieurs postes
» avantageux des environs qu'il fit fortifier. Le comte de Tou-
» louse reçut d'un autre côté la soumission des peuples du
» pays, qui vinrent à l'envi lui offrir leurs services. Quelques
» abbés qui y possédaient des châteaux, abandonnèrent en
» même temps le parti de Simon, et lui prêtèrent serment de
» fidélité. Enfin, les habitants de Cabaret, château très fort,
» situé à cinq lieues de Castelnau-d'Arry, lui offrirent de le
» rendre maître de ce château. Raymond envoya un détache-
» ment pendant la nuit pour en prendre possession; mais il
» manqua son coup, parce que ses troupes, ayant erré long-
» temps dans les ténèbres, s'égarèrent et furent obligées de
» revenir au camp.

» Le comte de Toulouse fit dresser un mangonneau pour
» battre les murailles du château de Castelnau-d'Arry. Le
» succès de cette machine ne répondant pas à son attente, il
» en fit élever une autre beaucoup plus grande qu'on appe-
» lait *trébuchet*, et qui servait à lancer une grande quantité
» de pierres. Celle-ci eut un sort plus heureux, et on pré-
» tend même qu'elle abattit une tour du château. Simon, que
» cette nouvelle machine incommodait beaucoup, entreprit
» de la rompre; mais ses gens voyant qu'il y avait de la
» témérité dans ce dessein, parce que le trébuchet était très
» bien gardé et environné de fossés très profonds, s'y opposè-
» rent, et ayant pris la bride de son cheval, l'obligèrent malgré
» lui à rebrousser chemin et à abandonner son entreprise.

» Ce général, se voyant serré de plus près, envoya Guy de
» Levis, son maréchal, sur la fidélité et la bravoure duquel il
» comptait beaucoup, à Fanjaux et à Carcassonne, tant pour
» prendre des vivres dont le château de Castelnau-d'Arry
» commençait à manquer, que pour rassembler les milices de
» Carcassonne et de Beziers, et les amener à son secours.
» Guy partit, mais personne ne voulut le suivre, et il revint
» seul à Castelnau-d'Arry. Simon l'envoya de nouveau
» bientôt après avec Mathieu de Marly ou de Montmorency,
» frère de Bouchard. Ils se donnèrent en vain divers mouve-
» ments dans ces diocèses, et employèrent à pure perte les
» caresses et les menaces pour obtenir du secours. Ils s'adres-
» sèrent enfin aux habitants de Narbonne, qui leur déclarè-
» rent que si Aymeri leur vicomte voulait se mettre à leur
» tête, ils marcheraient volontiers sous ses ordres : ce
» vicomte refusa de le faire. Les deux envoyés amenèrent
» cependant avec eux trois cents citoyens de Narbonne à
» Carcassonne, où ils rassemblèrent cinq cents hommes du
» pays ; mais leur ayant proposé de les suivre à Castelnau-
» d'Arry, ils se débandèrent tous et prirent la fuite. Simon
» manda alors à Bouchard de Marly et à Martin d'Algaïs,
» chevalier espagnol, qui étaient en garnison à Lavaur avec
» la comtesse de Montfort, sa femme, de venir le joindre inces-
» samment ; il envoya d'un autre côté à Fanjaux, un chevalier
» du pays, nommé Guillaume Cat, pour ramasser des troupes
» dans tous les environs de ce château. Il comptait beaucoup
» sur la fidélité de ce chevalier qu'il avait comblé de grâces.
» Guillaume était en effet redevable à Simon de divers
» fiefs qu'il possédait ; et ce général, après lui avoir conféré
» l'ordre de chevalier, l'avait admis si avant dans son amitié,
» qu'il l'avait fait parrain d'une de ses filles née dans le pays,
» et qu'il l'avait établi gouverneur de son fils aîné. Guillaume
» paya cependant tous ces bienfaits d'ingratitude ; il ras-
» sembla à la vérité quelques troupes, suivant les ordres
» qu'il avait reçus ; mais au lieu de les amener à son bien-
» faiteur, il s'en servit pour dresser des embûches au maré-
» chal Guy de Levis qui conduisait le secours de Carcas-
» sonne, et qu'il voulait livrer au comte de Foix. Heureuse-

» ment le maréchal évita les piéges qu'on lui avait préparés.
» Simon fut si indigné du procédé de Guillaume Cat, qu'il ne
» voulut plus avoir depuis aucun commerce *avec les cheva-*
» *liers de notre langue,* dit un ancien historien du pays
» (Guillaume de Puylaurens), et qu'il les eut en exécration
» encore plus qu'auparavant.

» Guy de Levis se joignit avec sa troupe à Bouchard de
» Marly et à Martin d'Algaïs, qui amenaient deux cent vingt
» hommes bien armés et pleins de courage, entre lesquels on
» met *le fils du châtelain de Lavaur.* L'évêque de Cahors et
» l'abbé de Castres se joignirent aussi à ces deux chevaliers
» avec un renfort considérable. Après leur jonction, ils pri-
» rent un chemin détourné pour éviter toute surprise, et
» passèrent à Saissac, château dont Simon avait donné le
» commandement au même Bouchard. Enfin, ce général dé-
» tacha Guy de Lucé, le châtelain de Melphe, le vicomte
» d'Onges et quelques autres chevaliers au nombre de qua-
» rante, pour aller au-devant de ce secours, et ne garda avec
» lui pour la défense de Castelnau-d'Arry que soixante tant
» chevaliers qu'écuyers, avec l'infanterie.

» Raymond-Roger, comte de Foix, informé de la marche
» de ces croisés, résolut de les surprendre ; il se posta
» d'abord à Saint-Martin de Landes ; mais ne se croyant pas
» assez fort, il revint au camp pour y prendre d'autres trou-
» pes. Tous voulaient le suivre, à cause de l'extrême confiance
» qu'ils avaient en sa valeur. Il se contenta d'un gros déta-
» chement, et laissa le reste de l'armée au comte de Toulouse
» et à Savaric de Mauléon qui demeurèrent pour la garde du
» camp. Il alla ensuite se mettre en embuscade entre Castel-
» nau-d'Arry et las Bordes, à une lieue de cette ville. Le len-
» demain, Guy de Levis, Bouchard de Marly et les croisés de
» leur suite, ayant entendu la messe de grand matin, s'étant
» confessés et ayant communié, marchèrent dans un ordre
» plus serré, se doutant de quelque surprise, et détachèrent
» quelques-uns d'entr'eux pour battre l'estrade. Ceux-ci ayant
» découvert l'embuscade, rebroussent chemin et en donnent
» avis à leurs camarades. Les croisés marchent alors avec en-
» core plus de précaution et se préparent au combat.

» Raymond-Roger, comte de Foix, étant sorti de sa retraite,
» partage ses troupes en trois corps : il met les chevaliers pe-
» samment armés dans le centre, et la cavalerie légère avec
» l'infanterie sur les ailes. Il marche ensuite en ordre de ba-
» taille contre les croisés, que l'évêque de Cahors et un religieux
» de l'ordre de Citeaux, substitut de son général pour les
» affaires de la croisade, exhortaient à combattre. On en
» vient aux mains. Les croisés donnent d'abord avec fureur
» sur la cavalerie de Raymond-Roger pesamment armée; mais
» ce comte soutient le choc avec beaucoup de bravoure, re-
» pousse vivement les croisés et les met en fuite, après en
» avoir tué un grand nombre. Martin d'Algaïs fut un des pre-
» miers qui lâcha le pied; mais l'évêque de Cahors lui fit des
» reproches si vifs, qu'il se remit au combat. Raymond-Roger
» voulant profiter de son avantage, marche cependant contre
» un corps de croisés qui s'étaient retirés du côté de las Bordes.
» Géraud de Pépieux qui conduisait l'avant-garde, les attaque
» brusquement en criant : *Foix! Foix! Toulouse!* et après
» avoir percé d'outre en outre d'un coup de lance un cheva-
» lier français qui voulait s'opposer à son passage, il défait
» entièrement ces troupes.

» Montfort voyant cette déroute de la porte du château de
» Castelnau-d'Arry, où il s'était posté pour favoriser l'entrée
» des croisés, consulta ceux qui étaient autour de lui. Les uns
» lui conseillaient de demeurer à la garde du château; les au-
» tres prétendaient, au contraire, qu'il devait marcher inces-
» samment en personne au secours de ses troupes. Il préféra
» ce dernier parti, parce que l'affaire lui paraissait décisive;
» et ayant assemblé les soixante chevaliers qui lui restaient, il
» n'en laisse que cinq à la garde de Castelnau-d'Arry, avec
» l'infanterie, et s'avance avec les autres vers le comte de
» Foix. Bouchard de Marly, Guy de Levis et tous ceux qui
» s'étaient dispersés, le voyant venir de loin, raniment leur
» courage, se rallient et reviennent à la charge. Le comte de
» Foix les reçoit en brave, et les met de nouveau en fuite,
» après avoir tué le fils du châtelain de Lavaur; en sorte que
» l'évêque de Cahors et Martin d'Algaïs ne pouvant plus résis-
» ter, sont obligés de céder et de se réfugier à Fanjaux. Ainsi,

» le champ de bataille demeura, pour la seconde fois, à
» Raymond-Roger. Mais ses gens, au lieu de profiter de leur
» avantage, s'étant amusés au pillage et à dépouiller les morts,
» Bouchard de Marly trouve moyen cependant de rallier de
» nouveau les fuyards, et tombe sur les troupes du comte
» avec tant de furie, qu'il en fait un carnage horrible.
» Raymond-Roger, au désespoir de se voir enlever la victoire,
» fait des prodiges de valeur pour tâcher de rétablir le combat;
» il tue de sa main trois autres fils du châtelain de Lavaur, et
» rompt son épée à force de frapper. Roger-Bernard son fils,
» suivi de Sicard de Puylaurens et de quelques autres cheva-
» liers, accourt et fait reculer les croisés. Mais ceux-ci, re-
» doublant de leur côté leurs efforts, viennent enfin à bout
» de mettre en fuite la cavalerie du comte, font ensuite main-
» basse sur son infanterie et l'obligent à fuir lui-même, malgré
» la supériorité du nombre de ses troupes.

» Simon de Montfort, quelque soin qu'il eût de hâter sa
» marche, n'arriva qu'après la fin du combat; il se met aus-
» sitôt à la poursuite des fuyards et les pousse vivement. La
» plupart, pour éviter la mort, feignent d'être de son parti
» et crient : *Montfort! Montfort!* — Puisque vous vous dé-
» clarez des nôtres, disent les croisés, donnez-en des preuves
» et tuez ceux qui fuient devant vous ? — Plusieurs exécutè-
» rent cet ordre dans l'espérance de sauver leur vie, et,
» par ce stratagème, les croisés armèrent leurs ennemis les
» uns contre les autres et en firent périr un plus grand
» nombre. On assure que le comte de Foix perdit dans cette
» action la plus grande partie de ses troupes, tandis que les
» croisés n'eurent qu'environ trente des leurs de tués. Enfin,
» Simon, las de poursuivre les fuyards, retourna au champ
» de bataille où il rallia toutes ses troupes, et s'étant mis à
» leur tête, il arriva triomphant devant Castelnau-d'Arry.
» Durant l'action, Savaric de Mauléon ayant marché enseignes
» déployées avec une partie des assiégeants, s'approcha de la
» porte de Castelnau, où il attendit avec beaucoup d'impa-
» tience des nouvelles du succès du combat. Il fit cependant
» quelques efforts pour se rendre maître du château; mais les
» cinq chevaliers qui le gardaient avec l'infanterie repoussè-

» rent son attaque avec force et rendirent sa tentative inutile.

» C'est ainsi qu'un historien (Pierre de Vaux-Sernay, le
» biographe si passionné de Montfort) qui était alors sur les
» lieux, rapporte les circonstances de cette action, durant
» laquelle Simon de Montfort ne combattit pas, parce qu'il
» arriva trop tard. Un autre historien (Guillaume de Puylau-
» rens, chap. 19) fait entendre néanmoins le contraire. « Il
» arriva un jour, dit ce dernier auteur, que quelques-uns des
» chevaliers de Simon de Montfort, conduisant à Castelnau-
» d'Arry un convoi qui venait du diocèse de Carcassonne, le
» comte de Foix alla à leur rencontre et leur livra bataille.
» Simon, averti du péril où étaient ses gens, pourvut à la
» défense de la place et sortit à la vue de l'armée ennemie à
» la tête d'environ soixante chevaliers, pour secourir les siens
» qui étaient presque entièrement défaits. Etant arrivé au lieu
» du combat, il se joignit au petit nombre de ceux qui res-
» taient encore à cheval, et s'étant jeté dans la mêlée comme
» un lion, ses ennemis, qui sentirent bientôt sa présence,
» furent obligés de prendre la fuite. Il les poursuivit, en fit
» un grand carnage et rentra victorieux dans le château, etc. »
» Enfin, si nous en croyons un autre ancien historien (l'ano-
» nyme qui a écrit en langue vulgaire), Simon de Montfort
» arriva avec un puissant secours pendant le combat, et
» s'étant jeté à corps perdu dans la mêlée, il fit périr bien du
» monde. Roger-Bernard, fils du comte de Foix, étant sur-
» venu, ajoute cet historien, repoussa vivement les croisés,
» rétablit la bataille, et fit durer l'action jusqu'à la nuit qui
» sépara les combattants; en sorte que les croisés se retirèrent
» à Castelnau, et le comte de Foix avec les siens dans le
» camp du comte de Toulouse.

» Ce dernier historien assure que le comte de Foix, en
» arrivant au camp, trouva que Raymond, comte de Tou-
» louse, avait déjà fait plier bagage, et qu'il était prêt à
» décamper, supposant que toutes ses troupes avaient été
» tuées dans le combat; qu'il le rassura par sa présence; que
» Raymond, comptant que Simon de Montfort ne manquerait
» pas de venir l'attaquer, pour tirer vengeance de la perte
» qu'il avait faite, se mit en état de défense, et qu'enfin

» Simon, ayant attaqué le camp durant la première veille de
» la nuit, fut vivement repoussé et contraint d'abandonner
» son entreprise. D'autres prétendent que Simon résolut seu-
» lement, avant que de rentrer dans Castelnau-d'Arry, de
» faire une irruption dans le camp du comte de Toulouse,
» mais qu'il changea de sentiment et qu'il différa cette attaque
» au lendemain, par le conseil des officiers de son armée,
» parce qu'on ne pouvait approcher du camp qu'à pied, à
» cause des retranchements dont il était environné et que les
» croisés étaient extrêmement fatigués, au lieu que les troupes
» du comte de Toulouse étaient toutes fraîches. Quoi qu'il en
» soit de ces circonstances rapportées différemment par les
» historiens, il est certain que le comte de Foix fut battu et
» obligé de se retirer après une grande perte. Quant à Simon,
» ce général étant arrivé devant la porte de Castelnau, il se
» déchaussa et marcha nu-pieds jusqu'à l'église, où il fit chanter
» le *Te Deum*, en actions de graces de la victoire qu'il venait
» de remporter.

» Le lendemain, le comte de Foix envoya des courriers
» dans tous les châteaux des environs, où il fit publier qu'il
» avait défait les croisés ; plusieurs ajoutaient même que
» Simon avait été fait prisonnier, qu'on l'avait écorché tout
» vif et ensuite pendu. Sur ce faux bruit, divers châteaux
» se soumirent au comte de Toulouse, qui continua le siége
» de Castelnau, jusqu'à ce que Simon voyant que le secours
» qu'il avait reçu n'était pas suffisant, prit le parti d'aller
» lui-même assembler de nouvelles troupes. Ce général se
» rendit d'abord à Narbonne, où il rencontra un corps de
» croisés français qui étaient arrivés depuis peu sous la
» conduite d'Alain de Rouci, chevalier de mérite. Le comte
» de Toulouse, informé de la marche de ces croisés et du
» dessein qu'ils avaient de venir le forcer dans ses retran-
» chements, assembla son conseil ; on y résolut d'un commun
» accord de décamper, n'y ayant d'ailleurs aucune espérance
» de forcer la place. Après avoir donc fait mettre le feu à ses
» machines, il partit et se rendit à Puylaurens. » (*Histoire de
Languedoc*, liv. 22, chap. 7, 8 et 9.)

CHANT DEUXIÈME

SOMMAIRE.

Villeneuve apprend au vieux Raymond la défaite de son armée et la captivité de son fils. — Arrivée de Marcel. — Le chef des Capitouls offre les dons des habitants pour la rançon du jeune Raymond. — Réponse du vieux Comte. — Il ordonne la procession des saintes reliques. — Description de la basilique Saint-Saturnin. — La porte en est fermée par ordre de l'Evêque. — Il excommunie le peuple. — Le peuple enlève les reliques. — Procession. — Hymne du troubadour Marcel. — Saturnin s'émeut. — Avec Etienne, il va implorer le Christ en faveur de Toulouse. — Discours d'Etienne au Christ. — Réponse du Christ. — Oracle prononcé par l'Eternel. — Le vieux Raymond envoie Marcel à Pierre d'Aragon pour lui demander des secours.

CHANT DEUXIÈME.

Cependant, aux remparts de Toulouse agitée
D'un funeste combat la nouvelle est portée.
L'on ne sait rien encor, mais de sourdes rumeurs
De surprise et d'effroi remplissent tous les cœurs.
Echappé par miracle à ce terrible orage,
Villeneuve est venu, conduit par son courage; [1]
Suivi de cent chevaux et la lance à la main,
Dans les rangs de Montfort il s'est fait un chemin.
Il raconte à Raymond cette attaque hardie,
Cette nuit, ce combat, l'horreur de l'incendie,
Tout son camp ravagé, tous ses soldats meurtris,
Le courage et le sort de son malheureux fils.

CHANT DEUXIÈME.

Le Comte vers le ciel, à ces tristes nouvelles,
Lève ses yeux en pleurs et ses mains paternelles.
Ainsi, quand l'infortune accabla ses vieux jours,
Abandonné du ciel, privé de tout secours,
Au récit des fléaux qui fondaient sur sa tête,
Job en pleurs s'inclina, brisé par la tempête.
Le vieux Raymond s'écrie : « O destins ennemis!
» A quelle épreuve encor m'avez-vous donc soumis,
» Mon Dieu! Le deuil s'attache à mes tristes journées,
» Et le poids du malheur au poids de mes années.
» Noble enfant! digne fils! héros tant espéré,
» Que d'un signe divin la gloire avait sacré,
» Quand mon bras s'affaiblit, appesanti par l'âge,
» Le destin m'a ravi l'appui de ton courage!
» Que ferai-je? Avons-nous des secours préparés?....
» Ne perdons point de temps; Villeneuve, courez!
» Visitez les remparts, faites fermer les portes;
» Que les chefs des routiers rassemblent leurs cohortes;
» Au Château-Narbonnais, que l'enceinte et le fort,
» Trop négligés depuis la fuite de Montfort,
» Reçoivent, dès ce jour, une troupe nouvelle;
» Que bientôt mes sujets, si pleins d'un noble zèle,
» Puissent, exempts de crainte et d'un bras affermi,
» S'il se présente à nous, repousser l'ennemi! »

Il dit; et d'écuyers une foule empressée
Va porter en cent lieux ses vœux et sa pensée;
Des pages, des sergents courent de toutes parts;

On creuse les fossés, on arme les remparts ;
Chacun court à son poste et s'apprête à combattre.

Cependant, accouru de ce sanglant théâtre,
Aux portes de la ville, étonnant tous les yeux,
Marcel s'est présenté dans un désordre affreux.
Dans la foule des morts tombé sans connaissance,
Marcel, pleuré des siens, conservait l'existence.
Par la pitié conduite, une femme arriva,
L'écouta respirer, l'accueillit, le sauva.
Sous le toit indigent d'une cabane obscure,
Une main secourable a fermé sa blessure.
D'un croisé qu'on dépouille il prend le vêtement ;
Il s'achemine, et, grâce à ce déguisement,
Il trompe l'ennemi qui n'a pu le connaître.
« Et mon fils! dit Raymond, le voyant apparaître.
» — Heureux si, le sauvant, j'eusse perdu le jour! »
Et, ces mots prononcés, le triste troubadour
Mêle ses pleurs aux pleurs du Comte qu'il embrasse.

Le peuple cependant, accouru sur la place,
Au-devant du palais se rassemble à longs flots,
Et l'air a retenti de cris et de sanglots.
Le deuil est général, les cœurs sont pleins d'alarmes ;
Surtout au fils du Comte on a donné des larmes ;
Chacun s'est dépouillé, chacun présente un don,
Chacun veut du captif préparer la rançon.

Toulouse avait gardé jusqu'aux jours de notre ère,
Une magistrature auguste et populaire, [2]
Des antiques faisceaux historique débris,
Qui doit au Capitole et son titre et son prix.
La toge des Romains, magnifique héritage,
Marquait de sa grandeur l'édile d'un autre âge,
Et la pourpre et l'hermine, unissant leur éclat,
Paraient la dignité du nouveau consulat;
De la cité moderne elle remplit l'histoire.

Le premier Capitoul, le chef du consistoire,
Suivi de tous les siens, à Raymond dans les pleurs,
Vient offrir le tribut des publiques douleurs :
« Sire Comte, dit-il, la cité toulousaine
» De son amour pour vous vient resserrer la chaîne.
» Ma voix vous dira mal son trouble et ses terreurs :
» Le trait qui vous déchire a percé tous les cœurs.
» C'est un malheur public dans ces jours de disgrace,
» Une calamité qui toutes les efface;
» Votre fils généreux n'a pu la mériter.
» Toulouse l'a vu naître, et, pour le racheter,
» La cité, remplissant les devoirs d'une mère,
» Vous offre de ses dons le tribut volontaire. »

Il dit. Au même instant, des serviteurs nombreux,
S'approchant de Raymond, répandent à ses yeux
Les trésors contenus dans soixante corbeilles,
Des métaux et de l'art éclatantes merveilles.

Là sont l'or et l'argent qu'en de meilleurs destins
Etalait aux regards le luxe des festins;
Là brillent les hochets dont la riche parure
Prête un nouvel éclat aux dons de la nature;
Dont le prestige heureux vient aider tant de fois
A l'empire si doux des yeux et de la voix,
Et par qui la beauté, dans l'ivresse des fêtes,
Trésor d'enchantement, prépare ses conquêtes.

Le Comte, tout ému, poussant un long soupir,
Laisse tomber des pleurs qu'il ne peut retenir.
« Verrai-je, ô ciel, dit-il, s'apaiser ta colère?
» Un rayon de bonheur traverse ma misère.
» Est-ce un espoir promis à nos vaillants efforts?
» Nobles seigneurs, merci! remportez ces trésors!
» Le roi Pierre, à la voix d'une sœur bien-aimée,
» Nous enverra, sans doute, une puissante armée.
» Nous, du ciel irrité désarmons le courroux;
» Devant les saints autels fléchissons les genoux.
» Qu'on récite avec moi les prières publiques;
» Invoquons les martyrs et leurs saintes reliques.
» Avons-nous dans le ciel des protecteurs plus sûrs?
» Que leurs restes sacrés, promenés dans nos murs,
» Nous ouvrent les trésors de la bonté divine,
» Et de nos ennemis préparent la ruine! »
La parole du Comte a calmé les esprits;
Aussitôt qu'exprimés, ses ordres sont suivis.

Au nord de la cité, séjour de la prière,
La sombre basilique, auguste reliquaire,
S'élève, et, sur le sol accablé de son poids,
Ouvre les bras massifs de son immense croix.
Jadis, les dieux menteurs et leurs vaines images,
En ce lieu des mortels usurpaient les hommages.
Ravi par la conquête à son ciel fabuleux,
Apollon pythien y ralluma ses feux, [3]
Inspira son trépied, ses prêtres, ses oracles,
Et l'antique imposture enfanta ses miracles.
Là, fut un lac sacré; ses flots, au même lieu,
Reçurent les trésors consacrés à ce dieu,
Alors que Cépio, profanateur impie,
Ravit l'or que bientôt il paya de sa vie. [4]
Plus tard, quand, l'Evangile établissant sa loi,
Toulouse ouvrit les yeux aux clartés de la foi,
Lorsque se retrempant aux sources de la grâce,
Du sang de son martyr elle adora la trace,
Un modeste oratoire aussitôt consacra
La place où du taureau la fureur expira. [5]
Aux jours de sa grandeur, sa piété fidèle
Conçoit un monument plus digne de son zèle:
Ce sol, où l'imposture a longtemps habité,
Voit s'élever un temple au Dieu de vérité.
Les cendres du martyr, sa dépouille sacrée,
Y trouvent un tombeau d'éternelle durée.
Le monument immense, au portique béant, [6]
Sur un peuple à genoux lève son front géant.

On n'y voit point briller ces ornements frivoles
Qu'un art léger suspend aux riantes coupoles ;
Sublime de grandeur et de simplicité,
Il exhale un parfum de la divinité.
Tel est de Saturnin l'imposant mausolée.
Le caveau ténébreux, la chapelle étoilée,
Gardent les ossements de soixante héros,
Mutilés par les feux, ou le fer des bourreaux,
Généreux fondateurs de l'Eglise naissante,
Dont leur sang fit fleurir la palme triomphante;
Apôtres ou martyrs, confesseurs de la foi,
Tous morts en combattant pour leur céleste roi.
Bernard, ta voix puissante émut la vaste enceinte ! [7]
Urbain, le grand pontife, y répandit l'eau sainte ; [8]
Courbant son front sacré dans cet auguste lieu,
Il s'écria : « Ce temple est digne de son Dieu. »

Le peuple impatient déjà se précipite....
Mais du parvis sacré l'entrée est interdite.

Le fougueux successeur du modeste Fulcrand,
Ivre de sa fortune, orgueilleux de son rang,
Foulque, moteur ardent d'une odieuse ligue, [9]
Au siége de Toulouse élevé par l'intrigue,
Brûlait de consommer la perte de Raymond.
D'un prétexte odieux couvrant sa trahison,
Dans ce dessein pieux il suppose une offense.
L'évêque toulousain fulmine une défense,

Et les divins trésors, vainement demandés,
Sous l'avare verrou devront être gardés.
En vain des Capitouls le conseil s'humilie,
Au palais de l'évêque accourt et le supplie;
L'indomptable prélat, que rien ne peut toucher,
Dans un refus haineux aime à se retrancher.
Au sein des vastes mers, comme un roc immobile
De mille flots grondants brave l'assaut stérile
Qui le frappe toujours sans jamais l'ébranler;
Ainsi Foulque résiste. Il ose ainsi parler :
« Le Pape a prononcé, dit-il; plus d'espérance!
» Toulouse doit subir la terrible sentence.
» Complice de son prince et lui servant d'appui,
» Avec lui combattant, qu'elle tombe avec lui
» Sous les foudres vengeurs du céleste anathême!
» J'exécute les lois du Pontife suprême.
» Tels que des fruits impurs, en naissant arrachés,
» Du giron protecteur vous voilà retranchés :
» Au nom du Tout-Puissant je vous excommunie!....
» Des célestes trésors que ma voix vous dénie
» En vain votre prière implore le secours;
» C'est Dieu qui vous condamne; il a compté vos jours.
» Le sang de vos guerriers versé dans les batailles,
» Répandu par torrents autour de vos murailles,
» A leur arrêt fatal ne peut les dérober;
» Sous le bélier vengeur je les verrai tomber.
» Des croisés triomphants vous serez la conquête;
» Sous le joug du vainqueur vous courberez la tête.

» Puissé-je voir les Franks dans ces murs envahis!
» Je bénirai leurs coups, comme je vous maudis. »

Sur le peuple muet, que la douleur atterre,
Ces mots ont retenti comme un coup de tonnerre.
Mais bientôt on entend, sinistre avant-coureur,
S'élever de son sein un murmure d'horreur,
Qui circule et grandit, et se balance, et roule,
Aux ondulations de cette immense foule.
Ainsi, lorsque, des mers menaçant le repos,
Un ouragan fougueux va soulever les flots,
On entend s'élever sur les vagues émues
Un mugissement sourd et des voix inconnues;
Tel le peuple s'émeut, et s'agite, et frémit.

Un homme alors s'avance, il se redresse et dit :
« O prêtre du Très-Haut! quel étrange délire!
» D'où naît cette fureur? quel démon te l'inspire?
» Toi, pasteur de brebis, par le ciel envoyé,
» Tu maudis le troupeau qui te fut confié!
» Ton peuple te supplie, et tu jures sa perte,
» Et pour la demander ta bouche s'est ouverte!
» O ministre de paix! as-tu donc oublié
» Par quels nœuds à ton sort notre sort est lié;
» Tes devoirs envers nous, pour toi ce que nous sommes,
» Et que ta seule tâche est le salut des hommes?
» Oh! comment dans ton cœur, par un triste retour,
» La haine a-t-elle pris la place de l'amour?

» Livre les saints trésors! oh! daigne nous entendre!
» Nous te les demandons.... mais nous pouvons les prendre.
» Sais-tu que l'oppresseur fait franchir le devoir
» A l'humble suppliant qu'il pousse au désespoir?
» Nous voulons respecter une auguste barrière.
» Encore une demande.... une encor!.... la dernière!
» Tu gardes le silence?.... Eh bien, malheur à toi!....
» Nous bravons tes refus.... Mes amis, suivez-moi! »

L'orateur populaire, aux puissantes épaules,
Se tourne vers les siens en disant ces paroles;
Il leur présente un front sublime de courroux,
Et, dans son mouvement, il les entraîne tous.
Ainsi, lorsque cherchant une onde qui l'abreuve,
Un troupeau de bisons descend au bord du fleuve
Qu'un péril imminent l'oblige à traverser,
On en voit un d'abord dans les flots s'avancer;
C'est le plus courageux, le plus fort de la troupe,
Au front le plus superbe, à la plus large croupe,
Qui rompt le cours du fleuve; et bientôt sur ses pas
Le reste du troupeau s'élance avec fracas.
Tel le peuple s'élance à la voix de son guide;
Tous partent entraînés par son élan rapide;
Aux étroits carrefours ils courent s'entasser,
Et vers la basilique on les voit se presser.
C'est un torrent fougueux dont les flots s'amoncellent;
Le portique mugit et les portes chancellent;
Au moment de frapper ils retiennent leurs coups.

CHANT DEUXIÈME.

Soudain, comme un seul homme, ils tombent à genoux ;
Leur front touche la terre ; et, frappant leur poitrine,
Ils implorent ainsi la clémence divine :
« Dieu tout-puissant ! grands saints, si chers à notre amour !
» Dont ce temple sublime est l'auguste séjour,
» Pardonnez l'attentat, excusable peut-être,
» Que la nécessité nous force de commettre !
» Oui, la nécessité, le plus cruel refus
» Nous commande un excès dont nous sommes confus.
» Dieu tout-puissant ! grands saints ! pardonnez-nous d'avance,
» Car notre repentir a précédé l'offense.
» Hélas ! quels protecteurs pourrions-nous implorer ?
» Nous ne vous offensons que pour vous adorer.
» Grâce ! pitié pour nous ! »

      La prière achevée,
Sur les deux forts battants une masse est levée ;
Le chêne, armé de fer, retombe appesanti ;
D'un long mugissement la nef a retenti.
Aussitôt une voix s'élève dans l'enceinte :
« Arrêtez ! arrêtez ! je cède à la contrainte ;
» Gardez de consommer vos coupables desseins ;
» Ah ! ne profanez pas la demeure des saints !
» Les portes vont s'ouvrir. » Comme, sur notre tête
Du rapide ouragan quand mugit la tempête,
La pluie, un seul instant, tombant avec douceur,
Des autans déchaînés apaise la fureur ;
Ainsi, par les accents de cette voix aimée

La fougue populaire est tout-à-coup calmée.
Le peuple impatient, qu'entraînait son ardeur,
A ses soins paternels reconnaît le prieur,
Jordan, ce docte abbé, digne chef d'un chapitre ; [10]
La crosse est dans sa main, son front porte la mitre ; [11]
Il pouvait, reflétant l'éclat pontifical,
Siéger près de l'évêque et marcher son égal.
Gardien des saints trésors, son cœur simple et modeste
Exécute à regret un ordre qu'il déteste ;
Le peuple l'a compris ; le prêtre avec bonheur
De cet ordre fatal élude la rigueur.
Dans les larges anneaux où deux bras les attirent,
Aussitôt en criant les verroux se retirent ;
Les deux portes ont fui du seuil retentissant,
Et sur leurs gonds rouillés roulent en mugissant.
De respect et d'effroi la foule pénétrée,
Avance avec lenteur dans l'enceinte sacrée ;
Elle marche aux autels d'un pas silencieux.
Mais bientôt retentit un chant religieux ;
D'abord c'est une voix, et puis cent, et puis toutes,
Et l'hymne du triomphe a fait trembler les voûtes.

« C'est toi que nous louons, Dieu, souverain Seigneur, [12]
» Du monde et des humains éternel créateur !
» Trois fois saint ! Dieu tonnant des célestes phalanges !
» Les puissances du ciel, les chérubins, les anges,
» Se mêlant aux transports du brûlant séraphin,
» Prosternés devant toi, chantent l'hymne sans fin.

» Ta majesté s'assied sur un char de victoire ;
» Le ciel, tout l'univers est rempli de ta gloire.
» Le chœur resplendissant des apôtres sacrés,
» Les prophètes divins, par l'Esprit inspirés ;
» Des martyrs tout sanglants la généreuse armée,
» Que le fer mutila, par les feux consumée,
» Ces vainqueurs de l'enfer, que la mort couronna,
» Répètent dans leurs chants l'éternel hosanna.
» O Père ! ton Eglise, en sa sainte harmonie,
» Annonce au monde entier ta grandeur infinie,
» Et ton Fils, fils unique, éternel comme toi,
» Et l'Esprit-Saint, arbitre et source de la foi.
» Et toi, toi que nos pleurs invoquent à toute heure,
» Dans un sein virginal si tu pris ta demeure,
» O Christ ! ô roi de gloire ! ô céleste martyr !
» Si, pour nous racheter, tu daignas revêtir
» De notre humanité la forme et les misères ;
» Si, par excès d'amour, tu nous rendis tes frères ;
» Si, brisant l'aiguillon d'un ennemi cruel,
» Ton bras vainquit la mort et nous ouvrit le ciel ;
» Du trône où tu t'assieds à la droite du Père,
» Lorsque tu descendras dans des flots de lumière,
» Daigne te souvenir qu'Eve nous enfanta ;
» Viens en aide aux mortels que ton sang racheta.
» Pitié ! pitié pour nous ! mesure ta clémence
» A l'ardeur de nos vœux et de notre espérance !
» Tu ne confondras pas notre âme dont la foi
» N'a pas cessé de croire et d'espérer en toi ! »

On se tait. Comme un flot se répand dans la plaine,
La foule inonde alors la crypte souterraine;
Chaque groupe s'empresse et saisit son trésor;
Les riches palanquins, aux longues franges d'or,
Reçoivent tour à tour les augustes reliques
Qu'au sortir du lieu saint précèdent les cantiques.
Une immense bannière, étendard vénéré,
Flotte en tête et conduit le cortége sacré;
Puis marchent douze croix de hauteur inégale
Où l'or et les rubis brillent par intervalle;
Et puis, cent pavillons, la demeure des saints, [13]
Rayonnent, élevés par de pieuses mains.
Trésor de nos remparts, immortel héritage!
Le peuple avec respect s'incline à leur passage.
Un cortége nombreux et lent à s'ébranler
Les accompagne. On voit au premier rang briller
Les graves Capitouls, auguste compagnie;
Puis, les chefs de justice à la tête blanchie;
Plus loin, les chevaliers, généreux combattants,
A la pesante armure, aux panaches flottants.
Après eux, les barons dont le page déploie
L'écusson féodal sur un pennon de soie.
Parmi tous ces barons dont il était l'amour,
Suivi des officiers qui composent sa cour,
Le vieux Comte marchait; maîtrisant sa souffrance,
Il montre aux yeux du peuple une noble assurance,
Et sous un front serein déguisant son malheur,
Il affecte un espoir qui n'est pas dans son cœur.

CHANT DEUXIÈME.

Mais quel est ce jeune homme au maintien plein de grâce,
Qui, comme un autre fils, près du Comte se place?
Son air est triste et digne; il trahit ses douleurs,
Et son œil attendri semble humide de pleurs.
Sur ce noble visage, où son âme s'est peinte,
La majesté des arts a gravé son empreinte;
Son front large et rêveur, pâle, mais plein d'amour,
De l'inspiration révèle le séjour,
Et les hauts sentiments dont le cœur est l'asile
L'éclairent tour à tour de leur reflet mobile.
Sous le cil qui l'ombrage un regard doux et fier
Rayonne, accompagné par un sourire amer;
Ses sombres vêtements, sa barbe négligée,
Annoncent l'infortune où son âme est plongée;
Un luth est dans ses mains; il regarde le ciel.
Chacun en le voyant a reconnu Marcel.
C'est lui; des chants d'amour c'est le vivant génie,
Le maître des concerts, le roi de l'harmonie;
C'est du noble captif le jeune compagnon,
Le plus fidèle ami, le frère de Raymond;
A son seul désespoir on peut le reconnaître.
Oh! combien il gémit du destin de son maître!
Et combien il voudrait, compagnon de douleur,
Des fers qu'il a subis partager la rigueur!
Marcel! telle est encor ta plus chère espérance!

Le long des hauts remparts le cortége s'avance;
L'on marche vers le fleuve où descend leur contour;

Du palais Mascaron on dépasse la tour;
Les pavillons dorés, ces arches de miracle,
Défilent lentement sur le pont du Bazacle;
Ils traversent le bourg populeux et profond
Que Cyprien, martyr, a doté de son nom.
Une seconde fois la Garonne attentive
Entend les chants pieux prolongés sur sa rive,
Et deux fois traversés, un moment suspendus,
Au passage des saints les flots se sont émus.

Au bord oriental, dominant la Garonne,
S'élève le château du vieux nom de Narbonne; [14]
Sa formidable enceinte offre de toutes parts
Comme une autre cité qu'entourent des remparts;
Quatre fossés profonds en pressent l'étendue;
A la porte de fer la herse est suspendue;
Les créneaux, les donjons, les tours au front romain
Se dressent dans les airs étincelants d'airain;
De nombreux combattants y veillent à toute heure.
Des princes Visigoths telle fût la demeure.
Plus tard, l'embellissant du luxe de la paix,
Les comtes de Toulouse en firent leur palais.
Dans une vaste cour de l'enceinte gothique,
Le Toulousain vénère une chapelle antique,
Où, tous les ans, il va, dans un jour solennel,
Célébrer les grandeurs de l'archange Michel.
Le vainqueur du dragon, respirant la victoire,
Brille sur les autels consacrés à sa gloire,

CHANT DEUXIÈME.

Et sous ses pieds l'on voit le monstre renversé
Ronger en frémissant le fer qui l'a percé.
Là devait s'arrêter la marche solennelle.
Les nombreux pavillons remplissent la chapelle;
Au chef resplendissant des bataillons sacrés
S'adressent les concerts par sa gloire inspirés;
L'encens fume et s'élève à la céleste voûte.
Marcel monte son luth; il prélude, on écoute;
Et des accords qu'anime une sainte chaleur
Soutiennent cette voix où gémit la douleur.

    « Gloire des célestes milices,
    » Dont le bras aux méchants fatal,
    » Dans l'éternité des supplices
    » Précipita l'auteur du mal,
    » Michel! archange de lumière,
    » Daigne accueillir notre prière
    » Au sein des parvis immortels!
    » Oh! vois: c'est un peuple fidèle,
    » Un peuple placé sous ton aile
    » Qui vient embrasser tes autels!

    » Jadis, de ce trône où tu sièges,
    » Où nos vœux osent s'adresser,
    » Sur la cité que tu protèges
    » Tes regards daignaient s'abaisser.
    » Tu gardais ses fortes murailles;

» Ton bouclier, dans les batailles,
» Couvrait ses généreux enfants;
» Tu couronnais leur front de gloire,
» Et sur le char de la victoire
» Tu les élevais triomphants.

» O patrie! ô douleur amère!
» Doux champs où dorment nos aïeux,
» Verrai-je une horde étrangère
» Outrager vos noms glorieux?
» Où sont ces châteaux, ces provinces,
» Soumis au sceptre de nos princes,
» Et ces grands souvenirs d'honneur;
» Et ces peuples, famille immense,
» Qu'on vit couler dans l'abondance
» Des jours de paix et de bonheur?

» Infamie et mort à des traîtres
» Pour de l'or vendant leur pays!
» Pitié pour le fils de nos maîtres
» Tombé dans les fers ennemis!
» Protecteurs sacrés de nos pères,
» O vous qu'implorent nos prières,
» En qui nous osons espérer;
» Si nous n'avons pu le défendre,
» Qu'il nous soit donné de répandre
» Notre sang pour le délivrer!

» Loin de nos bouches le blasphème !
» Nous demandons grâce à genoux ;
» Mais ta voix, Pontife suprême,
» S'égare en tonnant contre nous.
» Souviens-toi quelle foi sublime [15]
» Animait aux murs de Solyme
» Le plus brave des combattants !
» Est-ce ainsi que, dans ta colère,
» Des nobles services du père
» Tu récompenses les enfants ?

» Eh ! quelle cité dans le monde
» Fut plus soumise à tes desseins ?
» Quelle piété plus profonde
» Honora le culte des saints ?
» Dans le trésor des basiliques,
» Sur les plus augustes reliques
» La lampe veille nuit et jour ;
» Sa flamme, comme un doux nuage,
» Voit s'élever le double hommage
» De l'encens et de notre amour.

» Là, brillent ces vainqueurs des âges
» Que le ciel mit au plus haut rang ;
» Saturnin, cher aux Tectosages
» Qu'il conquit au prix de son sang.
» Les apôtres, les vierges pures,

» Qui, dans l'orage des tortures,
» Confessaient la croix sans pâlir;
» Héros de la sainte conquête;
» Et celui qui marche à leur tête,
» Etienne, le premier martyr.

» O vierges, martyrs, saints apôtres,
» Toi-même, Archange glorieux,
» A nos vœux unissez les vôtres
» Pour fléchir le maître des cieux !
» Que le Christ, sa Mère immortelle,
» Daignent sur la cité fidèle
» Epancher l'urne des bienfaits;
» Et que leurs faveurs réunies
» A nos armes enfin bénies
» Donnent la victoire et la paix ! »

Ainsi chantait Marcel; et des voix séraphiques,
Echos mystérieux des terrestres cantiques,
Redisaient les douleurs de son hymne inspiré.
A ces accents plaintifs les saints ont soupiré :
Même on dit qu'une larme, en ces lieux étrangère,
De la reine du ciel effleura la paupière.
Des remparts toulousains l'immortel protecteur,
Saturnin, le premier qu'attendrit le malheur,
Des profondeurs du ciel s'avance vers Etienne.
A l'aspect du vainqueur de Toulouse païenne,

Tous les martyrs, les saints dont les restes sacrés
Reposent dans les murs qui lui sont consacrés,
Le suivent. Saturnin tient ce noble langage :

« Etienne, illustre chef à qui je rends hommage,
» Athlète couronné, qui, le premier, marchas
» Dans le chemin de gloire où nous suivons tes pas,
» N'as-tu pas entendu le long cri de détresse
» Que, dans son désespoir, un peuple nous adresse ?
» Le peuple de Toulouse implore notre appui ;
» Tu connais le destin qui l'accable aujourd'hui.
» Laisserons-nous tomber, avili par l'insulte,
» Ce berceau des croyants voués à notre culte,
» Dont les vœux et l'encens, les temples, les autels
» Nous rendent chaque jour des honneurs solennels ?
» Toi-même.... oh ! quel hommage il offre à ta mémoire !
» Le temple qu'en ces murs il élève à ta gloire, [16]
» En éclat, en grandeur doit surpasser les miens.
» De ce peuple opprimé montrons-nous les soutiens !
» L'Archange, favorable à ce peuple qu'il aime,
» Michel aux pieds du Christ nous conduira lui-même.
» Le Christ, qui des mortels vint essuyer les pleurs,
» Qui de l'humanité revêtit les douleurs,
» Ne peut rien refuser à nos palmes qu'arrose
» Le pur sang des martyrs répandu pour sa cause. »
Il dit. Etienne approuve et Michel les conduit.

Dans les champs étoilés, où, vainqueur de la nuit,

Resplendit un soleil qui précéda tout âge,
Du Dieu qui l'alluma mystérieuse image,
Rayonnent les palais de la céleste cour.
C'est là que des élus fut marqué le séjour.
Dans ces plaines d'azur que le bonheur habite,
La lumière s'étend sans voile et sans limite;
Le printemps y fleurit dans des bocages verts,
Un zéphir caressant y rafraîchit les airs,
L'oreille y boit les sons d'une immense harmonie;
Là, tout est paix, amour, ivresse, mélodie;
C'est un jour merveilleux que l'œil ne peut saisir,
Qui n'a point commencé, qui ne doit point finir,
Qui caresse les yeux, qui pénètre les âmes;
D'une volupté sainte on respire les flammes.
Des esprits fortunés que renferme ce lieu
La vie est toute amour, la vie est toute en Dieu.
Confondue avec lui, leur sublime existence
Semble participer de sa divine essence;
Et par l'amour lui-même avec eux réuni,
Dieu n'en forme qu'un être, éternel, infini.

Des célestes hauteurs de ces champs de lumière,
L'on dirait que l'esprit a banni la matière;
Son essor communique à l'invisible éther
Une rapidité qui devance l'éclair;
Par lui, le mouvement, dans sa marche pressée,
Egale sa vitesse au vol de la pensée;
Sur des ailes de feu, l'ardente volonté,

Prompte comme un regard, parcourt l'immensité;
Le désir plus brûlant, plus rapide peut-être,
Pour atteindre son but n'a besoin que de naître.
Bien qu'un espace immense, aux mortels inconnu,
Sépare dans les cieux le séjour de l'élu
Du trône, où, dominant les célestes royaumes,
S'assied dans sa grandeur le Rédempteur des hommes,
D'un vol inaperçu l'intervalle est franchi.
Un éclat merveilleux, dans les saints réfléchi,
Les couvre, et des martyrs l'immortelle phalange
S'avance aux pieds du Christ, conduite par l'Archange.

Ce Dieu compatissant, qui recueille nos pleurs,
Qui de l'humanité sait toutes les douleurs,
S'attendrissait alors à l'aspect des misères
Dont les tristes humains s'accablent entre frères :
Comme si la nature et ses maux sans secours
N'avaient pas fait assez pour tourmenter leurs jours!
La troupe des martyrs avec respect s'incline.
Etienne alors : « O Christ! ô majesté divine!
» Nous voici devant toi, nous, fidèles soldats,
» Dont le sang a coulé dans de nobles combats;
» Qui prîmes une part dans ta sainte victoire,
» En répandant ce sang, prodigué pour ta gloire.
» O Christ! en ton appui nous osons espérer,
» Et pour des malheureux nous venons t'implorer.
» Regarde! au loin, tu vois dans ton vaste domaine,
» Ce monde où tu daignas prendre la forme humaine;

» Là, tristement en butte à d'indignes complots,
» Aux champs que la Garonne arrose de ses flots,
» S'élève une cité dont l'héroïque zèle
» Se signala toujours par un culte fidèle.
» Une croisade injuste assiège ses remparts ;
» De nombreux ennemis, venus de toutes parts,
» Par la flamme et le fer menacent son enceinte
» Qui porte et mérita le beau titre de sainte.
» Prends pitié de Toulouse, après tant de revers !
» Prends pitié de son prince ! il gémit dans les fers ;
» Rends-lui sa liberté ! Qu'autour de ces murailles
» Sa voix proclame encor le signal des batailles ;
» Ou qu'une heureuse paix, plus digne de nos vœux,
» Termine enfin des maux dont nous souffrons comme eux !
» O Christ ! ne permets pas que la guerre dévore
» La plus digne cité dont ton culte s'honore,
» Et ces autels nombreux qu'on fait fumer pour toi
» De l'encens le plus pur que t'adresse la foi ! »

Etienne alors se tait. Un lugubre nuage
Du Christ, en ce moment, a voilé le visage :
« Immortels habitants du céleste séjour,
» Troupe si glorieuse et si digne d'amour !
» Confesseurs de la foi, vierges, martyrs, apôtres,
» Répond-il, ah ! croyez que mes vœux sont les vôtres !
» Mais il faut nous soumettre aux décrets éternels
» Qui règlent dans leur cours les destins des mortels.

» Elus, écoutez-donc! hâtez-vous de comprendre
» La voix du Tout-Puissant qui va se faire entendre ! »

Soudain, des profondeurs de son immensité,
Le plus pâle rayon de la divinité,
S'échappant au-dessus de la troupe attentive,
Inonde tout le ciel d'une clarté si vive,
Que l'œil même des saints ne peut la contempler,
Et qu'au choc de l'éclair on les voit se troubler.
Tout-à-coup, une voix pareille à ce tonnerre
Qui dit les lois du ciel aux enfants de la terre,
Alors que l'Eternel pour Moïse inclina
Un reflet de sa gloire au sommet du Sina;
Cette puissante voix qui fait trembler les mondes,
Laisse tomber ces mots : « O ténèbres profondes!
» O plainte téméraire! heureux qui sait souffrir !
» Toulouse doit combattre et ne doit point périr.
» Fille de la révolte en crimes si féconde,
» Une loi de douleur a pesé sur le monde;
» La douleur et le sang peuvent seuls expier.
» L'homme, né criminel, doit se purifier ;
» Ainsi que les métaux s'épurent dans la flamme,
» Au feu de la souffrance il épure son âme.
» Espérez et priez ! »

      Après ces derniers mots,
Les sept trompettes d'or tonnent en longs échos;

Des célestes palais, de leur voûte immortelle
S'échappent des torrents d'une splendeur nouvelle;
Les encensoirs divins fument de toutes parts;
Les puissances du ciel, les anges, les vieillards,
Tous les saints prosternés, qui tremblaient en silence,
Forment un chœur sublime, universel, immense;
Et, dans l'essor brûlant de leur hymne pieux,
L'éternel hosanna remplit les vastes cieux.

Cependant, des croisés occupant le courage,
Montfort de sa victoire assurait l'avantage;
Chaque jour les conduit à des combats nouveaux,
Et de puissants remparts tombent sous leurs assauts.
Ainsi, quand des torrents l'irruption soudaine
Se précipite et court dans une étroite plaine,
La moisson, le hameau, l'arbre, la vieille tour,
Sous le flot qui grossit descendent tour à tour.
Montferrand que livra la trahison d'un frère, [17]
Arbore à son donjon le lion sanguinaire.
Aux armes de Montfort l'Agenais s'est soumis,
Les champs du Lauraguais gémissent asservis,
Tout grand château succombe après l'horreur d'un siége; [18]
Le vainqueur s'est assis sur les flots de l'Ariége;
Il occupe Pamiers, Saverdun et Muret.
Toulouse, libre encor, voit d'un œil inquiet
S'approcher par degrés, mouvante citadelle,
La ceinture de fer qui se presse autour d'elle.

CHANT DEUXIÈME.

Raymond dit à Marcel : « Le prince d'Aragon
» Par de nouveaux exploits vient d'illustrer son nom;
» La victoire qui l'aime et se plaît à le suivre,
» D'un ennemi perfide à jamais le délivre :
» Les Maures sont vaincus. Va le trouver; dis-lui
» Qu'un frère malheureux implore son appui;
» Que je l'attends. Ami, je compte sur ton zèle. »

Marcel part à l'instant; et, messager fidèle,
Du farouche Montfort affrontant les soldats,
Par les plus courts chemins il dirige ses pas.
Il aborde, il gravit ces sommets que protège,
Comme un large rempart, leur couronne de neige.
Vainement le ciel tonne et l'ouragan rugit,
L'avalanche en fureur gronde, roule et bondit;
A travers ces périls Marcel poursuit sa course.
Il descend; de la Sègre il a franchi la source;
Il s'avance vers l'Ebre, et remontant son cours,
Bientôt de Saragosse il découvre les tours.

De la grande cité l'enceinte se déploie,
Populeuse, bruyante et tressaillant de joie,
Ivre de son triomphe et libre de terreur,
Célébrant de son roi la gloire et le bonheur. [19]
Sous les vastes lambris du palais qu'il habite,
Pierre de ses guerriers a rassemblé l'élite.
D'un essaim de beautés le sourire divin
Se mêlait à l'éclat d'un superbe festin.

Du laurier triomphal ces tables décorées,
Les lustres suspendus à ces voûtes dorées,
L'harmonieux accord du luth et de la voix,
Et l'airain frémissant au signal du hautbois;
La dépouille des fleurs sur le marbre semée,
La myrrhe s'exhalant en vapeur embaumée,
Les feux éblouissants de l'or et du cristal
Couronnaient la splendeur de ce banquet royal.
Marcel est accueilli dans cette cour brillante;
Au roi qui lui sourit un héraut le présente.
Pierre lui tend la main, et, flattant son espoir,
Sur un siége d'honneur le presse de s'asseoir.
Le modeste Marcel, qui doute de lui-même,
S'incline et se refuse à cet honneur suprême.

Mais bientôt les regards sur lui se sont fixés;
Sur lui, recueil vivant de tant de faits passés.
En grands événements cette scène féconde
Qui s'agite à Toulouse et fait trembler le monde,
D'un intérêt puissant a saisi tous les cœurs;
L'on veut connaître à fond le drame et les acteurs.
Pierre, exprimant le vœu de l'assemblée entière,
A Marcel qui se trouble adresse une prière:
« Noble ami de Raymond, glorieux troubadour,
» Maître des chants divins dans une illustre cour,
» De vos jours de douleur racontez-nous l'histoire;
» Dites-nous ces revers mêlés à tant de gloire;
» Les flammes de Beziers, les assauts de Lavaur,

» Les rigueurs des légats, les crimes de Montfort;
» De votre jeune prince offrez à notre hommage
» Les précoces lauriers et le brillant courage.
» Dites-nous quel destin, quel génie envieux
» Humilia Raymond sous un joug odieux,
» Et d'un si grand pouvoir prépara la ruine;
» De la croisade, enfin, contez-nous l'origine. »

A cette voix, Marcel, d'abord intimidé,
Se rassure et promet le récit demandé.

NOTES DU CHANT DEUXIÈME.

¹ Villeneuve est venu conduit par son courage.

Les rejetons de cette ancienne famille qui s'est distinguée par les hommes dans les armes, et par les femmes dans les lettres, existent encore à Toulouse. Villeneuve était sénéchal du comte de Toulouse. Adalbert de Villeneuve, son aïeul, appartenait à l'une de ces antiques familles qui vinrent chercher dans la Septimanie un refuge contre les Sarrasins, conquérants de la Péninsule hispanique. Cette famille a donné plusieurs chevaliers et commandeurs à l'ordre de Saint-Jean-de-Jérusalem. On relit toujours avec plaisir les vers que Mme de Villeneuve adressait à Clémence-Isaure au concours de 1486 :

> « Quand lo printemps a campat à las nivas,
> » Et que tenen lo florit mes de may,
> » Vos offriscts à manhs dictators gay
> » Del gay saber las flors molt agradivas.
>
> » Reyna d'amors, poderosa Clamensa,
> » A vos me clam per trobar lo repaus.
> » Que si de vos mos dictats am un laus,
> » Aurei la flor que de vos pren nayssensa. »

(Voir Lafaille, *Catalogue des anciennes familles.*—Du Mège, *Éloge de M. de Villeneuve*, Recueil des Jeux-Floraux, 1843.)

² Toulouse avait gardé jusqu'aux jours de notre ère
Une magistrature auguste et populaire.

Le capitoulat est une institution qui, selon toute apparence, remonte à l'époque de l'établissement romain à Toulouse. L'auteur de la *Canso sur la crosada contras les eretges albiges*, désigne les *Capitouls* et il les nomme quelquefois consuls. Le mot *capitoulat* vient-il du mot *capitulum* (chapitre), ou du mot *Capitolium* (Capitole)? Telle est la question qui a divisé plusieurs érudits. Lafaille, qui était très versé dans ces matières, dit formellement que dans tous les lieux où les Romains avaient étendu leur domination, ils formaient des établissements sur le modèle de ceux qui existaient à Rome : « Il faudrait être peu savant dans la police des Romains, pour
» ignorer que ces hommes extraordinaires, qui n'avaient
» d'estime que pour leur ville, tâchaient de faire autour de
» Rome des colonies qu'ils plantaient dans les provinces; et
» c'est pour cela qu'Aulu-Gelle les appelle des images en petit
» du peuple Romain, *populi romani quasi effigies parvæ*. Ils
» y établissaient même manière de gouvernement et mêmes
» magistrats. » — Et plus bas : « Comme il faut tenir pour
» constant que Toulouse a été une colonie des Romains, on
» ne peut douter non plus que les Capitouls ne descendent
» des anciens consuls ou décemvirs de leur ville, pendant
» qu'elle fut colonie. Le seul nom de *Capitoul* fait assez con-
» naître leur origine; car il ne faut point douter que ce nom
» ne leur soit venu de la garde de l'ancien Capitole de cette
» ville, comme l'a observé M. Catel, dans ses *Mémoires de
» l'Histoire de Languedoc*. Ce n'est pas que dans plusieurs
» actes anciens, ils ne prennent aussi la qualité de consuls,
» et il est vray-semblable que pour se distinguer des autres
» magistrats populaires, ils préférèrent d'être nommés Capi-
» touls, à cause de quoy ce nom leur est uniquement de-
» meuré. » (Lafaille, *Noblesse des Capitouls*, pag. 6 et 8. —
Toulouse, 1707.)

³ Ravi par la conquête à son ciel fabuleux,
Apollon pythien y ralluma ses feux.

Allusion à l'expédition des Tectosages qui, sous la conduite d'un Brennus, pénétrèrent jusques dans la Galatie, où ils fondèrent la ville d'Ancyre, aujourd'hui Angora. Ces Tectosages pillèrent le temple de Delphes, et en emportèrent les trésors dans leur patrie. Les érudits rapportent aussi à cette époque la construction d'un temple d'Apollon qui existait à Toulouse lorsque Saint-Saturnin y fit briller les premières lueurs du christianisme.

> 4 Alors que Cépio, profanateur impie,
> Ravit l'or que bientôt il paya de sa vie.

Tout ce passage du poème est fondé sur l'histoire. A l'arrivée des Romains, l'or apporté de Delphes avait été jeté dans un lac sacré. « La plupart des historiens, dit Lafaille, veulent que » ce soit ce fameux or de Toulouse, qui fut depuis enlevé à » ceux de cette ville par le proconsul Cépio....... L'accusation » que Cicéron (*pro Fonteio*) nous apprend qu'on intenta » contre lui à Rome, est une preuve qu'il fut le déprédateur » de ce grand trésor....... Cet or fut si funeste à Cépio et à » tous ceux entre les mains desquels il passa, qu'ils périrent » tous malheureusement; en sorte qu'on en fit un proverbe à » Rome : *Habet aurum Tolosanum*, il a l'or de Toulouse, lors- » qu'on voulait dire de quelqu'un que toute sorte de malheur » l'accompagnait. » (Lafaille, *Annal. de Toul.*, *Abrég. de l'Anc. Hist.*, 1re part., chap. 2. — 2e part., chap. 3.)

> 5 La place où du taureau la fureur expira.

Allusion au martyre de Saint-Saturnin (aussi nommé Saint-Sernin) qui fut attaché à la queue d'un taureau.

> 6 Le monument immense, au portique béant....

L'insigne basilique de Saint-Sernin, ou Saint-Saturnin, monument de style roman pur, aussi remarquable par son étendue que par les nombreuses et précieuses reliques dont il est le dépôt. Pierre-Roger, monté sur le siége épiscopal de Toulouse vers la fin de l'année 1056, commença cette immense construction, qui prit fin à l'époque où le Grand-Raymond, comte de Toulouse et de Saint-Gilles, partait pour la première croisade.

⁷ Bernard, ta voix puissante émut la vaste enceinte!

L'on montre encore dans l'église de Saint-Sernin (Saturnin), la chaire où Saint-Bernard a prêché.

⁸ Urbain, le grand pontife, y répandit l'eau sainte.

« Urbain II (surnommé le Grand) arriva à Toulouse vers le
» commencement de mai 1096. Raymond de Saint-Gilles s'y
» trouvait encore. L'église de Saint-Saturnin était presque
» terminée, lorsque le pontife vint pour la première fois la
» visiter. Il fut frappé de la noble majesté de l'édifice, et
» voulut consacrer de sa main ce monument que les tombeaux
» de tant de martyrs avaient rendu vénérable à l'église tout
» entière. Le 24ᵉ jour de mai fut fixé pour cette imposante
» cérémonie. Le pape se rendit à la basilique, accompagné de
» dix-sept archevêques ou évêques. Urbain consacra avec
» l'église l'autel principal en l'honneur de Saint-Saturnin. »
(*Histoire de Saint-Saturnin*, par M. l'abbé Salvan, pag. 77.)

⁹ Foulque, moteur ardent d'une odieuse ligue.

L'on verra plus tard la biographie de cet évêque que Dieu donna dans sa colère au comte de Toulouse et à son peuple, dont il se montra l'ennemi le plus violent et le plus acharné. Pour le moment, nous nous contentons d'extraire quelques lignes de la longue note que M. Du Mège lui a consacrée dans la nouvelle édition de l'*Histoire de Languedoc* : « La ville de
» Toulouse doit avoir en horreur la mémoire de ce prélat,
» devenu, non le ministre d'un Dieu de miséricorde et de
» paix, mais le serviteur dévoué de l'odieux usurpateur du
» trône des Raymond ». Et plus bas, après avoir parlé de la vie de saint Dominique, par M. Lacordaire : « Si l'auteur
» avait voulu faire le portrait d'un homme dévoré de la soif
» du sang et de celle de l'injustice, ce n'était point Raymond VI
» qu'il aurait dû choisir, c'était Foulque, traître envers les
» Toulousains, et qui les livra sans défense à leur bourreau. »
(Note 17, liv. 21.)

¹⁰ Jordan, ce docte abbé, digne chef d'un chapitre....

« JORDAN. Il fut élu abbé l'an 1212. Les historiens ont fait

» de lui un grand éloge; ils l'ont représenté comme très versé
» dans les sciences divines et humaines. Il céda aux religieuses
» de Prouille un hôpital, situé à Toulouse, à la porte Arnaud-
» Bernard. Il donna en fief plusieurs terres à l'abbé de Belle-
» Perche. Il assista à la mort de Raymond-le-Vieux, comte
» de Toulouse, qui avait été frappé par les foudres de Rome.
» Il mourut l'an 1233. » (*Histoire de Saint-Saturnin*, par
M. l'abbé Salvan, pag. 235.)

11 La crosse est dans sa main, son front porte la mitre....

L'abbé de Saint-Saturnin était crossé et mitré; il avait rang d'évêque.

12 C'est toi que nous louons, Dieu, souverain Seigneur....

Imitation de cette hymne religieuse si souvent chantée et si connue sous le nom de *Te Deum*.

13 Et puis cent pavillons, la demeure des saints....

A l'époque où l'action du poème s'accomplit, cette procession ne pouvait pas avoir lieu, surtout de la manière dont elle est décrite : les reliques de tous les saints dont s'est enrichie la basilique de Saint-Saturnin n'avaient pas encore été relevées solennellement et placées dans des châsses. Mais il paraît que le poète, qui est Toulousain, a cédé au désir de décrire la procession des *corps saints*, telle qu'elle est faite encore tous les ans dans sa ville natale, le jour de la Pentecôte. (Voir le savant ouvrage déjà cité de M. l'abbé Salvan.)

14 S'élève le château du vieux nom de Narbonne.

Le Château Narbonnais, construction romaine, ancien palais des rois visigoths et des comtes de Toulouse, dont on voit encore quelques pans de murailles. — « On croit que le
» Château Narbonnais de Toulouse, qui servait de palais aux
» comtes et de citadelle à la ville, avait été bâti par les
» Romains. La raison qu'on en donne, c'est : 1° que sa struc-
» ture était romaine, ce qui paraissait plus particulièrement
» au frontispice bâti de gros quartiers de pierre de taille cram-
» ponnés avec des lames de fer et de plomb; 2° parce qu'on en

» tira, au commencement du dernier siècle, diverses statues
» romaines parfaitement belles. Ce château avait quatre portes,
» deux au midi et deux au septentrion, et était flanqué de
» deux grosses tours couvertes en plate-forme. Il fut détruit
» au milieu du seizième siècle. Le parlement y fut établi dès
» son origine, et il occupe encore aujourd'hui (1730) son em-
» placement. » (*Histoire de Languedoc*, liv. 22, chap. 102.)

15   Souviens-toi quelle foi sublime
     Animait, aux murs de Solyme,
     Le plus brave des combattants......

Raymond IV, comte de Toulouse et de Saint-Gilles, qui amena à la première croisade environ cent mille combattants. Ce fut lui qui, le premier de tous les princes croisés, entra dans Jérusalem et planta l'étendard de la croix sur la tour de David.

16   Le temple qu'en ces murs il élève à ta gloire.

Il s'agit de l'église cathédrale consacrée sous l'invocation de Saint-Étienne. Cette église se compose aujourd'hui de deux parties bien distinctes : 1º la grande nef dont la voûte est un peu basse, dans laquelle on entre tout d'abord après avoir descendu les marches du portail, et qui fut construite sous Raymond VI et par ses soins ; 2º le chœur magnifique dont la voûte est si élevée avec les bas-côtés qui l'entourent. Cette partie refaite est de construction moderne ; elle est due à l'archevêque de Toulouse Colbert, frère du grand ministre de ce nom. Raymond, qui faisait bâtir l'église pendant le siège même de Toulouse, n'en voulut pas discontinuer les travaux dans les circonstances les plus difficiles.

17   Montferrand que livra la trahison d'un frère.

Le château de Montferrand, place très forte, dont la défense avait été confiée à Baudouin, frère de Raymond VI, et que Baudouin livra à Montfort. On verra plus bas (aux notes du 6º chant) quelques détails sur cette trahison.

18   Tout grand château succombe après l'horreur d'un siége.

« L'arrivée de ces nouveaux croisés jeta l'épouvante dans
» tout le pays, et la plupart des peuples de la campagne
» quittèrent leurs habitations pour se réfugier à Toulouse et
» à Montauban, les deux plus fortes places qui restaient au
» comte Raymond, lequel était dans la dernière avec les
» comtes de Foix et de Comminges (année 1212). Simon,
» soutenu d'un renfort si considérable, reprit bientôt la plus
» grande partie des places qu'il avait perdues, et soumit en
» trois semaines les châteaux de Cuc, de Montmaur, Saint-
» Félix, Casser, Mont-Ferrand, Avignonet, Saint-Michel,
» et plusieurs autres du Toulousain, etc. » (*Histoire de
Languedoc*, liv. 22, chap. 23.)

19   Célébrant de son roi la gloire et le bonheur.

Il s'agit de la fameuse victoire *de las Navas de Tolosa* ou
du *Muradal*, remportée le 16 juillet 1212, par Alphonse, roi
de Castille; Sanche, roi de Navarre, et Pierre II, roi d'Aragon,
sur les Maures, qui éprouvèrent la plus terrible défaite. Cette
bataille décida alors du sort de l'Europe chrétienne. L'on
ne sera pas fâché de connaître quelques circonstances d'une
lutte aussi mémorable : « Enfin, Mahomet *el Nazir*, le
» quatrième prince de la dynastie des Almonades, que les
» Espagnols appellent *le Verd*, de la couleur de son turban,
» se voyant possesseur paisible de l'empire des Maures en
» Afrique, résolut de rassembler toutes ses forces, de les
» porter en Espagne, et d'y renouveler l'ancienne conquête
» de Tarick et de Moussa. La guerre sainte est proclamée:
» une foule innombrable de guerriers rendus sous les ensei-
» gnes de Mahomet, part avec lui des rives d'Afrique,
» arrive en Andalousie; là, leur nombre est presque doublé
» par les Maures espagnols que la haine du nom chrétien,
» le souvenir de tant d'injures, font accourir auprès de leurs
» frères. Mahomet, plein de confiance, leur annonce une
» victoire sûre, leur promet de les rendre maîtres de tous les
» pays qu'ils possédaient jadis, et brûlant d'en venir aux
» mains, il s'avance vers la Castille à la tête de cette formida-

» ble armée, qui, au rapport des historiens, passait six
» cent mille soldats.

» Le roi de Castille, Alphonse-le-Noble, averti des prépa-
» ratifs de l'empereur de Maroc, avait imploré les secours
» des princes chrétiens de l'Europe. Le pape Innocent III,
» publia la croisade, prodigua les indulgences ; et Rodrigue,
» archevêque de Tolède, qui lui-même avait fait le voyage
» de Rome pour solliciter le Souverain-Pontife, en repassant
» par la France, prêcha les peuples sur sa route, et engagea
» plusieurs chevaliers à venir combattre les musulmans. Le
» rendez-vous général fut à Tolède, où l'on vit arriver bientôt
» plus de soixante mille croisés d'Italie, et surtout ceux de
» France qui se joignirent aux Castillans. Le roi d'Aragon,
» Pierre II, le même qui périt depuis dans la guerre des Albi-
» geois, amena sa vaillante armée. Sanche VIII, roi de
» Navarre, ne tarda pas à paraître avec ses braves Navarrais.
» Les Portugais qui venaient de perdre leur prince, envoyè-
» rent leurs meilleurs guerriers. Toute l'Espagne enfin prit
» les armes : il s'agissait de sa destinée ; et jamais, depuis le
» roi Rodrigue, les chrétiens ne s'étaient trouvés dans un
» aussi pressant danger.

» Ce fut au pied des montagnes appelées *la Sierra-Morena*,
» dans un lieu nommé *las Navas de Tolosa*, que les trois
» princes espagnols se rencontrèrent avec les Maures. Maho-
» met s'était rendu maître des gorges par où les chrétiens de-
» vaient passer. Son dessein était, ou de les forcer de retourner
» en arrière, ce qui les exposait à manquer de vivres, ou de
» les écraser dans ce passage, s'ils avaient l'audace de s'y pré-
» senter. Les rois embarrassés tinrent conseil. Alphonse vou-
» lait combattre ; Pierre et Sanche étaient d'avis de se retirer.
» Un berger vint leur indiquer un défilé qu'il connaissait. Ce
» fut le salut de l'armée. Ce berger guida les rois, et par des
» sentiers difficiles, à travers les rocs, les torrents, les Espa-
» gnols gravirent enfin jusqu'à la cime des monts. Là, se
» montrant tout-à-coup aux yeux des Maures étonnés, ils se
» préparèrent pendant deux jours au combat par la prière,
» par la confession et la communion. Les rois leur donnèrent
» l'exemple de cette ferveur. Les prélats, les ecclésiastiques,

» qui étaient en grand nombre dans le camp, après avoir
» absous ces pieux guerriers, se disposèrent à les suivre au
» plus fort de la mêlée.

» Le troisième jour, 16 de juillet de l'année 1212, l'armée
» se mit en bataille, divisée en trois corps de troupes, com-
» mandés chacun par un roi. Alphonse et ses Castillans étaient
» au centre avec les chevaliers de Saint-Jacques et de Cala-
» trava, ordres nouvellement institués. Rodrigue, archevê-
» que de Tolède, témoin oculaire et historien de cette grande
» journée, était à côté du roi, précédé d'une grande croix,
» principale enseigne de l'armée. Sanche et ses Navarrais for-
» maient la droite ; Pierre et ses Aragonais tenaient la gauche.
» Les croisés français, réduits à un petit nombre par la dé-
» sertion de leurs compagnons qui n'avaient pu soutenir la
» brûlante chaleur du climat, marchaient à la tête des
» troupes, sous la conduite d'Arnaud, archevêque de Nar-
» bonne, et de Thibaut Blason, seigneur poitevin. Ainsi
» rangés, les chrétiens descendirent vers le vallon qui les
» séparait de leurs ennemis.

» Les Maures, sans aucun ordre, suivant leur antique
» usage, déployèrent de toutes parts leurs innombrables
» soldats. Cent mille hommes d'une excellente cavalerie for-
» maient leur principale force ; le reste était un ramas de
» fantassins mal armés et peu aguerris. Mahomet, placé sur
» une colline d'où il dominait toute son armée, s'était en-
» vironné d'une palissade formée par des chaînes de fer et
» gardée par l'élite de ses cavaliers à pied. Debout au milieu
» de cette enceinte, l'Alcoran d'une main, le sabre de l'autre,
» il était en spectacle à toutes ses troupes, et ses plus braves
» escadrons pressaient la colline des quatre côtés.

» Les Castillans dirigèrent leurs premiers efforts vers cette
» hauteur. Ils enfoncèrent d'abord les Maures ; mais repoussés
» à leur tour, ils reculaient en désordre et commençaient à
» tourner le dos. Alphonse, courant çà et là pour les rallier,
» disait à l'archevêque de Tolède qui l'accompagnait partout
» précédé de sa grande croix : *Archevêque, c'est ici qu'il faut*
» *mourir.* — *Non, sire,* répondit le prélat, *c'est ici qu'il faut*
» *vivre et vaincre.* — Dans ce moment, le brave chanoine qui

» porte la croix se jette avec elle au milieu des musulmans;
» l'archevêque et le roi le suivent; les Castillans se précipitent
» pour sauver leur prince et leur étendard. Les rois d'Aragon
» et de Navarre, déjà vainqueurs à leurs ailes, viennent se
» réunir contre la colline. Les Maures sont partout attaqués;
» ils résistent; les chrétiens les pressent. L'Aragonais, le
» Navarrais, le Castillan veulent s'effacer mutuellement. Le
» brave roi de Navarre se fait jour, arrive à l'enceinte, frappe
» et brise les chaînes de fer dont le roi maure était entouré.
» Mahomet alors prend la fuite. Ses guerriers, ne le voyant
» plus, perdent le courage et l'espoir; tout plie, tout fuit de-
» vant les chrétiens; des milliers de musulmans tombent
» sous leurs coups; et l'archevêque de Tolède, avec les autres
» prélats, environnant les rois vainqueurs, chante le *Te Deum*
» sur le champ de bataille.

» Ainsi fut gagnée la fameuse bataille de Tolosa..... dans
» laquelle les historiens assurent que les chrétiens tuèrent
» deux cent mille Maures, et ne perdirent que cent quinze
» guerriers. » (Florian, *Précis historique sur les Maures*, et
les historiens espagnols qu'il cite.)

CHANT TROISIÈME

SOMMAIRE.

Récit de Marcel. — Commencement de l'hérésie. — Pierre de Bruis. — Saint Bernard à Toulouse. — Après sa mort, l'hérésie renaît plus puissante. — Raymond refuse de persécuter ses sujets. — Le pape Innocent III. — Il envoie des légats. — Le vicomte de Beziers est favorable aux hérétiques. — Punition du vieux Morand. — Troubles de l'Eglise de Toulouse. — Diégo de Asébes, évêque d'Osma. — Saint Dominique. — Arnaud, abbé de Citeaux. — Foulque, évêque de Toulouse. — Conférence de Montréal. — Le Légat Pierre de Castelnau est tué. — Le Comte Raymond est accusé de ce meurtre. — Innocent III délègue Milon pour instruire cette affaire. — Concile de Montélimart. — Milon soumet Raymond à une pénitence publique.

CHANT TROISIÈME.

—

Au récit de Marcel dont l'attrait les captive,
Pierre et sa cour prêtaient une oreille attentive;
Lui, d'une voix émue, essuyant quelques pleurs,
Leur dit en soupirant : « Sire, illustres seigneurs,
» De nos tristes revers qu'on aura peine à croire,
» Il faut donc sans détour vous raconter l'histoire;
» Ces ligues, ces complots, ces assauts meurtriers,
» Ces massacres honteux pour de nobles guerriers,
» Et la croisade enfin, déplorable entreprise
» Des envoyés de Rome et du chef de l'Eglise !
» Hélas! quoique mon cœur, plein d'horreur et d'effroi,
» Repousse des tableaux si douloureux pour moi,
» Je vais parler; d'un prince accablé par l'orage,

» Je dirai l'infortune et le noble courage,
» Ses grandeurs que le ciel se plut à renverser,
» Mais dont le souvenir ne peut pas s'effacer.

» Depuis longtemps, Bruïs avait dans ma patrie
Répandu le poison de sa doctrine impie; [1]
Des erreurs de Manès rénovateur hardi,
Sa parole puissante agitait le Midi.
Tout servait l'ascendant de sa fausse sagesse.
Des prêtres corrompus l'orgueilleuse mollesse, [2]
Les peuples épuisés par un luxe odieux,
Le faste des prélats toujours plus somptueux,
Le désordre des mœurs dont la mitre adultère
Etalait le scandale au pied du sanctuaire,
Le mépris des vertus et l'oubli du devoir
De l'Eglise avilie ébranlaient le pouvoir.
Le ministre imprudent du nouvel Evangile
Expia son erreur dans les feux de Saint-Gille.
Mais tel est le pouvoir du sectaire expirant,
De sa cendre féconde il renaît plus puissant.
Tel un cèdre abattu dont la tige orgueilleuse
De son tronc mutilé renaît plus vigoureuse;
Tel encor, vainement poursuivi par le fer,
Repousse en jets nombreux le germe d'un cancer.
La liberté de l'homme avec ardeur embrasse
Les rêves d'une foi que poursuit la menace,
Et bientôt, dans Lyon, Valdo, jeune insensé,
Reprit l'œuvre fatal, par Bruïs commencé. [3]

» Les apôtres nouveaux, par leur conduite austère,
Prêtaient à l'hérésie un noble caractère.
On ne les voyait point, de pourpre revêtus,
Sous des lambris dorés abriter leurs vertus ;
Leur vêtement grossier n'admettait que la bure ;
Un pain noir composait leur simple nourriture ;
La tête dépouillée, un bâton à la main,
D'un pied nu balayant la poudre du chemin,
Tous les jours ils allaient, amis de l'indigence,
Sous le chaume oublié consoler la souffrance,
Et, par eux préférée à l'opulent séjour,
La cabane du pauvre appelait leur amour.
Le pauvre les aima ; les funestes doctrines
Poussèrent sourdement de profondes racines. [4]

» Quand le mal eut grandi, c'est en vain que Bernard
De la foi dans nos murs vint planter l'étendard. [5]
Apôtre, il rétablit les mœurs évangéliques ;
Sa voix fit retentir nos saintes basiliques :
L'imposteur confondu reconnut son vainqueur ;
Les peuples éclairés abandonnaient l'erreur.
Mais lorsque s'éteignit cette voix redoutée,
Un moment par le ciel à la terre prêtée ;
Quand ce glaive vivant, brisé par le trépas,
Ne put plus se mêler à de nouveaux combats,
Le monstre dont ce glaive avait frappé la tête,
Soudain se releva plus fort de sa défaite.
Les germes du poison, partout ressuscités,

D'innombrables rameaux remplirent nos cités.
Ainsi, lorsqu'une main ardente à sa poursuite
S'efforce d'extirper la plante parasite,
Un seul germe oublié dans les sillons poudreux
Couvre bientôt le champ de rejetons nombreux.
Henri donna son nom à la secte proscrite; 6
La Provence subit l'influence maudite;
Toulouse s'en émut; et vit avec terreur
S'élever dans Albi la chaire de l'erreur.

» Le bon Raymond gémit; son âme consternée
Des peuples qu'il aimait prévit la destinée;
Ce progrès de l'erreur, il voulait l'arrêter;
Il ne put se résoudre à les persécuter.
Lui-même il détestait ces doctrines impures
Et les fausses vertus qui cachaient leurs souillures;
Mais des faibles humains, dans le piége surpris,
Son zèle ne pouvait éclairer les esprits.

» Cependant, aux clameurs qu'élevait l'hérésie,
D'un effroi douloureux l'Eglise fut saisie.
Le légat, qui voyait naître de mauvais jours,
De Rome protectrice implora le secours,
Et dans le haut conseil où tout doit se résoudre,
Rome accueillit la plainte et prépara sa foudre.

» Du pontife Hildebrand le successeur nouveau,
D'un pouvoir difficile essayant le fardeau,

Innocent, prêtre austère et digne d'un autre âge, [7]
Portait sous la tiare un front modeste et sage.
Des périls de l'Eglise Innocent fut frappé.
On disait que Satan, de l'enfer échappé,
Venait troubler le monde, et, versant son délire,
Fonder de l'Antechrist le détestable empire.
Le Pape, remplissant un auguste devoir,
Envoya des légats armés de son pouvoir.
Ils devaient, dispensant la parole sacrée,
Ramener au bercail la brebis égarée,
Soutenir la faiblesse, éclairer la raison,
A l'humble repentir annoncer le pardon;
Mais, de l'orgueil farouche ennemis implacables,
Poursuivre sans pitié d'audacieux coupables,
Frapper, exterminer par le fer et le feu
L'hérétique endurci qui résiste à son Dieu.

» Des deux premiers légats le sectaire rebelle
Usa la patience et rebuta le zèle; [8]
Il fut sourd aux conseils, il brava les rigueurs.
Innocent dut choisir de plus fermes vengeurs.
Raoul fut appelé d'un cloître de Narbonne,
Le fougueux Castelnau sortit de Maguelonne. [9]
D'un pouvoir sans limite il les arma tous deux;
Les évêques soumis tremblèrent devant eux.
Dans Narbonne et Viviers, dans Beziers et Toulouse,
Plus d'un excès marqua leur puissance jalouse;
Leur caprice ombrageux menaçait tout pasteur, [10]

Et chacun de leurs pas imprimait la terreur.
Aux yeux de ces tyrans le doute était un crime.
Morand fut, dans nos murs, leur première victime. [11]
A de vagues soupçons ce vieillard immolé,
Privé de ses honneurs, de ses biens dépouillé,
Sous la main du bourreau qu'armait leur tyrannie,
D'un châtiment public subit l'ignominie.
Mais le fouet insolent par qui furent flétris
Une famille illustre et des cheveux blanchis,
Dans les cœurs indignés que l'injustice irrite
Suscita des vengeurs à la secte proscrite.

» Le vicomte d'Albi, qui voyait à la fois [12]
Béziers et Carcassonne obéir à ses lois,
Bravant les foudres saints, la prit sous sa défense;
Méprisant les conseils d'une sage prudence,
Aux fronts que menaçait l'anathème sacré
Il ouvrit dans ses murs un asile assuré.
A ce coup imprévu les légats s'alarmèrent;
Leur zèle redoubla, les bûchers s'allumèrent,
Et le sang prodigué fut alors en cent lieux
Répandu par le fer, dévoré par les feux.

» De Toulouse pourtant l'Eglise fortunée,
Par un sage prélat jusqu'alors gouvernée,
Détourna quelque temps les traits de leur courroux;
Sa main de leur vengeance amortissait les coups.
Mais, quand la mort fatale, abrégeant sa carrière,

Dans les yeux de Fulcrand eut éteint la lumière,
Alors, tristes jouets de vœux intéressés,
Du plus sombre avenir nous fûmes menacés.
Je ne vous dirai point quelle ardeur sacrilége
Marqua de ses excès la vacance du siége,
Ni comment par l'intrigue et par l'or répandu
Fut marchandé le choix d'un chapitre vendu.
Comminge et Rabastens disputaient de scandale;
Celui-ci vit deux fois triompher sa cabale;
Mais, contraire aux légats, et par eux repoussé,
L'évêque élu deux fois fut deux fois renversé. [13]
Innocent proscrivit avec ignominie
Deux votes qu'à ses yeux souillait la simonie.
Pour la troisième fois le chapitre assemblé
Adopte le prélat à son choix signalé;
L'abbé du Toronet que Castelnau désigne,
Foulque, ami du légat, est jugé le plus digne;
Foulque, dont tant d'excès devaient noircir le nom,
Qui signala bientôt sa haine pour Raymond;
Qui de pleurs et de sang remplissant notre histoire
A nous persécuter sembla mettre sa gloire.

» Quoique le nom de Foulque ici soit parvenu, [14]
Peut-être ce prélat ne vous est pas connu.
Permettez qu'à vos yeux, de cette vie étrange
Je trace le tableau peu digne de louange.

» D'un trafiquant génois ce fils ambitieux,

Jeune, évoqua la gloire en chants capricieux.
Troubadour langoureux, il charmait notre oreille.
Une mandore en main, on le vit dans Marseille
A la noble beauté dont il portait les fers
Prodiguer follement ses soupirs et ses vers.
La fière Adélaïs repoussa son hommage.
Tandis que d'un refus il dévorait l'outrage,
De la douce moitié qui partageait son nom,
Heureux père, il vit naître un double rejeton.
Mais ce lien si pur d'amour et d'innocence
De son cœur agité fatigua l'inconstance.
Dans nos tristes débats il vit l'occasion
De frayer un passage à son ambition.
Le voilà qui s'éprend d'un mystique délire;
Il brise au même instant les cordes de sa lyre;
Il fuit le siècle, il rompt les nœuds qu'il a formés;
Sa femme, ses enfants, dans le cloître enfermés,
S'éloignent, et lui-même on dirait qu'il s'empresse
D'y cacher les erreurs d'une folle jeunesse.
Mais à peine d'un cloître eut-il touché le seuil,
Qu'on vit de ses projets percer le sombre orgueil.
Le froc déguisait mal son arrogance acerbe;
Son front humilié se releva superbe;
Bientôt, de sa fortune accusant la lenteur,
Des hautes dignités il rêve la splendeur.
Le succès enhardit l'ardeur qui le dévore;
Prieur du Toronet, il lui faut plus encore;
Au siége de Toulouse, abbé présomptueux,

On le voit élever l'audace de ses vœux ;
Enfin, grâce à l'appui que Castelnau lui prête,
Un indigne succès lui livre sa conquête.

» Au siége épiscopal Foulque à peine affermi,
Au Comte son seigneur montre un front ennemi.
Il s'érige en despote, il commande, il insiste ;
Déjà de ses proscrits il a dressé la liste ;
Il les demande au Comte et ne les obtient pas.
Foulque s'emporte.... Ainsi naquirent ces débats
Qui, remplissant d'aigreur le prélat et le prince,
Désolèrent Toulouse et sa triste province.

» Alors sur cette scène et dans les premiers rangs,
Parurent à la fois trois hommes différents.
L'un, abbé de Citeaux, qui, paré d'un vain titre, [15]
De Narbonne à son front osa ceindre la mitre,
Etait Arnaud ; son nom tristement exalté,
A d'horribles malheurs dut sa célébrité.
Arnaud trahit sa tâche ; elle était sainte et belle ;
Mais par excès d'ardeur il égara son zèle.
Ainsi l'excès du bien cache toujours un mal ;
Ainsi l'humble ruisseau dont l'utile cristal
Fertilise les champs qu'arrose son passage,
En torrent transformé, les trouble et les ravage.
Les autres, de la foi généreux champions,
Pour vaincre l'hérésie avaient passé les monts ;
Un crucifix en main, ils avaient pris pour armes

La raison, la douceur, la prière et les larmes.
Osma nous envoyait son évêque pieux ;
Un prêtre l'a suivi, simple religieux,
Modèle de vertus, d'humilité profonde,
Par la charité sainte il transforme le monde ;
Dominique est son nom [16] : heureux s'il peut toucher
L'hérétique qu'attend la flamme du bûcher !

» Il cherche à dessiller les yeux de l'ignorance ;
De cette œuvre de paix il conçoit l'espérance ;
Il sème la parole, et sa voix tour à tour
Répand autour de lui la sagesse et l'amour.
O prodige ! on l'écoute : en ces cœurs qu'il éclaire
Il verse avec son âme un sentiment sincère,
Le désir de s'entendre, un besoin d'union,
Et de la vérité la sainte passion ;
Catholiques, Vaudois vont conférer ensemble ;
Et c'est à Montréal que son vœu les rassemble. [17]
Conférence célèbre ! Oh ! dans des jours meilleurs,
Combien elle eût au monde épargné de douleurs !
C'est là que des deux parts tout ce que leurs suffrages
Proclament de grands noms, de doctes personnages,
Accourt pour la dispute. On voyait réunis
Dans le camp des Vaudois, Guillabert, Othonis,
Pons Jordani, Benoît venu des murs de Thermes ;
Les uns esprits subtils, les autres esprits fermes.
Au milieu d'eux siégeaient les juges qu'on nomma ;
Puis, venaient Dominique et l'évêque d'Osma.

Durant quinze soleils, de la sainte écriture
Le texte lumineux confondit l'imposture ;
L'évêque ibérien, Dominique avec lui,
Frappaient le dogme impur demeuré sans appui,
Vengeaient Rome et sa foi de cent clameurs injustes,
Rendaient le sceau divin aux sacrements augustes,
Et de son caractère éclairant la beauté,
Rétablissaient le prêtre en son autorité.
Le ciel même daigna, par un nouveau prodige,
Au mensonge expirant arracher son prestige.
On soumet la dispute au jugement de Dieu ;
Les écrits sont livrés à l'épreuve du feu.
Mais tandis que la flamme, étendant ses ravages,
Brûle des Albigeois les détestables pages,
On voit le livre saint que sa vertu défend,
A la flamme trompée échapper triomphant. [18]
L'erreur était vaincue et confessait son crime,
Lorsqu'un affreux destin nous plongea dans l'abîme.
Tel le navigateur qui guida sur les mers
Sa nef victorieuse au bout de l'univers,
Echappé mille fois aux fureurs de l'orage,
En rentrant dans le port rencontre le naufrage.

» Soudain un coup sinistre, un horrible attentat
Vint nous frapper ; ce fut le meurtre du légat. [19]
Peut-être on vous conta ce fatal homicide ;
Vous aurez entendu quelque bouche perfide
Rejeter sur mon maître un odieux soupçon,

Tant de la calomnie on aime le poison !
Castelnau fut l'auteur de sa propre disgrace.
Accusez le destin, accusez son audace,
N'accusez pas Raymond ; à ce meurtre inhumain
Son cœur fut étranger aussi bien que sa main.
Quel que soit aujourd'hui l'intérêt qui me touche,
La simple vérité sortira de ma bouche.

» Notre Comte avait vu quelques vassaux sans frein
Méconnaître ses droits, braver leur suzerain.
C'était aux bords du Rhône une fureur étrange.
L'altier seigneur de Baux, puissant prince d'Orange, [20]
Gaucelin de Lunel, Guillaume de Loudun,
Plusieurs autres qu'unit un intérêt commun,
Voulaient briser le joug d'une juste tutelle.
Raymond dut châtier leur audace rebelle.
Castelnau, devant qui tout genou doit fléchir,
Dans ce grave débat voulut intervenir ; [21]
Ce fut un premier tort qu'aggrava sa conduite.
Il écrit à Raymond: « Cessez votre poursuite ;
» Je veux qu'on laisse en paix de zélés serviteurs
» Que l'Eglise a comptés parmi ses défenseurs.
» Unissez vos efforts dans une guerre unique :
» Le ciel vous la permet, la guerre à l'hérétique. »

» Le Comte, qui repousse un pouvoir usurpé,
D'un injuste anathème est aussitôt frappé.
Le fougueux Castelnau qu'un refus scandalise

Jette à l'auguste front les foudres de l'Eglise,
Et Raymond, tout ému de l'insolent décret,
A l'Eglise sa mère, humble fils, se soumet. [22]

» Castelnau triomphait; cet acte de prudence
Accroît de son orgueil la superbe espérance :
Dans la soumission d'un cœur religieux
La faiblesse et la peur se montrent à ses yeux;
A de nouveaux écarts il se livre sans cesse;
Il accuse Raymond de trahir sa promesse,
S'abandonne aux fureurs de son instinct jaloux,
Et prétend l'accabler des traits de son courroux.
Il accourt à Saint-Gille, il aborde le Comte;
Et là, sans s'émouvoir du péril qu'il affronte,
Devant ces grands vassaux dont la brillante cour
Entourait son seigneur de respect et d'amour,
Il s'emporte, il vomit le blasphème et l'injure :
« Ainsi donc chaque jour quelque nouveau parjure,
» Dit-il, révèle en toi l'ennemi de ton Dieu!
» Les serments les plus saints pour toi ne sont qu'un jeu;
» Pour les fils de l'Eglise il n'est plus de promesses,
» Et l'hérétique seul a toutes tes tendresses.
» Perfide! ces routiers, ces vagabonds sans foi,
» Les verrai-je toujours rangés autour de toi?
» Tu dois les disperser, tu soutiens leur audace,
» Et tu tiens nos enfants courbés sous ta menace.
» Va! tu n'es qu'un rebelle, un traître, un apostat;
» L'Eglise par ma voix rejette un fils ingrat;

» L'Eglise te maudit ; Comte, sois anathème !
» Je le dis à ta cour ; à ton peuple, à toi-même ;
» J'affranchis tes vassaux d'un injuste pouvoir,
» Je dénoue entre vous la chaîne du devoir ;
» A te désobéir ma bouche les convie,
» Et de tous leurs serments c'est moi qui les délie. »

Ce discours outrageant, cette atroce rigueur
Au front de notre Comte allument la rougeur ;
Il s'indigne, et pourtant il méprise l'offense,
Et son cœur ulcéré se ferme à la vengeance.
« Légat, lui répond-il, tu sembles oublier
» Que nul jusqu'à ce jour n'osa m'humilier !
» Que je suis dans ma cour ; qu'au gré de mon envie
» Je pourrais en ces lieux disposer de ta vie !
» Mais ne crains pas ; celui que tu viens d'insulter
» N'est point, dans tes excès, jaloux de t'imiter ;
» Incapable de haine et surtout de parjure,
» Il pardonne à l'offense, il dédaigne l'injure ;
» Il tiendra (car il sait qu'un serment est sacré)
» Tout ce qu'il a promis, tout ce qu'il a juré ;
» Mais son noble écusson, qu'on ne fait pas descendre,
» Quand on veut l'outrager doit pouvoir se défendre.
» Ici, je suis seigneur ; nul ne me fait la loi ;
» Je suis le fils de Rome et le maître chez moi.
» Demain, au front des cieux lorsque blanchira l'aube,
» Qu'à mon juste courroux le Rhône te dérobe ;
» Je laisse à tes fureurs le temps du repentir,

CHANT TROISIÈME.

» Et c'est en te chassant que je veux te punir.
» Eloigne-toi ! »

Le Comte a dit sans violence
Ces mots qui sont suivis par un morne silence ;
Des nombreux assistants aucun n'a répondu,
Et Raymond a vu fuir le légat confondu.

« Cependant cet éclat, cette fatale scène,
Agitent les esprits de la foule incertaine.
Ainsi quand la tempête éclate dans les airs,
Les flots, par l'ouragan poussés en sens divers,
Retracent à nos yeux des mouvements contraires ;
Ainsi se partageaient les passions vulgaires.
Du fougueux Castelnau l'un blâme l'attentat ;
Un autre prend en main la cause du légat ;
Les partisans du Comte et sa troupe offensée
En discours menaçants traduisaient leur pensée.
Heureux si ces discours satisfont leur fureur !
Un jeune fanatique, esprit sombre et rêveur,
Simple écuyer du Comte, et le dernier peut-être,
Ne put pas supporter l'injure de son maître.
Le jour suivant, quand l'aube annonçait le matin,
Sur la rive du fleuve un malheureux destin
Le conduit. C'était l'heure à jamais déplorable
Où devait s'accomplir un crime inexpiable.
Pour traverser le Rhône, offerte à tout passant,
Une barque était là ; le légat y descend.

L'écuyer l'a suivi, pâle encor de l'offense,
Et la fatalité les a mis en présence.
L'un l'autre ils s'observaient, lorsqu'un mot imprudent
Fit éclater soudain ce caractère ardent.
Castelnau se plaignait de foi souvent trahie;
Il parlait hautement de fauteurs d'hérésie;
Il déplorait le sort de ces infortunés
Voués à l'hérétique, avec lui condamnés.
L'écuyer, furieux à ce nom d'hérétique,
Sur le légat tremblant lance un regard oblique,
Et dit : « Lâche ennemi de mon maître outragé,
» Le Comte t'a banni; moi je l'aurai vengé.
» Meurs, traître! » Au même instant, de sa main égarée,
Il plonge au flanc du prêtre une pointe acérée.
Sous le poignard sanglant Castelnau renversé
Couvre de son pardon la main qui l'a percé;
Son sang coule à longs flots; la barque le ramène;
Son corps est déposé sur la rive prochaine,
Et le jeune assassin que troublent ses remords,
Pour ne plus les revoir s'enfuit loin de ses bords.
Raymond n'avait pas pu sauver cette victime.
Tel fut cet attentat dont on lui fait un crime.

» De cet événement il vit tout le malheur,
Et vous croirez sans peine à sa juste douleur;
Il sentit aussitôt quelle arme empoisonnée
A la main des méchants était abandonnée.
Du légat cependant, par ses soins empressés,

Dans le cèdre odorant les restes sont placés.
Il veut que ses sujets, que sa cour elle-même,
Lui rendent les honneurs dus à son rang suprême;
Mais, hélas! vains honneurs qui ne pourront fléchir
Rome où ce coup fatal va bientôt retentir!

» Dans Toulouse déjà cette mort est connue;
L'évêque triomphant perd toute retenue.
Enfin il osera, quittant de vains détours,
A son ressentiment donner un libre cours.
Il peut donc avouer un prétexte à sa haine!
En écrits, en discours sa fureur se déchaîne :
« Castelnau, le légat, l'homme prédestiné,
» L'envoyé du Saint-Siége est mort assassiné.
» C'est un héros, un saint, un martyr de son zèle;
» Il est mort immolé par le Comte rebelle;
» Une main fanatique a déchiré son sein;
» Raymond la conduisit, Raymond fut l'assassin.
» Un meurtre sacrilége a souillé la Provence;
» Le sang du juste crie, il demande vengeance.
» Que l'Eglise relève un front humilié;
» Tous les nœuds sont rompus, nul de vous n'est lié;
» Raymond est condamné. Peuples, assez de larmes,
» Venez prendre la croix, courez prendre les armes! »

» Mais, c'est peu que du peuple, excité par ses cris,
L'audacieux prélat soulève les esprits;
Il fait plus. Au dehors, en France, en Italie,

Il va de ses fureurs répandant la folie;
Il court à Rome, et là, près du Pape en courroux,
Il frappe hardiment les plus funestes coups;
Il lui fait de ce meurtre une affreuse peinture.
Dans l'esprit d'Innocent que surprend l'imposture,
Il accuse, il noircit, il transforme Raymond
En hideux sacrilége, indigne de pardon.
Innocent éperdu, gémit, se désespère,
Jette au monde troublé le cri de sa colère; [23]
Dans de nombreux écrits il verse ses douleurs,
Et prête au vieux Raymond les plus fausses couleurs.
Aux évêques, aux ducs, à Philippe, à vous-même,
Ses lettres, ô grand roi! dénoncent l'anathème,
Et chacun doit s'armer et voler au combat,
Pour châtier le Comte et venger le légat.

» Le Comte cependant, modeste autant que sage,
Cherchait par la douceur à conjurer l'orage;
Semblable à l'exilé que ses destins errants
Ont égaré parmi des monstres dévorants,
Et qui pendant la nuit, dans un désert sauvage,
A pas silencieux cherche et tente un passage.
Il voit de tous côtés des sujets de terreur.
A Rome, qui l'accuse avec tant de fureur,
Il députe un conseil qui sait son innocence:
Trois orateurs sacrés produisent sa défense. [24]
Le Pape les écoute, et, par eux détrompé,
Il voit dans quelle intrigue il fut enveloppé.

Pour que la vérité cesse d'être incertaine,
Son affidé Milon et Thédise de Gêne
Partent pour la Provence [25], avec l'ordre formel
De rechercher le crime et le vrai criminel;
D'absoudre enfin Raymond, s'il montre avec franchise
Un cœur exempt de blâme et soumis à l'Eglise.

» Arnaud, de son côté, successeur de Bernard,
Va prêchant la croisade et levant l'étendard;
Sa parole est partout; pour lui tout devient temple.
Les moines de Citeaux, formés à son exemple,
Parcourent le royaume, et leurs cris incessants
Suscitent à Raymond cent ennemis puissants :
Pour le sang du légat ils demandent vengeance,
Et leur voix en tous lieux proclame l'Indulgence;
L'Indulgence est par eux promise au nom du ciel,
Et le monde tressaille à ce magique appel.
Tout s'arme. Arnaud déjà se voit chef d'une armée.
Dans l'âme de Raymond, en secret alarmée,
Un doute affreux s'élève; il se demande enfin
Quel est de tant d'apprêts le prétexte et la fin,
Et si sous les dehors d'un zèle peu sincère,
Ce n'est pas contre lui qu'on prépare la guerre.
Trencavel son neveu, le seigneur de Beziers,
Sur leurs dangers communs l'éclaire des premiers. [26]
Il lui dit : « Les légats conspirent notre perte;
» Pour moi, depuis longtemps leur trame est découverte;
» C'est là le grand succès qu'ils brûlent d'obtenir;

» Pour le rendre facile on veut nous désunir.
» N'en doutez pas, mon sort sera bientôt le vôtre,
» Et l'on nous frappera tous deux l'un après l'autre.
» Il nous faut prévenir ce détestable but,
» Et dans notre union chercher notre salut.
» Croyez-moi, rendons-leur menaces pour menaces;
» Rassemblons des soldats, fortifions nos places;
» Osons, en résistant, combiner nos efforts :
» Si nous sommes unis, nous serons assez forts. »

» L'avis était prudent. Pendant qu'il délibère,
Raymond devait s'armer d'un noble caractère.
A l'heure du danger le pire est la lenteur;
Le parti le plus prompt est toujours le meilleur.
Il fallait sans détour, fixant sa politique,
De concert avec Rome écraser l'hérétique;
Ou, par un noble effort lui prêtant son appui,
Embrasser sa défense et combattre avec lui.
Mais, à de faux conseils Raymond toujours en proie,
Prit les détours subtils d'une fatale voie.
Le Comte à son neveu n'ose s'associer;
Quand il fallait combattre, il veut négocier,
Repousse Trencavel dont il craint l'énergie;
Baise, plein de respect, la main qui l'humilie;
Croit trouver son salut dans la soumission,
Et pour juge suprême il accepte Milon.

» Ce légat solennel, ce puissant mandataire,

Des pouvoirs du Pontife adroit dépositaire,
Se montra simple et doux, sans faste et sans orgueil.
De son poste éminent il a compris l'écueil.
Raymond, quoique soumis, garde encor sa puissance;
Trop de rigueur pourrait armer sa résistance;
Pendant qu'il est debout, qui saurait mieux que lui
Prêter à l'hérétique un formidable appui?
Il veut, en l'alléchant par de douces amorces,
Ravir à ce lion son courage et ses forces.
Souple et compatissant, il sait, avec lenteur,
Calmer sa méfiance et subjuguer son cœur;
Sitôt qu'il en est maître, il endort sa prudence;
Enfin il le remplit d'aveugle confiance.

» Par ordre de Milon le Comte rappelé,
Trouve à Montélimar un concile assemblé.
Milon le présidait, mais Arnaud le domine;
Il y dicte un traité de honte et de ruine,
Et ce traité fatal qui devrait l'indigner
Le malheureux Raymond consent à le signer; [27]
Un vertige a jeté son âme chancelante
Dans la honteuse paix que Milon lui présente.
Il s'abandonne aux mains des légats ennemis;
Sept châteaux de leur choix vont leur être remis;
Des droits de sa couronne il fait le sacrifice,
Supprime des impôts, dégrade la justice;
Son sceptre mutilé, soumis à l'encensoir,
N'est plus qu'un vil roseau sans force et sans pouvoir;

On ne laisse en ses mains qu'un sceau d'ignominie,
Qu'un glaive humilié devant la tyrannie,
Obéissant, aveugle, et qui doit immoler
Les fronts qu'à son caprice il plaît de signaler.
A ce prix odieux, Milon, légat suprême,
Doit absoudre le Comte et lever l'anathème.

» Dans un piége fatal c'est ainsi qu'entraîné,
Se croyant libre encore, il se trouve enchaîné.
Quelquefois, d'une main tremblante, irrésolue,
Raymond veut ressaisir sa liberté perdue;
Vains efforts! sur son front pèse le joug d'airain,
Et le traité funeste est signé de sa main.
Tel, parmi les accès d'un délire tranquille,
Abattu sous le poids de sa langueur débile,
Un malade parfois ouvrant les yeux au jour,
De sa raison perdue éprouve le retour.
Il se relève alors : d'un effort déplorable
Il cherche à secouer le fardeau qui l'accable;
Il cherche.... mais, vaincu par le mal dévorant,
Sur son lit de douleur il retombe expirant.

» Sans doute, en m'écoutant, vous désirez connaître
Quel était ce pardon qu'on daigna lui promettre;
Par quel abaissement, fléchissant les genoux,
Raymond dut acheter la honte d'être absous.

» De Milon triomphant la vanité cruelle

CHANT TROISIÈME.

Imagine un sujet de pompe solennelle;
Du meurtre du légat le théâtre sanglant,
Saint-Gilles, fut choisi pour cet acte imposant. [28]
Vingt prélats, cent abbés sont accourus; la ville
Présente aux yeux surpris l'appareil d'un concile.
D'évêques, de barons un cortége pompeux
Escorte le légat; Foulque marche avec eux;
Il paraît rayonnant de bonheur et de gloire;
On voit bien que ce jour consacre sa victoire,
Et va faire éclater enfin à tous les yeux
Le triomphe inhumain qui doit combler ses vœux.

» Dans une place immense, où, rapide et profonde,
La foule s'agitait comme une mer qui gronde,
S'élève un temple saint qu'enrichit de ses dons
L'auguste piété du plus grand des Raymonds.
Le héros triomphant, dans un jour de victoire,
Voulut de Saint-Egide honorer la mémoire;
Le marbre qui revêt le front du monument
Consacra de son cœur le pieux dévoûment.
L'art avait figuré, dans de nobles images,
De l'histoire du Christ les plus touchantes pages;
Sa passion, sa croix, trésor de charité,
Et du tombeau vaincu le Dieu ressuscité.
Un autel est dressé sous le vaste portique;
Là, rayonne en soleil le pain eucharistique;
Offert en témoignage, et présent sur l'autel,
Dieu lui-même préside au pacte solennel.

A son désir de paix Raymond toujours fidèle,
Revêt l'humilité de son divin modèle ;
Il se livre à Milon. Le légat insolent
De l'expiation veut faire un châtiment.
Le Comte qu'attendait la plus cruelle injure,
Est conduit dépouillé, nu jusqu'à la ceinture.
La main sur l'Evangile, il jure les traités,
Répète les serments que Milon a dictés,
Et les nombreux seigneurs des terres de Provence
Au légat, comme lui, jurent obéissance.
Les serments prononcés, Milon, au même instant,
Passe une étole au cou du noble pénitent,
Qui se laisse conduire au pied du tabernacle.
Milon, qui se complaît à ce triste spectacle,
A saisi les deux bouts de ce lien nouveau,
De verges qu'on lui porte il assemble un faisceau ;
Il arme sa main droite, et la main orgueilleuse
A frappé de Raymond l'épaule généreuse.
Puis il dit : « J'aime mieux absoudre que punir.
» Comte, de tes serments garde le souvenir !
» Le ciel qui te devait un châtiment insigne,
» Par un excès d'amour dont tu te sens peu digne,
» Dépose dans ma main ta peine et ton pardon.
» Ton crime est expié, je t'absous en son nom. »

» Ainsi fut accompli cet acte épouvantable.
O funeste attentat ! ô fureur déplorable,
Qui montre un grand prélat tristement obstiné

A verser le mépris sur un front couronné;
A traîner dans la fange, à dégrader lui-même
L'objet de nos respects, l'honneur d'un diadème!
Seigneurs, j'étais absent; ce spectacle odieux
N'a point blessé mon cœur, n'a point souillé mes yeux;
Et pourtant, que de fois cette image présente
Remplit mes tristes nuits d'horreur et d'épouvante!
Je suis faible, il est vrai; mais, j'en jure ma foi,
Avant qu'un être humain eût osé devant moi
Outrager de Raymond l'auguste caractère
Et porter sur mon maître une main téméraire,
Tout mon sang répandu..... Pardonnez!!! » A ces mots,
Marcel ne retient plus ses pleurs et ses sanglots;
Ses mains couvrent son front que la douleur incline,
Des soupirs étouffés soulèvent sa poitrine;
Il veut parler encore..... il s'arrête..... il n'a pu
Poursuivre son récit trois fois interrompu.

NOTES DU CHANT TROISIÈME.

—

¹ Depuis longtemps Bruïs avait dans ma patrie
Répandu le poison de sa doctrine impie.

Pierre de Bruïs parut au douzième siècle. Il répandit secrètement sa doctrine, qui était une sorte de manichéisme, dans le Dauphiné, la Provence et aux environs de Toulouse. Il est regardé comme le chef de la secte des Albigeois. Henri, son disciple, eut beaucoup de célébrité. Bossuet, dans son *Histoire des Variations des Eglises protestantes* (tome 2, pag. 91), examine la doctrine de ces deux sectaires, que reproduisit avec quelques modifications celle des Vaudois. « Pierre de » Bruïs fut brûlé à Saint-Gilles par les catholiques, en 1147, » en punition des croix qu'il avait brûlées. Il avait prêché ses » erreurs pendant près de vingt ans. » (*Histoire ecclésiastique*, tom. 10, liv. 69, § 24.) — Dans tout le cours du récit, le lecteur ne doit pas oublier que Marcel qui le fait, est un serviteur du comte de Toulouse, et ne pas s'étonner de la couleur passionnée qui y règne. Marcel demande des secours pour Raymond, et il le rendra d'autant plus intéressant, qu'il rendra la croisade plus odieuse.

² Des prêtres corrompus l'orgueilleuse mollesse....

Voici les accusations formulées (an 1204) contre l'archevêque de Narbonne, à qui les légats firent son procès. On l'accusa : 1º d'une extrême négligence dans les fonctions de son ministère, et de n'avoir pas encore visité son diocèse depuis treize ans qu'il occupait le siége; 2º de soutenir que la simonie ne ressentait pas l'hérésie; 3º d'accorder sa protection à Nicol, chef des Aragonais ou brigands qui désolaient le pays; 4º de ne pas exercer l'hospitalité, de ne pas faire l'aumône et de s'absenter de sa cathédrale, quoiqu'en pleine santé, jusqu'à huit ou quinze jours de suite ; 5º de retenir en ses mains les églises vacantes de Capestan et de Montels; 6º d'avoir exigé quatre cents sols du feu évêque de Maguelonne avant que de le consacrer; 7º d'avoir réduit à neuf, par négligence et par malice, le nombre de dix-huit chanoines qu'il y avait anciennement dans sa cathédrale; 8º de permettre à Béranger de Monan, chanoine et archidiacre de son église, à maître P. et à l'abbé de Saint-Pol, de posséder plusieurs bénéfices; 9º enfin, de souffrir que plusieurs moines et chanoines réguliers de son diocèse eussent quitté l'habit religieux, pour mener une vie séculière et scandaleuse. (*Hist. de Languedoc*, liv. 21, ch. 12.)

On lit encore, chap. 22 : — « Il (Diego d'Azebes, évêque
» d'Osma) trouva les trois légats (Arnaud, abbé de Citeaux,
» frère Pierre de Castelnau et frère Raoul) résolus d'aban-
» donner entièrement leur ministère, à cause que les héréti-
» ques leur reprochaient sans cesse la vie scandaleuse des
» ecclésiastiques, et que n'ayant rien à répondre là-dessus,
» cela les empêchait de faire aucun fruit. L'évêque d'Osma les
» encouragea à continuer leur mission ; et pour la faire d'une
» manière plus utile, il leur proposa d'aller à pied, et de ne
» porter, comme les apôtres, ni or, ni argent. »

³ Et bientôt, dans Lyon, Valdo, jeune insensé,
Reprit l'œuvre fatal par Bruïs commencé.

« En l'an 1160, Pierre Valdo, marchand de Lyon, dans une
» assemblée où il était, selon sa coutume, avec les autres riches
» trafiquants, fut si vivement frappé de la mort subite d'un

» des plus apparents de la troupe, qu'il distribua aussitôt tout
» son bien, qui était grand, aux pauvres de cette ville ; et en
» ayant par ce moyen ramassé un grand nombre, il leur
» apprit la pauvreté volontaire, et à imiter la vie de Jésus-
» Christ et des apôtres. » (Bossuet, *Histoire des Variations*,
d'après Renier.) — Pierre Pylicdorf raconte que « Valdo,
» touché des paroles de l'Evangile où la pauvreté est si haute-
» ment recommandée, crut que la vie apostolique ne se trou-
» vait plus sur la terre. Résolu de la renouveler, il vendit tout
» ce qu'il avait ; d'autres en firent autant, touchés de com-
» ponction, et s'unirent dans ce dessein..... On voyait ces
» *insabbattés* ou ces *sabbattés*, comme cet auteur les nomme,
» avec leurs pieds nus, ou plutôt avec *leurs souliers coupés*
» *par-dessus*, attendre l'aumône, et ne vivre que de ce qu'on
» leur donnait..... Ils s'avisèrent que les apôtres n'étaient pas
» seulement pauvres, mais encore prédicateurs de l'Evangile.
» Ils se mirent donc à prêcher à leur exemple, afin d'imiter
» en tout la vie apostolique...... Quelques protestants ont
» voulu dire que Valdo était un homme de savoir ; mais Renier
» dit seulement qu'il avait quelque peu de littérature, *aliquan*
» *tulum litteratus.* » (Bossuet, *ibid.*)

4 .... Les funestes doctrines
Poussèrent sourdement de profondes racines.

Bernard, abbé de Fontcaude, de l'ordre de Prémontré, dans le diocèse de Narbonne, publia, vers la fin du douzième siècle, un *Traité contre les Vaudois et les Ariens*, car on ne connaissait pas encore le nom d'*Albigeois*, sous lequel tous ces hérétiques furent ensuite compris. L'auteur expose et combat dans douze chapitres les erreurs de ces sectaires. Ces erreurs étaient : 1º qu'il ne fallait pas obéir au Pape et aux autres prélats ; 2º que les pasteurs n'avaient aucune autorité ; 3º que les simples laïques et les femmes mêmes étaient en droit de prêcher l'Evangile ; 4º que les prières des fidèles et les autres bonnes œuvres n'étaient d'aucun secours pour les morts ; 5º qu'il n'y avait pas de purgatoire, et que l'âme étant séparée du corps, elle allait tout droit en paradis ou en enfer ; ou, selon d'autres, que les justes, après leur mort, n'allaient pas en paradis avant le jugement dernier, mais que leurs âmes étaient reçues en attendant dans d'autres endroits ; 6º enfin, qu'on ne devait pas prier dans les temples matériels, auxquels il ne fallait pas donner le nom d'église.

Pierre de Vaux-Sernay distingue deux sortes d'hérétiques qui étaient alors dans le pays, et qu'on désigna dans la suite sous le nom général d'*Albigeois*. Il appelle les uns simplement hérétiques, et les accuse d'admettre les deux principes des Manichéens, avec les autres erreurs de Manès. Ils croyaient aussi, selon cet historien, deux Christ, l'un bon et l'autre mauvais. Le dernier était, disaient-ils, né à Bethléem ; l'autre n'avait jamais ni bu, ni mangé, et n'avait jamais été que spirituellement dans le monde dans le corps de saint Paul. Ils ajoutaient plusieurs rêveries semblables. Quelques-uns croyaient un seul Créateur ; mais ils soutenaient qu'il avait eu deux fils : Jésus-Christ et le Diable. Ces hérétiques étaient divisés en *parfaits* ou *bons hommes*, et en *simples croyants*. Les premiers, qui étaient les ministres de la secte, portaient des habits noirs, affectaient de garder la chasteté, abhorraient l'usage de la viande, des œufs et du fromage, prétendaient qu'ils ne mentaient jamais, et soutenaient qu'il ne leur était pas permis de jurer. Les simples croyants menaient la vie commune et espéraient se sauver par la foi des parfaits, auxquels ils étaient unis. Avec cela, ces croyants (dit Pierre de Vaux-Sernay dont l'impartialité est plus que suspecte) prétendaient pouvoir s'abandonner à toute sorte de crimes, et se flattaient de faire leur salut sans les expier par la pénitence, pourvu qu'ils pussent réciter le *Pater noster* en mourant, et recevoir l'imposition des mains, ou, comme on s'exprimait dans la secte, la *consolation* [*] de quelques-uns de leurs ministres ou parfaits. Ceux-ci étaient divisés en *fils majeurs et mineurs*, ou en évêques et en diacres. Enfin, il les accuse d'avoir des principes détestables sur l'impureté, de rejeter le culte des images, etc.

La seconde secte était celle des Vaudois. Ceux-ci (dit Pierre de Vaux-Sernay) étaient mauvais, mais beaucoup moins que les au-

---

[*] Le ministre (appelé *Barbe*) baisait deux fois au travers de la bouche ceux à qui il donnait la *consolation*.

tres; ils s'accordaient avec les catholiques sur plusieurs articles. Il fait consister principalement leurs erreurs dans ces trois points : 1º de porter des sandales à la manière des apôtres ; 2º d'assurer qu'il n'y avait aucune occasion où il fût permis de jurer ou de tuer ; 3º enfin, de prétendre que, dans un cas de nécessité, ils pouvaient consacrer le corps de Jésus-Christ, sans avoir reçu les ordres, pourvu qu'ils portassent leurs sandales. (Pierre de Vaux-Sernay, chap. 2.)

On assure que les hérétiques ne firent tant de progrès dans ces contrées, que par la négligence des princes séculiers et des évêques, qui, loin de les réprimer, souffraient qu'ils eussent des prêches et des cimetières publics, qu'ils possédassent de grands biens et qu'ils eussent des établissements considérables. La plupart des séculiers méprisaient tellement les ecclésiastiques, qu'ils les regardaient comme les juifs, et qu'ils disaient communément par imprécation : *J'aimerais mieux être prêtre que d'avoir fait telle chose....* Les ecclésiastiques, de leur côté, n'osaient se montrer en public à cause de la haine qu'on leur portait, et tâchaient de déguiser leur état en cachant leur couronne qu'ils couvraient avec les cheveux de derrière la tête. Les nobles et les chevaliers destinaient rarement leurs enfants à l'état ecclésiastique, et ne présentaient aux évêques pour desservir les églises de leur domaine, que les fils de leurs fermiers ou de leurs domestiques ; en sorte que les évêques étaient obligés d'ordonner les premiers venus. Enfin, la noblesse suivait librement telle secte qu'elle voulait choisir ; et les hérétiques étaient en si grande vénération, qu'outre qu'ils étaient exempts de taille, de guet et de garde, la plupart des legs pieux que faisaient les mourants leur étaient destinés. (Voir Guillaume de Puylaurens, chap. 4. — *Histoire générale de Languedoc*, liv. 21, chap. 2 et 8. — Voir aussi la note 8 des additions de M. Du Mège sur ce 21e livre.)

    5 .... C'est en vain que Bernard
       De la foi dans nos murs vint planter l'étendard.

Voir au sujet de la mission de Saint-Bernard la note 5 sur le 1er chant.

⁶ Henri donna son nom à la secte proscrite.

Voir sur Henri la note 6 du 1ᵉʳ chant.

⁷ Innocent, prêtre austère et digne d'un autre âge....

« Innocent III, natif d'Anagnie, de la maison des comtes de Segui, appelé *Lothaire* avant son élection, succéda à Célestin III le 11 janvier 1198, à l'âge de trente-sept ans, et travailla aussitôt à procurer des secours à la Terre-Sainte. Il s'éleva avec force contre les Albigeois; termina le différend de l'évêque de Tours avec l'évêque de Dol; mit en interdit le royaume de France, à cause du divorce de Philippe-Auguste avec Ingerburge; couronna Pierre II roi d'Aragon; fit mettre en interdit le royaume d'Angleterre, déclarant les sujets du roi déliés du serment de fidélité, et le déposa même du trône par une bulle, en 1212. L'année suivante, Innocent III publia une bulle générale pour la croisade. Il tint le 4ᵉ concile général de Latran en 1215, et mourut à Pérouse le 19 juillet 1216. Ce Pape était habile dans le droit, ferme et zélé pour la discipline ecclésiastique, pour le salut des âmes et pour l'union entre les princes chrétiens; mais on blâme l'excès de son zèle et ses entreprises sur le temporel des rois. Son pontificat est un des plus remarquables par les grands événements dont il est rempli. C'est du temps de ce Pape que les ordres de Saint-François, de Saint-Dominique, et de plusieurs autres religieux furent établis. » — Tel est le langage des biographes à l'égard d'Innocent III. Sans doute, de grands événements (et la croisade contre les Albigeois le prouve assez) se sont accomplis sous son pontificat; mais nous ne pensons pas qu'on doive faire honneur à son caractère de cette fermeté dont il vient d'être parlé. Nous croyons, au contraire, que l'hésitation en formait le trait distinctif; qu'Innocent était naturellement enclin à la douceur et à la clémence, et que les rigueurs qu'il exerça lui furent imposées par un clergé dont il subit les violences. Nous puisons la preuve de cette hésitation, entre autres circonstances, dans sa conduite à l'endroit du comte de Toulouse. Ce prince obtint plusieurs fois d'Innocent des bulles qui l'admettaient à se justifier des deux grands et éternels griefs, le meurtre de Pierre de Castelnau, et le crime d'hérésie. Les légats devant lesquels Raymond se présenta, sans égard pour l'ordre du Pape, refusèrent d'écouter le Comte, le rejetèrent et l'excommunièrent. Innocent fut informé de ces injustices, et, au lieu de désapprouver ce qui était une véritable désobéissance de la part des légats, il confirma l'excommunication qu'ils avaient fulminée contre le malheureux Raymond. Cette incroyable anomalie se répète plusieurs fois, les légats résistant toujours aux concessions du Pape, et le Pape revenant sur ses pas, approuvant la résistance des légats et confirmant les nouvelles excommunications qu'ils ont prononcées.

Mais c'est surtout au concile de Latran que l'indécision et la faiblesse éclatent dans la conduite d'Innocent. Les légats avaient crié si haut et si fort, que Raymond le *Vieux* devait être sacrifié; il le fut en effet; le Pape prononça la sentence fatale qui dépouillait Raymond VI de ses états et en investissait Montfort. Mais, dans ces états possédés par Raymond le père, étaient compris l'*Agenais*, le *Querci*, etc., qui avaient été apportés en douaire par Jeanne d'Angleterre, l'une des femmes de Raymond VI et mère du jeune Raymond. Or, le jeune Raymond, héritier de sa mère, était le vrai seigneur et le maître de ces contrées; étranger aux crimes imputés à son père, il ne pouvait pas être enveloppé dans sa disgrace. Il était tout simple qu'Innocent réservât pour ce jeune prince les biens laissés par sa mère. Mais ces mêmes pays ayant excité la cupidité de Montfort, celui-ci les avait ajoutés à sa conquête. Il fallait les en détacher; là était la difficulté. Innocent n'osa pas y toucher, dans la crainte de contrarier Montfort et d'irriter les légats. Voici l'expédient qu'il imagina pour obéir à un sentiment de justice ou de pitié qu'il ne pouvait pas entièrement étouffer: il donna au jeune Raymond, à titre de dédommagement, un petit apanage sur le Rhône. Ainsi, Innocent III n'eut, dans cette circonstance, ni le courage de la justice, ni la fermeté de l'injustice. (Voir plus bas la note 14, vers la fin.)

> 8 Des deux premiers légats le sectaire rebelle
> Usa la patience et rebuta le zèle.

Frère Reynier et frère Gui étaient deux religieux de l'ordre de Citeaux. Ils furent les premiers qui exercèrent dans la province les fonctions de ceux que l'on nomma depuis inquisiteurs. Ainsi, c'est proprement à cette commission qu'on doit rapporter l'origine de l'inquisition qui fut établie dans le pays contre les Albigeois, et qui passa dans la suite dans les provinces voisines et dans les pays étrangers. — Certains auteurs prétendent que le tribunal de l'inquisition ne commença que lorsque le pape Innocent III dépouilla, en 1204, les évêques de leur pouvoir et de leur juridiction ordinaire sur les Albigeois, pour les transférer à frère Pierre de Castelnau, et aux autres légats ses collègues qu'il envoya alors dans la Province. (*Histoire générale de Languedoc*, liv. 21, chap. 4.)

> 9 Raoul fut appelé d'un cloître de Narbonne,
> Le fougueux Castelnau sortit de Maguelonne.

« Frère Raoul et frère Pierre de Castelnau étaient l'un et
» l'autre religieux profès de l'abbaye de Fontfroide, au diocèse
» de Narbonne, de l'ordre de Citeaux. Le second avait été em-
» ployé dans la même fonction par le Pape en l'année 1199 ;
» il était alors archidiacre de Maguelonne. On le dit natif de
» Montpellier, et on fait un grand éloge de ses talents et de
» ses vertus, de même que de son collègue, qui est qualifié
» *maître*, ce qui prouve qu'il était docteur. Ces deux reli-
» gieux commencèrent leur légation par Toulouse, à cause
» (dit Pierre de Vaux-Sernay, ch. 1) que c'était principalement
» de cette ville que le venin de l'erreur se répandait dans le reste
» du pays. Ils assemblèrent, le samedi 13 décembre de l'an 1203,
» les consuls et les principaux habitants, qui firent serment
» entre leurs mains, au nom de toute la ville, de garder la
» foi catholique romaine. » (*Hist. gén. de Lang.*, liv. 21, ch. 9.)

> 10 Dans Narbonne et Viviers, dans Beziers et Toulouse,
> Plus d'un excès marqua leur puissance jalouse ;
> Leur caprice ombrageux menaçait tout pasteur....

Les légats firent le procès à l'archevêque de Narbonne ; ils

NOTES DU CHANT TROISIÈME.

déposèrent l'évêque de Viviers et celui de Toulouse, Raymond de Rabastens ; ils suspendirent celui de Beziers. « Le Pape,
» pour déraciner plus efficacement l'erreur, donna à frère
» Pierre de Castelnau et à frère Raoul, un plein pouvoir d'agir
» en son nom, avec ordre à tous les évêques de les recevoir
» comme lui-même, de leur obéir absolument, et de leur pro-
» mettre par serment qu'ils exécuteraient fidèlement tous leurs
» décrets en matière d'hérésie ; en sorte qu'il ôta par là à ces
» prélats leur juridiction ordinaire sur les hérétiques. Un pou-
» voir si excessif et si inusité brouilla bientôt les deux légats
» avec Béranger, archevêque de Narbonne, et avec la plupart
» des autres évêques de la Province, qui souffraient fort im-
» patiemment de se voir dépouillés par deux simples religieux
» d'une autorité qu'ils tenaient immédiatement de Jésus-Christ,
» et l'archevêque refusa nettement de leur prêter le serment
» qu'ils exigeaient de lui. Les légats le déclarèrent suspens ;
» mais il ne fit aucun cas de cette sentence, et convoqua à
» l'ordinaire les évêques de la Province pour consacrer Guil-
» laume, élu évêque de Maguelonne. Les légats, irrités de sa
» démarche, défendirent aussitôt aux évêques de s'assembler. »
(*Hist. générale de Languedoc*, liv. 21, chap. 12, 15, 16 et 20.)

11   Maurand fut dans nos murs leur première victime.

L'affaire de Pierre Maurand, qui fut si rudement châtié, remonte à l'année 1177. L'auteur du poème n'a pas prétendu faire une gazette, et ce trait était nécessaire au tableau de l'époque. Maurand fut déclaré hérétique manifeste ; ses biens furent confisqués, les tours de ses maisons et de ses châteaux démolies. Il fut conduit nu et fouetté par les rues et carrefours de Toulouse ; il jura qu'il irait à l'armée de Jérusalem servir trois ans. (Voir Catel, *Hist. des Comtes de Toulouse*, liv. 2.)

12   Le vicomte d'Albi........

Raymond-Roger, vicomte d'Albi, de Beziers, du Carcassonnais et du Razés. L'auteur de ce poème l'a appelé *Trencavel*, du nom de sa famille, pour éviter la confusion des noms *Raymond* et *Roger* qui se trouvent si souvent appliqués aux personnages de cette époque. Raymond-Roger était fils d'Adélaïde, sœur de Raymond VI, comte de Toulouse. Il avait tout au plus vingt-quatre ans lorsque la croisade envahit ses états.

<small>13</small> *L'évêque élu deux fois fut deux fois renversé.*

Après la mort de Fulcrand, évêque de Toulouse, le siége fut disputé par l'évêque de Comminges et par Raymond de Rabastens. Cette mort arriva au mois de septembre de l'an 1200. L'ambition et la brigue des prétendants firent que le siége épiscopal demeura vacant pendant longtemps, et il l'était encore au mois de mars de l'année suivante. Enfin, le chapitre de la cathédrale ne pouvant s'accorder pour le choix d'un évêque, se partagea en deux factions : l'une élut Raymond-Arnaud, évêque de Comminges, et l'autre Raymond de Rabastens, archidiacre de l'église d'Agen. Les deux contendants soutinrent leur élection, et portèrent leur querelle devant le pape Innocent III, qui leur donna à chacun un cardinal pour auditeur. L'évêque de Comminges gagna sa cause, et le Pape ordonna, en 1201, à Arnaud, abbé de Grand-Selve, et à l'abbé de Belle-Perche, de mettre ce prélat en possession de l'évêché de Toulouse. Mais cela ne fut pas exécuté, et Raymond de Rabastens fit si bien, qu'on procéda à une nouvelle élection, et qu'il fut maintenu sur le siége épiscopal de Toulouse. Mais l'archevêque de Narbonne refusa de le sacrer. Sur la plainte de Raymond de Rabastens, le Pape nomma des commissaires qui confirmèrent son élection. Cependant, en 1205, cette élection fut cassée par Pierre de Castelnau et Raoul, comme entachée de simonie, et on lui reprocha d'avoir obtenu par subreption les lettres de confirmation dont il vient d'être parlé. (V. *Histoire générale de Languedoc*, liv. 21, ch. 7 et 16.)

<small>14</small> *Quoique le nom de Foulque ici soit parvenu....*

Foulque, évêque de Toulouse, joua dans cette guerre contre les Albigeois, un rôle aussi important que déplorable. Nous transcrivons en grande partie le passage dans lequel les savants auteurs de l'*Histoire générale de Languedoc* ont esquissé sa biographie (liv. 21, ch. 21).

Pierre de Castelnau apprit avec une joie extrême que le chapitre de la cathédrale de Toulouse avait élu Foulque, abbé du monastère de Florege ou du Toronet, au diocèse de Fréjus en Provence, de l'ordre de Citeaux.

Foulque était fils d'Alphonse, riche marchand de Gênes, établi à Marseille, ce qui lui fit donner le nom de *Foulque de Marseille.* Suivant sa vie écrite parmi celles des anciens poètes provençaux, il cultiva dès sa jeunesse la poésie vulgaire, dans laquelle il se distingua beaucoup. Après la mort de son père qui lui laissa de grands biens, il fréquenta les cours des divers princes protecteurs des poètes provençaux ; entr'autres celle de Richard, roi d'Angleterre, et du *bon Raymond, comte de Toulouse.* Il s'attacha surtout à celle de Barral, vicomte de Marseille, son seigneur, où il fit plusieurs chansons ou poésies en l'honneur d'Adélaïde de Roquemartine, femme de ce vicomte, de laquelle il devint amoureux. Il témoigna aussi beaucoup d'amitié aux deux sœurs du vicomte de Marseille, nommées, l'une Laure de Sanjortan, et l'autre Mabilie de Ponteves. Alphonse, roi de Castille, l'honora de sa protection ; et lorsque ce prince eut été défait à Calatrava par les Sarrasins, et qu'il eut envoyé demander du secours au Pape, aux rois de France, d'Angleterre et d'Aragon, et au comte de Toulouse, Foulque se donna beaucoup de mouvement pour lui en procurer auprès des barons du pays. La vicomtesse de Marseille, qui était une dame très vertueuse, ennuyée des amours et des vers de Foulque, lui ayant donné l'ordre de se retirer de sa cour, il en fut au désespoir. Il alla chercher quelque consolation auprès de l'impératrice, fille de l'empereur Emmanuel et femme de Guillaume de Montpellier, princesse qu'on qualifie de *chef et guide de toute valeur, de toute courtoisie et de tout enseignement.* Elle agréa ses services et le pria de faire quelques chansons pour elle, ce qu'il accepta volontiers. La mort de la vicomtesse de Marseille, de Barral son époux, de Richard, roi d'Angleterre, du bon comte Raymond de Toulouse et d'Alphonse II, roi d'Aragon, lui causèrent tant de chagrin que, dégoûté du monde, il se fit religieux de l'ordre de Citeaux, avec deux de ses fils, et fut élu bientôt après abbé du Toronet. Sa femme se fit en même temps religieuse de cet ordre. On trouve dans deux anciens manuscrits de la bibliothèque du roi dix-neuf chansons de Foulque ; elles sont adressées la plupart à une dame nommée Nasimans, qui est sans doute le nom poétique qu'il donnait à sa maîtresse, ou à la vicomtesse de Marseille, suivant l'usage de ses semblables. — Pierre de Castelnau et Raoul son collègue, confirmèrent l'élection de Foulque, et le firent sacrer par l'archevêque d'Arles. L'archevêque de Narbonne, métropolitain de Toulouse, contre les droits duquel se faisait cette consécration, en porta ses plaintes à Innocent III. Mais ce Pape *ne lui répondit pas directement* et se contenta d'écrire un bref, le 11 de mai de l'an 1206, au chapitre de Narbonne, pour marquer *que ce sacre s'était fait sans préjudice de la soumission que l'église de Toulouse devait à celle de Narbonne*. (V. la partie de la 7e note ci-dessus, relative à la fermeté de caractère qu'on attribue à ce Pape). Foulque vint à Toulouse, où il prit possession de son église le dimanche 5 de février de l'an 1205. Il trouva l'évêché de Toulouse extrêmement endetté. Raymond de Rabastens, son prédécesseur, en avait engagé la plupart des domaines. Il y avait alors, dit-on, un si grand nombre d'*Ariens*, de *Manichéens*, d'*hérétiques* et de *Vaudois* dans cette ville, que Foulque n'osait se montrer et envoyer à l'abreuvoir public, sans escorte, quatre mulets qu'il avait amenés avec lui. Le comte de Toulouse reconnut cependant ce prélat aussitôt après son élection, quoique Raymond de Rabastens lui fût très attaché. (V. la note 17 de M. Du Mège sur le 21e liv. de l'*Histoire de Languedoc*, et le *Chant chrétien de Foulque* que le savant éditeur a reproduit.)

Foulque, aussi appelé *Folquet*, est nommé avec éloge par Pétrarque dans son poème *del Trionfo d'Amore*, cap. 4 :

« Folchetto, che a marsiglia il nome a dato
» Ed a Genova tolto; ed all' estremo
» Cangiò per miglior patria, abito e stato. »

¹⁵ L'un, abbé de Citeaux, qui, paré d'un vain titre,
De Narbonne à son front osa ceindre la mitre,
Etait Arnaud........

Arnaud, surnommé Amalric, abbé de Citeaux, religieux distingué par sa capacité, avait été auparavant pendant trois ans abbé de Grand-Selve au diocèse de Toulouse, et connaissait parfaitement le pays, où il était en grande vénération.

(6)
> Osma nous envoyait son évêque pieux ;
> Un prêtre l'a suivi, simple religieux.....
> Dominique est son nom.....

« Diego de Azebes, évêque d'Osma en Espagne, qu'Alphonse, roi de Castille, son souverain, envoyait en ambassade vers les frontières du Danemarck et de la Suède pour négocier le mariage de l'Infant Ferdinand son fils avec une princesse du pays, arriva à Toulouse en 1204 ; il était suivi de saint Dominique, sous-prieur de sa cathédrale. Ces deux célèbres personnages, qui eurent beaucoup de part dans la suite à la conversion des hérétiques de la Province, logèrent à Toulouse chez un de ces sectaires que saint Dominique persuada si bien, tant par sa douceur que par la force de ses raisons, qu'il se convertit la nuit même de l'arrivée de ces deux hôtes. (*Histoire générale de Languedoc*, liv. 21, ch. 10.) — L'évêque d'Osma, au retour de son voyage, se joignit aux légats, qu'il trouva découragés à cause des reproches fondés que les hérétiques leur adressaient sans cesse sur la vie scandaleuse des ecclésiastiques. Ce prélat leur proposa d'aller à pied, et de ne porter, comme les apôtres, ni or, ni argent. Il se mit à leur tête, renvoya tous ses domestiques et ne retint que saint Dominique. Les missionnaires sortirent ensuite nu-pieds de Montpellier, et se rendirent dans le Toulousain, où ils parcoururent plusieurs villes et châteaux qui avaient embrassé l'erreur. » (*Ibid.*, ch. 22.)

Saint Dominique, dont le caractère et les actes avaient été si étrangement dénaturés par quelques écrivains du XVIIIe siècle, a repris aujourd'hui dans l'histoire la place honorable qu'il devait y occuper. Ses vertus ont été mises en lumière, et les excès abominables qui signalèrent cette époque ont été rendus à leurs véritables auteurs. Saint Dominique n'a pas institué le tribunal de l'inquisition, qui n'a signalé son existence qu'en 1227, six ans après sa mort, arrivée en 1221. (Voir la *Vie de saint Dominique*, par le P. Lacordaire.) L'auteur de ce poème a été heureux de trouver un type de miséricorde et de charité qu'il pût faire contraster avec ces hommes cruels qui, sous le titre de légats, désolèrent les états du Comte de Toulouse.

> ¹⁷ Catholiques, Vaudois vont conférer ensemble,
> Et c'est à Montréal que son vœu les rassemble.

La conférence de Montréal, qui devint célèbre par le prodige que l'on rapporte, eut lieu en 1207. « Tandis que Pierre
» de Castelnau mettait tout en œuvre pour arrêter le progrès
» de l'erreur du côté du Rhône, l'évêque d'Osma et saint
» Dominique continuaient d'un autre côté leur mission. Après
» s'être séparés de ce légat à Beziers, ils allèrent à Carcas-
» sonne, où ils disputèrent contre les hérétiques pendant
» huit jours. Ils parcoururent ensuite divers châteaux, et
» s'arrêtèrent enfin à Montréal, dans le diocèse de Carcas-
» sonne. Ils eurent dans ce château une célèbre conférence
» qui dura quinze jours, avec divers chefs des hérétiques;
» savoir : Arnaud Othonis, Guillabert de Castres, Benoît de
» Termes et Pons Jordani. On convint de part et d'autre de
» s'en rapporter au jugement de Bernard de Villeneuve, de
» Bernard d'Arsens, chevaliers; de Bernard de Got et d'Arnaud
» de Larivière, bourgeois. La dispute roula principalement
» sur la sainteté de l'Eglise, que les hérétiques prétendaient
» être la Babylone de l'Apocalypse, et sur la messe qu'ils
» niaient avoir été instituée par Jésus-Christ et ses apôtres.
» L'évêque d'Osma, pour confondre les hérétiques, produisit
» les autorités du Nouveau Testament, qui prouvaient la foi
» catholique. On rédigea par écrit tout ce qui avait été dit de
» part et d'autre, et on le remit entre les mains des quatre
» séculiers qu'on avait pris pour juges. Ces prétendus juges
» ayant refusé de prononcer, sous prétexte qu'ils avaient à
» délibérer là-dessus, se saisirent de tous les mémoires et les
» livrèrent, à ce qu'on prétend, aux hérétiques. On se sépara
» donc sans avoir rien déterminé. On assure cependant que,
» sur les raisons qui furent exposées par les catholiques, cent
» cinquante hérétiques de Montréal se convertirent et abjurè-
» rent l'hérésie. » (*Histoire gén. de Languedoc*, liv. 21, ch. 28.)

> ¹⁸ On voit le livre saint que sa vertu défend
> A la flamme trompée échapper triomphant.

« On ajoute que, durant la conférence, saint Dominique
» ayant mis par écrit les autorités dont il se servait pour

» réfuter l'erreur, et les ayant données à un hérétique pour
» les examiner et y répondre, ce dernier les jeta par trois fois
» au feu en présence de ceux de sa secte, sans que le papier
» fût brûlé, mais aussi sans que le miracle fût capable de le
» convertir. » (*Ibid.*) — D'autres écrivains ont rapporté que les écrits de saint Dominique et ceux des ministres albigeois furent d'un commun accord livrés aux flammes pour invoquer le jugement de Dieu ; que les écrits de saint Dominique furent respectés par les flammes, tandis que ceux des hérétiques furent consumés. — L'auteur du poème a vu dans le cabinet de son ami et savant confrère, M. Barry, professeur d'histoire à la Faculté des Lettres de Toulouse, un bas-relief en bois, ouvrage d'art remarquable et extrêmement curieux, qui représente le miracle de la conférence de Montréal. On voit, au milieu d'une assemblée nombreuse, une sorte de brasier au fond duquel brûle le livre des Albigeois, tandis que celui de saint Dominique s'élève au-dessus des flammes. (V. *Pierre de Vaux*, ch. 8.) M. Barry possède un autre bas-relief dont le sujet est pris d'une circonstance de la bataille de Muret. Le savant professeur se propose de publier un travail sur ces deux objets d'art si dignes d'intérêt. (Voir les deux gravures tirées de ces bas-reliefs.)

19 . . . . Un horrible attentat
Vint nous frapper ; ce fut le meurtre du légat.

MEURTRE DU LÉGAT PIERRE DE CASTELNAU.
(*Histoire générale de Languedoc*, liv. 21, ch. 39.)

« Le Comte de Toulouse, après avoir signé la paix suivant
» la volonté du Pape et de Pierre de Castelnau, ne se compor-
» tant pas dans la poursuite des hérétiques d'une manière
» assez conforme à leur zèle, ce dernier l'alla trouver, lui
» reprocha en face sa lâcheté, l'accusa de parjure et de favo-
» riser les hérétiques, le traita de tyran et l'excommunia de
» nouveau. Le Comte, craignant les suites de l'indignation du
» légat, le fit prier quelque temps après de se rendre à Saint-
» Gilles, lui et son collègue, avec promesse de les satisfaire
» entièrement sur tout ce qu'ils exigeraient de lui. Les deux
» légats se rendirent incessamment dans cette ville, et le Comte
» parut se rendre à leurs remontrances ; mais tantôt il promet-

» tait de leur obéir absolument, et tantôt il formait des diffi-
» cultés sur l'exécution de ses promesses. Enfin, les deux
» légats, mécontents de son irrésolution, déclarèrent qu'ils
» allaient se retirer. Le Comte, fâché à son tour de leur dé-
» part, menaça de les faire mourir, ajoutant qu'il ferait épier
» leurs démarches partout où ils iraient, et on assure qu'il
» leur fit en effet dresser des embûches. (Cette partie du
» récit est prise dans Pierre de Vaux-Sernay.) — L'abbé, les
» consuls et les bourgeois de Saint-Gilles informés du ressen-
» timent du Comte, firent tout leur possible pour l'apaiser ;
» mais n'ayant pu réussir, ils firent escorter malgré ce prince
» les deux légats, qui furent obligés de s'arrêter et de coucher
» dans une hôtellerie sur les bords du Rhône, à l'endroit du
» passage. Le lendemain, 15 de janvier de l'an 1208, ils se
» disposaient à traverser le fleuve après avoir dit la messe,
» lorsque deux hommes inconnus qui avaient logé avec eux
» s'étant approchés, l'un d'eux porta à Pierre de Castelnau un
» coup de lance qui l'atteignit au bas des côtes et le renversa
» par terre. Ce pieux religieux se sentant blessé, dit à son
» assassin : *Dieu vous pardonne, puisque je vous pardonne*,
» et répéta plusieurs fois ces paroles. Il régla ensuite avec
» ses associés les affaires de la mission, et ayant récité quelques
» prières, il expira.

» C'est ainsi que le pape Innocent III raconte lui-même les
» circonstances de la mort de Pierre de Castelnau son légat,
» sur la relation sans doute que l'abbé de Citeaux lui en
» envoya. Le Pape soupçonna extrêmement le Comte de Tou-
» louse d'y avoir participé ; mais il convient ailleurs (liv. 15,
» ep. 102) que ce prince ne fut jamais convaincu d'un pareil
» attentat, et on peut s'en rapporter à lui. D'ailleurs, un au-
» teur qui a écrit vers le commencement du xive siècle en
» langage du pays l'histoire de la guerre des Albigeois, et qui
» est connu sous le nom de l'*historien du Comte de Toulouse*,
» disculpe entièrement ce prince.

» Cet historien anonyme, après avoir dit que l'abbé de
» Citeaux, légat du Saint-Siége, suivi de plusieurs prélats et
» de Pierre de Castelnau, fut trouver le Comte de Toulouse à
» Saint-Gilles, rapporte les circonstances suivantes : « Quand

» le légat eut passé quelques jours à Saint-Gilles, Pierre de
» Castelnau eut une dispute fort vive avec un gentilhomme de
» la suite du comte Raymond, au sujet de l'hérésie, et leur
» querelle s'échauffa tellement, que le gentilhomme tua Pierre
» de Castelnau d'un coup de poignard. Ce meurtre causa un
» très grand mal, ainsi qu'on verra ci-après, et le légat et
» toute sa compagnie en furent extrêmement irrités. Pierre de
» Castelnau fut inhumé ensuite dans le monastère de St-Gilles.
» Quant au gentilhomme qui l'avait assassiné, il s'enfuit à
» Beaucaire auprès de ses parents et de ses amis; car si le
» comte Raymond eût pu se rendre maître de sa personne, il
» en aurait fait une telle justice, que le légat et ses gens en eus-
» sent été pleinement satisfaits. Le Comte eut un extrême cha-
» grin de ce meurtre commis par un de ses domestiques. Le
» légat envoya incontinent au Pape pour lui faire part de cet
» événement, et le Pontife entra dans une si grande colère en
» apprenant l'assassinat du légat, qu'il convoqua la croisade
» pour en tirer vengeance, pour réduire les hérétiques et les
» faire rentrer dans le bon chemin. Le légat ayant reçu du
» Pape les pouvoirs nécessaires, partit aussitôt de Saint-Gilles
» avec sa compagnie, sans prendre congé du comte Raymond.
» Il se rendit dans son abbaye de Citeaux, où il assembla le
» chapitre général de son ordre. Les abbés et les religieux y
» accoururent en foule, et se chargèrent de prêcher partout
» la croisade, ce qu'ils exécutèrent...... » — Cet auteur parle
» ensuite fort au long des soins que se donna le Comte de Tou-
» louse auprès du légat, pour lui prouver son innocence tou-
» chant le meurtre de Pierre de Castelnau; mais quoique
» Raymond n'y eût peut-être pas donné occasion, il est certain
» du moins qu'on conçut de violents soupçons qu'il avait
» trempé dans ce crime.

» Pierre de Castelnau fut inhumé d'abord dans le cloître de
» l'abbaye de Saint-Gilles, et transféré un an après, par ordre
» du Pape, dans l'église du monastère, près du tombeau de
» Saint-Gilles. On remarque que, dans le temps de cette trans-
» lation, on trouva son corps aussi entier que s'il fût mort le
» même jour. On lui donne généralement le titre de martyr,
» mais on ne le qualifie que bienheureux. Les religionnaires

» ayant pris et pillé, en 1562, la ville de Saint-Gilles, brûlèrent
» les reliques du B. Pierre, avec les autres qu'on conservait
» dans cette église. »

(Voir la note 22 de M. Du Mège, sur le 21e liv. de l'*Histoire
générale de Languedoc*. — Le savant éditeur nous a conservé
l'hymne latin rimé de Gariel, sur la mort de Pierre de Castelnau.) — A tant de raisons puissantes qui devaient éloigner
Raymond de toute participation à ce meurtre si déplorable et qui
militent en faveur de son innocence, il nous sera permis
d'ajouter une réflexion basée sur des faits. — Castelnau était
d'un caractère absolu et violent; ses manières dures avaient
soulevé de nombreuses haines contre lui. Nous lisons au
ch. 22 de ce même liv. 21, que « l'évêque d'Osma et frère
» Raoul (année 1206) voulant aller à Beziers pour accomplir
» leur mission, conseillèrent à frère Pierre de Castelnau (qui
» était avec eux) *de se retirer, de crainte que les hérétiques,
» qui avaient conçu contre lui une haine extrême,* NE LE
» FISSENT MOURIR. » Il est donc constant que Pierre de Castelnau avait beaucoup d'ennemis, et l'on n'a pas besoin, pour
expliquer l'assassinat commis sur sa personne, de recourir à
une prétendue vengeance du Comte de Toulouse, ce qui eût
été de la part de ce prince l'acte le plus lâche et surtout le plus
impolitique.

[20] L'altier seigneur de Baux, puissant prince d'Orange.

On peut voir l'intéressante monographie qu'a publiée M.
Jules Canonge, de Nîmes, sur les ruines de l'ancienne ville de
Baux, et sur plusieurs membres de la famille illustre de ce
nom, à qui la principauté d'Orange appartenait.

[21] Castelnau, devant qui tout genou doit fléchir.
Dans ce grave débat voulut intervenir.

Innocent III, à l'instigation des légats, avait écrit une lettre
terrible à Raymond VI et il l'avait excommunié (liv. 10, ep. 69).
Les auteurs de l'*Histoire générale de Languedoc*, qui la rapportent, ajoutent (liv. 21, ch. 33) : « Telle est cette lettre
» fulminante du pape Innocent III à Raymond VI, comte de
» Toulouse, dont le principal motif est le refus que ce prince

» avait fait de conclure la paix avec ses vassaux du marquisat
» de Provence, avec lesquels il était en guerre, afin de joindre
» ensuite ses armes aux leurs pour exterminer les hérétiques. »
Ces auteurs disent plus bas (ch. 35) : « La lettre du Pape au
» Comte de Toulouse eut son effet. Ce prince, soit par la peine
» qu'il eut de se voir excommunié, soit par les menaces
» secrètes de Pierre de Castelnau, qui, afin de l'obliger à
» signer la paix, *suscita sous main contre lui*, sous prétexte
» de piété, tous les seigneurs de Provence qui lui firent la
» guerre, se rendit enfin aux volontés de ce légat. »

<blockquote>
22 Et Raymond, tout ému de l'insolent décret,
A l'Eglise sa mère, humble fils, se soumet.
</blockquote>

Voir la note précédente *in fine*.

<blockquote>
23 Innocent éperdu......
Jette au monde troublé le cri de sa colère.
</blockquote>

Voir la fameuse bulle adressée par Innocent III à tous les évêques et à tous les princes de l'Europe, pour leur dénoncer le meurtre de Castelnau et publier la croisade. — Les auteurs de l'*Histoire générale de Languedoc* en donnent quelques fragments; elle est rapportée en entier par Catel, *Histoire des Comtes de Toulouse*, liv. 2, p 240.

<blockquote>
24 A Rome qui l'accuse avec tant de fureur,
Il députe un conseil qui sait son innocence :
Trois orateurs sacrés.........
</blockquote>

« Le Comte de Toulouse informé de cette députation (Foul-
» que, évêque de Toulouse, et Navarre, évêque de Couseran,
» envoyés à Rome), et effrayé des grands préparatifs qui se
» faisaient en France contre les hérétiques, dont la plupart
» étaient ses sujets, vit bien que l'orage allait tomber sur sa
» tête. Pour le détourner, il députa de son côté à Rome
» Bernard, archevêque d'Auch, et Raymond de Rabastens,
» auparavant évêque de Toulouse (d'autres auteurs y joignent
» l'abbé de Condom), qui lui étaient entièrement dévoués,
» mais qui avaient, dit-on, une réputation très mauvaise. Il
» les chargea de se plaindre au Pape, en son nom, de la
» dureté extrême avec laquelle Arnaud, abbé de Citeaux, le

» traitait, et du peu d'égard qu'il avait pour lui, avec pro-
» messe de se soumettre entièrement à tout autre prélat ou
» cardinal de la cour romaine que le Pape voudrait envoyer. »
(*Histoire générale de Languedoc*, liv. 21, ch. 42.)

<blockquote>25 Son affidé Milon et Thédise de Gêne
Partent pour la Provence....</blockquote>

« Innocent, pour amuser encore davantage le Comte de
» Toulouse, lui accorda la demande que ce prince lui avait
» faite par ses ambassadeurs, d'envoyer un prélat romain dans
» sa province, en qualité de légat *à latere*, avec lequel il
» put traiter, à cause que l'abbé de Citeaux lui était suspect.
» Le Pape nomma pour cette fonction, sans révoquer cepen-
» dant le pouvoir de cet abbé et des évêques de Riez et de
» Couserans, Milon son *notaire (notarius)* ou secrétaire,
» dont on fait un grand éloge, et qu'on loue surtout pour son
» intrépidité et son courage. Il lui associa, non pour la léga-
» tion, mais pour le conseil, un chanoine de Gênes, nommé
» Thédise ou Théodose, qu'on loue aussi beaucoup pour sa
» science, sa bonté et sa fermeté. » (*Ibid.*, ch. 46.)

Ici commence à se dérouler la politique tortueuse que la cour de Rome mit en usage contre le Comte de Toulouse, pour ruiner plus sûrement sa puissance. Voici les instructions qu'Innocent III envoyait à ses légats : « Vous attaquerez séparément
» ceux qui sont séparés de l'unité. Vous ne vous en prendrez
» donc pas d'abord au Comte de Toulouse (epist. 232), si vous
» prévoyez qu'il ne s'empresse pas de secourir les autres, et
» s'il est plus réservé dans sa conduite; mais *le laissant pour*
» *un temps*, SUIVANT L'ART D'UNE SAGE DISSIMULATION, vous
» commencerez par faire la guerre aux autres hérétiques; de
» crainte que s'ils étaient tous réunis, il fût plus difficile de les
» vaincre; par là, ces derniers étant moins secourus par le
» Comte, seront défaits plus aisément; et ce prince voyant
» leur défaite, rentrera peut-être en lui-même. S'il persé-
» vère dans sa méchanceté, *il sera beaucoup plus facile de*
» *l'attaquer, lorsqu'il se trouvera seul et hors d'état de recevoir*
» *aucun secours de la part des autres.* (Ibid.)

[26] Trencavel son neveu, le seigneur de Beziers,
Sur leurs dangers communs l'éclaire des premiers.

« Le comte Raymond, instruit des mouvements que l'abbé
» de Citeaux se donnait pour rassembler une armée de croisés
» contre les hérétiques de la Province, ne douta pas que cet
» abbé n'eût le dessein de l'attaquer avec ces troupes, pour se
» venger du meurtre de Pierre de Castelnau, son religieux ;
» mais il jugea à propos de dissimuler ; et ayant appris que
» ce légat était à Aubenas dans le Vivarais, il l'alla trouver,
» suivi du vicomte de Beziers, son neveu, et de plusieurs au-
» tres de ses principaux vassaux. Il fit tous ses efforts pour
» tâcher de l'apaiser et le persuader de son innocence ; mais
» tous ses soins furent inutiles.... on ne voulut pas l'écouter et
» on le renvoya au Pape ; sur cette réponse, le Comte dé-
» libéra avec le vicomte de Beziers son neveu sur ce qu'ils
» avaient à faire. Ce dernier fut d'avis de convoquer toute la
» noblesse de leurs domaines, et d'avoir recours à leurs amis
» et à leurs alliés pour se mettre en état de se défendre con-
» tre les croisés, et d'établir de bonnes garnisons dans toutes
» leurs places. Raymond fut d'un sentiment contraire, et
» déclara à son neveu qu'il était résolu de prendre le parti de
» la soumission. » (*Ibid.*, ch. 42.)

[27] Et ce traité fatal qui devrait l'indigner,
Le malheureux Raymond consent à le signer.

« L'an de l'incarnation MCCIX, au mois de juin 15, je,
» Raymond, par la grâce de Dieu, duc de Narbonne, comte
» de Toulouse, marquis de Provence, me remets moi-même
» avec sept châteaux : savoir, Oppède, Montferrand, Baumes,
» Mornas, Roquemaure, Fourques et Fanjaux, à la miséricorde
» de Dieu et au pouvoir absolu de l'Eglise romaine, du Pape,
» et de vous seigneur Milon, légat du siège apostolique,
» pour servir de caution au sujet des articles pour lesquels je
» suis excommunié. Je confesse dès à présent tenir ces châ-
» teaux au nom de l'Eglise romaine, promettant de les ren-
» dre incessamment à qui vous voudrez, et quand vous le ju-
» gerez à propos ; d'obliger, comme vous l'ordonnerez, leurs
» gouverneurs et leurs habitants à jurer de les garder exacte-

» ment tout le temps qu'ils seront au pouvoir de l'Eglise ro-
» maine, nonobstant la fidélité qu'ils me doivent, et enfin de
» les faire garder à mes dépens. » Milon envoya bientôt après
Thédise pour prendre possession de ces châteaux. (*Ibid.*,
ch. 48.)

28 Du meurtre du légat le théâtre sanglant,
Saint-Gilles fut choisi pour cet acte imposant!

« Le légat, après avoir reçu ce serment, alla à Saint-Gilles,
» pour y donner l'absolution au Comte et le réconcilier à
» l'Eglise. Voici les circonstances que les historiens et les mo-
» numents du temps nous ont transmises de cette fameuse cé-
» rémonie.

» Milon, accompagné des archevêques d'Arles, d'Aix et
» d'Auch, et des évêques de Marseille, Avignon, Cavaillon,
» Carpentras, Vaison, Trois-Châteaux, Nîmes, Agde, Ma-
» guelonne, Lodève, Toulouse, Beziers, Fréjus, Nice, Apt,
» Sisteron, Orange, Viviers et Usez, se rendit dans le vesti-
» bule de l'église de l'abbaye, où on avait dressé un autel sur
» lequel on avait exposé le Saint-Sacrement et les reliques des
» saints. On conduisit en cet endroit le comte Raymond, qui
» était nu jusqu'à la ceinture, et qui fit d'abord le serment
» suivant devant toute l'assemblée : « L'an XII du pontificat
» du seigneur Pape Innocent III, le 18 de juin, je, Raymond,
» duc de Narbonne, jure sur les saints Evangiles, en pré-
» sence des saintes reliques, de l'eucharistie et du bois de la
» vraie croix, que j'obéirai à tous les ordres du Pape et aux
» vôtres, *maître* Milon, notaire du seigneur Pape et légat du
» Saint-Siége apostolique, et de tout autre légat du Saint-
» Siége, touchant tous et chacun des articles pour lesquels
» j'ai été ou je suis excommunié, soit par le Pape, soit par
» son légat, soit par les autres, soit enfin de droit; en sorte
» que j'exécuterai de bonne foi tout ce qui me sera ordonné,
» tant par lui-même que par ses lettres et par ses légats, au
» sujet desdits articles, mais principalement sur les suivants :
» 1º sur ce que les autres ayant fait serment d'observer la
» paix, *on dit* que j'ai refusé de la signer; 2º en ce qu'*on dit*
» que je n'ai pas gardé les serments que j'ai faits pour l'expul-

» sion des hérétiques et de leurs fauteurs ; 3º sur ce qu'*on dit*
» que j'ai toujours favorisé les hérétiques ; 4º sur ce qu'on me
» regarde comme suspect dans la foi ; 5º sur ce que j'ai entre-
» tenu les routiers ou les *mainades ;* 6º sur ce qu'*on dit* que
» j'ai violé les jours de Carême, des fêtes et des Quatre-Temps,
» qui devraient être des jours de sûreté ; 7º sur ce qu'*on dit*
» que je n'ai pas voulu rendre justice à mes ennemis lorsqu'ils
» m'offraient la paix ; 8º pour avoir confié à des juifs les offi-
» ces publics ; 9º en ce que je retiens les domaines du monas-
» tère de Saint-Guillem et des autres églises ; 10º en ce que j'ai
» fortifié les églises, et que je m'en sers comme de forteres-
» ses ; 11º sur ce que je fais lever des péages et des guidages
» indus ; 12º pour avoir chassé l'évêque de Carpentras de son
» siége ; 13º sur ce qu'on me soupçonne d'avoir trempé dans
» le meurtre de Pierre de Castelnau *de sainte mémoire*, prin-
» cipalement parce que j'ai mis le meurtrier dans mes bonnes
» grâces ; 14º sur ce que j'ai fait arrêter prisonnier l'évêque de
» Vaison et ses clercs, que j'ai détruit son palais avec la mai-
» son des chanoines, et que j'ai envahi le château de Vaison ;
» 15º enfin sur ce qu'*on dit* que j'ai vexé les personnes reli-
» gieuses et que j'ai commis divers brigandages. J'ai fait ser-
» ment sur tous ces articles et sur tous les autres qu'on pour-
» rait m'objecter ; je l'ai fait faire à tous ceux que j'ai donnés
» pour cautions, touchant les châteaux de Fourques, Op-
» pède, Montferrand, etc. Si j'enfreins ces articles et les au-
» tres qu'on pourra me prescrire, je consens que ces sept châ-
» teaux soient confisqués au profit de l'Eglise romaine, et
» qu'elle rentre dans le droit que j'ai sur le comté de Melgueil.
» Je veux et j'accorde de plus que dans ce cas je sois excom-
» munié, qu'on jette l'interdit sur tous mes domaines, que
» ceux qui feront serment avec moi, soit consuls ou autres,
» et leurs successeurs soient dès lors absous de la fidélité, du
» devoir et du serment qu'ils me doivent, et qu'ils soient te-
» nus de prêter serment de fidélité, et de le garder à l'Eglise
» romaine pour les fiefs et les droits que j'ai dans leurs villes
» et leurs châteaux ; enfin, je m'engage par le même serment
» à entretenir la sûreté des chemins. »

« Le légat commanda ensuite à Raymond, en vertu du ser-

» ment qu'il venait de faire et sous la peine qui y était com-
» prise : 1º de rétablir l'évêque de Carpentras dans tous les
» droits qu'il avait au-dedans et au-dehors de cette ville, et de
» le dédommager de toutes les pertes qu'il lui avait causées ;
» de fournir pour cela des cautions suffisantes, de renoncer
» absolument au serment que les habitants de Carpentras lui
» avaient prêté depuis trois ans, et de remettre, à lui légat,
» la forteresse qu'il avait fait construire dans cette ville ; 2º de
» restituer à l'évêque, au prévôt, et aux chanoines de Vai-
» son, les châteaux et les autres domaines qu'il leur détenait ;
» de donner caution qu'il les indemniserait, soit pour les dom-
» mages qu'il leur avait causés, soit pour leurs édifices qu'il
» avait détruits, et de remettre le château de Vaison à lui lé-
» gat, ou à tout autre qu'il commettrait pour cela ; 3º de chas-
» ser entièrement de ses domaines les Aragonais, Routiers,
» Costereaux, Brabançons, Basques, Mainades, et autres bri-
» gands sous quelque nom qu'ils fussent connus ; de ne pas
» les employer ailleurs et de ne jamais se servir d'eux ; 4º de
» ne donner aux juifs aucune administration publique ou par-
» ticulière dans ses états ; 5º de veiller à la sûreté des chemins
» publics ; 6º enfin d'exécuter fidèlement tous les autres or-
» dres que le Pape ou ses légats pourraient lui donner dans la
» suite.

» Seize barons, vassaux du Comte de Toulouse, savoir :
» Guillaume de Baux, prince d'Orange, et Hugues son frère ;
» Raymond de Baux leur neveu, Dragonet (de Bocoyran),
» Guillaume d'Arnaud, Raymond d'Agout, Ricard de *Car-*
» *niumpo*, Bertrand de Laudun et Guillaume son frère, Ber-
» nard d'Anduze et Pierre Bermond son fils, Rostaing de
» Posquières ; Raymond, seigneur d'Uzès, et son fils Decan ;
» Raymond-Gauçelin, seigneur de Lunel, et Pons Gaucelin de
» Lunel firent ensuite serment entre les mains du légat,
» suivant le commandement qu'il leur en avait fait, d'obéir
» fidèlement à tous ses ordres, ou de tout autre légat et à ceux
» de l'Eglise. Ils s'engagèrent : 1º de renoncer aux *mainades*,
» c'est-à-dire à l'association avec les brigands ; 2º de ne plus
» confier à des juifs l'administration de leurs domaines ;
» 3º de ne plus exiger ni péages ni guidages ; 4º d'observer la

» paix et la trêve de Dieu suivant l'ordre du légat du Pape;
» 5º de conserver la liberté des églises; 6º de démolir les forti-
» fications qu'ils avaient faites en quelques églises, de n'en
» fortifier jamais aucune et de restituer les dommages qu'ils
» leur avaient causés, de même qu'aux ecclésiastiques et aux
» laïques; 7º de faire justice à tous ceux qui formeraient des
» plaintes contre eux; 8º d'accomplir exactement tous ces
» articles *et les autres qu'on pourrait exiger d'eux*, et de
» donner des cautions suffisantes; 9º d'entretenir la sûreté des
» chemins publics; 10º enfin, de punir sévèrement tous les hé-
» rétiques, leurs fauteurs et leurs receleurs *qui leur seraient*
» *dénoncés par les évêques*. Le légat récapitula tous ces articles,
» en expliqua quelques-uns d'une manière plus étendue,
» ordonna aux barons de les observer fidèlement en vertu de
» leur serment, et leur défendit de se mêler en aucune façon
» de l'élection des évêques et des autres prélats et de s'im-
» miscer dans le gouvernement des églises, le siège vacant.
» Ensuite le légat fit mettre une étole au cou du Comte de
» Toulouse; et, en ayant pris les deux bouts, il l'introduisit
» dans l'église en le fouettant avec une poignée de verges.
» Après cette humiliante cérémonie, il lui donna l'absolution.
» Mais la foule était si grande, que ce prince ne put s'en
» retourner par le même chemin par lequel il était venu, et
» qu'il fut obligé de passer par un des bas-côtés de l'église, où
» on avait transféré le tombeau du B. Pierre de Castelnau, en
» sorte que plusieurs crurent qu'il lui faisait amende honora-
» ble de sa mort. » (*Histoire générale de Languedoc*, liv. 21,
chap. 49.)

Le lendemain, Milon imposa de nouvelles lois au Comte de
Toulouse, parmi lesquelles on remarque les prescriptions suivantes : « 1º de garder tous les hérétiques et ceux qui les
» favoriseraient publiquement, pour les livrer avec tous leurs
» domaines à la merci des croisés.....; 6º de ne pas s'emparer
» de la dépouille des évêques et autres prélats après leur
» mort.....; 7º de ne lever d'autres péages ou guidages, soit
» par eau, soit par terre, que ceux qui étaient établis par l'au-
» torité des rois et des empereurs......; 8º de supprimer tous
» les greniers à sel qu'il avait établis, de n'en pas établir de

» nouveaux, et de permettre le passage libre à tous les voya-
» geurs par eau et par terre......; 10º de s'en rapporter à la
» décision du légat ou de ses délégués touchant les plaintes
» qu'on formerait contre lui......; 12º DE TENIR *pour héré-*
» *tiques et pour leurs fauteurs et receleurs* TOUS CEUX qui
» *lui seraient dénoncés,* ou à ses baillis, *comme tels*, PAR
» LES ÉVÊQUES DIOCÉSAINS, OU PAR LES AUTRES SUPÉRIEURS
» ECCLÉSIASTIQUES...... 15º enfin, d'observer tous ces articles,
» *et ceux que le Pape, ou son légat,* POURRAIENT LUI PRES-
» CRIRE DE NOUVEAU DANS LA SUITE. » (Ibid., chap. 50.)

CHANT QUATRIÈME

SOMMAIRE.

Suite du récit de Marcel. — Milon publie la croisade. — L'armée se rassemble à Lyon. — L'abbé de Cîteaux est nommé généralissime. — Les Croisés descendent le Rhône. — Montpellier leur ouvre ses portes. — Arnaud députe à Beziers son évêque Réginald, avec sommation de lui livrer les hérétiques. — Refus des habitants de Beziers. — Sac de Beziers. — Siége de Carcassonne. — Détresse des assiégés. — Un chevalier croisé invite Trencavel à capituler. — Il se rend à la tente d'Arnaud où il est retenu prisonnier. — Prise de Carcassonne. — Trencavel est enfermé dans une tour. — Montfort accepte la souveraineté des provinces conquises. — Chant de mort de Trencavel.

CHANT QUATRIÈME.

Devant la noble cour qui lui prête l'oreille,
Reprenant son récit interrompu la veille,
Ainsi parle Marcel : « Quand le ciel eut permis
Le triomphe insolent de nos fiers ennemis ;
Quand Milon, exerçant une injuste vengeance,
Eut abaissé le Comte et détruit sa puissance
Aux yeux épouvantés de cent mille témoins,
Aussitôt la croisade appela tous ses soins.
Un geste du légat commande le silence ;
Sa voix a retenti sur l'assemblée immense.
Les seigneurs, les barons soumis à cette voix,
Fléchissent sous le joug et demandent la croix ;

Et de là, parcourant les comtés, les provinces,
Il subjugue, il entraîne et les ducs et les princes;
La croisade en cent lieux appelle les combats,
Et l'Europe tressaille aux longs cris des légats.
« De Dieu, s'écriaient-ils, l'ordre se fait entendre;
» C'est la cause du ciel, chrétiens, qu'il faut défendre.
» L'hérétique résiste à la divine loi;
» Jusqu'au pied des autels il attaque la foi.
» Quittez de vains travaux, oubliez vos familles;
» Vos champs occuperont vos femmes et vos filles!
» Chrétiens, prenons la croix! que la croix et le fer
» Extirpent l'hérésie, ouvrage de l'enfer!
» Par la flamme qu'allume une sainte vengeance,
» Purifions les lieux que souille sa présence!
» La grâce effacera vos crimes expiés;
» A l'humble repentir qui s'exhale à nos pieds,
» Joignez quarante jours de combats, de souffrance;
» Cette épreuve suffit pour gagner l'Indulgence;
» Ou, tombant sous le fer, recevez, plus heureux,
» Le baptême de sang qui nous ouvre les cieux! »

» Ainsi des vrais croyants fut excité le zèle.
Mais bientôt vint se joindre à ce peuple fidèle
L'insolent vagabond qui cherche à l'abuser,
Avide de désordre et prêt à tout oser.
Des rives de l'Isère aux champs de la Bretagne;
Dans les terres de France, en Flandre, en Allemagne,
La parole du prêtre est un cri de combat;

CHANT QUATRIÈME.

Tout homme est pélerin, tout pélerin soldat.
L'Auvergne voit armer ses enfants indomptables;
La Bourgogne vomit ses bandes formidables;
De piques, de bourdons se hérisse le sol.
L'intrépide Ponthieu, l'audacieux Saint-Pol,
Courtenay, cent barons aux lances renommées
Guident les flots bruyants de ces masses armées.
Les croisés de Clermont, de Chartres, de Nevers,
Conduits par les prélats de ces siéges divers,
Se joignent aux croisés de Sens, de Reims, d'Auxerre.
Parmi tant de héros illustrés par la guerre,
Brillaient de Bar, Leycestre, ainsi connu d'abord,
Et plus tard si fameux sous le nom de Montfort.

» Milon court au-devant de ces corps sans ensemble;
Dans les murs de Lyon son ordre les rassemble;
Thédise avec Arnaud marchent à ses côtés.
Pour se donner un chef, les barons consultés
Nomment Arnaud, qui, fier de cet emploi sublime,
Prend le titre pompeux de généralissime. [1]
Puis on descend le Rhône; à Valence attendu,
Dans le camp des croisés Raymond s'était rendu. [2]
Arnaud parle, et sa voix presse, dirige, arrête
Tous ces membres épars dont il devient la tête.

» Tels que ces tourbillons d'insectes dévorants
Dont les essaims nombreux couvrent les fruits naissants,
Inondent les moissons, et, vivante poussière,

Dans les airs obscurcis dérobent la lumière ;
Tels étaient les croisés ; tels leurs flots vagabonds
Inondaient les coteaux, les plaines, les vallons.
Oh ! quel spectacle alors s'offrit à notre vue !
L'on voyait s'agiter une immense cohue :
Cent mille pélerins, armés de leurs bourdons,
Avides de pillage autant que de pardons,
De trente nations, écume, immonde lie,
De Saxe, de Brabant, de France, d'Italie,
Tous arboraient la croix, et, souillant ses drapeaux,
Expiaient leurs forfaits par des crimes nouveaux.
La vaste région qui, des coteaux du Rhône,
Se déroule et s'étend aux bords de la Garonne,
Vit fondre dans son sein ces torrents débordés ;
Les champs de la Provence en furent inondés,
Et partout se lisait une effroyable page,
Stygmate douloureux de leur brûlant passage.

» Raymond qui suit leur trace à la lueur des feux,
Croit conjurer l'orage en marchant avec eux.
Narbonne se soumet et fléchit leurs cohortes ; [3]
Montpellier s'épouvante et leur ouvre ses portes. [4]
Là, deux renforts puissants, de deux points opposés,
Viennent grossir encor les bataillons croisés ;
L'un descend d'Angoulême, et ses mains fanatiques
Renversent des châteaux, brûlent des hérétiques ;
Chasseneuil, Puylaroque ont expiré sous lui. [5]
L'autre corps, commandé par l'évêque du Puy,

Arrive du Vélai, prodiguant le ravage,
Et répandant aussi l'effroi sur son passage;
Du pays toulousain il dévaste un lambeau,
Emporte Villemur et brûle son château. [6]

» Alors contre Beziers marcha l'armée entière;
Beziers, depuis longtemps promis à sa colère;
Beziers, repaire impur d'hérétiques maudits,
Où Trencavel armé brave les Interdits.
Ce généreux guerrier, jeune et plein de courage,
De ses nobles aïeux défendait l'héritage;
Il pouvait acheter un repos odieux
En livrant aux légats des proscrits malheureux;
Il s'indigne; il craint peu d'affronter l'anathème,
Pour défendre sa gloire et des sujets qu'il aime.

» Cependant on approche. Espoir de son troupeau,
L'évêque Réginald, député par Arnaud, [7]
Au peuple de Beziers se montre, et lui propose
D'abandonner l'erreur, de séparer sa cause,
De livrer aux légats, inspirés par le ciel,
Les fauteurs endurcis d'un dogme criminel.
Mais le peuple répond : « Notre cause est commune;
» Loin de nous le soupçon de trahir l'infortune!
» Nos frères nous sont chers : ces murs, ces faibles tours
» De tous leurs habitants protègeront les jours;
» Enfin nous n'implorons du ciel qui nous rassemble
» Que la faveur de vaincre ou de mourir ensemble. »

» A ce noble refus que leur dicte l'honneur,
Arnaud semble saisi d'une sainte fureur : ⁸
« O résistance impie ! ô fatale démence !
» Ce peuple a prononcé lui-même sa sentence ;
» Puisqu'il résiste au ciel, qu'il soit anéanti ! »
Il disait, et déjà Beziers est investi.

» Beziers dut succomber. D'un peuple pacifique
Faut-il vous raconter le trépas héroïque ? ⁹
Vous dirai-je ce jour de crime et de terreur,
Ce sol trempé de sang, cet assaut plein d'horreur,
Ces murs fumants, ces toits dévorés par les flammes,
Le massacre odieux des enfants et des femmes ;
Les croisés dans l'ivresse et dans le sang plongés,
Jusqu'aux pieds des autels les prêtres égorgés ?
Vous dirai-je, seigneurs, l'épouvantable histoire
D'une immolation qu'on n'osera pas croire ?
Je le dois ; sachez tout. De tant de cruautés
L'avenir gardera la mémoire...... Ecoutez !

» Sitôt que Trencavel voit s'épaissir la masse
Des nombreux assaillants qui resserrent la place, ¹⁰
Il assemble son peuple et dit : « Braves amis,
» De conserver ses murs l'espoir n'est plus permis.
» Le plus beau dévoûment est désormais stérile,
» Nos bras sont impuissants à défendre la ville ;
» Il faut céder au nombre. Aux croisés insultants
» Abandonnons Beziers, sauvons ses habitants ;

CHANT QUATRIÈME.

» Ne jetons à la faim de ces tigres avides
» Que des toits dépouillés et des murailles vides !
» Mes amis, suivez-moi ! que ce cercle inhumain
» Se rompe sous nos coups et nous ouvre un chemin !
» Je veux sur ses débris guider votre colonne,
» Et gagner avec vous les tours de Carcassonne.
» Suivez mes pas ! »

» Il dit. Alors, de toute part,
Le peuple entier s'agite et presse le départ.
On songe à se défendre, on court, on prend les armes.
Mais bientôt tous les yeux se remplissent de larmes;
De lamentables cris retentissent dans l'air.
Au moment de quitter leur abri le plus cher,
La terre des aïeux, le toit qui les vit naître,
Les femmes, les vieillards plus désolés peut-être,
Embrassent ces objets d'une sainte amitié,
Et meurtrissent leur front. Des enfants, ô pitié !
Au milieu des terreurs qui leur sont inconnues,
Dorment entre les bras des mères éperdues;
D'autres pressent en vain, faibles et sans couleur,
Un sein qui s'est fermé, tari par la douleur.
Partout, le désespoir, le trouble, l'épouvante,
La mort de tous côtés terrible et menaçante.

» Tout-à-coup on apprend qu'en un poste avancé,
Un groupe d'ennemis vient d'être repoussé;
Un croisé qu'entraînait sa fatale imprudence,

Vient de perdre le jour sous le fer d'une lance. [11]
Aussitôt on l'emporte; aussitôt dans les rangs
Promenant sa dépouille et ses restes sanglants,
Des Ribauds, dont les cris signalent la présence,
Versent dans tous les cœurs la soif de la vengeance;
Et tout le camp s'émeut, échauffé par ces cris;
Une aveugle fureur s'empare des esprits,
Et déjà méditant d'horribles représailles,
Vingt mille vagabonds sont au pied des murailles.

» Escorté cependant de six cents cavaliers,
Trencavel veut franchir l'enceinte de Beziers;
Il occupe une porte ouverte à son courage,
Et fond sur les croisés qui ferment le passage.
La lance du héros que dirige un bras sûr
A chassé devant lui cet assemblage impur
De Valets, de Goujats, de Ribauds frénétiques,
De combattants armés de bourdons et de piques,
Hardis contre le faible et lâches au combat.
A l'aspect du héros dont le fer les abat,
Ces peuples si divers de noms et de royaumes,
Se sont évanouis comme de vains fantômes.
Le convoi d'habitants, sagement dirigé,
S'avançait hors des murs, en ordre et protégé;
Quand soudain, accourus sur leurs coursiers rapides,
Saint-Pol, Nevers, Montfort et les Francs intrépides,
Attaquent la colonne et troublent le convoi
Du choc de ces coursiers qui répandent l'effroi.

CHANT QUATRIÈME.

Bientôt des assaillants la masse s'est accrue ;
Tout cède à leur effort ; la colonne est rompue,
Et le convoi brisé se divise en deux parts,
Dont l'une est mise en fuite et jetée aux remparts.
Vainement Trencavel, retournant en arrière,
Fait face à l'ennemi, dans son ardeur guerrière,
Et l'appelle au combat ; l'effort qu'il tente en vain
Trois fois vient se briser contre ce mur d'airain.
Alors, en gémissant, mais sans qu'on l'inquiète,
Aux murs de Carcassonne il poursuit sa retraite.

» Les héros de Beziers, résignés à leur sort,
Retrouvent leur courage en face de la mort ;
A la bien recevoir leurs âmes seront prêtes.
Comme aux solennités des plus augustes fêtes
Les temples sont ouverts ; les autels parfumés
Scintillent sous l'éclat des cierges allumés.
Le peuple dont la foule inonde les portiques,
Répète de la mort les funèbres cantiques ; [12]
Le prêtre a revêtu les insignes du deuil,
Une main sur l'hostie, un pied dans le cercueil,
A l'inflexible autel présentant pour calice
Le sang d'une cité qui s'offre en sacrifice.
O courage ! ô grandeur ! ô peuple de héros !
Quel laurier fut jamais digne de vos tombeaux !

» Cependant, au dehors, les ardentes cohortes
Des remparts ébranlés ont enfoncé les portes.

La tourbe immonde alors, d'un cours précipité,
Se jette, aventureuse, au cœur de la cité,
Agitant d'une main la flamme qui ravage,
Et de l'autre le glaive affamé de carnage.
Ainsi se précipite un essaim de vautours;
Ainsi, rompant la digue opposée à son cours,
Un fleuve descendu du sommet des montagnes
S'élance et de ses flots ravage les campagnes.
Ils ont tout immolé, les enfants, les vieillards;
Le sol frémit, jonché de leurs membres épars
Qui flottent dans le sang ou brûlent dans les flammes;
Le soldat assouvit ses passions infâmes.
O vierges! ô pudeur! ô délire abhorré!.....
Pour le vainqueur sanglant il n'est rien de sacré!...
Partout des hurlements, des cris, des chants obscènes
Ajoutent à l'effroi de ces horribles scènes.

» Quelques chefs généreux, des barons plus humains,
Dans ces torrents de sang n'ont pas trempé leurs mains;
Epouvantés, honteux de tant de barbarie,
Ils veulent du soldat arrêter la furie;
Mais Dominique absent ne les seconde pas.
Loin du camp des croisés qui donc retient ses pas?
Le Pontife qui veille à la grandeur de Rome
Eclaire ses conseils des vertus d'un seul homme.
Ce que nul ne pouvait, l'apôtre l'eût osé;
Au torrent qui déborde il se fût opposé.
Arnaud, que dominaient d'impitoyables haines,

Aux fureurs du soldat abandonne les rênes.
Même on a raconté qu'au moment de l'assaut
Des guerriers incertains interrogeaient Arnaud,
Demandant à quel signe, en ce choc effroyable,
Ils pourraient distinguer l'innocent du coupable.
Il dit : « Frappez toujours ! Dieu connaîtra les siens.... » [13]

» Monument révéré de la foi des chrétiens,
Au centre de Beziers l'auguste cathédrale
Elevait dans les airs sa masse colossale ;
Chef-d'œuvre de Gervais, dont le divin ciseau
Suspendit à ses murs le plus riche manteau. [14]
Telle, au désert brûlant, l'oasis fortunée,
D'eaux pures, de fraîcheur, de parfums couronnée,
Se montre au voyageur qui, sur ses bords ombreux,
De son sang embrasé court éteindre les feux.
Des tours, des clochetons paraient son front superbe ;
La pierre transformée y rayonnait en gerbe,
Se dressait en colonne, imitait en rampant
La croupe d'un dragon, les replis d'un serpent ;
Les trèfles, les festons, les riches broderies
Ondoyaient au réseau des longues galeries. [15]
Tout était majesté, grâce dans ce saint lieu.
A l'éclat des vitraux, des rosaces en feu,
Les apôtres, les saints, les martyrs, les prophètes,
Des mystères du ciel les divins interprètes,
Rayonnaient triomphants, éclairant d'un jour pur
Leurs tuniques de pourpre et leurs manteaux d'azur.

Aux niches de granit les vivantes statues
Racontaient du pays les grandeurs peu connues,
Ranimaient les guerriers aux illustres renoms,
Et les combats des saints contre les noirs démons :
L'artiste avait chanté dans ce poème en pierres
Les gloires des aïeux, ses amours les plus chères.

» Dans ce temple admirable et longtemps respecté,
De la ville et des champs le peuple épouvanté
S'était réfugié, comme en un saint asile.
Leur nombre... Oh! frémissez!... ils étaient là sept mille,
Prosternés sur le marbre, aux autels protecteurs,
Et leur seule arme était la prière et les pleurs.
Là sont des prêtres saints ; leur sublime langage
Les prépare à la mort, ranime leur courage :
« Frères, tous nos malheurs vont toucher à leur fin ;
» Acceptons sans murmure un rigoureux destin ;
» C'est le ciel qui le veut, c'est Dieu qui nous l'envoie,
» Les tigres rugissants viennent chercher leur proie.
» Livrons-leur sans regret nos jours ; sachons mourir.
» Encore un peu de mal et le ciel va s'ouvrir.
» Offrons tout à ce Dieu, modèle de souffrance,
» Et l'éternel bonheur est notre récompense ;
» Notre espoir est placé sous l'aile du Seigneur. »

» Comme ils parlaient encore, une troupe en fureur,
Dégouttante de sang, fumante de carnage,

CHANT QUATRIÈME.

Se jette dans le temple avec des cris de rage.
Les prêtres, les premiers offerts à son courroux,
Subissent le martyre en tombant sous ses coups.
Horreur!.... le jour pâlit; les plus saintes images
S'obscurcissent de pleurs versés sur tant d'outrages,
Et, dans les hauts parvis, les anges du Seigneur
Ont détourné leurs yeux troublés par la douleur.
Ainsi des anges saints les regards se troublèrent,
Les cœurs furent brisés et les larmes coulèrent,
Quand sur le Golgotha des bourreaux inhumains
Attachèrent le Juste, immolé par leurs mains.
Le poignard et le glaive, et la hache en délire
Dans la foule au hasard frappe, égorge, déchire;
Une écume sanglante envahit les degrés;
Les vases de l'autel, les ornements sacrés
Nagent confusément dans le sang qui ruisselle.
Déjà des assassins le pied glisse et chancelle;
De leurs bras fatigués maudissant la lenteur,
La mort paraît tardive au gré de leur fureur;
Pour la rendre plus prompte et surtout plus cruelle,
La flamme du bûcher lui prêtera son aile.
« Du feu pour ces damnés! qu'ils meurent dans les feux!
» L'enfer les attendait, qu'il commence pour eux! »
Et soudain les débris des maisons renversées,
Les soliveaux poudreux, les portes entassées,
Les rameaux desséchés, la paille, le sarment,
Transportés, confondus en un monceau fumant,
Autour des murs sacrés élèvent leur barrière.

Cent bras ont appliqué la torche incendiaire,
Aux applaudissements de mille furibonds.
A travers la fumée et ses noirs tourbillons,
La flamme brille, monte, et le long des murs glisse;
Dans un réseau brûlant enferme l'édifice,
Précipite son vol, et domine en grondant
Le faîte couronné d'un diadème ardent.
Comme un frêle roseau dans la fournaise active,
L'on entend pétiller la charpente massive;
Des larges madriers, du sapin résineux
La flamme en s'élevant semble atteindre les cieux.
A cet aspect, les chants, les joyeuses fanfares
Signalent le bonheur de ces vainqueurs barbares.
L'incendie accomplit son œuvre détesté;
Calcinés par les feux, les murs ont éclaté;
Leurs pans tout lézardés s'inclinent sur leur base; [16]
Dans d'affreux craquements le comble enfin s'écrase,
Et ce temple superbe, orgueil des monuments,
N'est plus qu'un tas de cendre et de débris fumants.

» Sous les toits abattus on poursuit sans relâche
Quelques infortunés dont la terreur se cache.
L'armée, autour des murs prompte à se réunir,
Trace un cercle de fer que nul ne peut franchir.
Les feux sont rallumés; un démon sacrifie
Les restes de Beziers voués à l'incendie :
Trois jours, la flamme ardente éleva dans les airs
De sa sombre lueur les sinistres éclairs.

Ainsi périt Beziers, et cette fin cruelle
Sera pour les vainqueurs une honte éternelle. [17]

» Un ordre du légat, de ces toits embrasés,
Aux murs de Carcassonne appelle les croisés. [18]
C'est là que, peu troublé d'un succès éphémère,
Trencavel se retranche et trompe leur colère.
Deux lignes de remparts doublent sa sûreté : [19]
D'une part les faubourgs, de l'autre la cité.
La cité, des Romains noble et puissant ouvrage,
Le séjour de l'honneur, l'asile du courage,
A reçu le vicomte à l'ombre de ses tours;
Un ami l'accompagne et veille sur ses jours.
Compagnon du héros, son dévoûment fidèle
A l'heure du péril auprès de lui l'appelle;
Quel que soit son destin, il offre à son seigneur
Le guerrier qui s'immole au culte de l'honneur.

» Les croisés tout couverts d'un sang qui fume encore,
Pour un nouvel assaut s'apprêtaient dès l'aurore;
Au-devant des faubourgs leur front s'est arrêté;
Le rempart qui les couvre est bientôt emporté. [20]
Ils marchent; et déjà la flamme, la fumée,
Annoncent leur présence à la ville alarmée;
Les moissons qu'on entasse et les toits consumés
S'abîment dans les feux par leurs mains allumés.
Trencavel les observe, et du haut des murailles
Il répond en donnant le signal des batailles.

Pierre Roger le suit, entraînant sur ses pas
De braves chevaliers qui volent aux combats;
Dans un choc meurtrier leur troupe se signale;
Aux croisés chaque jour leur attaque est fatale. [21]
Le chef de la croisade, en secret agité,
Dans un échec sanglant, chaque jour répété,
De ses rangs affaiblis consume en vain le zèle.

» Par son ordre pourtant l'antique citadelle
Voit au pied de ses tours, témoins de cent combats,
Se former, s'épaissir un cercle de soldats.
La cité populeuse, étroitement serrée,
Aux horreurs de la faim sera bientôt livrée;
Les instruments de mort, les puissants mangonneaux,
Dont la grêle rapide assiège les créneaux,
Sous leurs coups redoublés abattront les murailles.
Tristement entouré du deuil des funérailles,
Trencavel de la vie acceptera le don,
Trop heureux d'obtenir un généreux pardon!
Telle était du légat la superbe espérance.

» Cependant Trencavel armait sa résistance.
D'un peuple qui l'adore il reçoit tous les jours
Un tribut plus fidèle et de nouveaux secours.
Les besoins sont prévus; la crypte souterraine
A reçu dans ses flancs les trésors de la plaine,
La famine l'entoure et ne l'atteindra pas;
Des machines de siége il entend le fracas;

Et contemplant ses tours et leur épaisse masse,
D'une attaque impuissante il brave la menace.

» Mais bientôt il a vu grandir à ses côtés
Deux ennemis cruels qu'il n'avait pas comptés.
L'été dévore au loin les campagnes flétries,
Les airs sont embrasés, les fontaines taries;
Des puits qu'alimentaient les sources d'alentour
Le tribut indigent s'appauvrit chaque jour.
La soif, d'un ciel d'airain lentement descendue,
S'abat sur la cité haletante, éperdue; [22]
La soif, l'ardente soif! et la mort sur ses pas
Décime chaque jour le peuple et les soldats.
De ces infortunés qui dira le supplice?
Qui dira leurs tourments dont le ciel fut complice;
D'un climat dévorant l'accablante chaleur,
Et ces longs jours sans ombre, et ces nuits sans fraîcheur?
On les voyait, cherchant des traces de rosée,
Appliquer sur la pierre une lèvre embrasée;
Boire, pour humecter leurs gosiers haletants,
Le sang encor tout chaud des coursiers palpitants;
Enfin, pour apaiser cette soif homicide,
Répandre sur leur bouche un excrément liquide. [23]
Durant vingt jours entiers, sous un ciel toujours bleu,
Ils virent resplendir un horizon de feu,
Implorant vainement la faveur d'un nuage,
Sans que tant d'infortune ébranlât leur courage.
Ils résistaient toujours; mais la contagion

Aux horreurs de la soif vint mêler son poison.
Trencavel vit bientôt, d'un œil baigné de larmes,
Tomber et ses sujets et ses compagnons d'armes.
Ces braves chevaliers, à qui l'injuste sort
Refusait le bonheur d'une héroïque mort,
Dans les lentes horreurs d'une obscure agonie,
Sentaient périr leur force et s'éteindre leur vie.
A ce funeste aspect, Trencavel abattu,
Veut ranimer en vain un reste de vertu;
Sa fermeté s'émeut, sa fierté l'abandonne;
Dans des larmes de sang il pleure Carcassonne;
Son cœur est déchiré d'un sombre désespoir :
Dût-il perdre cent fois la vie et le pouvoir,
Il ne veut pas souffrir qu'une mort si cruelle
Termine le destin de son peuple fidèle;
Qu'un trépas si honteux dévore, sans combats,
La fleur des chevaliers qui suivirent ses pas.

» Un croisé tout-à-coup au pied des murs s'avance;
Le message de paix flotte au fer de sa lance.
Trencavel, dont le cœur a doucement frémi,
A reconnu Lautrec, son parent, son ami.
La porte s'ouvre, il entre; ô bonheur! ô détresse!
Le vicomte l'embrasse et sur son sein le presse.
« C'est donc vous, noble ami?.. dans des temps plus heureux,
» Votre douce présence eût comblé tous mes vœux,
» Lui dit-il; mais devant les horreurs de la guerre,
» La joie et le bonheur ont fui de cette terre.

» Sans doute c'est le ciel qui vous conduit ici ;
» Peut-être de mon sort a-t-il quelque souci ! »

» Lautrec répond : « J'ai su le mal qui vous opprime ;
» Je viens pour délivrer des braves que j'estime,
» Qui succombent sans gloire à l'ombre de ces tours
» Et dont votre valeur ne peut sauver les jours.
» Suivez-moi dans le camp ; qu'une trêve accomplie
» Protège vos soldats, votre honneur, votre vie ! »

» Dans la tente d'Arnaud, Trencavel s'est rendu. [24]
Le conseil des barons, dès l'abord entendu,
Respectait le malheur, honorait la vaillance ;
Mais l'abbé de Citeaux repousse la clémence :
« Non, avec l'hérétique il n'est point de traité !
» Nous, prêtres et vengeurs de la Divinité,
» Mettrons-nous en oubli, sans nous rendre parjures,
» Le soin et le devoir de venger ses injures ?
» Il faut qu'à nos genoux le vicomte orgueilleux
» Implore la merci d'un vainqueur généreux.
» Nous sommes désormais maîtres de sa personne ;
» Qu'on livre entre nos mains les clés de Carcassonne !
» Il faut que les croisés occupent aujourd'hui
» Ces remparts menaçants qui lui servaient d'appui.
» Heureux, si pour toujours sa liberté ravie
» Nous désarme et devient la rançon de sa vie ! »

» Trencavel qui gémit dans les fers arrêté,
Eût préféré la mort à la captivité.
Lautrec veut partager, comme un doux privilége,
Les fers de son ami qu'il jeta dans le piége :
Déplorable faveur qu'il sollicite en vain !

» Dans les murs assiégés un message certain
Du sort de Trencavel raconte la disgrace.
Pierre Roger, qui seul eût défendu la place,
La cède en frémissant. Bientôt sur les remparts
Les soldats de la croix plantent leurs étendards.
Ces braves chevaliers qui combattraient encore,
Que la contagion, que le besoin dévore,
D'un sentiment plus doux éprouvent le retour;
Libres, mais désarmés, ils conservent le jour.
Les habitants, objet d'une rigueur infâme,
N'ont point vu des bûchers se rallumer la flamme;
Mais, chassés de leurs toits, dépouillés tristement,
Ils ont abandonné jusqu'à leur vêtement,
Livrant aux ris moqueurs d'une foule outrageante
Leur nudité qu'abrite une toile indigente. [24]
Ces malheureux, fuyant des tyrans abhorrés,
Dans les bois, sur les monts, aux antres ignorés,
Cachent leur désespoir, leur misère profonde,
Et portent en cent lieux leur course vagabonde.

» Arnaud, qui nourrissait d'ambitieux projets,
Prétend de la conquête assurer les effets.

Il veut, pour affermir ses vastes entreprises,
Donner un souverain aux provinces soumises;
Et des puissants seigneurs dont il marche escorté
Ses offres tour à tour tentent la vanité.
Mais le duc de Bourgogne, à ses désirs contraire,
Repousse avec mépris le don qu'on veut lui faire;
Il demande à quel droit ces états sont offerts.
« C'est déjà trop, dit-il, de plonger dans les fers,
» Par une trahison que je conçois à peine,
» Le héros dont on veut usurper le domaine. »
Saint-Pol, nouvel élu, rejette ce fardeau;
De la part de Nevers c'est un refus nouveau.
On descend à Montfort [25]; l'aventurier perfide
Accepte le pouvoir dont son cœur est avide.
Aux genoux du légat humblement prosterné,
Il abaisse l'orgueil de son front couronné,
Tout prêt à lui livrer les grandeurs souveraines
De cette autorité dont il saisit les rênes.
Habile à revêtir le masque des vertus,
Il fait le généreux aux dépens des vaincus;
A l'Eglise romaine offre une redevance,
Comble Arnaud des tributs de sa reconnaissance; [26]
Il combat, négocie, et puis d'un art profond
Il propage en cent lieux la terreur de son nom.
De l'aurore au couchant ses conquêtes s'étendent;
Aux armes de Monfort deux cents châteaux se rendent; [27]
Albi, Castres, Pamiers, Saverdun, Mirepoix,
L'implorent à l'envi, se rangent sous ses lois.

Le chef de la croisade, objet de tant d'hommages,
S'enivre d'un encens funeste aux grands courages ;
Au palais du vicomte il établit sa cour,
Et Trencavel captif gémit dans une tour. [28]

» Bientôt une mort prompte abrégea sa misère.
Mille bruits ont couru sur cet affreux mystère.
Fut-elle un coup du sort ou de la trahison ? [29]
Une coupable main, préparant le poison,
A-t-elle délivré la croisade inquiète
Du rival opprimé qui troublait sa conquête ?
Je ne sais ; mais enfin le noble prisonnier
Vit bientôt de ses jours se lever le dernier ;
Il sentit qu'il allait s'affranchir de sa chaîne ;
Il sourit à sa mort quand il la vit prochaine ;
Il l'appelle, il l'accueille avec un front serein,
D'harmonieux soupirs s'échappent de son sein :
Cygne tombé du ciel, qui lègue à la mémoire
Le cours inachevé d'un beau rêve de gloire ;
Et sa voix expirante, où s'exhale son cœur,
Murmure un chant plaintif qui trouble son vainqueur.

« Terre aux grands souvenirs, puissante Occitanie,
» Qu'anime un souffle pur d'amour et d'harmonie,
» Hélas ! bien jeune encor je vous fais mes adieux !
» Il faut donc vous quitter, beau ciel, rive féconde
» Où l'Aude en murmurant caresse de son onde
   » Le toit chéri de mes aïeux !

» Dans les champs de l'honneur où ma lance fidèle
» S'est brisée en servant la plus juste querelle,
» Ravi dans mon printemps, je n'ai brillé qu'un jour ;
» Comme ces fils légers dont l'air dissout la trame,
» Un orage rapide emporta dans sa flamme
    » Mon rêve de gloire et d'amour.

» J'ai vu la trahison et la guerre inhumaine
» Déchirer dans le sang mon superbe domaine,
» S'asseoir dans mon palais un insolent vainqueur.
» J'ai pleuré dans les fers ma liberté ravie.....
» La mort est douce alors qu'il faut traîner sa vie
    » Entre l'opprobre et la douleur.

» Adieu donc, chers objets de mon idolâtrie,
» Berceau de mon enfance, adorable patrie
» Où des rêves si doux me doraient l'avenir !
» Et toi, Dieu tout-puissant, toi qui feras descendre,
» Si j'ai pu t'offenser, le pardon sur ma cendre,
    » Oh ! reçois mon dernier soupir ! »

» A ces mots il s'endort du sommeil de la tombe.
Montfort veut honorer le héros qui succombe. [30]
Par son ordre bientôt, paré d'un vain laurier,
Le marbre a recueilli les restes du guerrier ;
L'on y grave son nom, ses vertus, son jeune âge,
Son illustre origine et son noble courage ;

Des princes de Beziers, au superbe écusson,
En caractères d'or rayonne le blason.
Hommage insidieux qu'il est si doux de rendre
A l'ennemi tombé dont on garde la cendre,
Et qu'offre à Trencavel ce Godefroy nouveau
Qui fut son oppresseur, peut-être son bourreau. [31]

NOTES DU CHANT QUATRIÈME.

[1] Nomment Arnaud, qui, fier de cet emploi sublime,
Prend le titre pompeux de généralissime.

Milon alla à Lyon, au-devant de l'armée des croisés. Elle était l'une des plus nombreuses qu'on eût encore vues en France et même en Europe. Quelques auteurs la font monter à cinq cent mille hommes, et d'autres à trois cent mille. On y voyait des Flamands, des Normands, des Aquitains et des Bourguignons, conduits par les archevêques de Reims, de Sens et de Rouen; les évêques d'Autun, de Clermont, de Nevers, de Bayeux, de Lisieux et de Chartres, et par un grand nombre d'ecclésiastiques; et entre les seigneurs séculiers, par Eudes duc de Bourgogne, Hervé comte de Nevers, le comte de Saint-Pol; Simon de Montfort, comte de Leycestre; le comte de Bar-sur-Seine, Guy de Beaujeu; Guillaume des Roches, sénéchal d'Anjou; Gaucher de Joigni, etc. Tous les croisés portaient des bourdons de pèlerin à la main, pour marquer que c'était une expédition toute sainte à laquelle ils s'étaient dévoués, et dans la vue de gagner les indulgences que le Pape avait attachées à cette espèce de pélerinage, à l'exemple des voyages qu'on faisait alors dans la Terre-Sainte pour combattre les infidèles. Ces croisés, pour se distinguer des croisés d'outre-mer, mirent la croix sur la poitrine, au lieu que ces derniers la portaient sur l'épaule. Les croisés, à leur arrivée à Lyon, choisirent leurs chefs pour les commander, et mirent à leur tête, en qualité de généralissime, Arnaud, abbé de Cîteaux et légat du Saint-Siège. (Voir *Hist. gén. de Lang.*, liv. 21, ch. 41 et 53.)

<blockquote>
² .... à Valence attendu,
Dans le camp des croisés Raymond s'était rendu.
</blockquote>

« Le Comte de Toulouse qui avait pris les devants, rencontra l'armée des croisés à Valence. La plupart des chefs, entr'autres Pierre de Courtenay, comte d'Auxerre, et Pierre de Courtenay, ses cousins-germains, lui firent beaucoup d'accueil, et furent charmés de le voir. » (*Ibid.*, ch. 54.)

<blockquote>
³ Narbonne se soumet et fléchit leurs cohortes.
</blockquote>

Voyez au chap. 58, liv. 21, de l'*Hist. gén. de Lang.*, le traité que souscrivirent l'archevêque et le vicomte de Narbonne, sous la dictée des légats.

<blockquote>
⁴ Montpellier s'épouvante et leur ouvre ses portes.
</blockquote>

« L'abbé de Cîteaux et Milon ayant fait passer le Rhône à l'armée, ils la conduisirent à Montpellier, où elle s'arrêta pendant quelques jours. Raymond-Roger, vicomte de Beziers, informé de son arrivée, se rendit aussitôt dans la ville, pour faire sa paix avec les légats, à l'exemple du Comte de Toulouse son oncle. Il fit tous ses efforts pour justifier sa conduite, et protesta qu'il était entièrement soumis à l'Eglise. Mais toutes ses protestations furent inutiles, et le légat refusa de recevoir ses excuses; en sorte qu'il se retira très mécontent. » (*Hist. gén. de Lang.*, liv. 21, ch. 55.)

<blockquote>
⁵ Chasseneuil, Puylaroque ont expiré sous lui.
</blockquote>

Ces croisés se saisirent en passant du château de Puylaroque en Querci, où ils ne trouvèrent personne pour le défendre et le détruisirent. Ils attaquèrent ensuite le château de Cassanhol ou Chasseneuil, sur les frontières de l'Agenais, où il y avait une nombreuse garnison de Gascons. Ils y donnèrent l'assaut dans l'espérance de l'emporter d'emblée ; mais on les repoussa avec tant de vigueur, qu'ils furent obligés d'en faire le siége dans les formes. Seguin de Bologne qui commandait dans la place, voyant qu'il n'était pas en état de résister, demande enfin à capituler. On lui permit de sortir vie et bagues sauves et de se retirer où bon lui semblerait. Les croisés entrèrent ensuite dans la place et y firent brûler vifs plusieurs hérétiques tant hommes que femmes qui s'y trouvèrent, et qui refusèrent de se convertir. (*Hist. gén. de Lang.*, liv. 21, ch. 56.)

6 L'autre corps..........
Emporte Villemur et brûle son château.

L'autre corps qui joignit la grande armée des croisés devant Beziers, venait du côté du Velai, et était commandé par l'évêque du Puy. Il avait pris sa route par le Rouergue, et avait passé à Caussade dans le Querci, et à Saint-Antonin sur les frontières de l'Albigeois. Ces deux villes que les croisés auraient pu prendre, se rachetèrent par une grosse contribution, de quoi ils furent fort blâmés. Ils entrèrent ensuite dans le Toulousain, et brûlèrent le château de Villemur sur le Tarn. *(Ibid.)*

7 .... Espoir de son troupeau,
L'évêque Réginald, député par Arnaud,
Au peuple de Beziers se montre et lui propose.....

« Après la jonction de toutes ces troupes, l'abbé de Citeaux et les chefs de l'armée députèrent aux habitants catholiques de Beziers, Réginald de Montpeyroux, leur évêque, prélat également respectable par son âge avancé, par sa science et par sa vertu, pour leur enjoindre, sous peine d'excommunication, de livrer aux croisés tous les hérétiques de cette ville avec tous leurs biens, ou pour leur persuader au moins, s'ils n'étaient pas assez forts, de sortir eux-mêmes, afin de n'être pas enveloppés dans la ruine des autres. Réginald employa vainement son éloquence. Les catholiques de Beziers refusèrent, non seulement de déférer à ses conseils, mais ils se lièrent plus étroitement avec les hérétiques, auxquels ils promirent par serment de répandre jusqu'à la dernière goutte de leur sang pour la défense de la ville. » (*Hist. gén. de Lang.*, liv. 21, ch. 57.)

<blockquote>8 A ce noble refus que leur dicte l'honneur,
Arnaud semble saisi d'une sainte fureur....</blockquote>

« Et quand lodit leguat aguet ausida ladita resposta, facha
» per lodit évesque, se per avan era corossat ny enmalignat
» contra ladita villa, a donc en és estat may ; et a jurat que
» en lodit Beziers no laissera peira sobre peira, que tout non
» fasse mettre à fuoc et sang, tant home que femme et petits
» enfants, que un sol ne sera prés à marcé ; laquella causa
» fech, ainsin que sera dit aisy après ben al long. » (*L'ancien auteur anonyme.*)

<blockquote>9 Beziers dut succomber. D'un peuple pacifique
Faut-il vous raconter le trépas héroïque ?...</blockquote>

« Les croisés se disposèrent alors à commencer le siége. Leurs chefs s'étant assemblés, délibéraient actuellement sur les moyens de sauver les catholiques de la ville, lorsque les assiégés ayant fait une sortie, vinrent escarmoucher autour du camp. Les goujats et les *ribauds* de l'armée ne pouvant souffrir patiemment une pareille insulte, s'attroupent de leur propre autorité ; et, sans la participation de leurs commandants, ils repoussent les habitants de Beziers, et les poursuivent jusques dans la ville en criant de toutes leurs forces : *Aux armes ! aux armes !* Les croisés accourent de toutes parts pour les soutenir, et font tous leurs efforts pour franchir le fossé et escalader la muraille. Les assiégés, après une vive résistance de deux ou trois heures, sont obligés de céder ; et les croisés étant entrés aussitôt dans la ville, font main-basse sur tout ce qu'ils rencontrent, sans distinguer la religion, le sexe, l'âge et la condition. Les habitants éperdus se réfugient en foule dans les églises, dans l'espérance d'y trouver un asile assuré. La plupart vont dans la cathédrale de Saint-Nazaire et s'y mettent sous la protection des chanoines, lesquels, revêtus de leurs habits de chœur, font sonner les cloches pour exciter les vainqueurs à compassion ; les autres se retirent dans l'église de la Madelaine. Mais rien n'arrête les croisés qui poursuivent leurs ennemis jusques dans les lieux saints et en font un carnage horrible ; en sorte qu'on compte que sept mille habitants périrent dans cette seule église. On ajoute que ce fut une punition de Dieu, pour le meurtre du vicomte Raymond Trencavel que ces mêmes habitants avaient massacré dans cette église quarante-deux ans auparavant. Enfin les croisés, après avoir assouvi leur fureur sur tout le peuple de Beziers qu'ils massacrèrent sans miséricorde, et s'être enrichis des dépouilles de la ville, y mirent le feu qui la consuma entièrement. Ainsi fut détruite de fond en comble le jour de la Madelaine, 22 de juillet de l'an 1209, la ville de Beziers, également recommandable par les agréments de sa situation et le nombre de ses habitants. On ajoute qu'elle était si bien fortifiée et si bien munie, qu'elle paraissait en état d'arrêter longtemps l'armée la plus formidable. Les anciens historiens ne conviennent pas du nombre de ceux qui périrent dans cette occasion. Arnaud, abbé de Citeaux, qui était présent, n'en met que quinze mille *, dans la relation qu'il envoya bientôt après au Pape; d'autres disent seulement dix-sept mille. Mais un historien du temps **, suivi par Albéric, dans sa chronique, fait monter le nombre des morts jusqu'à soixante mille (*millia bis triplicata dedecem*). Enfin, un historien contemporain, mais étranger ***, assure que cent mille habitants furent tués dans le massacre de Beziers. Ce dernier rapporte une circonstance que quelques auteurs récents révoquent en doute; il dit : « qu'avant le sac de Beziers, les croisés deman-

---

* Lisez vingt mille. — Voici le passage de la lettre d'Arnaud, recueil de Baluze, tome II, édition de 1674.

« Dum tractaretur cum baronibus de liberatione illorum qui in civitate ipsâ catholici censebantur, ribaldi et alii viles et inermes personæ, non expectato mandato principum, in civitatem fecerunt insultum, et mirantibus nostris, cum clamaretur *ad arma, ad arma*, quasi sub duarum vel trium horarum spatio, trascensis fossatis ac muro, capta est civitas Bitterensis, nostrique *non parcentes* ORDINI, SEXUI, vel ÆTATI, fere *viginti millia hominum* in ore gladii peremerunt; factâque hostium strage per maximâ, spoliata est tota civitas et succensa, ultione divinâ in eam mirabiliter sæviente. » Lettre d'Arnaud à Innocent III, sur la prise de Beziers.

** Guill. Armor., l. 8.

*** Cæsar Heisterb., l. 5, c. 21.

» dèrent à l'abbé de Citeaux ce qu'ils devaient faire, en cas
» qu'on vînt prendre la ville par assaut, dans l'impossibilité
» où l'on était de distinguer les catholiques d'avec ceux qui ne
» l'étaient pas. L'abbé, ajoute cet auteur, craignant que plu-
» sieurs hérétiques ne voulussent passer pour orthodoxes,
» dans la vue d'éviter la mort, et qu'ils ne reprissent ensuite
» leurs erreurs, répondit : *Tuez-les tous, car Dieu connaît*
» *ceux qui sont à lui;* ainsi, on ne fit quartier à personne. »
— « Quoi qu'il en soit de cette circonstance, les croisés, après
la prise et le sac de Beziers, rassemblèrent tous les corps
morts en divers monceaux, y mirent le feu, et se disposèrent
à pousser plus loin leurs conquêtes. » (*Histoire générale de
Languedoc*, liv. 21, ch. 57.)

>10 Sitôt que Trencavel voit s'épaissir la masse
> Des nombreux assaillants qui resserrent la place....

« A son retour à Beziers, le vicomte assembla les principaux de ses vassaux, leur fit part du refus que le légat avait
fait de l'écouter, et résolut, de leur avis, de défendre ses domaines jusqu'à la dernière extrémité. Il pourvut ensuite à la
sûreté de ses places ; et, après avoir laissé une forte garnison
dans Beziers, il alla se jeter dans Carcassonne avec l'élite de
ses troupes. » (*Hist. générale de Languedoc*, liv. 21, ch. 55.)

>11 Un croisé qu'entraînait sa fatale imprudence
> Vient de perdre le jour sous le fer d'une lance.

« An rencontret un desdits crosats, loqual era vengut corre
» jusques sur lo pont de Beziers, que del pont an layga lan
» jettat tout mort. Et quand los deldits host et sety an vist lo
» corps lor home ainsin mort, jettat del pont en jos, a donc
» sés commensat lodit host et sety à meure talamen, que terra
» fasian tramblar et fremir ; et drech al dit Beziers son ven-
» guts per frapar losdits ennemics que vesian sailhir de fo-
» ras. » (*L'ancien auteur anonyme.*)

>12 Le peuple...............
> Répète de la mort les funèbres cantiques;
> Le prêtre a revêtu les insignes du deuil....

« Li borzes de la vila virols crozats venir
» E lo rei des arlots que los vai envasir

» Els truans els fossats de totas parts salhir
» E los murs passiar a las portas ubrir
» E los Frances de lost a grand preissa garnir
» Be sabon e lor cor que no poiran tenir
» Al moster general van ilh plus tost fugir
» Li prestre e li clerc sanero revestir
» E fan sonar los senhs cum si volguessan dir
» Messa de mortuorum per cors mort sebelhir, etc. »

(*Causo de la crozada*, attribuée à Guillaume de Tudèle, XX.)

[13] Il (Arnaud) dit : « Frappez toujours !..... Dieu connaîtra les siens.

Arnaud a-t-il réellement proféré les trop fameuses paroles que l'historien allemand met dans sa bouche ? Telle est la question agitée par les écrivains qui s'occupent de ces événements, et sur laquelle des doutes raisonnables se sont élevés. Nous n'avons pas la prétention de donner une solution à ce problème historique ; nous nous bornerons à remplir les fonctions de rapporteur : le lecteur tirera la conclusion.

Un auteur étranger, il est vrai, mais *contemporain*, affirme que le terrible arrêt qui a coûté la vie aux habitants de Beziers, a été prononcé par l'abbé de Citeaux. Pour infirmer son assertion, on oppose : 1° qu'il est *le seul* entre tant d'écrivains de l'époque qui ait rapporté ces paroles ; 2° que Pierre de Vaux-Sernay, *témoin oculaire* des événements, n'en a rien dit; et qu'il n'eût pas manqué d'en parler avec cette joie naïve qu'il laisse éclater chaque fois qu'il rend compte de l'exécution des hérétiques par le feu.

Ces objections nous paraissent susceptibles de quelques observations.

Et d'abord, l'auteur allemand qui affirme était *contemporain*, et cette circonstance donne bien quelque poids à son assertion.

En second lieu, le silence des autres écrivains n'est pas un argument péremptoire. L'on sait que l'histoire n'a pas toujours été écrite avec liberté. Le propos était atroce, et l'on pouvait avoir quelque raison de ménager un personnage aussi puissant que l'était alors l'abbé de Citeaux, généralissime de l'armée des croisés, et devenu bientôt après archevêque de Narbonne. D'ailleurs, il est à remarquer que l'opinion publique s'était élevée avec force contre l'exécution de Beziers, et que l'on ne tarda pas à se repentir des horreurs qui y avaient été commises. La preuve en est dans ce que dit Pierre de Vaux-Sernay, lui-même, au chap. 20 de son livre, où il raconte la prise de Carcassonne. On y lit : « Ces choses ainsi passées, » les nostres eurent conseil comme ils debvaient prendre la » cité, *se prenans garde, que d'i faire, comme avait esté fait* » *à Beziers*, ce serait détruire la cité, et consumer tous les » biens d'icelle, et par ce moien, destituer celuy à qui la » garde du païs serait baillée, du moien de pouvoir vivre et » pouvoir tenir soldats pour la garder. » (*Traduct. d'Arnaud Sorbin.*)

En troisième lieu, le silence de Pierre de Vaux-Sernay n'est pas plus concluant; la force que l'on veut donner à ce silence repose même sur une erreur. On ne cesse de répéter que Pierre de Vaux-Sernay avait été *témoin oculaire* de l'événement; on se trompe. Le sac de Beziers eut lieu dans l'année 1209, au début de la croisade. Or, Pierre de Vaux-Sernay n'est venu à la suite de son oncle Guy, abbé de Vaux-Sernay, que lorsque celui-ci eut été élu évêque de Carcassonne, c'est-à-dire en 1211. C'est ce qu'il explique lui-même au chap. 95 de son histoire, *in fine*. On y lit que l'abbé Guy ayant été élu évêque de Carcassonne, et *étant venu prendre possession de son évêché, il amena avec lui son neveu*, qui était religieux, *de France en terre étrangère, afin d'avoir compagnie* dans la nouvelle vie qu'il allait embrasser et le nouveau pays qu'il allait habiter. *Electus autem Carcassonensium, de quo supra tetigimus, erat in civitate illâ (Albiâ), et ego cum eo;* ME ENIM ADDUXERAT SECUM DE FRANCIA, OB SOLATIUM SUUM IN TERRA ALIENA PEREGRINUS, *cum essem monachus et nepos ipsius*. Ainsi il faut ôter à Pierre de Vaux-Sernay sa qualité de *témoin oculaire* du sac de Beziers.

Voici maintenant les faits.

1º L'abbé de Citeaux commandait l'armée des croisés; on ne peut le nier.

2º Il est constant que les croisés égorgèrent tous les êtres humains qu'ils trouvèrent dans Beziers, vieillards, femmes,

enfants, prêtres, laïques, etc. Ici les textes abondent; Pierre de Vaux-Sernay dit, chap. 18 : « Entrans là-dedans, tuè-
» rent *tout, du plus petit jusqu'au plus grand*, et mirent le
» feu à la cité. » — Nous lisons dans la *Canso de la crozada*, verset 21:

« . . . .
» Que trastotz los auscisdron ne lor podo far pis,
» E totz sels aucisian quel mostier se sont mis;
» Que nols pot gandir crotz autar ni cruzifis,
» *E los clercs aucisian* li fols ribautz mendics,
» *E fennos e efans* canc no cug us nichis,
» Dieus recepia las armas sil platz en paradis.
» Canc mais tant fera mort del temps *Sarrasinis*, etc. »

Le massacre accompli est comparé à celui qu'avaient commis les Sarrasins.

L'auteur anonyme qui a écrit en languedocien est encore plus explicite.

« Et talamen an fait les ungs et les altres, que dins la villa
» de Beziers son intrats nonobstant touta defensa et resistansa
» faita per los dits de la villa; ont fouc fait lo plus grand mur-
» tre de gens que jamais fossa fait en tout lo monde : *car aqui
» non era sparuyat viel ny jove, non pas les enfans que popa-
» van*, los tuavan et murtrisian; laquella causa vesen per los
» dits de la villa, se retireguen los que poudian dins la grand
» gleysa de Sant-Nazary, tant homes que femas; la ont los
» capelas de aquella se retireguen, fasen tirar las campanas,
» quand tout lo monde fossa mort. *Mais no y aguet son, ny
» campana*, ni capela revestit, ni clerc, *que tout non
» passés per le trinchant de l'espasa, que ung tam solamen non
» scapet*, que non fossen morts et tuats; que fouc la plus
» grand pietat que jamay se sia ausida et facha, que fouc la
» dita tueria et murtre; et la villa piliada, meteguen lo foc
» per tota la villa, talamen que touta és piliada et arsa, ain-
» sin que encaras de présen, et que non y demoret causa vi-
» venta al monde, que fouc una cruela vengensa, etc. »

L'on voit par ce passage que *personne ne fut épargné, ni jeunes, ni vieux, ni enfants à la mamelle, ni clercs, ni prê-*

tres revêtus de leurs ornements : tout fut passé au fil de l'épée ; *pas un seul n'échappa.*

Reste enfin l'imprécation du légat Arnaud, plus haut transcrite, lorsque l'évêque de Beziers lui porta le refus des habitants de livrer les hérétiques : « Il jure que *dans Beziers on ne
» laissera pas pierre sur pierre, qu'il fera mettre tout à feu et
» à sang ; que ni homme, ni femme, ni petits enfants, que pas
» un seul ne sera reçu à merci.* » Chose qu'il fit, ajoute l'anonyme Languedocien, ainsi qu'il sera dit ci-après tout au long. Voilà les paroles d'Arnaud. Celles-ci ne sont pas contestées. Tels sont les termes de la question ; c'est au lecteur à prononcer. — Du reste, l'absence de saint Dominique est une fiction du poète, qui a voulu conserver dans toute sa pureté ce type de charité et de miséricorde.

<blockquote>
14 Chef-d'œuvre de Gervais dont le divin ciseau
Suspendit à ses murs le plus riche manteau.
</blockquote>

« E ars tots lo mortiers que fets maestre Gervais. » *(Canso de la crozada,* verset 22.)

<blockquote>
15 Les trèfles, les festons, les riches broderies
Ondoyaient au réseau des longues galeries.
</blockquote>

L'auteur du poème a été quelque temps arrêté par un scrupule artistique. Y avait-il, en 1209, dans les pays de la Langue-d'Oc, des monuments religieux qui ne fussent pas construits en style roman ? Heureusement l'église de Sainte-Cécile d'Albi est venue au secours du poète et a affranchi sa conscience de toute syndérèse. Il a été vérifié que la construction de cette cathédrale, monument si beau d'architecture gothique, remonte au XIIe siècle.

<blockquote>
16 Calcinés par les feux, les murs ont éclaté ;
Leurs pans tout lézardés s'inclinent sur leur base.
</blockquote>

« Pel miey loc se fendec per la calor efrais
» En cazeron dos pans. »

<blockquote>
17 .... Cette fin cruelle
Sera pour les vainqueurs une honte éternelle.
</blockquote>

Il ne faut pas oublier que c'est Marcel qui parle, et ce qui a été observé à la note première du chant précédent.

¹⁸ Un ordre du légat, de ces toits embrasés
Aux murs de Carcassonne appelle les croisés.

« L'armée décampa cependant de Beziers, et s'empara d'un grand nombre de places. On y trouva de grandes richesses et quantité de vivres qu'on y avait ramassés dans le dessein de tenir tête aux croisés. On ajoute que plusieurs de ces châteaux étaient si forts et si biens munis, qu'ils étaient en état d'arrêter seuls pendant longtemps toute l'armée. Elle arriva enfin devant Carcassonne le 1ᵉʳ août. » (*Hist. gén. de Lang.*, liv. 21, ch. 59.)

¹⁹ Deux lignes de remparts doublent sa sûreté....

« Cette ville, l'une des plus fortes de la province, était alors entièrement située à la droite de l'Aude ; la cité qui en faisait la principale partie est élevée sur un rocher, au bas duquel coule cette rivière ; elle était accompagnée de deux faubourgs, entourés l'un et l'autre de murs et de fossés. » (*Ibid.*)

²⁰ Le rempart qui les couvre est bientôt emporté.

« Les croisés donnèrent l'assaut dès le lendemain au premier faubourg. L'attaque et la défense furent également vives, tandis que les évêques, les abbés et le reste du clergé de l'armée chantaient le *Veni creator*, et faisaient de ferventes prières pour demander à Dieu le succès de l'entreprise. Enfin, après un combat opiniâtre de plus de deux heures, durant lequel le vicomte Raymond-Roger fit des prodiges de valeur, les assiégés furent obligés de céder ; en sorte que les croisés se rendirent maîtres du faubourg et y mirent le feu. » (*Ibid.*)

²¹ Aux croisés chaque jour leur attaque est fatale.

« Les assiégés s'étant aperçus bientôt après que les assiégeants étaient retournés dans le camp, revinrent dans le faubourg, et après avoir fait main-basse sur tous ceux qui y étaient demeurés, ils y mirent le feu et se renfermèrent dans la cité. » (*Ibid.*) « Les croisés voulurent prendre la ville par escalade ; mais les assiégés jetèrent sur eux tant d'eau bouillante, ou lancèrent une si grande quantité de pierres et de traits, qu'enfin ils furent obligés de quitter leur entreprise après une grande perte. » (*Ibid.*, ch. 61.)

> 22 La soif, d'un ciel d'airain lentement descendue,
> S'abat sur la cité, haletante, éperdue.....

« Les croisés, rebutés par cet échec, désespéraient de prendre Carcassonne, lorsque la saison combattit pour eux. Les chaleurs devinrent si excessives, que tous les puits de Carcassonne ayant tari, les habitants furent réduits aux abois, tandis que leurs ennemis avaient tout en abondance dans leur camp. »

> 23 ...... Enfin, pour apaiser cette soif homicide,
> Répandre sur leur bouche un excrément liquide.

Cette affreuse extrémité s'est vérifiée dans la guerre que le comte de Foix fit au comte d'Urgel (an 1207). Il assiégea les chanoines de la cathédrale de cette ville dans leur église, et ils furent obligés de se rendre, parce que, mourant de soif, ils étaient réduits à boire leur propre urine. (*Hist. gén. de Lang.*, liv. 21, ch. 71.)

> 24 Dans la tente d'Arnaud Trencavel s'est rendu.
> . . . .
> Ils (les habitants) ont abandonné jusqu'à leurs vêtements,
> Livrant aux ris moqueurs d'une foule outrageante
> Leur nudité qu'abrite une toile indigente.

Les circonstances de la prise de Carcassonne ont été diversement racontées par les historiens contemporains. Voici comment les savants Bénédictins ont recueilli les différentes versions qui ont été faites sur cet événement.

« En cette extrémité (c'est Pierre de Vaux-Sernay qui raconte), les habitants demandèrent à capituler, et offrirent de rendre la ville avec tous leurs effets, à condition qu'ils auraient la vie sauve, et qu'on les conduirait en sûreté pendant une journée de chemin. Les croisés s'étant assemblés pour délibérer là-dessus, tous les avis allèrent à recevoir la ville à composition, tant à cause qu'il était très difficile de la prendre par assaut, que parce que si on traitait ses habitants avec la rigueur dont on avait usé envers ceux de Beziers, cette ville serait entièrement perdue avec toutes ses richesses, dont on avait dessein de se servir pour l'entretien de celui à qui on confierait la garde du pays et de ses troupes. On convint donc, avec le vicomte Raymond-Roger, d'accorder la vie sauve à tous les habitants de Carcassonne, à condition qu'ils n'emporteraient avec eux que leurs chemises et leurs *brayes*. Tous les habitants sortirent ensuite dans ce triste équipage, le 15 août de l'an 1209. Mais on retint le vicomte prisonnier, sous prétexte de le garder en ôtage, jusqu'à l'entière exécution de la capitulation. On rassembla ensuite le butin immense qui se trouva dans cette ville, et on préposa un certain nombre de chevaliers de l'armée pour le garder. On le réserva pour l'entretien de celui à qui on devait confier le gouvernement de Carcassonne. Mais les croisés en détournèrent pour la valeur de cinq mille livres, ce qui engagea le légat et les évêques à excommunier ceux qui avaient commis ce vol. »

C'est ainsi que Pierre de Vaux-Sernay, dans son histoire, et l'abbé de Citeaux avec le légat Milon, dans la relation de cette expédition qu'ils envoyèrent quelque temps après au Pape, rapportent les circonstances de la prise de Carcassonne par les croisés. Deux autres auteurs contemporains (Guillaume de Bretagne et Rigord) ajoutent que les croisés firent sortir tous les habitants de Carcassonne et ceux du voisinage qui s'y étaient réfugiés, par une porte de derrière si étroite, qu'ils ne pouvaient y passer que l'un après l'autre, et qu'ils ne portaient rien sur leur corps que ce qu'il fallait pour couvrir leur nudité. Un troisième (Cæsar Heisberg, l. 5, c. 2), prétend que les habitants en sortant de la ville à demi-morts par les fatigues du siége, déclarèrent tous qu'ils voulaient embrasser la foi catholique, excepté quatre cent cinquante qui demeurèrent obstinés; et qu'entre ces derniers quatre cents furent brûlés vifs et les autres pendus. Enfin, si nous en croyons l'ancien auteur anonyme qui a écrit en langage du pays l'histoire de cette croisade, la reddition de Carcassonne se passa d'une manière bien différente.

« Le légat, dit cet historien, voyant qu'il ne pouvait se
» rendre maître de Carcassonne en aucune façon, s'avisa d'en-
» voyer un chevalier dans la ville, sous prétexte de faire des

» propositions de paix au vicomte, mais dans le fonds pour
» examiner la contenance des assiégés. Cet envoyé étant arrivé
» à la porte, suivi de trente autres gentilshommes, demanda à
» parler au vicomte, qui se présenta à la barrière à la tête de
» trois cents hommes. Ils entrèrent aussitôt en conférence. Le
» chevalier dit au vicomte qu'étant de ses proches parents, il ne
» pouvait s'empêcher de lui témoigner qu'il regrettait vivement
» son sort, parce qu'il le voyait sans ressource, et qu'il lui
» conseillait de faire sa paix avec le légat. Je vous remets mes
» intérêts entre les mains, repartit le vicomte; j'irais moi-même
» trouver le légat et les chefs de l'armée pour m'accorder avec
» eux, s'ils voulaient me donner les sûretés nécessaires; j'es-
» père les convaincre que je ne suis pas coupable, et que je
» suis contraint d'en agir ainsi. Seigneur vicomte, lui répli-
» qua le chevalier, je vous jure, foi de gentilhomme, que si
» vous voulez me suivre, je vous conduirai et je vous ramè-
» nerai en toute sûreté, sans qu'il vous arrive aucun mal.
» Le vicomte trop crédule, après avoir reçu le serment du che
» valier, le suit dans le camp et se rend avec une troupe des
» siens qui l'accompagnaient, dans la tente du légat où étaient
» assemblés les principaux de l'armée. Ces seigneurs furent
» extrêmement surpris de le voir; ils le reçurent cependant
» avec politesse. Il prit ensuite la parole pour faire son apologie,
» et soutint que ni lui ni ses prédécesseurs n'avaient jamais em-
» brassé les erreurs des hérétiques, qu'ils ne les avaient jamais
» recélés, et qu'ils avaient toujours fait profession, comme ils
» faisaient actuellement, d'obéir fidèlement aux ordres de
» l'Eglise. Que si, ajouta-t-il, les sectaires ont trouvé de la pro-
» tection dans mes villes et dans mes terres, c'est la faute des
» officiers que le vicomte mon père m'a donnés en mourant pour
» me servir de tuteurs, et pour administrer mes domaines pen-
» dant ma minorité. Il dit ensuite qu'il n'avait commis au-
» cune faute qui méritât qu'on exerçât sur ses terres et sur
» ses sujets une aussi cruelle vengeance; qu'au reste il se
» remettait absolument avec tous ses domaines dans les mains
» de l'Eglise, et qu'il demandait qu'on eût quelque égard à sa
» juste défense.

» Après que le vicomte eut achevé de parler, le légat prit

» en particulier les chefs de l'armée, qui ignoraient la trahi-
» son qu'on lui préparait, pour consulter avec eux sur la con-
» duite qu'on tiendrait à son égard. On convint de le retenir
» prisonnier, jusqu'à ce que la ville fût rendue ; on l'arrêta
» sur le champ avec tous ceux de sa suite, et il fut mis à la
» garde des troupes du duc de Bourgogne. Les habitants de
» Carcassonne n'eurent pas plutôt appris sa détention, que
» leur courage commença à s'abattre, et qu'ils résolurent de
» chercher leur salut dans la fuite. Ils avaient connaissance
» d'un conduit souterrain qui va depuis Carcassonne jusqu'aux
» tours de Cabardès, situées à trois lieues de là. La nuit étant
» arrivée, les assiégés s'enfuirent par ce conduit, et il n'en
» resta pas un seul dans la ville. Ils se dispersèrent ensuite,
» les uns du côté de Toulouse et les autres vers l'Aragon et
» l'Espagne. Le lendemain, on fut fort surpris de ne voir plus
» paraître personne sur les remparts ; on crut que c'était une
» feinte de la part des assiégés, et pour en être plus assuré,
» on tenta un assaut. Comme les croisés ne trouvèrent aucune
» résistance, on s'empara plus aisément de la ville, sans pou-
» voir comprendre par quel endroit les habitants s'étaient éva-
» dés. Ils le trouvèrent enfin, après bien des recherches, et ils
» en furent au désespoir, car ils étaient résolus de les traiter
» comme ils avaient traité ceux de Beziers. On rassembla en-
» suite tout le butin dans la cathédrale, par ordre de l'abbé
» de Citeaux, et ce légat, après avoir fait son entrée dans la
» ville, fit enfermer et garder très étroitement dans une des
» plus grosses tours le vicomte Raymond-Roger. » Telles sont
les circonstances de la prise de Carcassonne, rapportées par
un ancien auteur du pays, dont quelques-unes ne s'accordent
pas avec le témoignage des auteurs contemporains ; mais il y
en a d'autres, comme la détention du vicomte, qui sont con-
firmées par deux anciens historiens. L'un, qui écrivait alors
(*Rob. Antin., chron. ann.* 1209), assure que ce vicomte s'étant
rendu dans le camp des croisés pour régler la capitulation,
obtint avec peine qu'il serait permis aux habitants de Carcassonne de sortir en chemise la vie sauve, mais qu'il fut ren-
fermé lui-même *dans une étroite prison;* l'autre (*Nangis, chron.
ann.* 1209), fait assez entendre qu'on le retint prisonnier mal-

gré la capitulation. » (*Histoire générale de Languedoc*, liv. 21, ch. 61.)

> 25 Il veut, pour affermir ses vastes entreprises,
> Donner un souverain aux provinces soumises....
> . . . .
> Mais le duc de Bourgogne, à ses désirs contraire,
> Repousse avec mépris le don qu'on veut lui faire....
> . . . .
> On descend à Montfort....

« Après la prise de Carcassonne, l'abbé de Citeaux assembla les principaux des croisés, afin de choisir l'un d'entr'eux pour seigneur et gouverneur du pays qu'on venait de conquérir. Il proposa le duc de Bourgogne; mais ce prince répondit généreusement qu'il avait assez de domaines sans usurper ceux de Raymond-Roger, et qu'on avait causé assez de dommage à ce vicomte sans qu'il fût nécessaire d'envahir encore son patrimoine. Le légat jeta ensuite les yeux sur le comte de Nevers, qui fit la même réponse; enfin, il offrit le pays au comte de Saint-Pol, qui, aussi indigné que les deux autres de la trahison qu'on venait de commettre envers le vicomte, déclara qu'il n'avait garde de l'accepter. Ce refus de la part des trois principaux chefs de l'armée embarrassa l'abbé, qui proposa alors de nommer deux évêques et quatre chevaliers pour choisir avec lui celui qu'on établirait seigneur du pays. La proposition fut agréée, et Simon de Montfort, comte de Leycestre, fut élu. Ce comte fit d'abord quelque façon, mais il se rendit enfin aux instances du légat et des chefs de la croisade. » (*Ibid.*, ch. 62.)

> 26 Il fait le généreux aux dépens des vaincus;
> A l'Eglise romaine offre une redevance,
> Comble Arnaud des tributs de sa reconnaissance....

« Le premier soin de Simon, après que les croisés l'eurent élu pour seigneur et prince de toutes les conquêtes qu'ils venaient de faire et des pays habités par les hérétiques qui restaient à soumettre, fut de témoigner son dévouement à l'Eglise romaine et sa reconnaissance envers le légat, afin de se maintenir par leur autorité, qui était alors très grande dans

les affaires temporelles, en possession de tous ces domaines. Il n'eut pas plutôt pris possession de Carcassonne et reçu le serment de fidélité de tous ceux qui s'établirent dans cette ville ou qui demeuraient dans les environs, qu'il fit expédier une charte dans laquelle il parle de la manière suivante : « *Si-*
» *mon, seigneur de Montfort, comte de Leycestre, vicomte de*
» *Beziers et de Carcassonne.* Le Seigneur ayant livré entre
» mes mains les terres des hérétiques, peuple incrédule, c'est-
» à-dire ce qu'il a jugé à propos de leur enlever par le minis-
» tère des croisés ses serviteurs, j'ai accepté humblement et
» dévotement cette charge et cette administration dans la
» confiance de son secours, à l'instance, tant des barons de
» l'armée que du seigneur légat et des prélats qui étaient pré-
» sents. » Il déclare ensuite que pour obtenir la grâce du Seigneur, par les prières des saints, il donne à l'église de Notre-Dame de Citeaux, entre les mains d'Arnaud son abbé et légat du Siége apostolique, qui était présent, une maison à Carcassonne, une autre à Beziers et une troisième à Salelles (dans le diocèse de Narbonne), lesquelles avaient appartenu à divers hérétiques qu'il nomme, et que Dieu lui avait données par le ministère apostolique. L'acte est daté du mois d'août de l'an 1209.

« Simon ordonna d'un autre côté qu'on payât les prémices et les dîmes aux églises, dans toute l'étendue du pays qu'on venait de soumettre, et déclara qu'il traiterait en ennemis tous ceux qui refuseraient d'obéir à cet ordre ; puis, pour faire sa cour au Pape, il établit un cens annuel de trois deniers par feu ou maison, en faveur de l'Eglise romaine ; et afin qu'on respectât les censures ecclésiastiques dans ses domaines, il statua que tous ceux qui demeureraient excommuniés pendant quarante jours, sans se faire absoudre, paieraient chacun cent sols, si c'était un chevalier ; cinquante, si c'était un bourgeois, et vingt sols, si c'était un homme du commun. Enfin, pour témoigner encore plus particulièrement son dévouement à l'Eglise romaine, il résolut de lui faire lui-même une redevance annuelle d'une somme considérable, sans préjudice du droit des autres seigneurs. » (*Ibid.*, ch. 53.)

²⁷ Aux armes de Montfort deux cents châteaux se rendent.

Les deux légats écrivaient au Pape : « Car il est évident
» qu'étant en possession, outre les villes, de deux cents châ-
» teaux très forts, *et que tenant dans les fers le vicomte de*
» *Beziers*, défenseur des hérétiques, il a besoin de grands se-
» cours, soit pour munir les places qui lui sont soumises,
» soit pour faire de nouvelles conquêtes. » (*Ibid.*, ch. 74.)

²⁸ Et Trencavel captif gémit dans une tour.

Voir la note 24.

²⁹ Bientôt une mort prompte abrégea sa misère.
Mille bruits ont couru sur cet affreux mystère.
Fut-elle un coup du sort ou de la trahison ?

« Simon tenait dans les fers le vicomte Raymond-Roger ; il
le faisait garder si étroitement dans une des tours du palais
vicomtal de Carcassonne, qu'il ne lui permettait de parler qu'à
ses gardes. Le vicomte ne survécut pas longtemps à une si
dure captivité ; il fut attaqué d'une dyssenterie et mourut dans
sa prison, le 10 de novembre suivant, non sans soupçons
qu'on avait avancé ses jours. Il paraît en effet, par un monument du temps (Innocent III, l. 15, ep. 212) qui n'est pas
suspect, que Raymond-Roger mourut de mort violente. Il
mourut à l'âge de 24 ans. » (*Ibid.*, ch. 75.)

Voici sur cette mort le passage de Guillaume de Puylaurens:
« *Unde multi multa mendacia divulgarunt*, QUOD FUISSET SE-
RIÒ INTERFECTUS. »

L'auteur anonyme s'exprime ainsi : « Or dis le conte et his-
toria, que quand se venguet à cap d'un temps, que lo dit visconte fouc fort malaud de expremesos, de laquela malaudia
anet de vida à trepassamen, et mòrit, coma dit es, prisonier,
donc fouc bruyt per tota la terra, que lo dit conte de Montfort
l'avia fait morir. Més no fec pas ; car moric, coma dit és, de
lasditas expremesos. »

Voici le passage de la lettre d'Innocent III (lib. 15, ep.
212) :

« *Undè vice-comes* (Bitterensis) *prœdictus terram perdidit*
» *auxilio destitutus, ad ultimum* MISERABILITER INTERFECTUS.
(Ep. ad archiepiscopum Narbonensem.)

30   Montfort veut honorer le héros qui succombe.

« Simon fit exposer son corps dans la cathédrale, le visage découvert, afin, dit un historien, qu'il fût reconnu de ses anciens sujets, et sans doute aussi pour écarter les soupçons qu'on pouvait former qu'il ne l'eût fait périr. Il lui fit rendre aussi tous les honneurs dûs à son rang ; les peuples des environs assistèrent en foule à sa sépulture, et témoignèrent par leurs larmes un regret extrême de sa mort. » (*Histoire gén. de Languedoc*, liv. 21, ch. 75.)

« Et adonc que fouc mort, lo dit conte de Montfort lo fec portar à la grand gleysa ben onestemen acoutrat, ainsin que apartenia à ung tal personage, lo vigsage tot descouvert, et aysso afin que tot le monde le vissen et recogneissen ; et mandet par tota la terra dont solia estre senhor, que cascun le venguessa veser et ly far honor que ly apartenia. Laquella causa ausida per lo dit poble et sos subjets, fouc grandamen plangut et plorat de alcuns ; al dit Carcassona sont venguts, les alcuns per veser lo dit senhor mort, et per ly far honor que ly eran tenguts cascun far. Laquella causa fouc fort lamentosa et pietosa à veyre, la dolor que lo dit pople menava, ny fasia per lo dit visconte quand era ainsi en priso, ny en aquella forma que mort era. » *(L'auteur anonyme.)*

31   .... Ce Godefroy nouveau
       Qui fut son oppresseur, peut-être son bourreau.

Les flatteurs de l'époque, et surtout les légats, prodiguaient à Montfort toute sorte de louanges ; ils l'appelaient le Godefroy, le Moïse nouveau.

CHANT CINQUIÈME

SOMMAIRE.

Suite du récit de Marcel. — Intrigues de Foulques. — Voyage de Raymond à Rome. — Le Pape ordonne qu'il soit reçu à se justifier. — Concile de St-Gilles. — Les Légats refusent d'entendre Raymond. — Concile d'Arles. — Concile de Lavaur. — Ambition des Légats. — Montfort est abandonné par une foule de seigneurs. — Il reçoit des renforts. — La guerre recommence. — Guiraud de Pépieux. — Traitement qu'il fait subir à deux chevaliers français. — Prise du château de Minerve par Montfort. — Prise du château de Termes. — Prise du château de Bram. — Cruauté de Montfort. — Aventure de Bouchard de Marli.

CHANT CINQUIÈME.

« Dans le camp des croisés, où languit son courage,
Le vieux comte Raymond, moins allié qu'ôtage,
En son cœur déchiré renfermait sa douleur
Et détournait ses yeux d'un spectacle d'horreur.
Quel retour sur lui-même ! Il a vu dans la cendre
S'abîmer les remparts qui devaient le défendre,
Si de l'usurpateur, trop superbe aujourd'hui,
L'ambitieuse main s'élevait jusqu'à lui.
Deux mois se sont passés dans ce dur esclavage;
L'infortuné Raymond, que ce terme dégage,
Après tant de contrainte et de tourments soufferts,
Salue enfin le jour qui doit briser ses fers.

Il quitte ces drapeaux dont le succès l'afflige;
Vers Toulouse aussitôt sa troupe se dirige;
Il y rentre lui-même, et voit avec terreur
L'ouvrage et les progrès de son persécuteur.
Ainsi l'agriculteur qu'une course lointaine
Retint, sous d'autres cieux, absent de son domaine,
Retrouve à son retour ses intérêts trahis
Et ses champs délaissés par la ronce envahis.

» Foulque avait soulevé les campagnes voisines;
Imputant à Raymond de coupables doctrines,
Calomniant partout ses actes et sa foi,
Il en fit un objet et d'horreur et d'effroi.
Pour servir ses desseins, d'ignobles confréries
Se forment sous ses yeux, de son esprit nourries, [1]
Dont le zèle farouche, à toute heure excité,
Agite sourdement et trouble la cité.
Dans les rangs les plus bas cette troupe semée
Compose pour l'évêque une secrète armée,
D'une main fanatique agitant au hasard
Les grains d'un chapelet, la lame d'un poignard,
Et passant tour-à-tour du meurtre à la prière :
Aveugles instruments d'une sainte colère!

» Ici s'offre à nos yeux un mouvement confus
D'intrigues, de combats, d'incroyables refus; [2]
On voit marcher de front, dans un affreux système,
Deux complots odieux dont le but est le même.

CHANT CINQUIÈME.

Tel, quand la flamme ardente embrase une cité,
Par un souffle orageux l'incendie excité,
Dans un double courant, plus redoutable encore,
Enveloppe les toits que sa marche dévore.
Incriminer Raymond, c'est l'œuvre des légats;
Montfort reste chargé d'envahir ses états;
Mais, pour mieux les connaître, il faut de ses complices
Vous dérouler d'abord les pieux artifices.

» Raymond qui voit de loin, entre Foulque et Montfort,
Se former, pour le perdre, un ténébreux accord,
Contre la calomnie implorant un refuge,
Au père des chrétiens va demander un juge.
Il court à Rome, et là, bien sûr d'être écouté,
Il raconte sa vie et sa fidélité.
Innocent le reçoit; du Pape qu'il implore,
Il obtient un accueil qui le flatte et l'honore. [3]
Des plaintes de Raymond le Pontife touché,
Eprouve un intérêt qu'il ne tient point caché.
Non content des honneurs qu'il rend à sa personne,
Sa haute estime éclate aux présents qu'il lui donne:
C'est un manteau superbe, un anneau de rubis
Dont l'onyx ciselé relève encor le prix.
Pour lui concilier la faveur de l'Eglise,
L'évêque de Riez, le chanoine Thédise
Reçoivent un écrit: Innocent a permis
Qu'à se justifier le Comte fût admis. [4]
Le meurtre du légat, le crime d'hérésie,

Deux taches qu'à son front jeta la calomnie,
Mais dont un jugement doit bientôt le laver,
N'ont point d'accusateur qu'il ne puisse braver.

» Raymond quitte Innocent le cœur plein d'assurance.
Il visite les cours d'Allemagne et de France ; [5]
Le roi Philippe-Auguste et l'empereur Othon,
L'un et l'autre alliés et parents de Raymond,
Approuvent sa conduite, honorent sa prudence,
Et chacun lui promet d'embrasser sa défense.
Heureux, si l'intérêt, si l'intrigue ou l'effroi
N'offrent pas une excuse à leur manque de foi !

» Innocent, par l'accueil dont il flatta mon maître,
Voulait-il le surprendre et l'endormir peut-être ? [6]
Ou bien les deux légats, de leur autorité,
Aux ordres du Pontife auraient-ils résisté ?
Je ne sais ; mais Raymond, cet accusé sans crime,
Est déjà leur jouet et bientôt leur victime.
Cependant il réclame ; à ses vœux assidus
Leur tyrannie oppose un insolent refus.
En vain le Comte presse, en vain il sollicite ;
Les légats savent l'art d'éluder sa poursuite.
En vain, pour leur donner un gage de sa foi,
Il consent à subir une odieuse loi ;
Il livre entre leurs mains les places les plus fortes,
Du Château-Narbonnais il leur ouvre les portes, [7]
Sans pouvoir obtenir de leurs lâches détours

CHANT CINQUIÈME.

Qu'on l'écoute une fois, en l'accusant toujours.
Ainsi qu'un voyageur aux forêts les plus sombres,
Que la nuit a surpris et couvre de ses ombres,
Tristement égaré, de la clarté du jour
Dans son impatience appelle le retour;
Tel Raymond que poursuit l'affreuse calomnie
D'un jour de vérité veut éclairer sa vie;
La lumière, il l'implore; il veut que ses rayons
Dissipent l'imposture et d'odieux soupçons.

» Son âme flotte ainsi dans l'attente incertaine;
Tout soin est repoussé, toute démarche est vaine.
Un an s'écoule : enfin, ce long terme expiré,
Raymond touche à ce but qu'il a tant désiré;
Il l'espère, il le croit. Dans les murs de Saint-Gille
Les superbes légats assemblent un concile. [8]
Qui peut leur supposer de perfides desseins?
Devant trente prélats, ses juges souverains,
Le Comte impatient demande à comparaître;
Mais l'auguste sénat refuse de l'admettre.
Thédise le préside; en termes absolus
L'indomptable légat exprime son refus :
« Raymond, pour se soustraire à notre dépendance,
» A manqué de respect, d'égards, d'obéissance;
» Il nous apprend assez par ce manque de foi
» Qu'il oserait enfreindre une plus dure loi.
» Je le repousse. » Il dit, et, pour comble d'injures,
Il jette sur Raymond de nouvelles censures.

» Le Comte, anéanti par cet indigne arrêt,
De sa noble conduite éprouve un vif regret ;
Il sent le poids du joug qui maintenant l'opprime,
Et contient avec peine un courroux légitime.
Dans l'orageux débat qui retombe sur lui,
Du Pontife suprême il invoque l'appui ;
Il lui peint des légats l'insigne perfidie,
Ses ordres méconnus, sa volonté trahie,
Le refus insolent qui brave son pouvoir.
Innocent lit sa plainte et paraît s'émouvoir ;
Il cherche à tempérer une offense trop vive ;
En faveur de Raymond un nouvel ordre arrive.
Mais cet ordre cachait un odieux dessein ;
Cet ordre était un piège. Arles voit dans son sein
Vingt prélats s'assembler pour un nouveau concile.
Le Comte devant eux portait un front docile.
On l'appelle ; il accourt. Maintenant écoutez
L'incroyable récit de ces indignités. ⁹
On lui dicte des lois qui l'accablent d'outrages ;
On prétend supprimer sa garde, ses péages ;
On donne à ses sujets d'ignobles vêtements ;
On prescrit à leur faim de grossiers aliments.
Ses forts seront rasés ; le Comte (opprobre insigne !)
Doit livrer ses vassaux que le soupçon désigne ;
Payer tribut à Rome, et, prodiguant ses biens,
Servir l'avidité de Montfort et des siens.
Le Comte doit enfin, pour combler sa ruine,
Porter pendant dix ans la guerre en Palestine ;

Et puis l'on voudra bien lui rendre ses états,
S'il se montre soumis et s'il plaît aux légats.
Mais, seigneurs, admirez cet excès d'arrogance!
Ils ont fait à Raymond une expresse défense
De sortir des murs d'Arle où l'on veut l'enchaîner,
Sans un congé formel qu'eux seuls peuvent donner.

» Au prince qu'il rabaisse au niveau des esclaves,
Arnaud ose imposer ces indignes entraves!
Le Comte, à cet affront qu'il n'a pas mérité,
Répond par un silence empreint de majesté;
Son esprit, affranchi d'une crainte vulgaire,
Affronte des légats la puissante colère;
Il quitte sans congé ce champ de trahison,
Ces murs dont on voulait lui faire une prison.

» La colère d'Arnaud égalait sa surprise.
Il lance sur Raymond les foudres de l'Eglise;
Il crie à la révolte. Innocent, alarmé,
L'approuve et l'anathème est par lui confirmé. [10]

» Le masque était levé, l'on a cessé de feindre;
Le Comte voit sa faute et tout ce qu'il doit craindre.
Plus d'espoir de s'entendre; il ne reste à son bras
Pour se justifier que le fer des combats.
Il brise un joug fatal, sa sûreté l'ordonne;
Il arme; il défendra son peuple et sa couronne.

» Cependant, grâce à vous, monarque généreux,
Qui faisiez de la paix le plus cher de vos vœux,
Innocent, qui craignait de vous blesser peut-être,
Sembla se radoucir en faveur de mon maître.
Il suspend l'anathème ; on le voit publier
Que le Comte est admis à se justifier ;
Et Lavaur voit former un troisième concile,
Toujours plus outrageux, toujours plus inutile. [11]

» Raymond qui s'y présente est encor repoussé.
Des perfides légats l'orgueil déjà blessé
De tous les vieux griefs compose un nouveau texte,
Et leur mauvaise foi trouve plus d'un prétexte.
On reproche à Raymond des crimes inventés :
« C'est l'oubli des serments qu'il n'a jamais prêtés.
» On ne voit près de lui que des pestes publiques ;
» Là, ce sont des routiers ; ici, des hérétiques ;
» Des brigands châtiés pour meurtre ou pour larcin
» Deviennent des martyrs dont il est l'assassin. »
Le bien se tourne en mal, la vertu même en crime.
Il fallait aux légats une grande victime ;
Ils poursuivent leur proie, et leur ambition
N'a qu'un but, qu'un désir : la perte de Raymond.

» Tandis que les légats, comme un glaive suprême,
Sur le front de Raymond suspendent l'anathème,
Osent noircir sa vie, et, par un jeu cruel,
A ses peuples trompés le montrent criminel,

Montfort, favorisé par leurs trames secrètes,
Poursuit avec ardeur le cours de ses conquêtes.
Chacun faisait sa part : le Pape, sans traité,
De Melgueil à Raymond dérobait le comté; [12]
Arnaud prenait pour lui le siége de Narbonne,
Thédise optait pour Agde, et Guy pour Carcassonne. [13]
L'anarchie est partout; Montfort victorieux
Couvre de son épée un pillage odieux.
Ainsi l'ambition, comme une ivraie impure,
Des généreux instincts étouffa le murmure;
Le succès alluma dans le sang du vainqueur
La soif de dominer qui dévorait son cœur.

» Dans les commencements, la fortune inconstante
De ce chef des croisés parut trahir l'attente. [14]
Carcassonne conquise, on aspire au retour;
Le devoir est rempli, le foyer a son tour.
Le cœur impatient de revoir leurs demeures,
Barons et chevaliers déjà comptent les heures;
Ils pressent leur départ. Montfort, avec douleur,
Voit fuir ses compagnons qui l'ont rendu vainqueur.
Ainsi, fendant les airs de leurs rapides ailes,
S'envolent par essaims de vives hirondelles
Qui cherchent le soleil en de plus doux climats,
Quand l'automne a marqué le retour des frimats.
Thibaut, Saint-Pol, Nevers, guident leur marche ardente;
Seul le duc de Bourgogne est resté sous la tente.
Montfort, de ses soldats recherchant l'amitié,

Du butin qu'il a fait leur livre une moitié ;
Cet appât, de leur troupe a séduit l'avarice,
Et de nouveaux serments engagent leur service.
Répandus en cent lieux, à leur tour les légats
Vont prêcher la croisade et lèvent des soldats :
Des prélats, des barons endossent la cuirasse ;
Les chevaliers, les serfs s'élancent sur leur trace ;
Trente nouveaux pennons, dans les airs déployés,
Annoncent les secours à Montfort envoyés.
Son épouse les suit, digne d'entrer en lice ;
Six mille combattants sont conduits par Alice ; [15]
Guillaume de Caïc amène ses Bretons,
Et des terres de France il sort des bataillons.
De soldats sans aveu, de cent débris formée,
Naît, s'élève et grandit une puissante armée.
Montfort, ivre de joie et fort d'un tel secours,
De ses hardis projets va poursuivre le cours.
La croisade, embrassant des régions nouvelles,
Du midi jusqu'au nord peut déployer ses ailes :
Toulouse voit partout ses pavillons dressés ;
Lavaur et Puylaurens sont déjà menacés ;
Raymond entend au loin murmurer la tempête,
Et gronder sourdement la foudre sur sa tête.

» Cependant, animé d'un généreux transport,
Un guerrier s'opposait aux progrès de Montfort :
Guiraud de Pépieux, difficile conquête,
Sous un joug abhorré n'a point courbé sa tête,

CHANT CINQUIÈME.

Et même si le ciel eût servi sa valeur,
Trencavel opprimé n'était pas sans vengeur.
Chaque jour un exploit signale son audace;
Il surprend des convois, il enlève une place.
Attaqués, poursuivis jusque dans leurs remparts,
Les croisés sous ses coups tombent de toutes parts.
Comme l'aigle, habitant du rocher solitaire,
Sur un serpent affreux s'élance de son aire,
Et déchire en lambeaux les tortueux replis
Du reptile affamé qui lui ravit ses fils;
Tel Pepieux qu'anime un désir de vengeance,
Du rocher de Minerve à tout moment s'élance,
Et d'un père vaincu venge l'affreux trépas [16]
Dans le sang des croisés immolés par son bras.
Une heureuse surprise a trouvé sans défense
Les murs de Puiserguier, remis en sa puissance;
Le château, cent soldats, deux chevaliers français,
Deviennent en un jour le prix de son succès.

» L'impatient Montfort, honteux de sa disgrace,
Veut forcer Pépieux à lui rendre la place.
Il marche, il se présente, il atteint le fossé;
Mais l'ennemi vainqueur l'a deux fois repoussé.
L'impétueux croisé que cet obstacle irrite,
De ses nombreux secours fait avancer l'élite;
Une puissante armée entoure le château.
Trop faible pour braver un si terrible assaut,
Dans la nuit Pépieux se retire en silence.

Pourtant il accomplit une atroce vengeance.
Dans une sombre tour ses captifs enfermés,
Dans d'horribles tourments périssent affamés;
Les chevaliers français, les seuls qu'il se réserve,
Sont conduits sur ses pas au château de Minerve;
Leur sort est plus cruel, bien qu'il soit différent.
Montfort les demandait, Pépieux les lui rend....
Dans quel état, ô ciel! et quel excès de rage!....
Leurs yeux sont arrachés, on meurtrit leur visage;
Point de lèvre à leur bouche; à ces infortunés,
Le fer trancha l'oreille et mutila le nez.
Ces deux captifs liés par une étroite chaîne,
Sont rendus à Montfort pour défier sa haine.
Son cœur frémit, gonflé d'un noir ressentiment;
Il jure la vengeance, il tiendra son serment.
Il sait la différer pour la rendre complète;
Du château de Minerve il tente la conquête.

» Là, des rochers ardus que couronne un rempart
Prêtent à l'hérésie un puissant boulevard. [17]
Montfort ajoutera ces tours à sa conquête;
Le prétexte suffit à son âme inquiète.
Il était vrai pourtant qu'au sein de ces rochers
Des croyants avaient fui la flamme des bûchers;
Mais cet âpre refuge, ouvert aux hérétiques,
Pour un seul Albigeois comptait vingt catholiques.
Pourquoi donc cette attaque?... et qu'importe à Montfort?
Chez lui l'ambition étouffe le remord.

CHANT CINQUIÈME.

» Les croisés contemplaient sur leurs arides cimes
Ces remparts protégés par de larges abîmes ;
Le camp s'assied autour de l'énorme rocher,
Entourant le château, sans oser l'approcher.
Tel le rocher battu par une mer qui gronde
S'élève inaccessible et domine sur l'onde ;
Ou tel l'affreux volcan que l'enfer déchaîna
Se suspend et s'allume au sommet de l'Etna.
Deux mille combattants défendent ces murailles ;
Un guerrier qu'illustra le destin des batailles,
Guillaume, les commande ; à ses ordres soumis,
Pépieux les conduit vers les rangs ennemis.
Ses bonds impétueux, ses rapides sorties
Surprennent les croisés par des marches hardies.
Des sentiers dans le roc que nul n'a soupçonnés,
Le montrent chaque jour à leurs yeux étonnés ;
Il attaque, il renverse, il poursuit, il menace,
Et de sang en tous lieux laisse une longue trace ;
Il frappe et disparaît ; dans ces combats divers
De morts et de blessés les champs restent couverts.

» Montfort d'un long retard s'indigne et se fatigue.
Il assemble les chefs de sa puissante ligue ;
Il veut presser le siége. On voit autour de lui
Vingt héros lui prêter leur belliqueux appui :
Guy de Lucé, suivi des bandes de Gascogne ;
Mauvoisin, Richebour et le duc de Bourgogne ;
Guy de Lévis, Monteil, Ancel, Ferrin d'Yssi,

L'épouse de Montfort et leur fils Amauri.
Aymeri le vicomte est sorti de Narbonne ;
De vassaux, de bourgeois un essaim l'environne ;
Ils s'arment pour Montfort qui conduit sur ses pas
Foulque, Thédise, Arnaud et les autres légats. [13]

» L'armée ainsi nombreuse et resserrant la place,
Entre ses divers corps ne laisse point d'espace.
La famine eût suffi pour réduire ces tours ;
Ce moyen est trop lent ; on choisit les plus courts :
La brèche et puis l'assaut. Pour hâter leur ruine,
Montfort fait élever une immense machine ;
Cent hommes, sous l'appui de deux mille guerriers,
Guident l'essor bruyant de ses coups meurtriers.
Les rochers, dans les airs, comme une affreuse trombe,
Soulèvent, en grondant, leur masse qui retombe.
Une grêle sifflante, à torrents inégaux,
Bat le sommet des tours, enfonce les créneaux,
Et sous les pans de mur qu'elle renverse et broie,
Engloutit des guerriers que leur masse foudroie.

» Guillaume et Pépieux, par un vaillant effort,
S'apprêtent à briser cet instrument de mort.
Au milieu de la nuit, leur marche aventureuse
S'avance vers le camp, lente et silencieuse.
L'ombre cache leurs pas. Sur les croisés surpris
Ils fondent tout-à-coup en poussant de grands cris.
Un élan vigoureux a franchi l'intervalle

Qui dérobe à leurs coups la machine fatale.
Les soldats de Montfort, dans le sommeil plongés,
Sont atteints par le glaive et tombent égorgés.
« A moi! dit Pépieux, qu'inspire sa grande âme;
» A moi, chers compagnons! courez, portez la flamme! »
Soudain la flamme brille; elle embrase à la fois
L'étoupe, et la résine, et le chanvre, et le bois.
Montfort, aux cris confus de sa troupe étourdie,
S'éveille et voit au loin rayonner l'incendie;
Sa machine est en feu; les croisés en émoi
Répandent dans son camp le tumulte et l'effroi.
Quel spectacle! au milieu de cette nuit profonde
Qu'une flamme sinistre à tout moment inonde,
A travers la fumée et les noirs tourbillons,
Les chefs déconcertés quittent leurs pavillons,
Appellent les soldats, et leur ferme courage
Court éteindre les feux et conjurer l'orage.
Arrachés au sommeil, tous ces guerriers épars
Sur le but enflammé fondent de toutes parts.
Tel sur un sanglier que sa blessure irrite
Des chasseurs réunis l'élan se précipite;
Ou tels, plus empressés, sur un cerf aux abois
Trente limiers ardents s'élancent à la fois.
Dans un espace étroit un grand combat s'engage,
Et dans les deux partis brille un égal courage.
Tous ces fiers combattants frémissent de courroux;
Ils portent de plus près les plus terribles coups.
Dans des torrents de sang la terre est détrempée;

La lutte est corps à corps; plus de place à l'épée.
Les guerriers expirant sous le fer du poignard,
Autour de la machine élèvent un rempart.
Le carnage est affreux; mille croisés succombent,
Entraînant après eux mille assaillants qui tombent.
Mais en vain Pépieux signale son ardeur;
Le nombre enfin l'emporte et Montfort est vainqueur.
Montfort a repoussé l'héroïque entreprise;
La machine fatale est par lui reconquise,
Et de ses feux éteints plus terrible elle sort,
Se dresse de nouveau, prête à lancer la mort.

» Ainsi de nos destins l'injurieux caprice
Opprima le bon droit pour servir l'injustice.

» Pépieux qu'avertit cet impuissant effort,
Des assiégés vaincus prévoit l'indigne sort.
Un sombre désespoir désarme son courage;
Dans les rangs ennemis il se fait un passage;
Suivi d'un petit nombre, et de sang tout couvert,
Il échappe à Montfort, il fuit dans un désert,
Attendant que le ciel accorde à sa vaillance
Le moment désiré de ressaisir sa lance.

» Malgré ce triste échec, Guillaume sans secours
Conserve sa constance et résiste toujours.
Cependant, sous ses coups ébranlant les murailles,

CHANT CINQUIÈME.

La machine y répand le deuil des funérailles;
La brèche que répare un travail impuissant,
Chaque jour est rouverte et va s'élargissant.
Guillaume a pu braver l'assaut qui le menace,
Mais il ne soutient pas sa nouvelle disgrace.
Bientôt la canicule embrase l'horizon,
Et de l'ardente soif naît la contagion.
Ces chevaliers si fiers perdent toute espérance,
L'indomptable besoin les dévore en silence;
Il attise en leur sein un ulcère rongeur;
Au-dehors, nul appui, nul secours, nul vengeur.
Abattus, épuisés, leur angoisse brûlante
Préfère le bûcher à cette mort si lente.

» Dans le camp des croisés un fidèle rapport
Des guerriers de Minerve a révélé le sort.
Montfort sait leur détresse; il les somme de rendre
Ces murs que désormais ils ne peuvent défendre.
Guillaume a rassemblé ses dignes compagnons;
Un sombre désespoir se lisait sur leurs fronts.
« Amis, pardonnez-moi, si ma voix vous propose
» De céder au destin qui trahit notre cause;
» Mais c'est trop, leur dit-il, de misère et d'effort,
» Notre horrible détresse est pire que la mort.
» Souscrivons une trève, et que sa loi suivie
» Protège notre honneur, bien plus cher que la vie. »
Un silence absolu révèle tristement
La douleur du conseil et son consentement.

» Mais un autre conseil dont on craint la colère
Sous la tente d'Arnaud s'assemble et délibère :
Des malheureux vaincus on agite le sort.
L'humanité l'emporte ; Arnaud même et Montfort
Couvrent de leur clémence une troupe soumise ;
L'aveu du repentir désarmera l'Eglise.
Le traité que l'on signe, accompli sans retard,
Livre aux mains des croisés l'héroïque rempart.
On laisse aux chevaliers de la foi catholique
Leur armure de fer et la bague héraldique ;
On offre aux Albigeois une égale faveur,
Si leur bouche en public veut abjurer l'erreur.
Mais tous ont repoussé cette offre qui les blesse. [19]
Exempts tout à la fois d'orgueil et de faiblesse,
Et croyants et parfaits [20], et guerriers et bourgeois,
Pour demander la mort ils n'ont tous qu'une voix.
La crainte n'a vaincu ni le sexe ni l'âge ;
Les femmes ont donné l'exemple du courage.
Séparés par le sexe, hommes, femmes, enfants
Sont trouvés réunis sous des toits différents.
Le Barbe, au milieu d'eux, maître de la parole,
Leur donne avec amour le baiser qui console, [21]
Les exhorte au martyre, et l'on porte à Montfort
Le refus qui pour tous est un arrêt de mort.

» Par son ordre aussitôt l'affreux bûcher s'élève.
Ces guerriers généreux qui déposent le glaive
Y marchent sans pâlir ; ils ne souffriront pas

CHANT CINQUIÈME.

Que par de vils liens on enchaîne leurs bras.
« A ces ignobles soins gardez-vous de descendre ;
» Nous cherchons une mort qui se fait trop attendre, »
Disaient-ils. Et soudain on les voit se presser,
Dans les feux dévorants heureux de s'élancer.
Leurs ministres, suivis des vieillards et des femmes,
D'un élan dédaigneux se jettent dans les flammes.
Tout le camp les admire et les pleure, et Montfort
S'étonne d'envier leur héroïque mort.

» Ainsi l'heureux vainqueur étendait sa conquête ;
Mais son ambition n'était pas satisfaite.
Termes résiste encor. [22] De ce château puissant
L'intrépide seigneur est un guerrier vaillant,
Dont la troupe nombreuse, à ses leçons formée,
Sous son commandement peut braver une armée.
Derrière ces remparts qui repoussent Montfort,
Du Comte de Toulouse il défia l'effort.
Un long siége, une habile et forte résistance
Du héros des croisés fatiguaient la constance.
Après de durs travaux et des périls divers,
Dans le feu des étés, la glace des hivers,
Eprouvé par le sort assez souvent contraire,
En proie à des fléaux qui comblent sa misère,
Loin d'un siége fatal il eût porté ses pas,
Si la honte et l'orgueil ne le retenaient pas. [22]
Cependant les barons se lassent et s'étonnent ;
Repoussés, abattus, la plupart l'abandonnent.

Montfort restera seul, tout seul il combattra;
Il pourra succomber, rien ne l'ébranlera.
Tel le superbe Ajax, armé de son courage,
Des plus fiers ennemis eût défié la rage,
Ne vit point de péril qu'il ne pût conjurer,
Et même avec les dieux osa se mesurer.
Mais la fortune change, un temps meilleur succède;
Montfort voit des amis accourir à son aide;
Il voit venir de France, et range sous ses lois
Des flots de combattants qui tous prennent la croix.
Il sent, à leur aspect, renaître son audace,
Et, pour presser le siége, il a cerné la place.
Il dresse un mangonneau; sous ses coups redoublés
Les toits sont abattus, les murs sont ébranlés.
Les assiégés, qu'entoure une affreuse ruine,
Dévorés par la soif, en proie à la famine,
Accablés par Montfort, mais trompant sa fureur,
Par de longs souterrains ont fui loin du vainqueur.
Triste et fatal objet d'une ardente poursuite,
Quelques infortunés, arrêtés dans leur fuite,
Sont tombés sous le glaive. On amène à Monfort
Deux fauteurs d'hérésie échappés à la mort. [23]
De ces jeunes captifs le repentir sincère
Avait de leurs bourreaux désarmé la colère;
Ils abjuraient l'erreur, ils confessaient leur tort.
« Qu'on les jette au bûcher, dit froidement Montfort.
» Si d'un vrai repentir le ciel remplit leur âme,
» Ils seront de tout crime épurés par la flamme;

» Si leur bouche a menti pour nous appitoyer,
» Ce mensonge odieux ne peut trop s'expier. »
Il faut donc que la mort, sans pitié pour leur âge,
Bienfait ou châtiment, devienne leur partage.
Mais le ciel désarmé, favorable à l'un d'eux,
Signala son pardon en éteignant les feux.

» Ce succès glorieux, cette place rendue,
La terreur de son nom en cent lieux répandue,
Soumettent à Montfort les plus superbes tours,
Et Bram soutient à peine un siége de trois jours.
Là, cent infortunés tombés en sa puissance
Sont pris pour assouvir une atroce vengeance. [24]
Ils subissent le sort des deux Franks immolés
Que Pépieux rendit sanglants et mutilés.
On leur coupe le nez, la lèvre, les oreilles,
Et leurs yeux ont subi des tortures pareilles.
Au fort de Cabardès, tristes suppliciés,
On les renvoie ainsi, l'un à l'autre liés,
Laissant à l'un d'entr'eux que le sort favorise,
Pour cette troupe aveugle, un œil qui la conduise.

» L'ami de Trencavel, traînant des jours obscurs,
Pierre Roger veillait à l'ombre de ces murs;
Son courage éprouvé qu'aucun péril n'étonne
Défendit autrefois les murs de Carcassonne,
Et seul de tant de preux, jusqu'alors indompté,
Aux armes de Montfort il avait résisté.

Mais, un jour, il reçoit cette horrible ambassade
Que députait vers lui le chef de la croisade.
Parmi ces mutilés, celui qui les conduit,
OEil unique et flambeau de leur profonde nuit,
Est porteur d'un écrit plein d'insulte et d'audace,
Et cet écrit renferme une affreuse menace :
« Vous qui, dans ces remparts déjà prêts à tomber,
» Aux armes de Montfort pensez vous dérober,
» Il en est temps encore, implorez sa clémence!
» Malheur à l'insensé qui brave sa puissance!
» Voyez de ces vaincus quel est le châtiment,
» Et lisez sur leur front le sort qui vous attend. »

» Ce spectacle hideux, cette atroce menace
Jettent dans tous les cœurs une horreur qui les glace.
Ces brillants chevaliers, esclaves du devoir,
Que l'aspect du trépas ne saurait émouvoir,
Frissonnent à l'aspect d'une image sanglante,
Et leur âme vaincue a connu l'épouvante.
Pierre Roger lui-même, incertain cependant,
De la terreur commune a subi l'ascendant;
Il veut rendre la place, et son choix qui balance
S'arrête au prisonnier qu'il tient sous sa puissance :
C'est Bouchard de Marly, frappé par un revers,
Que le sort des combats fit tomber dans ses fers. [25]

» Dans le temps où Montfort, fondant sa renommée,
Au siége de Minerve assemblait une armée,

Bouchard, l'un des guerriers qu'il chérissait le plus,
Amenait à son camp les secours attendus :
Des vivres, des soldats, des armes à leur suite,
Convois irréguliers, marchaient sous sa conduite.
Roger les observait ; de leur passage instruit,
Ce héros attaqua les croisés dans la nuit
Et contraignit Bouchard à lui rendre les armes.
Otage précieux dans ces moments d'alarmes,
Bouchard est enfermé, loin des rayons du jour,
Dans un cachot creusé sous une large tour.
Dans l'humide tombeau des voûtes souterraines,
Le jeune prisonnier gémit, chargé de chaînes,
Et pleure, en soulevant, hélas ! ses bras meurtris,
Sa liberté perdue et ses beaux jours flétris.
Nul espoir n'adoucit l'horreur qui le dévore ;
Il n'attend que la mort, c'est la mort qu'il implore.

» Pendant qu'au désespoir Bouchard livre son cœur,
Un sort inattendu le rend libre et vainqueur.
Un bruit mystérieux qui grandit et s'avance,
De sa profonde nuit a troublé le silence.
La porte s'ouvre, il prête un regard attentif ;
Pierre Roger se montre aux yeux de son captif.
« Chevalier, lui dit-il, le sort vous est propice ;
» Je viens de vos destins réparer l'injustice.
» La fortune envers vous dépouille sa rigueur :
» Je suis votre captif, vous êtes mon vainqueur. [26]
» Moi, les miens, à vous seul nous voulons nous soumettre.

» Je vous rends ce château ; soyez seigneur et maître ;
» Notre espoir se confie à votre loyauté
» Pour garantir nos jours et notre liberté. »

» Bouchard n'ose pas croire aux offres qu'il écoute ;
Mais la réalité ne permet plus le doute.
On détache ses fers ; il reçoit prisonniers
Pierre Roger lui-même et tous ses chevaliers ;
Le généreux croisé dissipe leurs alarmes,
Il garantit leurs jours, il leur laisse les armes ;
Et, maître du château qu'il remet à Montfort,
Bénit, dans son bonheur, l'inconstance du sort.
Ainsi l'infortuné qu'une erreur trop fatale
Plongea, vivant encor, dans la nuit sépulcrale,
Au fond de son cercueil tristement étendu,
Pousse un cri de douleur quelquefois entendu ;
Acceptant un secours qui lui permet de vivre,
L'heureux captif bénit la main qui le délivre,
Et contemple, enivré de bonheur et d'espoir,
Ce soleil que ses yeux ne devaient plus revoir. »

NOTES DU CHANT CINQUIÈME.

¹ Pour servir ses desseins, d'ignobles confréries
Se forment sous ses yeux, de son esprit nourries....

On peut avancer que l'évêque toulousain Foulque fut le plus acharné et le plus fatal ennemi du Comte de Toulouse.

« Foulque institua à Toulouse une confrérie dans la vue d'extirper l'hérésie et d'abolir l'usure ; il donna la croix à tous ceux qui voulurent y entrer, et les fit participants de l'Indulgence de la croisade.... Foulque fit prêter serment à tous les confrères de demeurer fidèles à l'Eglise, et leur donna pour *prévôts* ou officiers deux chevaliers, Aymeri de Castelnau surnommé *Lofa*, et Arnaud son frère, et deux bourgeois. Ces quatre officiers érigèrent un tribunal si redoutable, qu'ils forçaient les usuriers à comparaître devant eux et à faire raison à leurs débiteurs, et qu'ils punissaient à main-armée les contumaces par la destruction et le pillage de leurs maisons. Cette conduite causa une grande division parmi les habitants de la cité et ceux du bourg. Ces derniers, pour s'opposer aux entreprises des autres, formèrent de leur côté une autre confrérie, qui fut appelée *la Noire*, pour la distinguer de l'autre qu'on appelait *la*

Blanche ; en sorte qu'ils se livrèrent divers combats. *C'est ainsi*, ajoute le même historien (Guillaume de Puylaurens), *que Dieu établit par le ministère de l'évêque de Toulouse son serviteur, non une mauvaise paix, mais une bonne guerre.* » (*Histoire générale de Languedoc*, liv. 21, ch. 103.)

« Quod ista confratria *candida* diceretur, alia *nigra* : fie-
» bantque cum armis et vexillis, frequenter etiam equis ar-
» matis, prælia inter partes. Venerat enim dominus per ipsum
» episcopum servum suum *non pacem malam, sed gladium
» bonum mittere inter eos.* » (*Guill. de Pod.*, cap. 15.)

² .... Un mouvement confus
D'intrigues, de combats, d'incroyables refus.

Le Comte de Toulouse fut plusieurs fois admis par les bulles d'Innocent III à se justifier des deux accusations capitales qui pesaient sur lui. Les légats, sans égard pour les ordres du Pape, refusèrent constamment d'entendre cette justification. Ils repoussèrent Raymond à St-Gilles, à Arles, à Lavaur, etc.

³ Innocent le reçoit ; du Pape qu'il implore
Il obtient un accueil qui le flatte et l'honore.

« Cependant Raymond, comte de Toulouse, étant arrivé à Rome, fut admis à l'audience du Pape vers la fin du mois de janvier de l'an 1210. L'ancien historien rapporte qu'Innocent l'écouta favorablement en présence de tout le collége des cardinaux. Le Comte exposa les griefs qu'il avait contre le légat et contre Simon de Montfort, qui ne cessaient de le vexer, nonobstant l'absolution qu'il avait reçue du premier et le traité qu'il avait fait avec lui. Le Saint-Père, indigné du procédé, prit le Comte par la main, entendit sa confession, et lui donna une nouvelle absolution en présence de tout le sacré collége. Raymond alla quelques jours après prendre congé du Pape qui lui fit présent d'un riche manteau et d'une bague d'un grand prix. » (*Histoire générale de Languedoc*, liv. 21, ch. 81.)

⁴ .... Innocent a permis
Qu'à se justifier le Comte fût admis.

« Nous avons enjoint à nos légats de tenir un concile dans
» un lieu commode, trois mois après avoir reçu les présentes,

» et d'y convoquer les archevêques, les évêques, abbés, prin-
» ces, barons, chevaliers et autres dont ils jugeront la pré-
» sence nécessaire; et si avant la fin du concile il se présente
» un accusateur contre le Comte, et que cet accusateur offre
» de prouver que le Comte s'est écarté de la foi orthodoxe et
» qu'il est coupable de la mort du légat Pierre de Castelnau,
» alors les légats, après avoir ouï les parties et continué la
» procédure jusqu'à sentence définitive, nous renverront
» cette affaire suffisamment instruite, et ils leur assigneront
» un terme précis pour se présenter devant nous et y enten-
» dre leur jugement; que s'il ne se présente aucun accusateur
» contre le Comte, les légats délibèreront de quelle manière
» ils recevront sa justification sur les deux articles, afin que
» son ignominie finisse dans l'endroit même où elle a com-
» mencé. Si le Comte se soumet à faire preuve de son inno-
» cence, suivant la forme qui lui aura été prescrite par les
» légats avec l'approbation du concile, *ils l'admettront à se jus-*
» *tifier*, etc. » (Innoc. III, l. 12, ep. 152 et 169.)

  5 Il visite les cours d'Allemagne et de France ;
   Le roi Philippe-Auguste et l'empereur Othon....

« Raymond, après avoir terminé les affaires qui l'avaient amené à Rome, se rendit à la cour de l'empereur Othon pour implorer le secours de ce prince contre les vexations de Simon de Montfort. Il alla ensuite trouver le roi Philippe-Auguste, pour tâcher de se concilier sa bienveillance.... » (*Histoire générale de Languedoc*, liv. 21, ch. 83.)

  6 Innocent, par l'accueil dont il flatta mon maître,
   Voulait-il le surprendre et l'endormir peut-être?....

Ici encore se dessine la politique tortueuse d'Innocent III vis-à-vis du Comte de Toulouse. On voit que le Pape craignait ce prince, et que tandis qu'il le caressait d'une main, de l'autre il s'efforçait de l'enchaîner. Dans la lettre (156, liv. 12) qu'il écrit à l'abbé de Citeaux, pour lui tracer sa ligne de conduite, on remarque le passage suivant : « Du reste, quoique
» *nous ayons reçu avec honneur* le Comte de Toulouse, qui
» s'est rendu auprès de nous et qui a demandé humblement

» pardon, avec promesse de faire une entière satisfaction, les
» lettres que nous lui avons données vous pourront apprendre
» ce que nous lui avons accordé. Nous avons commis l'exécu-
» tion de ces lettres à maître Thédise, clerc et domestique de
» feu Milon notre légat, à cause qu'il est parfaitement au fait
» de cette affaire ; non que nous lui accordions la dignité de
» légat, mais pour agir seulement comme délégué. Nous lui
» avons ordonné de ne rien faire que ce que vous lui prescri-
» rez, et de se comporter en toutes choses comme votre or-
» gane et l'instrument dont vous vous servirez ; *en sorte qu'il*
» *sera comme un* HAMEÇON QUE VOUS EMPLOIEREZ POUR PREN-
» DRE LE POISSON DANS L'EAU, *auquel il est nécessaire*, PAR
» UN PRUDENT ARTIFICE, *de cacher le fer qu'il a en horreur,*
» *afin qu'à l'exemple de l'apôtre* (2 Cor. , 12, 16), *qui dit* :
» ÉTANT HOMME RUSÉ, JE VOUS AI SURPRIS PAR ADRESSE,
» *vous préveniez sa tromperie par ce stratagème*, et que,
» comme un malade à qui l'amour du médecin adoucit l'aver-
» sion qu'il a pour les médecines, il reçoive plus patiemment,
» par les mains d'un autre, le remède que vous lui avez pré-
» paré. »

De plus, cette lettre d'Innocent III prouve deux choses :
1º le mensonge de Pierre de Vaux-Sernay qui écrit que le Pape *accabla d'injures le Comte de Toulouse ; qu'il le couvrit de confusion, lui fit de sanglants reproches*, etc. ; tandis que le Pape dit lui-même dans sa lettre au légat *qu'il a reçu ce prince* AVEC HONNEUR ; 2º la faiblesse d'Innocent III vis-à-vis de son légat, et les ménagements extrêmes dont il usait, dans la crainte d'irriter la susceptibilité de l'abbé de Citeaux.

[7] Du Château-Narbonnais il leur ouvre les portes.

« On prétend que le comte Raymond (année 1210), qui agissait de bonne foi et qui comptait sur celle des légats, leur livra alors, à la persuasion du même Foulque qui le trahissait, le Château-Narbonnais, c'est-à-dire son propre palais, et que l'abbé de Citeaux qui trompait ce prince par une feinte amitié, y mit une bonne garnison. » (*Histoire générale de Languedoc*, ch. 86, *d'après l'historien anonyme.*)

8 .... Dans les murs de Saint-Gille,
Les superbes légats assemblent un concile.

« Le légat Arnaud alla bientôt après dans Toulouse, avec les évêques de Riez et d'Uzès ses collègues, ceux de Beziers et de Marseille. Le Comte de Toulouse leur fit beaucoup d'accueil, et les défraya pendant tout leur séjour dans cette ville, qui fut assez long. Enfin on entra en conférence ; mais on ne voulut rien conclure, parce que maître Thédise, chanoine de Gênes, que le Pape avait nommé pour principal commissaire dans cette affaire, était absent............

» Enfin maître Thédise étant arrivé à Toulouse, s'aboucha avec l'abbé de Citeaux pour ne rien faire sans son ordre, et on reprit ensuite la conférence touchant la purgation canonique du Comte de Toulouse. Maître Thédise, dit un historien du temps (Pierre de Vaux-Sernay), était un homme circonspect et prévoyant, *qui n'avait rien tant à cœur que d'éluder, sous des prétextes plausibles, la demande que faisait le Comte d'être reçu à se justifier*......... Tandis qu'il pensait aux moyens de parvenir à ses fins, Dieu lui suggéra un expédient pour se tirer d'embarras. Le Pape marquait dans sa lettre qu'il voulait que le Comte exécutât les ordres qu'il avait reçus touchant l'expulsion des hérétiques de ses états, et la révocation des nouveaux péages. Or, il y avait de la négligence de sa part dans l'exécution de ces ordres. Cependant Thédise et l'évêque de Riez, pour ne pas paraître opprimer le Comte, lui fixèrent un certain jour pour se trouver trois mois après à Saint-Gilles, avec promesse d'y recevoir, en présence d'une assemblée d'archevêques, d'évêques et d'autres prélats qu'ils y convoquèrent, les preuves de son innocence touchant le crime d'hérésie et le meurtre du légat Pierre de Castelnau.

. . . .

» Le concile de Saint-Gilles s'étant assemblé vers la fin de septembre de l'an 1210, on ne voulut pas permettre que le comte Raymond se purgeât sur ces deux articles, malgré ses pressantes sollicitations et les ordres précis que le Pape avait donnés, mais que les deux légats interprétèrent comme ils voulurent. Maître Thédise fit entendre au concile que Raymond ayant négligé d'obéir en des choses de peu de conséquence, il ne lui serait pas difficile de se parjurer, soit par lui-même, soit par ses complices, sur des articles plus considérables, savoir : sur le crime d'hérésie et sur la mort du légat ; qu'ainsi il ne fallait pas l'admettre à se justifier, jusqu'à ce qu'il eût entièrement satisfait à tout ce qui lui avait été ordonné. » (*Histoire générale de Languedoc*, liv. 21, ch. 86 et 92.)

Les savants historiens rapportent ensuite une lettre qui confirme tout ce qui vient d'être transcrit ; lettre écrite à Innocent III par l'évêque de Riez et Thédise, chanoine de Gênes, qui *présidèrent* au concile de Saint-Gilles. Elle prouve de plus que Raymond fut alors excommunié de rechef avec tous ses fauteurs et ses coadjuteurs.

> 9 .... Arles voit dans son sein
> Vingt prélats s'assembler pour un nouveau concile.
> Le Comte devant eux portait un front docile.
> On l'appelle ; il accourt. Maintenant écoutez
> L'incroyable récit de ces indignités.

« Peu de temps après, les légats s'étant rendus à Arles en Provence, ils y convoquèrent un nouveau concile, auquel ils citèrent le Comte de Toulouse, et firent prier le roi d'Aragon de se trouver. Ces deux princes étant arrivés (année 1211), *ils leur défendirent de sortir de la ville sans leur permission et celle du concile*, et envoyèrent au Comte les articles suivants, de l'exécution desquels ils faisaient dépendre sa paix avec l'Eglise :

« 1º Le Comte de Toulouse congédiera incessamment toutes
» les troupes qu'il a levées ou qui sont en marche pour son
» secours ; 2º il obéira à l'Eglise, réparera tous les dommages
» qu'il lui a causés et lui sera soumis tout le temps de sa
» vie ; 3º on ne servira aux repas, dans tous ses domaines,
» que de deux sortes de viande ; 4º il chassera les hérétiques
» et leurs fauteurs de tous ses états ; 5º il livrera entre les
» mains du légat et de Simon de Montfort, dans l'espace d'un
» an, tous ceux que les légats lui indiqueront, dont ils dis-
» poseront à leur volonté ; 6º tous les habitants de ses domai-
» nes, soit nobles, soit vilains, ne porteront pas des habits de
» prix, mais seulement des chapes noires et mauvaises ;

» 7° il fera raser jusqu'au rez-de-chaussée toutes les fortifica-
» tions des places de défense qui sont dans ses états ; 8° aucun
» gentilhomme ou noble de ses vassaux ne pourra habiter
» dans les villes, mais seulement à la campagne ; 9° il ne fera
» lever aucun péage ou usage que ceux qu'on levait ancien-
» nement ; 10° chaque chef de famille paiera tous les ans
» quatre deniers toulousains au légat ou à son délégué ; 11° il
» restituera tous les profits qu'il a retirés des *renouveaux* de
» ses domaines ; 12° le comte de Montfort et ses gens voyage-
» ront en toute sûreté dans les pays soumis à l'autorité de
» Raymond, et *ils seront défrayés partout*; 13° quand Raymond
» aura accompli toutes ces choses, il ira servir outre-mer
» parmi les hospitaliers de Saint-Jean de Jérusalem, sans
» pouvoir revenir dans ses états que lorsque le légat le lui
» permettra ; 14° toutes ses terres et seigneuries lui seront
» ensuite rendues par le légat et le comte de Montfort, quand il
» leur plaira. »

» Raymond, après avoir lu ces articles, les communiqua au roi d'Aragon, qui lui dit : *On vous l'a bien payé.* Ils en furent également indignés, et ils partirent bientôt, sans prendre congé des évêques. Les légats irrités à leur tour du départ précipité du Comte, ne gardèrent plus aucun ménagement ; ils l'excommunièrent, le déclarèrent publiquement ennemi de l'Eglise et apostat de la foi, et disposèrent de ses domaines en faveur du premier occupant...... Innocent confirma la sentence d'excommunication, le 17 avril de l'an 1211, par une lettre (lib. 14, ep. 36 et 38) adressée à l'archevêque d'Arles, à ses suffragants et à l'évêque de Viviers. » (*Histoire générale de Languedoc*, liv. 21, ch. 118.)

10 .... Innocent, alarmé,
L'approuve et l'anathème est par lui confirmé.

Voir la note précédente *in fine*.

11 Et Lavaur voit former un troisième concile,
Toujours plus outrageux, toujours plus inutile.

Le Pape, dans une lettre (lib. 15, ep. 102) qui est de la fin du mois d'avril 1212, ordonna de nouveau à ses légats de recevoir la justification du Comte de Toulouse. On ignore de quelle manière l'évêque de Riez et maître Thédise exécutèrent les nouveaux ordres d'Innocent, touchant la purgation canonique du Comte de Toulouse ; il paraît qu'ils évitèrent toujours d'en venir à l'exécution, afin d'achever d'opprimer ce prince. Thédise entreprit en effet un voyage à Rome pour y faire l'apologie de sa conduite et y noircir de plus en plus celle du Comte. (*Voir l'Histoire générale de Languedoc*, liv. 22, ch. 18 et 19.)

« Le comte Raymond voyant qu'on le dépouillait ainsi peu à peu de tous ses états, et qu'il ne lui restait plus de place considérable que Toulouse et Montauban, alla en Aragon implorer le secours du roi Pierre, qui lui promit toute sa protection, prit hautement sa défense et celle de son fils, et envoya une ambassade solennelle à Rome pour adoucir l'esprit du Pape que les légats avaient extrêmement aigri contre ce prince. » (*Ibid.*, ch. 30.)

L'évêque de Segorbe et maître Columbi, ambassadeurs du roi d'Aragon, eurent audience d'Innocent III vers le commencement de janvier 1213. Ils exposèrent les plaintes du roi. Le Pape les écouta favorablement, et écrivit, le 18 de ce mois, à l'évêque de Riez et à maître Thédise, une lettre dans laquelle il leur ordonne d'assembler un concile, d'y proposer les demandes et les désirs du roi d'Aragon, et de lui envoyer l'avis du concile, afin de statuer de suite tout ce qui sera convenable.

Diverses lettres d'Innocent III, rapportées par les savants Bénédictins, prouvent que ce Pape, qui aimait la vérité et la justice, se serait fort radouci envers le Comte de Toulouse, si ses légats, d'intelligence avec Simon de Montfort, auxquels il s'en rapportait entièrement, et qui avaient juré la perte de Raymond, ne l'en eussent détourné. Ainsi toutes les démarches du roi d'Aragon pour porter le Pape à la douceur et à la charité chrétienne envers le Comte furent absolument inutiles. (*Ibid.*, ch. 37.)

Le roi d'Aragon se rendit à Toulouse ; les évêques s'étaient assemblés à Lavaur pour y tenir un concile. Pierre voulut négocier avec eux en faveur du Comte de Toulouse et des comtes de Foix et de Béarn, qui étaient enveloppés dans la disgrace de ce dernier. Il adressa aux évêques un mémoire pour la défense de ces princes et aussi pour celle du jeune Raymond, fils du Comte de Toulouse. L'évêque de Riez et maître Thédise, commissaires du Pape, ayant lu le mémoire du roi Pierre, consultèrent le concile, et voulurent que chaque membre donnât son avis par écrit. L'archevêque de Narbonne et les évêques d'Albi, de Toulouse et de Comminges, répondirent au nom de tous les autres, et déclarèrent qu'on ne pouvait recevoir ce Comte à se purger du crime d'hérésie, pour cinq raisons : 1º malgré ses serments, il n'a pas chassé les hérétiques et les routiers ; 2º après son retour de Rome, il a augmenté les péages et vexé l'Eglise ; 3º ses routiers ont fait périr plus de mille croisés ; 4º il a retenu en prison l'abbé de Montauban, celui de Moissac, et chassé l'évêque d'Agen ; 5º *il y a si longtemps qu'il est* SUSPECT D'HÉRÉSIE, *qu'il en résulte contre lui une présomption invincible.*

Le 18 janvier, le concile répondit en corps au mémoire du roi d'Aragon. Il se montre porté à l'indulgence à l'égard des comtes de Foix, de Comminges et de Béarn, mais inflexible envers le Comte de Toulouse. « Quant à ce que vous deman-
» dez pour le Comte de Toulouse et pour son fils, la cause de
» ce dernier est la même que celle de son père et elle en dé-
» pend ; ainsi, *la connaissance nous en est interdite par une*
» *autorité supérieure.....* Le Comte, ajoutant iniquité sur ini-
» quité, a persécuté l'Eglise avec plus de violence, à la tête
» des hérétiques et des routiers ; en sorte qu'il s'est rendu in-
» digne de toute grâce. » (*Ibid.*, ch. 38 et 39.)

12 Chacun faisait sa part : le Pape, sans traité,
De Melgueil à Raymond dérobait le comté.

« Il paraît par une lettre qu'Innocent écrivit le 9 mars 1212 à l'évêque de Maguelonne, que le Pape s'était approprié le comté de Melgueil, et qu'il l'avait donné à ferme à un nommé Jean Bocados, sous prétexte *que la juridiction de ce comté lui appartenait immédiatement.* Innocent ordonne à ce prélat d'empêcher que quelques personnes puissantes du pays, qui faisaient de la peine à ce fermier au sujet des revenus et des domaines du même comté, *qu'il possédait légitimement et tranquillement*, ne l'inquiétassent davantage. » (*Ibid.*, ch. 12.)

« Il est marqué dans une lettre du pape Clément IV, que le cardinal Pierre de Bénévent déclara le comté de Melgueil confisqué sur le Comte de Toulouse au profit de l'Eglise romaine, qui s'en prétendait suzeraine. Nous inférons de là que cette confiscation fut déclarée durant le concile de Montpellier (an 1214); nous verrons du moins que le pape Innocent III disposa bientôt après de ce comté en faveur de l'église de Maguelonne. » (*Ibid.*, ch. 77.)

¹³ Arnaud prenait pour lui le siége de Narbonne,
Thédise optait pour Agde, et Guy pour Carcassonne.

« Simon de Montfort à son retour à Albi (année 1212), y trouva Guy, abbé de Vaux-Sernay, son ami, qui venait de France, et qu'on avait élu alors évêque de Carcassonne, à la place de Bernard-Raymond de Rochefort, *qu'on avait enfin obligé de se démettre*. Arnaud Amalric, abbé de Citeaux, fut élu d'un autre côté archevêque de Narbonne, le jour de saint Grégoire, 12 de mars de la même année. L'évêque d'Uzès, son collègue dans la légation, *qui était présent à l'élection* ET QUI Y EUT SANS DOUTE BEAUCOUP DE PART, *la confirma* LE MÊME JOUR PAR L'AUTORITÉ DU PAPE, *et persuada ensuite à Arnaud de prendre possession du duché de Narbonne*. Le nouvel élu suivit volontiers ce conseil, et en se mettant en possession du palais archiépiscopal, il fit arborer sur la tour le drapeau de l'église de Narbonne, *en signe du domaine et du duché*..... Plus tard, Arnaud eut à soutenir un procès contre Simon de Montfort au sujet du duché de Narbonne que ce dernier lui disputait.... Au reste, on ne sait pas si Bérenger, prédécesseur immédiat d'Arnaud, mourut archevêque de Narbonne, car il pouvait bien avoir été déposé, comme il en avait été menacé depuis longtemps par le Pape. (*Ibid.*, ch. 16.)

» On vient de voir que Thédise, chanoine de Gênes et commissaire du Pape dans la province contre les hérétiques et pour les affaires du Comte de Toulouse, *était déjà évêque d'Agde* au mois d'août de l'an 1215. Il avait succédé depuis peu dans cet évêché à Raymond de Montpellier, religieux de l'ordre de Citeaux. » (*Ibid.*, ch. 91.)

> 14 Dans les commencements, la fortune inconstante
> De ce chef des croisés parut trahir l'attente.

« Simon, conduit par l'abbé de Citeaux son protecteur, alla trouver le duc de Bourgogne et le comte de Nevers, pour les supplier de lui accorder leurs secours pendant quelque temps, afin de continuer la conquête du pays sur les hérétiques, qui possédaient encore un grand nombre de places fortes, entr'autres les châteaux de Minerve, de Termes et de Cabaret. Le duc de Bourgogne se rendit à ses prières ; mais le comte de Nevers refusa absolument de demeurer davantage, et partit avec toutes ses troupes....; la plus grande partie des autres barons suivit l'exemple du comte de Nevers. » (*Ibid.*, liv. 21, ch. 64.)

« Les intrigues du roi d'Aragon auprès des anciens vassaux du vicomte de Beziers pour leur faire secouer le joug de Montfort, eurent le succès le plus favorable, et on vit bientôt la plupart des chevaliers des diocèses de Beziers, Carcassonne et Albi, se déclarer avec leurs châteaux contre leur nouveau seigneur.... » Montfort perdit Amaury et Guillaume de Poissi, chevaliers français qu'il ne put secourir et qui furent faits prisonniers. Bouchard de Marly eut le même sort ; il fut pris dans une embuscade par Pierre-Roger, seigneur de Cabaret. Enfin Montfort apprit la défection de Guiraud de Pépieux, chevalier du Minervois, à qui il avait confié le gouvernement de diverses places situées aux environs de Minerve. (*Ibid.*, ch. 78.)

« Simon, lorsque Robert de Mauvoisin arriva de Rome à Carcassonne, vers la Nativité de Notre-Seigneur de l'an 1209, avait perdu une grande partie de ses conquêtes. La ville de Castres et le château de Lombers en Albigeois avaient secoué depuis peu le joug de sa domination, et Raymond-Roger, comte de Foix, qui lui avait fait ses soumissions, s'était entièrement brouillé avec lui...... D'un autre côté, le château de Montréal se retira de l'obéissance de Montfort...... Enfin, la défection fut si générale à la fin de l'an 1209, que Simon perdit dans un très petit espace de temps plus de quarante châteaux qui secouèrent le joug de son obéissance, et qu'il ne lui restait plus à Noël de toutes ses conquêtes, que Carcassonne, Fanjaux, Saissac, Limoux dont on désespérait même, Pamiers, Saverdun, Albi, et le château d'Ambialet, voisin de cette dernière ville. Pour comble de malheur, les gens du pays tuèrent ou mutilèrent plusieurs de ceux qu'il avait laissés à la garde du camp, et il apprit vers le même temps la mort du légat Milon son protecteur, décédé à Montpellier pendant l'hiver. Mais toutes ces disgraces ne furent pas capables d'abattre son courage. » (*Ibid.*, ch. 80.)

> 15 Son épouse les suit, digne d'entrer en lice ;
> Six mille combattants sont conduits par Alice ;
> Guillaume de Caïc amène ses Bretons.....

« Comme Montfort n'avait pas assez de troupes, il se contenta de se tenir sur la défensive, et de harceler de temps en temps ses ennemis pendant tout l'hiver. Au commencement du carême (1210), il s'avança jusqu'à Pézenas, pour aller au-devant d'Alix de Montmorency sa femme, qui venait le joindre à la tête d'un bon nombre de croisés qu'elle lui amenait de France. » (*Ibid.*, ch. 84.)

« Simon reçut peu de temps après un renfort de divers croisés de France, conduits par un chevalier nommé Guillaume de Caïc, qui lui annonça la prochaine arrivée d'un corps de Bretons. Ces peuples s'empressèrent à l'envi de prendre part à la croisade contre les hérétiques de la Province, dans la vue de gagner les Indulgences qui y étaient attachées. Un renfort si considérable détermina Simon à entreprendre quelque expédition de conséquence, et il résolut d'aller assiéger le château de Termes, l'une des plus fortes places qui fussent au pouvoir des hérétiques. » (*Ibid.*, ch. 88.)

> 16 Tel Pépieux qu'anime un désir de vengeance,
> Du rocher de Minerve à tout moment s'élance,
> Et d'un père vaincu venge l'affreux trépas....

Pépieux avait à venger son oncle ; il a été permis au poète de lui substituer un père, pour rendre la haine de Pépieux plus vive et plus légitime. Il a déjà été parlé de la défection de Guiraud de Pépieux envers Montfort. « Guiraud, pour se venger de ce qu'un chevalier français avait tué un de ses oncles qu'il affectionnait beaucoup, quoique Simon de Montfort lui eût fait satisfaction de cette injure en punissant le meurtrier, se mit à la tête de quelques troupes et s'empara par surprise, sur ce général, du château de Puiserguier, au diocèse de Narbonne, et fit prisonniers deux chevaliers qui en avaient la garde et le reste de la garnison. Montfort, résolu de tirer vengeance de Guiraud, engagea le vicomte de Narbonne à le suivre, et s'avança vers Puiserguier ; mais ils furent à peine arrivés devant la place, que le vicomte refusa de l'aider à en faire le siège, et s'en retourna à Narbonne avec ses gens. Simon ne se voyant pas assez fort pour l'entreprendre, se retira à Capestang, et revint le lendemain à Puiserguier. Guiraud de Pépieux avait abandonné la place pendant la nuit, après avoir enfermé dans une tour cinquante soldats de la garnison, dans le dessein de les faire périr. Simon les délivra et ruina le château de fond en comble ; il se mit ensuite en campagne, quoiqu'au fort de l'hiver, et rasa plusieurs châteaux de Guiraud de Pépieux. Celui-ci de son côté se retira à Minerve, où il conduisit les deux chevaliers français qu'il avait faits prisonniers à Puiserguier ; il leur fit arracher les yeux, couper le nez, les oreilles et la lèvre supérieure, et les renvoya ainsi à Simon. » (*Ibid.*, ch. 78.)

> 17 Du château de Minerve il (Montfort) tente la conquête.
> Là, des rochers ardus que couronne un rempart
> Prêtent à l'hérésie un puissant boulevard....

« L'évêque de Riez, l'abbé de Cîteaux et Thédise se rendirent de leur côté devant le château de Minerve dont Simon de Montfort avait déjà entrepris le siége. Ce général s'y était déterminé à la demande des habitants de Narbonne que la garnison de ce château incommodait beaucoup par ses courses. Sur cette demande, il manda à Aymeri, vicomte de Narbonne, et aux habitants de cette ville, que s'ils voulaient l'aider plus efficacement qu'ils n'avaient fait par le passé et demeurer dans le camp jusqu'à la reddition de la place, il en ferait volontiers le siége, et ils le lui promirent.

» Le château de Minerve était alors une des plus fortes places du royaume. Il est situé dans la partie septentrionale de l'ancien diocèse de Narbonne, comprise aujourd'hui dans celui de Saint-Pons. Il a donné son nom au pays de Minervois, qui anciennement a eu titre de comté et de vicomté. Il est élevé sur un rocher escarpé, environné de précipices qui lui servent de fossés. Outre l'avantage de sa situation qui le faisait regarder comme une place imprenable, il était défendu par une nombreuse garnison, commandée par un brave chevalier nommé Guillaume de Minerve, lequel en possédait le domaine sous la mouvance des vicomtes de Carcassonne.

» Simon, après son arrivée devant ce château avec ses troupes et celles de la vicomté de Narbonne, investit la place et distribue les quartiers. Entre les chevaliers qui servaient sous ses ordres étaient Robert de Mauvoisin, Pierre de Richebour, Guy de Lucé, Jean de Monteil, Ferrin d'Yssi, Guy de Levis et Ancel de Coëtivi ; il paraît aussi qu'Alix de Montmorency sa femme et Amaury son fils aîné, se trouvèrent à ce siége. Simon prit son quartier du côté du levant ; Guy de Lucé, chevalier français, à la tête des Gascons, établit le sien au couchant ; le vicomte Aymeri se porta vers le nord avec ses vassaux et les bourgeois de Narbonne ; enfin, le reste de l'armée entreprit l'attaque du côté du midi. On dressa aussitôt les machines pour battre la place ; les Gascons construisirent un mangonneau, et Simon fit élever un pierrier si lourd qu'il en coûtait vingt-une livre par jour pour le mettre en mouvement. Les assiégés se défendirent de leur côté en désespérés, et firent périr un grand nombre de croisés dans leurs fréquentes sorties. Ils entreprirent entr'autres, un dimanche, de mettre le feu au pierrier de Montfort qui les incommodait beaucoup. Dans ce dessein, ils y appliquèrent des paniers pleins d'étoupes et d'autres matières combustibles imbibées de graisse, et y mirent le feu, sans que les assiégeants s'en aperçussent ; ceux-ci accoururent cependant et éteignirent le feu.

» Les machines des croisés ayant fait une brèche considérable aux murailles de Minerve, les assiégés, qui d'ailleurs n'avaient presque plus de vivres et à qui l'eau avait manqué, à cause de la chaleur excessive de la saison, perdirent courage et demandèrent à capituler, après avoir soutenu un siége de sept semaines. Guillaume de Minerve fut député avec un autre chevalier pour aller régler les articles de la capitulation. Il était déjà d'accord là-dessus avec Simon de Montfort, lorsque l'abbé de Citeaux et maître Thédise étant survenus, Simon déclara au seigneur de Minerve qu'il ne pouvait rien déterminer touchant la reddition de la place, sans l'aveu de cet abbé qui *était le maître de tous les croisés*, et à qui il appartenait d'ordonner tout ce qui conviendrait. L'abbé se trouva fort embarrassé, dit l'historien de Montfort. *Il souhaitait extrêmement la mort des ennemis de Jésus-Christ; mais étant prêtre et religieux, il n'osait opiner à faire mourir les habitants de Minerve.* Il imagina un expédient pour se tirer d'affaires et faire échouer la capitulation. Il ordonna à Simon de Montfort et à Guillaume de Minerve de rédiger chacun en particulier par écrit les articles dont ils étaient convenus verbalement, dans l'espérance qu'ils ne seraient pas d'accord, et que ce serait une occasion de rompre le traité. En effet, Guillaume ayant lu les conventions, Simon en contesta la vérité, et il lui déclara qu'il n'avait qu'à retourner dans son château et à le défendre comme il pourrait. Guillaume dit alors qu'il faisait Simon le maître de décider des conditions; mais ce général en déféra l'honneur à l'abbé de Citeaux, qui les régla de la manière suivante : 1º il accorda la vie sauve à Guillaume de Minerve, à tous les catholiques qui étaient dans le château, et même aux fauteurs des hérétiques; 2º il ordonna que Simon demeurerait maître de la place; 3º il consentit que les hérétiques parfaits qui y étaient en grand nombre eussent aussi la vie sauve, s'ils voulaient se convertir. Robert de Mauvoisin qui était présent se récria beaucoup sur ce dernier article, disant qu'on était venu pour exterminer les hérétiques, et non pour leur faire grâce. Il ajouta qu'il était à craindre que ceux de Minerve ne fissent semblant de se convertir pour sauver leur vie, et résistant en face à l'abbé de Citeaux, il protesta que les croisés ne passeraient jamais cet article. L'abbé lui répliqua : *Rassurez-vous, vous n'avez rien à craindre, parce que peu se convertiront.*

» La capitulation étant ainsi arrêtée, les croisés entrèrent dans Minerve le 22 de juillet de l'an 1210, en chantant le *Te Deum*, précédés de la croix et des drapeaux de Simon de Montfort. Ils se rendirent aussitôt dans l'église qu'ils réconcilièrent, et ils arborèrent sur le clocher, d'un côté l'étendard de la croix, et de l'autre celui de Simon. Guy, abbé de Vaux-Sernay, alla ensuite trouver les hérétiques qui s'étaient rassemblés dans deux maisons : les hommes dans l'une et les femmes dans l'autre. Il exhorta d'abord les premiers à se convertir et entra en conférence avec eux. Les hérétiques refusèrent de se rendre aux exhortations de l'abbé de Vaux-Sernay, dont l'éloquence ne put rien gagner sur eux, non plus que sur les femmes. Simon de Montfort étant alors entré dans Minerve, fit de nouveaux efforts pour engager les hérétiques à abjurer leurs erreurs ; mais voyant qu'ils demeuraient toujours obstinés, il ordonna qu'on les arrêtât. Il fit ensuite dresser un grand bûcher et les condamna à être brûlés vifs. La sentence fut exécutée sur-le-champ. Plus de 140 de ceux qu'on appelait *parfaits*, ou même plus de 180 suivant d'autres, moururent dans les flammes. Il ne fut pas nécessaire qu'on les jetât dans le bûcher ; ils s'y précipitèrent d'eux-mêmes avec un courage digne d'une meilleure cause. De ce grand nombre, il n'y eut que trois femmes qui furent sauvées, et que la mère de Bouchard de Marly (Mahaud de Garlande) fit retirer du bûcher et réconcilier à l'Eglise. Après cette exécution, tous les autres habitants de Minerve renoncèrent à l'erreur et se convertirent. Quant à Guillaume, seigneur ou vicomte de ce château, Simon lui donna en échange divers domaines aux environs de Beziers ; mais Guillaume lui manqua de fidélité bientôt après. » (*Histoire générale de Languedoc*, liv. 21, ch. 87.)

[18] Ils s'arment pour Montfort qui conduit sur ses pas
Foulque, Thédise, Arnaud et les autres légats.

« Outre l'abbé de Citeaux, l'évêque de Riez et maître Thédise, Bérenger, archevêque de Narbonne ; Foulque, évêque de Toulouse ; Raymond, évêque d'Usez, et l'abbé de Vaux-Sernay se trouvèrent au siége de Minerve. » (*Ibid.*)

[19] Mais tous ont repoussé cette offre qui les blesse.

Voir la note précédente sur le siége et la prise de Minerve.

[20] Et croyants et parfaits....

Croyants, *parfaits*, dénomination qui servait à désigner

les divers degrés de l'initiation dans les doctrines albigeoises, ainsi qu'il a été expliqué dans une note d'un chant précédent.

21   Le *Barbe*, au milieu d'eux, maître de la parole,
   Leur donne avec amour le baiser qui console.

Le *Barbe* était le nom que les hérétiques donnaient à leur ministre, nom pris apparemment de la barbe qu'eux seuls dans la secte avaient le droit de laisser pousser. — On peut voir le catéchisme des Albigeois, publié par Jean-Paul Perrin, lyonnais, 1618.

CHAPITRE Ier

LO BARBA.	C'EST-A-DIRE LE MINISTRE.
Si tu fosses demanda qui sies tu?	Si on te demande qui tu es ?
Respond l'enfant : *Creatura de Dio rational et mortal*, etc.	L'enfant répond : Créature de Dieu raisonnable et mortelle, etc.

L'on a déjà vu, dans une note du 1er chant, en quoi consistait la cérémonie que les Albigeois appelaient *consolation*.

22   Termes résiste encor............
. . . .
   Loin d'un siége fatal il (Montfort) eût porté ses pas,
   Si la honte et l'orgueil ne le retenaient pas.

Le siége du château de Termes ayant plusieurs traits de ressemblance avec celui du château de Minerve, le poète ne pouvait s'étendre sur ce fait d'armes, sans s'exposer à tomber dans de fâcheuses répétitions. Voici comment les savants Bénédictins racontent le siége de la prise de ce château.

« Après la prise de Minerve, Montfort avait ordonné, sur la fin de juillet, de préparer à Carcassonne toutes les machines nécessaires pour le siége de Termes. Lorsque tout fut prêt, il prit les devants à la tête de ses troupes, et laissa à Verles d'Encontre qui commandait à Carcassonne, le soin de faire partir toute cette artillerie. Verles l'ayant fait charger sur des chariots hors la ville, Pierre-Roger, seigneur de Cabaret, qui en fut averti par ses espions, sortit de ce château avec trois cents hommes choisis, et s'étant avancé vers Carcassonne, il s'approcha pendant la nuit, et tâcha avec sa troupe de rompre à coups de hache les machines qu'on avait préparées pour le siége de Termes. Les sentinelles ayant fait du bruit, la garnison de Carcassonne accourt au secours, et oblige Pierre-Roger à prendre la fuite; mais ayant rallié sa troupe, il se met en embuscade dans un endroit par où le convoi devait passer. Verles d'Encontre, de son côté, se doutant de quelque surprise, fit accompagner les machines par une grosse escorte, dont une partie s'avança pour battre l'estrade. Ceux de Cabaret voyant passer le détachement à la pointe du jour, sortent de l'embuscade, l'attaquent et le mènent battant jusqu'aux chariots qui étaient encore dans un pré voisin de l'Aude. Le choc devint alors très vif de part et d'autre, jusqu'à ce qu'enfin le gouverneur de Carcassonne étant accouru avec de nouvelles troupes, obligea Pierre-Roger à céder, après avoir combattu avec beaucoup de valeur. Ce seigneur évita plusieurs fois d'être fait prisonnier dans la mêlée par un stratagème qui lui réussit. Se voyant pressé par les croisés, il criait de toutes ses forces : *Montfort! Montfort!* et on le prit en effet pour un ami. De crainte de nouvel accident, on reconduisit à Carcassonne les machines, qui d'ailleurs avaient besoin d'être raccommodées. On les fit partir, quatre à cinq jours après, sous l'escorte d'un corps de Bretons qui étaient arrivés et qui allèrent joindre Simon devant Termes.

» Ce château a donné son nom à l'ancienne Viguerie du Termenois, portion considérable du diocèse de Narbonne, laquelle s'étend vers les Pyrénées et le Roussillon. Il est situé sur une montagne élevée qui est environnée de toutes parts de vallées profondes, de précipices et de rochers affreux, et qui n'est accessible que par un seul endroit, où les rochers ne sont pas tout-à-fait aussi escarpés. Il était alors entouré de deux faubourgs séparés par une bonne muraille. Le plus haut était situé sur la cime de la montagne, et l'autre qui lui servait d'enceinte sur le penchant. Ce dernier était défendu par une seconde muraille; et ces fortifications étaient soutenues par une tour construite sur le sommet d'un rocher, appelé Tumet, éloigné d'un jet de pierre du château. La garnison était très nombreuse et composée de bons soldats, parmi lesquels il y avait plusieurs Catalans; elle était commandée par Raymond de Termes, vaillant capitaine, qui avait eu soin de pourvoir la place de toute sorte de munitions de guerre et de bouche ; en sorte qu'elle passait pour imprenable, et qu'il paraissait que c'était une grande témérité que d'en entreprendre le siége.

» Raymond de Termes descendait d'une des plus anciennes maisons de la Province, qui possédait depuis longtemps le château de ce nom et tout le pays de Termenois, partie sous la mouvance des vicomtes de Beziers et de Carcassonne, et partie sous celle de l'abbaye de la Grâce....... Ce seigneur fut père du célèbre Olivier de Termes, l'un des plus grands capitaines de son siècle. Il s'était rendu si formidable par ses exploits, qu'il avait tenu tête lui seul, tantôt au roi d'Aragon, tantôt au Comte de Toulouse, et tantôt au vicomte de Beziers, son seigneur. Mais s'il était recommandable par sa naissance et par sa bravoure, il avait eu le malheur de donner tellement sa confiance aux hérétiques, qu'on assure qu'on n'avait pas célébré les saints mystères dans l'église de Termes depuis plus de trente ans, quand Simon de Montfort mit le siége devant ce château.

» Le peu de troupes que ce général avait quand il commença cette entreprise, ne lui permit pas d'abord de faire toute la circonvallation de la place ; aussi les assiégés, peu alarmés de son attaque, sortaient et entraient librement, sans qu'il lui fût possible de l'empêcher. L'armée des croisés ayant grossi quelque temps après par l'arrivée de plusieurs pèlerins français et allemands, Montfort serra le château de plus près, malgré les fréquentes escarmouches qu'il était obligé de soutenir contre la garnison de Cabaret, qui poussait ses courses jusques dans son camp, se portait sur les grands chemins et ne faisait grâce à aucun de ceux qu'elle pouvait rencontrer. Cet obstacle fit durer longtemps les travaux du siége, même après l'arrivée des évêques de Chartres et de Beauvais, de Robert, comte de Dreux, et du comte de Ponthieu, qui amenèrent un renfort très considérable à Simon.

» Ce général, après beaucoup de peine et de travail, fit dresser enfin de grands pierriers pour battre les murailles du premier faubourg. Guillaume, archidiacre de Paris, se donna beaucoup de mouvement, soit pour animer les croisés, soit pour combler les vallons et aplanir les rochers. Après que les pierriers eurent fait une brèche considérable, les croisés se disposèrent à donner l'assaut. Les assiégés ne l'attendirent pas, et ayant mis le feu à ce premier faubourg, ils l'abandonnèrent. Les croisés accoururent aussitôt pour l'éteindre et se saisir de ce poste; mais la garnison ayant fait alors une sortie vigoureuse, elle tomba si rudement sur eux, qu'elle les obligea à se retirer après une grande perte. Cet échec ne découragea pas les assiégeants; ils travaillèrent ensuite à couper la communication qui était entre le château de Termes et la tour de Tumet qui les incommodait beaucoup, et trouvèrent moyen, quoique avec une peine infinie, de placer un mangonneau entre l'un et l'autre. Cette machine fit un tel fracas, malgré les efforts des assiégés pour la détruire, que ceux qui gardaient la tour de Tumet ne pouvant ni soutenir l'attaque des assiégeants, ni espérer aucun secours, l'abandonnèrent pendant la nuit. Les troupes de l'évêque de Beauvais qui avaient attaqué ce poste, s'en saisirent dès le lendemain, et y arborèrent l'étendard de ce prélat.

» Les pierriers firent cependant plusieurs brèches aux murailles de la place; mais les assiégés les réparèrent aussitôt, en substituant derrière une muraille avec des poutres et des pierres. Montfort fit dresser un mangonneau sur un rocher escarpé, peu éloigné des murailles, et en confia la garde à cinq chevaliers et trois cents sergents. Les assiégés que cette machine incommodait beaucoup, détachèrent huit cents hommes qu'ils soutinrent par un plus grand nombre, pour tâcher d'y mettre le feu. Ce détachement débusqua bientôt les troupes qui gardaient le mangonneau, et il n'y resta qu'un chevalier nommé Guillaume de Scuret, qui résista lui seul à tous les efforts des assiégés. Les croisés voyant qu'ils ne pouvaient le secourir, firent mine de monter à l'assaut pour le délivrer et sauver leur machine; ce stratagème leur réussit; ceux de Termes abandonnèrent aussitôt cette attaque pour aller au secours de la place.

» La longueur du siége et le défaut de vivres commençaient déjà à décourager les croisés, lorsque l'eau vint à manquer entièrement aux assiégés, par le soin que Simon avait pris de boucher ou de détourner toutes les sources qui pouvaient leur en fournir. Les habitants de Termes, réduits aux abois, demandèrent alors à capituler. Simon leur envoya Guy de Lévis, *son maréchal*, pour traiter avec eux. Raymond de Termes offrit de remettre la place, à condition que Simon lui donnerait un domaine équivalent, et qu'il la lui rendrait après Pâques. Les évêques de Beauvais et de Chartres, et les comtes de Dreux et de Ponthieu, comptant que l'expédition était finie, se disposèrent alors à partir, malgré les instantes prières que Simon et la comtesse sa femme leur firent de ne pas les abandonner jusqu'à ce que le château de Termes fût rendu. Mais toutes leurs sollicitations furent inutiles; l'évêque de Chartres promit seulement de demeurer un jour de plus. Cela engagea Montfort à accepter les offres de Raymond de Termes, qui demanda jusqu'au lendemain pour évacuer la place. Pendant la nuit, il tomba une pluie très abondante qui remplit les citernes des assiégés, lesquels regardant cette eau comme un présent du ciel, retirèrent leur parole. Cette circonstance n'empêcha pas l'évêque de Beauvais et les comtes de Dreux et de Ponthieu de partir, nonobstant les nouvelles instances de Simon pour les retenir, et quoiqu'ils n'eussent pas encore accompli les quarante jours de service nécessaires pour gagner l'Indulgence de la croisade. — Deux chevaliers de la garnison se rendirent cependant, selon la promesse qu'ils en avaient faite le jour précédent, *au maréchal de Simon*. L'évêque de Chartres devant partir le lendemain, pressa ce général de renvoyer *ce maréchal* à Termes, pour tâcher de renouer quelque négociation, et il lui conseilla de laisser Raymond maître des conditions, pourvu qu'il lui livrât la place. Il lui conseilla aussi de joindre à ce député Bernard-Raymond de Rochefort, évêque de Carcassonne, qui était dans le camp, parce que ce prélat était du pays et ami particulier du seigneur de Termes; et ayant d'ailleurs son frère et sa mère dans la place, il pourrait contribuer beaucoup à faire réussir la négociation. Simon suivit cet avis; mais ni son maréchal, ni l'évêque de Carcassonne ne purent rien obtenir de Raymond de Termes, ni par caresses, ni par menaces; ce seigneur refusa même au second la permission de s'aboucher avec son frère. Le lendemain, l'évêque de Chartres étant parti, Simon de Montfort le conduisait par honneur jusqu'à une certaine distance, lorsque les assiégés font une sortie dans le dessein de mettre en pièces le mangonneau des croisés. Simon averti de cette entreprise par les cris de ses soldats, revient aussitôt sur ses pas, et ayant ranimé par sa présence le courage de ses troupes, il oblige les assiégés à rentrer dans le château. Mais il n'en fut pas moins embarrassé; d'un côté, il ne voulait pas avoir la honte de lever le siége, et il voyait de l'autre qu'il n'était pas en état de forcer la place avec le peu de monde qui lui restait, et que l'hiver, qui est très rude dans ces montagnes, approchait. L'arrivée de plusieurs Lorrains qui s'étaient croisés le tira de cette perplexité. Il continua le siége à la vue de ce secours inopiné; et ayant enfin par des travaux infinis fait avancer ses machines beaucoup plus près des murailles, il y fit une grande brèche, ainsi qu'à la tour du château. Il y attacha le mineur le jour de Sainte-Cécile, donna ensuite tous ses ordres pour monter à l'assaut dès le lendemain, et se retira sur le soir dans sa tente. Pendant la nuit, les assiégés qui se voyaient sans ressource, cherchèrent leur salut dans la fuite, en abandonnant la place. On assure que ce qui les porta à cette extrémité, fut que l'eau de pluie qu'ils avaient ramassée étant très mauvaise, elle avait causé parmi eux une dyssenterie qui en avait fait périr un grand nombre; ainsi, ceux qui restaient prirent le parti de sortir pour se réfugier en Catalogne. Les fuyards furent cependant découverts par les croisés qui les poursuivirent, en tuèrent plusieurs et firent les autres prisonniers. Raymond de Termes voulant rentrer dans la place pour y prendre quelques bijoux qu'il avait oubliés, fut pris, entre autres, par un pèlerin ou croisé de Chartres. On le conduisit aussitôt à Simon de Montfort qui le fit renfermer, les fers aux pieds, dans le cul d'une basse-fosse des tours de Carcassonne, où il le retint pendant plusieurs années. C'est ainsi que fut pris le château de Termes, après une grande perte de la part des croisés et un siège de près de quatre mois, durant lequel Simon ne se distingua pas moins par sa vigilance que par son activité, et exposa plusieurs fois sa vie. Ce comte y entra le 23 de novembre de l'an 1210; il fit grâce à toutes les femmes que les assiégés y avaient laissées, et les ayant mises en lieu de sûreté, il empêcha qu'on ne fît aucun tort ni à leur honneur ni à leur vie. » (*Histoire générale de Languedoc*, liv. 21, 93.)

> 23 .... On amène à Montfort
> Deux fauteurs d'hérésie échappés à la mort.

Ce fait historique s'est passé, non à l'occupation du château de Termes, mais à l'occupation de la ville de Castres par Montfort. « On présenta à Simon de Montfort, dit l'historien de ce comte, deux hérétiques, dont l'un était du nombre de ceux qu'on appelait *parfaits*, et l'autre n'était encore que néophyte et disciple du premier. Simon ayant pris conseil sur ce qu'on ferait de ces deux hérétiques, il ordonna qu'on les brûlât tout vifs. Le néophyte, frappé de cet arrêt de mort, déclara qu'il était prêt à abjurer l'erreur, et qu'il était entièrement soumis à tous les ordres de l'Eglise. Sur cette déclaration, il s'éleva une grande dispute parmi les croisés; les uns demandaient qu'on accordât la vie à ce malheureux; les autres voulaient au contraire qu'on le fît mourir, soit parce qu'il avait été dans l'erreur, soit parce qu'il pouvait avoir fait cette déclaration plutôt dans la vue d'éviter le dernier supplice, que par le sentiment d'un repentir sincère. Enfin, Simon termina la querelle, en ordonnant de nouveau que les deux hommes fussent également exposés au feu. La raison qu'il donna de sa décision fut, que si le néophyte était véritablement converti, la peine qu'il allait subir lui servirait pour l'expiation de ses péchés, et que, si au contraire sa conversion était feinte, il souffrirait le *talion* pour sa perfidie. On prit donc les deux hérétiques, on leur lia les mains derrière le dos, et on les attacha à de gros pieux par le col, le milieu du corps et les cuisses. On demanda ensuite au néophyte dans quelle foi il voulait mourir : J'abjure l'hérésie, répondit-il, et je veux mourir dans la foi catholique, et j'espère que ce feu me servira de purgatoire. On alluma ensuite le bûcher. L'hérétique parfait fut brûlé dans l'instant; mais les liens qui attachaient le néophyte s'étant rompus, ce dernier sortit sain et sauf du brasier, sans qu'il parût sur son corps le moindre vestige du feu, excepté au bout des doigts. » (*Ibid.*, ch. 66.)

Tel fut le fameux dilemme de Montfort. Il faut convenir que ce général des croisés était un rude logicien.

> ²⁴ ... Et Bram soutient à peine un siége de trois jours.
> Là, cent infortunés tombés en sa puissance
> Sont pris pour assouvir une atroce vengeance.

« (1210) — Montfort marcha vers le château d'Alzonne qu'il trouva abandonné. Après s'en être saisi, il alla attaquer celui de Brom ou Bram dans le Lauraguais, qu'il emporta en trois jours de siége. Il y fit une centaine de prisonniers, à qui il fit crever les yeux et couper le nez, et qu'il envoya ainsi par *représailles* * à Cabaret, sous la conduite de l'un d'entr'eux, à qui il avait laissé un œil pour conduire les autres. » (*Ibid.*, ch. 85) Ces traits de cruauté caractérisent parfaitement les mœurs de cette époque.

> ²⁵ C'est Bouchard de Marly, frappé par un revers,
> Que le sort des combats fit tomber dans ses fers.

« Montfort eut, vers le même temps, un nouveau sujet de chagrin. Il avait donné le château de Saïssac, au diocèse de Carcassonne, à Bouchard de Marly, qui s'y était établi avec soixante Français. Bouchard, suivi de Gausbert d'Essigni et de quelques autres chevaliers de sa garnison, entreprit de faire des courses jusqu'à Cabaret. Mais Pierre-Roger, seigneur de ce château, s'étant mis en embuscade avec quatre-vingts hommes, le surprit, tailla en pièces son détachement, le fit lui-même prisonnier, le mit aux fers par représailles, et le tint près de dix-huit mois en prison. » (*Ibid.*, ch. 78.)

> ²⁶ Pierre-Roger se montre aux yeux de son captif.
> « Chevalier, lui dit-il, le sort vous est propice....
> » . . . .
> » Je suis votre captif, vous êtes mon vainqueur. »

« Pierre-Roger (1211), seigneur du château de Cabaret, averti du dessein des croisés (de l'assiéger), commença alors à perdre courage. Il voyait sa garnison fort diminuée par la désertion de plusieurs chevaliers qui avaient fait leur paix avec

---

* Voir une note précédente sur Guiraud de Pépieux.

Montfort, entr'autres Pierre de Miron et Pierre de Saint-Michel son frère, qui autrefois avaient arrêté prisonnier Bouchard de Marly. Il considéra de plus que les châteaux les plus forts n'avaient pu résister, et que ceux qui se défendaient s'exposaient aux derniers malheurs. Ces réflexions l'ébranlèrent, et ayant fait venir devant lui Bouchard de Marly qu'il tenait dans les fers depuis plus de dix-huit mois, il lui dit : « Seigneur, je vous offre non seulement la liberté, mais encore le château dont je suis maître, si vous voulez moyenner ma paix avec les légats et Simon de Montfort. Je promets de les servir fidèlement envers tous et contre tous, mais je demande d'être conservé dans la possession de mes domaines. » Bouchard accepta la médiation ; et s'étant lié avec le seigneur de Cabaret par une promesse mutuelle, il se rendit au camp des croisés et eut bientôt terminé sa négociation. Le légat et Simon partirent pour aller prendre possession du château de Cabaret, où ils mirent une forte garnison, et Simon dédommagea Pierre-Roger par d'autres domaines qu'il lui assigna ailleurs. Les croisés acquirent ainsi une très forte place sans coup férir ; plusieurs autres châteaux du voisinage suivirent l'exemple de celui de Cabaret. » (*Ibid.*, liv. 21, ch. 101.)

CHANT SIXIÈME

SOMMAIRE.

Suite du récit de Marcel. — Siége de Lavaur. — Le Comte de Foix détruit six mille croisés allemands. — Foulque sort de Toulouse. — Il lance l'Interdit. — Prise de Lavaur. — Défection de Baudouin. — Prise du château de Penne. — Siége et prise de Moissac. — Mort tragique de Baudouin. — Montfort met le siége devant Toulouse. — Il tente l'assaut ; il est repoussé. — Premières armes du jeune Raymond. — Prouesses du Comte de Foix. — La disette se met dans le camp des Croisés. — Montfort lève le siége. — Fin du récit.

CHANT SIXIÈME.

—

« Seigneurs, l'ambition, si justement maudite,
Est une ardente soif que le succès irrite;
Elle efface en nos cœurs l'empire du devoir.
Montfort ne peut souffrir de borne à son pouvoir;
Le champ lui reste ouvert, il élargit sa sphère,
Il croit n'avoir rien fait s'il reste encore à faire. [1]
D'abord il combattit pour la cause du ciel;
Son triomphe était juste, il le rendit cruel.
Maintenant que son bras a vaincu l'hérésie,
Son rôle est achevé, sa mission remplie;
Il n'a plus à servir la cause de la foi.
Pourtant il veut combattre et chacun sait pourquoi :
L'orgueil, l'ambition, un intérêt impie,
C'est à ces dieux de sang que Montfort sacrifie;

Il court leur immoler ce qui résiste encor ;
Déjà maître de Castre il veut prendre Lavaur.

» Ces tours que défendait une jeune héroïne
Ne sont plus qu'un débris : éloquente ruine
Qui redira longtemps à la postérité
Ces souvenirs de gloire et de férocité !
Quatre-vingts chevaliers qu'aucun sort n'intimide
S'enferment dans ces murs avec Adélaïde ; ²
Certains de succomber dans ces tristes combats,
De la belle amazone ils ont suivi les pas,
Heureux de partager ses dangers et sa gloire,
N'espérant d'autre prix qu'une illustre mémoire.
Longtemps, leur noble ardeur s'élançant au dehors,
Des nombreux ennemis repoussa les efforts,
Dispersa leurs convois, déchira leur bannière.
On voyait dans les champs l'intrépide guerrière,
Fière, la lance au poing et couverte d'acier,
Presser les flancs poudreux d'un rapide coursier.
Elle avait dépouillé, plus libre en son allure,
Ces atours, de son sexe élégante parure.
Une armure de fer, de rudes gantelets
Ont remplacé la soie ou l'or des bracelets ;
Seulement ses cheveux que le casque emprisonne,
Echappés et flottants, trahissaient l'amazone.
Au signal des combats, frémissante, elle part ;
Dans l'ardente mêlée elle plonge au hasard.
Cent coups précipités signalent son audace ;

CHANT SIXIÈME.

Aux longs ruisseaux de sang on reconnaît sa trace.
Le glaive étincelant qui flamboie en sa main
Perce les boucliers, les armures d'airain ;
Et, vainqueur des hauberts, des casques qu'il déchire,
Immole cent croisés que vaincrait un sourire.
Partout elle est présente ou court se présenter ;
On ne peut la combattre, on ne peut l'éviter.
Telle, pendant la nuit, à la voûte étoilée,
Rayonne une comète, ardente, échevelée,
Qui, traversant l'espace en son vol indompté,
Menace de ses feux le monde épouvanté.

» Tandis qu'on admirait ses armes triomphantes,
La croisade, cette hydre aux têtes renaissantes,
A reçu dans son camp de nombreux bataillons :
La plaine disparaît sous les blancs pavillons ;
Aux portes de Toulouse elle étend sa menace.
Pourtant il fallait mettre un terme à tant d'audace ;
Chaque jour, chaque instant voit grandir le péril.
Raymond hésite encore. Oh! pourquoi ne peut-il
Des héros de Lavaur partager la fortune ? [3]
Mais des dangers communs, une injure commune
Lui suscitent bientôt un puissant allié.
Après tant de revers qui l'ont humilié,
Il voit venir à lui, fidèle auxiliaire,
Des souverains de Foix l'héroïque bannière.
C'était Roger-Bernard, au grand cœur de lion,
D'un père glorieux, glorieux rejeton ;

Héros, fils de héros, toujours prêt à descendre
Partout où de l'honneur le cri se fait entendre;
Servant des lois d'amour, et, dans ces jours affreux,
Le seigneur le plus brave et le plus généreux.
Sur la cime des monts, sur ces crêtes blanchies,
Toulouse avait ému de nobles sympathies.
Touché de nos malheurs que raconte Roger,
Les naïfs montagnards brûlent de nous venger;
Et lui-même, indigné, menacé par l'outrage,
Veut sauver ses états d'un funeste ravage.
Tout devient arsenal; l'enclume et le marteau
Ebranlent à grand bruit les voûtes du château;
Un grincement de fer sort du sein de la terre,
Et l'écho du donjon répète un chant de guerre.
On se prépare, on s'arme, on court de toute part;
Les clairons ont sonné le signal du départ.
Ainsi, près d'émigrer vers un lointain rivage,
Un essaim voyageur s'assemble sur la plage,
Et par des cris confus, prêt à quitter le sol,
Semble appeler le vent qui soutiendra son vol.
Sous les pas des guerriers les vallons retentissent,
L'air frémit au-devant des coursiers qui hennissent,
Et bientôt à Toulouse apportant leur secours,
Des bataillons nombreux sont au pied de ses tours.

» Sitôt qu'il reconnaît la bannière chérie,
Raymond court au-devant, et, joyeux, il s'écrie :
« Non, non, je ne suis pas du ciel abandonné,

» Puisque de sa faveur ce gage m'est donné !
» Fidèles Toulousains, ouvrez, ouvrez vos portes ;
» Accueillons nos amis et leurs braves cohortes,
» Et que de ce grand jour la plus douce moitié
» Consacre les transports d'une sainte amitié ! »

» Il dit ; et du palais l'enceinte frémissante
Reçoit Roger-Bernard et sa suite brillante ;
Et ces nobles amis dont s'épanche le cœur,
De leurs embrassements échangent la douceur.

» Roger-Bernard se presse, il ouvre la campagne.
Six mille combattants, descendus d'Allemagne,
Nouveau secours promis au siége de Lavaur,
Sont par le duc de Bar amenés à Montfort.
Roger court les combattre aux coteaux de Montjoire ;
Une heureuse surprise aidera sa victoire. [4]
Tandis que les croisés, sous leurs tentes de peaux,
S'abandonnaient sans crainte aux douceurs du repos, [5]
Profitant de la nuit qui lui prête son ombre,
Il conduit des guerriers plus faibles par le nombre.
La haine de Montfort, l'horreur de l'étranger
Favorisent leurs pas qu'on aime à diriger ;
Des chemins détournés sont suivis en silence.
Nulle garde qui veille, au camp nulle défense ;
Des soldats sont couchés près des coursiers errants ;
A peine on aperçoit quelques feux expirants.
L'ivresse, le sommeil qui les tient assoupies

Livre au bras de Roger les lourdes compagnies;
Elles tendent la gorge au poignard assassin,
Et versent, en tombant, moins de sang que de vin.
Quelques cris douloureux pourtant se font entendre.
Les Saxons réveillés ne peuvent se défendre;
Dans le trouble et l'effroi, désarmés, mal vêtus,
Sous le fer qui les frappe ils roulent abattus,
Ou cherchent vainement leur salut dans la fuite.
L'habitant rassuré s'élance à leur poursuite,
Immolant sans pitié les malheureux fuyards,
Menacés, assaillis, frappés de toutes parts.
Dans les champs, dans les bois, leur retraite incertaine
Ne peut tromper les coups d'une foule inhumaine;
Quelques débris à peine, échappés à la mort,
Gagnent avec leur chef les tentes de Montfort.

» Montfort!!.... il voit venir dépouillés et sans armes
Ces malheureux débris; son œil n'a point de larmes,
Mais son cœur a bondi. La bile à noirs torrents
Inonde sa poitrine et dévore ses flancs;
Une écume sanglante échappe de sa bouche,
Comme un sinistre éclair brille son œil farouche;
Son regard, son silence inspirent la terreur.
Sur qui retombera le poids de sa fureur?
Quel est l'arrêt sanglant que sa haine médite?
Quel bourg sera détruit, quelle cité proscrite?....
Cependant il sait tout. Il apprend à la fois
Les Saxons attaqués par le comte de Foix,

CHANT SIXIÈME.

Leur défaite sanglante, et comment la contrée,
Poursuivant les fuyards, contre eux s'est déclarée.
Montjoire a combattu, ses toits seront brûlés ;
Il faut un holocauste aux Germains immolés ;
Montjoire périra !..... ⁶ Mais tandis qu'il prépare
Le facile succès de son arrêt barbare,
Ce peuple, épouvanté du destin qui l'attend,
A suivi les drapeaux de Roger triomphant.
Montfort se voit déçu dans ses vœux homicides,
Ses feux n'ont dévoré que des chaumières vides,
Et son bras n'a frappé, dans ses efforts pervers,
Que quelques toits muets et des foyers déserts.
Tel un loup, dans l'accès de sa rage impuissante,
Seul au bercail désert flaire la proie absente,
Quand le berger, craignant quelque larcin nouveau,
Dans un abri plus sûr enferme son troupeau.

» Roger par cet exploit grandit sa renommée,
Il remplit de terreur une puissante armée ;
Elle croit voir Toulouse et le comte de Foix
Au secours de Lavaur s'avancer à la fois ;
Mais à côté du mal Montfort voit le remède.
Foulque est instruit de tout, Foulque vient à son aide ;
Il agite le peuple, il suscite à Raymond
Un immense embarras, fruit d'un nouvel affront.
D'une autorité sainte et d'un saint caractère
Il fait des instruments qui servent sa colère ;
Il écrit à Raymond : « Dans ces jours solennels

» Des lévites pieux sont promis aux autels ;
» Le ciel ne peut souffrir à ses pompes qu'il aime
» La présence d'un front que souille l'anathème ! [7]
» Quittez la ville, afin qu'au moment fortuné
» L'auguste sacrement ne soit point profané ! »

» Mais Raymond indigné : « La feinte est inutile ;
» L'évêque, s'il lui plaît, peut sortir de la ville.
» Que m'importe un arrêt injuste et sans vertu !
» Mon front n'est pas atteint, encor moins abattu ;
» Je reste. » Telle fut la réponse du Comte.

» L'évêque s'en offense et sa vengeance est prompte.
Pour mieux perdre Raymond qu'il pense avoir surpris,
Par un grand appareil il frappe les esprits.
Comme aux jours malheureux, les chaires retentissent
De paroles de sang et de voix qui maudissent.
Par un clergé servile, indigne de ce nom,
Foulque en cent lieux divers fait poursuivre Raymond ;
On l'outrage, on le voue aux flammes éternelles,
On appelle sur lui l'horreur des vrais fidèles,
Et tout ce qui l'entoure, ou qui lui sert d'appui,
Frappé de l'anathème, est maudit avec lui.
Dans les temples le jour a fait place aux ténèbres,
Les autels sont voilés de longs crêpes funèbres ;
De leurs ornements noirs des prêtres revêtus
Font mentir la douleur sur leurs fronts abattus ;

Ils consternent le peuple, et leur voix furibonde
Jette dans tous les cœurs une douleur profonde.
Mais bientôt, désertant et le temple et l'autel,
On les voit s'avancer, cortège solennel ;
L'évêque les conduit ; d'un pas lent et tranquille,
Dans un morne silence ils traversent la ville. [8]
Ils cachent dans leurs mains, sous des voiles soyeux,
Les trésors de la foi, le pain mystérieux ;
Les vases de l'autel et les saintes reliques
Qu'ils veulent dérober à des yeux hérétiques :
Comme si l'habitant qu'attriste leur départ
Pouvait les profaner d'un souffle ou d'un regard !
Les pieds nus et le front tout noirci de poussière,
Les pénitents suivaient, conduits par leur bannière
Qu'entourait de vil peuple un ramassis impur.
De l'enceinte extérieure ils ont franchi le mur.
Un plateau qui commande à la cité rebelle
Reçoit l'évêque ; et là, Foulque jetant sur elle
Des regards de colère et ses vœux assassins,
Abandonne Toulouse à ses mauvais destins.
Sous les murs de Lavaur, où lui-même il s'exile,
Dans le camp des croisés il demande un asile. [9]

» Des pieux Toulousains qui dira le malheur ?
Ce terrible abandon les remplit de douleur.
Dans ces murs désolés on les voit se répandre,
S'arracher les cheveux, se rouler dans la cendre.
Abattus, consternés, ils criaient, à genoux :

« Nos temples sont déserts, Dieu n'est plus avec nous! »
Plus de ministre saint pour offrir la prière,
Plus de feu consacré qui veille au sanctuaire;
Au sommet de nos tours l'anathème lancé
Frappe l'airain captif d'un silence glacé.
Atteint même en naissant par l'horrible anathème,
L'enfant ne reçoit plus l'eau sainte du baptême.
Quand l'hymen les attend, nul ne montre aux époux
La main qui doit bénir les transports les plus doux.
Au lit de la douleur point de voix qui console,
Qui dispense au mourant le pain de la parole.
Aux blessures de l'âme, hélas! nul médecin
Qui verse l'huile sainte et le baume divin;
Et quand la mort paraît, inhumaine, inflexible,
Nul appui pour franchir le passage terrible.
Dans l'enceinte sacrée où reposent leurs corps,
Un lugubre silence accompagne les morts.....
Quelle épreuve attendait ces âmes éplorées
En proie à des terreurs longuement préparées,
Et quel moment funeste, alors que l'Interdit
Tombe de tout son poids sur un peuple maudit!

» Des cris de la douleur bientôt sort un orage.
Le vieux Comte ébranlé sent fléchir son courage;
Il demande à Roger de suspendre ses coups.
Mais comment du prélat désarmer le courroux?
Quel triste abaissement ou quelle humble prière
Amortira le feu d'une sainte colère?

» Habile à profiter d'un funeste embarras,
Montfort a ranimé l'ardeur de ses soldats.
Lavaur est investi ; le démon des batailles
D'une fatale main ébranle ses murailles. 10
Des braves assiégés la généreuse ardeur
Redouble en vain ; le nombre écrase la valeur.
Sur un peuple éperdu les terribles machines
Jettent avec la mort de sanglantes ruines ;
Les pierres, les rochers en mille éclats divers,
D'une grêle bruyante obscurcissent les airs ;
Déluge meurtrier qui fond sur chaque tête ;
Les murs tombent, battus, broyés par la tempête ;
Et sur leurs longs débris s'avancent aussitôt
Trente mille croisés que réclame l'assaut.
Déjà de toutes parts les assaillants se pressent,
Les fossés sont comblés, les échelles se dressent ;
Les glaives pleins d'éclairs s'agitent par milliers ;
On monte en soulevant les larges boucliers ;
De piques et de dards les brèches se hérissent,
Mille coups sont portés, mille cris retentissent ;
On accable, on poursuit les braves assiégés,
Qui résistent toujours ou succombent vengés.

» Au sommet d'une tour, l'intrépide héroïne
De ses murs envahis retardait la ruine ;
Nul guerrier ne résiste aux coups qu'elle a portés.
Le superbe Aymeri combat à ses côtés.

Seigneur de Montréal, les hordes étrangères
Ont détruit sans pitié le donjon de ses pères,
Et son bras, repoussant un injuste agresseur,
Défend son héritage et celui de sa sœur.
Tout-à-coup un rocher s'abat, irrésistible,
Sur la tour qu'il écrase avec un bruit horrible.
A travers les débris, croulant de tous côtés,
Le héros et sa sœur roulent précipités ;
Tous deux, le glaive au poing, descendent et font face
Aux nombreux assaillants qu'étonne leur audace.
Sur cette foule immense on les voit s'élancer ;
Un combat déplorable allait recommencer.
Ce guerrier, cette femme au sublime courage
Ne cherchent que la mort dans ce champ de carnage ;
Ils veulent l'arroser de leur sang généreux ;
Ils tombent accablés, le sort trahit leurs vœux.
On désarme leurs bras, on les charge de chaînes,
Pour servir de Montfort les implacables haines.
Les nobles défenseurs de ces murs abattus,
Si beaux de dévoûment, si touchants de vertus,
Sont saisis à leur tour; leurs mains, ces mains guerrières
Sous d'indignes liens frémissent prisonnières.
Au-devant des remparts, en dehors des fossés,
Par ordre de Montfort des poteaux sont dressés ;
Aux infâmes gibets qui souillent sa victoire,
Avec ces chevaliers il attache sa gloire,
Et de leurs corps sans vie, autour de lui flottants,
Il fait une couronne à ses faits éclatants.

CHANT SIXIÈME.

» L'héroïne qu'attend un barbare caprice
Respire encor; Montfort ordonne son supplice.
Immolant sans remords à son inimitié
Tout ce qui des humains commande la pitié,
Le malheur, la beauté, le dévoûment.... ô crime!
Au fond d'une citerne il jette sa victime,
Et la pierre qui tombe et se brise en éclats
Ecrase à coups pressés ses membres délicats.
Les débris entassés ont comblé l'orifice;
La croisade applaudit à ce grand sacrifice,
Et Toulouse a frémi de douleur et d'effroi.
Une femme! ô Montfort! quelle honte pour toi!
Mais, du fond de ce puits que ferme ta colère,
Vers le ciel, qui permet ta grandeur passagère,
Un soupir douloureux s'élève et va frapper
L'oreille du vengeur que nul ne peut tromper.
Fasse le juste ciel que cette pierre infâme
Te soit rendue un jour par la main d'une femme!

» Lavaur conquis devint pour un guerrier félon
Le signal d'une indigne et lâche trahison.
Quand il voit le succès de la ligue étrangère,
Baudouin a déserté la cause de son frère,
Et, suivant sans pudeur le parti du plus fort,
Il unit sa bannière aux drapeaux de Montfort. [11]
Pourtant, à ses vertus chacun rendait hommage;
On vantait sa prudence autant que son courage;
Raymond qui de sa foi n'a point eu de garant,

A sa fidélité confia Montferrand,
Château vaste et puissant qui commande à Naurouze,
Et fermait aux croisés les chemins de Toulouse.
Longtemps il défendit ce poste de l'honneur :
Le nombre l'accabla sans ébranler son cœur.
Mais, après une longue et belle résistance,
D'un funeste génie il subit l'influence,
Et rendit à Montfort, qui flattait son orgueil,
Ces remparts, des croisés l'épouvante et l'écueil.
Tel, géant des forêts, le cèdre séculaire
Qui des vents orageux défia la colère,
Par un chétif insecte en silence rongé,
Tombe au flanc du sommet qu'il avait ombragé.

» Puis Baudouin dissimule; il va trouver le Comte;
Il s'humilie, il cherche à pallier sa honte;
Il s'excuse en vassal de subir d'autres lois;
Pour gagner l'Indulgence il veut prendre la croix.
« Allez! de vos destins suivez l'ignominie!
» Allez vendre à Montfort un sang que je renie!
» Lui dit Raymond. [12] Pour vous je rougis mille fois
» Et n'ose approfondir la honte où je vous vois.
» Enrôlé sous Montfort, vous changez de théâtre;
» Demain c'est contre moi qu'on vous verra combattre.
» Qui sait si votre cœur n'a pas conçu l'espoir
» De conquérir ces murs, d'usurper mon pouvoir?
» Détrompez-vous : la fraude est un arc qui se brise;
» Montfort se sert de vous, vous flatte et vous méprise.

» Songez-y ! regardez où porteront vos coups !
» Craignez que votre frère, irrité contre vous,
» N'ait à vous rappeler qu'il n'a pas cessé d'être,
» Quoi qu'il puisse advenir, votre seigneur et maître.
» Sortez ! »

» Baudouin s'en va la rage dans le cœur.
Bientôt, dans les combats signalant sa fureur,
Il devient des croisés l'ardent auxiliaire;
Et nous fait tout le mal que son bras nous peut faire. [13]
Insensé, qui, marchant avec la trahison,
N'a pas vu qu'il se perd en perdant sa maison,
Et que lui-même aiguise au choc de la tempête
Le glaive de la mort suspendu sur sa tête !

» Bientôt sur vingt châteaux hérissés de remparts
Montfort voit tour à tour flotter ses étendards.
A l'aspect de Lévis conduisant ses cohortes,
Tout commandant se trouble et leur ouvre les portes;
Et d'un titre pompeux colorant son emploi,
Lévis se fait nommer MARÉCHAL DE LA FOI.

» Dans l'Agenais soumis Penne résiste encore. [14]
Comme dans ces forêts que la flamme dévore,
Un chêne au large tronc, sur un sommet lointain,
Lève un front que les feux n'ont pas encore atteint
Et semble défier leur marche étincelante;
Mais bientôt, entouré par cette mer brûlante,

CHANT SIXIÈME.

Il sent, au cercle étroit dont il est le milieu,
Monter et se répandre une haleine de feu ;
Sous le souffle embrasé sa tige se balance
Et tombe en pétillant dans l'incendie immense.
Ainsi Penne résiste ; ainsi, de tout côté,
La conquête l'étreint d'un bras ensanglanté.
Sans appui, sans secours, à vingt assauts en butte,
Un avenir prochain doit éclairer sa chute.
Tel sera son destin. Un vassal de Raymond
Défendait les créneaux qui couronnent ce mont,
Héros qui fit longtemps de sa vertu guerrière
Admirer la constance et le beau caractère.
Intrépide et loyal, combattant sans espoir,
Esclave de l'honneur, victime du devoir,
Armé contre Lévis d'une inflexible audace,
D'un assaut formidable il brava la menace,
N'abandonnant enfin aux assiégeants surpris
Qu'une troupe expirante et des murs en débris. [14]

» Parmi tous ces combats, un siége mémorable
Frappe mon souvenir que tant d'horreur accable ;
Baudouin y signala sa funeste valeur :
Au bassin de Moissac nous suivons le vainqueur.
Là, deux fleuves unis, le Tarn et la Garonne,
Un mont qui la protège, un mur qui l'environne,
Au-dessus une tour qui s'appuie au rempart,
Fournissent à la ville un triple boulevard.
Par de nombreux guerriers la place est défendue ;

CHANT SIXIÈME.

Les Routiers, que poursuit une haine assidue,
Que la croisade voue au plus funeste sort,
S'opposent au progrès des armes de Montfort.
L'avenir leur gardait de sanglantes épreuves.

» Baudouin sous ses bateaux fait gémir les deux fleuves.
A leur tête, et voguant sur les flots apaisés,
Au pied de la muraille il conduit les croisés.
Au même instant, en deux sa flotte se partage :
L'une, prête à l'assaut, garde toujours la plage ;
L'autre, du double fleuve interrogeant le cours,
Ecarte de la ville et saisit les secours.

» Pourtant les assiégés, que tant d'apprêts menacent,
Roulent du haut du mont des rochers qu'ils entassent ;
Les travaux de la nuit égalent ceux du jour.
Ici s'allonge un mur, là se dresse une tour ;
D'un airain belliqueux les créneaux se hérissent,
De mille cris confus les coteaux retentissent ;
Les croisés pleins d'ardeur s'élancent au combat,
Le démon du carnage enivre le soldat ;
Les traits cachent le ciel, le sang coule, la guerre
Est partout, sur les eaux, dans les airs, sur la terre.
L'effort des assaillants est bien souvent trompé :
D'un essaim d'ennemis Moissac enveloppé
Résiste vaillamment, et, trois fois commencée,
L'attaque de Baudouin est trois fois repoussée.

» Mais, des arbres ravis aux forêts d'alentour
Par ordre de Montfort on construit une tour;
Jusqu'au sein des remparts son front plonge et menace
Les fidèles Routiers que renferme la place;
Elle offre aux assiégeants, avec un abri sûr,
Un pont qui leur permet d'escalader le mur.
De vaillants champions s'opposent au passage;
Le pont qu'on se dispute est un champ de carnage;
Il est conquis, perdu; dans ce débat affreux,
La hache le mutile, il croule dans les feux.
Aux débris enflammés un nouveau pont succède.
Montfort voit arriver les fléaux à son aide;
Moissac ne reçoit plus les trésors des sillons.
O douleur! la famine aux poignants aiguillons
D'un peuple infortuné déchire les entrailles;
Le bélier sous ses coups ébranle les murailles.
Pressé par le besoin, au désespoir livré,
Le peuple de Moissac, furieux, égaré,
Forme l'affreux projet, dans sa détresse extrême,
De trahir les Routiers en se livrant lui-même. [15]

» L'homicide complot, que le secret conduit,
N'attend pour s'accomplir que l'ombre de la nuit.
Aux tentes de Baudouin un rapide émissaire
Se glisse inaperçu dans un profond mystère;
Il marche sans péril vers les rangs ennemis.
Quelques mots convenus, l'écrit qu'il a remis,
Disent à ce héros qui perd sa renommée,

CHANT SIXIÈME.

Comment la trahison doit être consommée.
Baudouin sait tout ; il sait le lieu, l'heure, l'instant ;
Il conduit ses soldats vers le poste important.
Point d'obstacle à ses coups, la muraille est déserte ;
Au signal qu'on échange une porte est ouverte ;
Il entre dans Moissac, et sa troupe à grands cris
Se rue avec fureur sur les Routiers surpris.
Aux croisés tout sanglants le peuple unit sa rage ;
Il est fait des vaincus un horrible carnage.
Triomphant, et foulant les cadavres épars,
Le lion de Montfort flotte sur les remparts.

» Baudouin, en enlevant cette place à son frère,
S'enivre d'un nectar dont la lie est amère ;
La vengeance lui mit sa coupe dans la main,
Celle du châtiment l'attend au lendemain ;
Baudouin l'épuisera. Bientôt il va connaître
Que c'est la trahison qui nous venge du traître.

» D'un service odieux Baudouin reçut le prix.
Des faveurs de Montfort indignement épris,
Ivre de son succès, le cœur gonflé de haine,
De dix châteaux puissants il obtint le domaine.
Son orgueil court à l'Olme ; il va par ce chemin
Se jeter dans le piège où l'attend le destin. [16]

» Le commandant qui semble heureux de se soumettre,
Avec empressement reçoit son nouveau maître.

Baudouin qu'aucun soupçon n'avait encor gagné,
De quelques serviteurs à peine accompagné,
Est entré. Mais la nuit, tandis qu'exempt d'alarmes,
D'un sommeil dangereux il savourait les charmes,
Le commandant, qui veille avec la trahison,
Avertit des guerriers fidèles à Raymond;
Ils montent. Le silence a conduit leur escorte;
De la chambre perfide ils ont forcé la porte;
Le gardien qui résiste est par eux égorgé.
Surpris dans le sommeil, saisi, de fers chargé,
Baudouin dans Montauban s'en va, sous leur conduite,
Subir le châtiment que son crime mérite.
Là Raymond, assisté des deux comtes de Foix,
Au chevalier félon, dépouillé de ses droits,
Prononce sans pitié la terrible sentence.
Aux portes de la ville une ignoble potence
Est dressée, et Roger, exécutant l'arrêt,
L'attache de ses mains au douloureux gibet.
Ainsi périt Baudouin, par ordre de son frère,
Exemple de justice autant que de colère.

» Quand le sort de Baudouin fut connu de Montfort,
Il sourit et jura qu'il vengerait sa mort.
Habile à colorer d'injustes représailles,
Il veut prendre Toulouse et briser ses murailles.
De ce siége important il poursuit les apprêts;
La terreur de son nom commande le succès;
L'occasion sourit à cette âme chagrine.

Son frère Guy revient des champs de Palestine,
Amenant avec lui l'orgueil de sa maison,
Helvise, son épouse et dame de Sidon. [17]
De nombreux chevaliers, accourus de Syrie,
Poussés par le désir de revoir la patrie,
Sur les traces de Guy viennent tenter le sort
Et se laissent conduire aux quartiers de Montfort.

» Vers Toulouse, à travers les plaines effrayées,
La croisade s'avance enseignes déployées.
Foulque, pour la servir, est rentré dans nos murs;
Il cherche à réchauffer quelques levains impurs;
Mais de la perfidie on lui laisse la honte,
Et le peuple indigné reste fidèle au Comte.
L'indomptable prélat, toujours plus menaçant,
Lance encore une fois l'anathème impuissant
Qui tombe sans effet sur des fronts impassibles.
Montfort s'assied autour des murs inaccessibles.
Le siége a commencé; Roger vole au secours,
Et Raymond qui l'attend le retrouve toujours.
Le Château-Narbonnais qui domine la ville,
Prodigue aux Toulousains une insulte facile;
Mais de fréquents assauts, pleins de gloire pour nous,
Contraignent les croisés à retenir leurs coups.
C'est en vain que Montfort, au tocsin des batailles,
Par un coup décisif veut forcer nos murailles,
Les Franks sont abattus, leurs traits sont impuissants.

» Cependant des périls chaque jour renaissants
De nos braves amis ébranlaient le courage.
Mais soudain, devançant et nos vœux et son âge,
Un héros dont la lance éprouve encor le bras,
Que sa tendre jeunesse éloignait des combats,
Impatient déjà de vaincre et de combattre,
De ce drame sanglant vient fouler le théâtre.
C'est le jeune Raymond, guerrier adolescent,
Dont le casque inconnu couvre un duvet naissant,
Mais qui saura montrer, en se faisant connaître,
Au guerrier le plus fier son émule et son maître.
Roger le chérissait; leurs instincts généreux
D'une sainte amitié resserrèrent les nœuds;
La fortune de Foix s'unissait à la nôtre;
On les voyait combattre à côté l'un de l'autre,
Chercher dans les périls des triomphes nouveaux
Et des mêmes lauriers ceindre leurs fronts rivaux.
Tels deux jeunes palmiers, nés au même rivage,
Unissent leurs rameaux, confondent leur ombrage,
Et contre l'aquilon qui trouble leurs amours
Se prêtent l'un à l'autre un mutuel secours.
Je suivais tous les pas de ce héros que j'aime,
Toujours à ses côtés je combattais moi-même.
Montaudran voit bientôt, comme un astre vengeur,
De sa gloire naissante éclore la splendeur.
Dans le camp de Montfort il jette l'épouvante;
L'Hers voit tomber les Franks sur sa rive sanglante,
Et de ses flots rougis, pendant plus de vingt jours,

Les cadavres pressés interrompent le cours. [18]
Trois fois il est vainqueur; trois fois sa main hardie
Aux tentes des croisés allume l'incendie;
Ces feux dans la nuit sombre éclairent nos coteaux,
Et Toulouse applaudit à son jeune héros.
Notre amour exaltait déjà sa renommée,
Et son brillant exemple encourageait l'armée.

» Roger de Foix, témoin de ces faits glorieux,
Frappe de son côté des coups non moins heureux;
Du Château-Narbonnais il tente l'escalade,
Et de ces murs repris il chasse la croisade.
Il surprend un convoi, s'empare sans effort
Des vivres attendus dans le camp de Montfort.
Le sang des Franks rougit sa lance meurtrière :
Eustache Quen, leur chef, couché dans la poussière,
Expie, en vomissant tout son sang à longs flots,
Sa folle résistance aux armes du héros.
La famine bientôt, menaçante, inquiète,
Dans le camp des croisés entre et dresse sa tête;
Et dans les cœurs troublés ébranlant le devoir,
Y répand la douleur, mère du désespoir.
Montfort qui voit l'état où l'armée est réduite,
A sa ruine entière échappe par la fuite;
Entouré de soldats en proie à la terreur,
Disposés à subir l'ascendant du vainqueur,
Il craint d'abandonner de plus grands avantages;
Et laissant au hasard blessés, tentes, bagages,

Ce héros si vanté va chercher un abri
Jusque dans les remparts de Castelnau-d'Arry.
Nous l'y suivons. Ici, la fortune inconstante
Gardait à nos drapeaux une chute éclatante. [19]
Le destin des combats qui l'avait raffermi,
Abandonna mon maître aux fers d'un ennemi;
Et ce coup si fatal, dont l'horreur nous accable,
Est de tous nos malheurs le plus irréparable.

» Privé d'un fils, appui de sa noble maison,
Après tant de revers, l'infortuné Raymond
Se jette tout entier entre les bras d'un frère.
C'est vous seul qu'il invoque, en vous seul qu'il espère;
Une lice nouvelle attend votre grand cœur.
Des Maures abattus l'héroïque vainqueur
Dans les champs toulousains conduira la victoire;
C'est à vous que le ciel a réservé la gloire
D'humilier l'orgueil de nos fiers ennemis;
A votre bras vengeur ce triomphe est promis. »

NOTES DU CHANT SIXIÈME.

¹ Il croit n'avoir rien fait s'il reste encore à faire.

C'est la traduction de ce vers de la Pharsale (liv. 1), dans le portrait de César :

Nil actum reputans, si quid superesset agendum.

² ...... S'enferment dans ces murs avec Adélaïde.

Le véritable nom de la seigneuresse de Lavaur n'était point Adélaïde, mais *Guiraude*. Il a été permis au poète de substituer à ce nom trivial un nom un peu plus harmonieux.

³ Raymond hésite encore. Oh ! pourquoi ne peut-il
Des héros de Lavaur partager la fortune ?

Ce fut pendant le siége de Lavaur qu'éclata entre Raymond et Montfort la violente inimitié qui couvait depuis longtemps dans leurs âmes. Il est même à remarquer qu'au commencement de cette campagne, Raymond avait permis que les Toulousains portassent des vivres dans le camp des croisés campés sous les murs de Lavaur ; il gardait encore quelques ménagements avec leur général.

On reporte aux événements de ce siège un trait de superstition assez singulier : « Roger de Comminges, *parent (consanguineus) du comte de Foix*, se rendit au camp des croisés durant le siége, pour faire ses soumissions à Simon de Montfort. Il était sur le point de lui faire hommage pour tous ses domaines, le jour du Vendredi-Saint, quand Simon vint à éternuer une fois. Roger prit à mauvais augure cet unique éternuement, et s'étant retiré à l'écart avec ses gens, il les consulta sur ce qu'il devait faire, et refusa de rendre l'hommage qu'il avait promis ; mais on le tourna tant en ridicule, qu'enfin il eut honte de sa superstition et rendit cet hommage. » (*Histoire générale de Languedoc*, liv. 21, ch. 104.)

4 Roger court les combattre aux coteaux de Montjoire ;
Une heureuse surprise aidera sa victoire.

Est-ce à *Montjoire*, près Toulouse, ou à *Montjey*, près Puylaurens, qu'eut lieu la déroute et le massacre de six mille Allemands qui se rendaient au siége de Lavaur, sous la conduite de Nicolas de Bazoches ? Le poète a suivi la version des savants Bénédictins qui placent la scène de cet engagement à Montjoire. Toutefois, après avoir lu attentivement les réflexions de M. Du Mège (note 40, sur le liv. 21), nous ne balançons pas à adopter l'opinion de ce dernier et à opter pour *Montjey*. Le savant annotateur, s'appuyant sur le texte de Pierre de Vaux-Sernay, démontre fort bien que *Montjoire* ne pouvait pas se trouver sur le chemin des Allemands qui allaient de Carcassonne à Lavaur, tandis qu'au contraire ils devaient passer par *Montjey*, bourg voisin de Puylaurens. D'ailleurs on lit dans Vaux-Sernay : *Castrum quod dicitur Mons-Gaudii, prope Podium-Laurentii*. L'équivoque est venue de ce que les érudits ont confondu *Mons-Gaudii*, MONTJEY, avec *Mons-Jovis*, MONTJOIRE. Quel qu'ait été le théâtre de cette déroute, voici le récit qu'en font les auteurs de l'*Histoire générale de Languedoc* (liv. 21, ch. 106.)

« Raymond ne garda plus depuis aucune mesure avec Simon de Montfort et les croisés, et il leur fit une guerre ouverte par le conseil de Bernard, comte de Comminges, qui le pressa fortement de ne pas se laisser dépouiller de ses domaines. Il apprit vers le même temps qu'un corps de six mille croisés allemands s'avançaient pour aller au secours de Simon au siége de Lavaur, et qu'ils étaient arrivés vers Montjoire (*Mons-Jovis*), à deux lieues et demie de Toulouse, entre le Tarn et la Garonne, que divers modernes confondent avec le lieu de Mont-Gauzi, situé près de Foix. Il fit aussitôt un détachement de ses troupes sous les ordres de Raymond-Roger, comte de Foix, de Roger-Bernard fils de ce comte, et de Guiraud de Pépieux ; lesquels s'étant joints à plusieurs braves du pays, se mirent en embuscade dans un bois par où les Allemands devaient passer. Le lendemain, au soleil levant, les croisés voulant continuer leur marche, le comte de Foix sortit de son embuscade et les attaqua avec tant de fureur, qu'il les tailla en pièces, et se retira à Montgiscard, après leur avoir enlevé leur bagage. Montfort, averti du combat, partit en diligence à la tête de quatorze mille hommes, pour aller au-devant des Allemands ; mais il arriva trop tard, et ne trouva qu'une multitude de morts et de blessés sur le champ de bataille. Il fit emporter ces derniers pour les faire panser, et après avoir fait inhumer les autres, il retourna à Lavaur et reprit les travaux du siége. Un ancien auteur [*] ne compte que quinze cents croisés dans le corps d'armée qui fut défait à Montjoire par le comte de Foix. Il ajoute qu'ils étaient sous la conduite de Nicolas de Bazoches, et qu'il y en eut mille de tués. »

Le poète a sans doute commis une petite infidélité historique, en donnant le comte de Bar pour chef aux croisés allemands ; mais le nom de *Nicolas de Bazoches* pouvait-il entrer dans un vers épique ?

> 5 Tandis que les croisés, sous leurs tentes de peaux,
> S'abandonnaient sans crainte aux douceurs du repos....

Les Romains connaissaient les tentes de peaux. — Nous lisons dans une note du 6e livre des Martyrs : « Leurs tentes » étaient de peaux ; de là l'expression *sub pellibus habitare*. »

---

[*] Albert, chron.

6 Montjoire a combattu, ses toits seront brûlés ;
Il faut un holocauste aux Germains immolés ;
Montjoire périra !.....

« Simon ayant décampé de Lavaur, se présenta devant Montjoire, pour punir sur les habitants de ce lieu la mort des six mille Allemands que le comte de Foix avait défaits aux environs. Il trouva qu'ils avaient pris la fuite ; mais il pilla leurs maisons et les ruina de fond en comble. » (*Histoire générale de Languedoc*, liv. 22, ch. 1.)

7 « Le ciel ne peut souffrir à ses pompes qu'il aime
» La présence d'un front que souille l'anathème. »

« Foulque voulant faire l'ordination du samedi avant le dimanche de la Passion, était très embarrassé, parce que le Comte qui se trouvait alors dans la ville était excommunié, et que les légats avaient jeté l'Interdit sur tous les lieux où il serait présent. Pour obvier à cet inconvénient, l'évêque envoya prier ce prince de s'absenter pendant qu'il ferait l'ordination, et de sortir de la ville sous prétexte d'une promenade. Raymond, choqué de ce compliment, envoya un de ses chevaliers à Foulque pour lui ordonner de sortir au plus tôt de ses états. Ce prélat répondit : « Ce n'est point le Comte qui m'a fait évêque, et
» ce n'est ni par lui, ni pour lui que j'ai été placé sur le siège
» épiscopal de Toulouse ; je suis élu suivant les lois ecclésiasti-
» ques, et non intrus par violence et par l'autorité du prince.
» Je ne sortirai pas à cause de lui ; qu'il vienne, s'il ose ; je
» suis prêt à mourir pour arriver à la gloire par le calice de
» la passion. Que ce tyran vienne donc accompagné de tous
» ses satellites ; il me trouvera seul et sans armes, j'attends la
» récompense, et je ne crains rien de ce que les hommes peu-
» vent me faire. » L'intrépidité de l'évêque arrêta les ordres du Comte, qui n'osa rien attenter contre lui. Foulque résolut enfin de lui-même de sortir de Toulouse, et étant parti le dimanche de *Quasimodo*, premier d'avril, il se rendit devant Lavaur au camp des croisés. » (*Histoire générale de Languedoc*, liv. 21, ch. 107.)

> 8 L'évêque les conduit ; d'un pas lent et tranquille,
> Dans un morne silence ils traversent la ville....

Le fait est historique, mais l'exactitude des détails a été sacrifiée par l'auteur à l'effet poétique. « Foulque ne fut pas plutôt arrivé devant Lavaur, qu'il envoya un ordre au prévôt de Saint-Etienne et à tous ceux du clergé de quitter la ville, ce qu'ils firent avec une terrible solennité. Ils se retirèrent processionnellement, les pieds nus et emportant la sainte eucharistie. » (*Lafaille, annal. de Toul.*) Cette démarche fut extrêmement sensible aux Toulousains. (*Histoire générale de Languedoc*, liv. 21, ch. 3.)

> 9 Sous les murs de Lavaur où lui-même il s'exile,
> Dans le camp des croisés il demande un asile.

Voir une note précédente *in fine*.

> 10 Lavaur est investi ; le démon des batailles
> D'une fatale main ébranle ses murailles.

« On résolut ensuite de faire le siège de Lavaur. Cette ville qui n'avait que le titre de château, et qui depuis a été érigée en cité ou évêché, appartenait à une veuve nommée Guiraude. Aymeri, frère de cette dame, seigneur de Montréal, au diocèse de Carcassonne, et de Laurac-le-Grand, chevalier de mérite, qui, après avoir été dépouillé de ses biens par les croisés, s'était retiré auprès d'elle, entreprit la défense de la place. Il avait avec lui quatre-vingts chevaliers, tous également braves et résolus de se défendre jusqu'à la dernière extrémité, sans compter les habitants et un grand nombre d'hérétiques qui s'y étaient réfugiés ; ce qui faisait que Lavaur passait dans ce temps-là pour le principal siège de l'hérésie. La ville était d'ailleurs forte, bien munie, et environnée d'épaisses murailles et de fossés très profonds..... Montfort n'ayant pas assez de troupes pour faire la circonvallation, se contenta d'une seule attaque, et partagea son armée en deux corps qui pouvaient se prêter mutuellement du secours. Il fit ensuite dresser ses machines et battre en brèche ; mais les assiégés se défendirent avec tant de valeur et l'incommodèrent par de si fréquentes sorties, qu'il ne lui fut pas possible d'avancer les travaux. Enfin, les évê-

« ques de Lisieux et de Bayeux, Pierre de Courtenay, comte d'Auxerre, et plusieurs autres seigneurs étant arrivés au camp, il investit entièrement la place, et établit sa communication entre les divers quartiers par un pont qu'il fit construire sur l'Agoût. » (ch. 102.)

« Foulque et l'abbé de Citeaux ayant sollicité fortement ceux des habitants de Toulouse qui étaient de sa ligue ou de sa confrérie *Blanche*, de marcher au secours des croisés occupés au siége de Lavaur, ils s'armèrent au nombre de cinq mille et se disposèrent à partir. Le Comte de Toulouse, averti de leur dessein, fit tout son possible pour les en détourner, et leur défendit de sortir de la ville ; mais ils trompèrent sa vigilance, et ayant passé la Garonne à son insu au gué du Bazacle, ils arrivèrent malgré lui, enseignes déployées, au siége de Lavaur. Les assiégés, les voyant venir de loin, crurent que le Comte les envoyait à leur secours ; mais ils furent bien surpris lorsqu'ils virent qu'ils campaient avec leurs ennemis. » (Chap. 103.)

« Le siége de Lavaur traînait cependant en longueur par la vigoureuse défense des assiégés, qui, pour faire preuve de leur force, se montraient à cheval sur les remparts, armés de toutes pièces. Entre les diverses machines que les assiégeants employèrent pour abattre les murailles, ils en élevèrent une qu'on appelait *Cat* (ou *Catus*) ou *Guate*, et qui servait à lancer des pierres. Ils la poussèrent jusqu'au bord du fossé qu'ils tâchèrent ensuite de combler par une grande quantité de fascines, dans le dessein de faire approcher ensuite cette machine de plus près ; mais les assiégés enlevaient les fascines pendant la nuit par un conduit souterrain qui aboutissait à cet endroit du fossé ; en sorte que c'était tous les jours à recommencer. Les assiégés enlevaient encore par ce conduit ceux qui travaillaient à combler le fossé. Enfin, ils entreprirent une nuit de mettre le feu à la machine. Deux comtes allemands qui en avaient la garde avec quelques troupes de leur nation, résistèrent d'abord ; mais ne pouvant plus soutenir les efforts des assiégés, ils furent contraints de se jeter dans le fossé, en attendant du secours. Il arriva bientôt et les croisés obligèrent à la fin les assiégés à rentrer dans leur conduit, après leur avoir tué ou blessé plusieurs des leurs.

» Les croisés désespéraient toutefois de pouvoir combler le fossé et de se rendre maîtres de la place, lorsque l'un d'eux proposa un expédient qui réussit. On boucha l'ouverture par laquelle les assiégés entraient librement dans le fossé, avec une grande quantité de branches d'arbres toutes vertes; on y mit ensuite du bois sec et menu, des étoupes et diverses matières combustibles enduites de graisse tout allumées; enfin, on remit par-dessus du bois vert, des bottes de foin mouillées et de l'herbe. Cet amas remplit la cave d'une fumée si épaisse, qu'il ne fut plus possible aux assiégés de se servir de ce passage pour s'opposer aux desseins des croisés, lesquels comblèrent le fossé sans obstacle, firent approcher la machine des murailles et travaillèrent à la sape. Les assiégés, de leur côté, firent des efforts incroyables pour s'opposer à ceux des croisés, et jetèrent sur la machine, pour la brûler, une prodigieuse quantité de tisons allumés, de la graisse bouillante et des pieux aiguisés par le bout. Les évêques, l'abbé de la Cour-Dieu qui exerçait les fonctions de *vice-légat*, et tout le clergé de l'armée chantaient cependant le *Veni Creator*, et demandaient à Dieu la victoire par de ferventes prières. Enfin, les travailleurs ayant percé les murailles, les croisés entrèrent dans Lavaur et firent main-basse sur tous les habitants qu'ils rencontrèrent, sans distinction ni d'âge, ni de sexe. Un chevalier croisé plus compatissant que les autres, ayant appris qu'un grand nombre de femmes s'étaient rassemblées avec leurs enfants dans une maison, alla demander grâce pour elles à Simon de Montfort qui la lui accorda, et ce chevalier, dont on ne dit pas le nom, les exempta par là du massacre général. C'est ainsi que cette ville fut prise le jour de l'Invention de Sainte-Croix, 3 de mai de l'an 1211. On fit prisonnier Aymeri, seigneur de Montréal, et on le conduisit à Simon de Montfort avec quatre-vingts chevaliers ou gentilshommes de la garnison ; d'autres n'en mettent que soixante-quatorze. Simon ordonna aussitôt qu'on les fît tous pendre à des gibets qu'il avait fait préparer exprès. Aymeri fut exécuté le premier à une potence plus élevée que les autres; mais comme elle n'était pas bien assurée, elle vint à tomber. Simon voyant qu'on emploierait trop de temps à raffermir les autres, ordonna qu'on fît passer tous ceux qui restaient par le fil de l'épée, et cet ordre fut exécuté sur le champ. Quant à Guiraude, dame de Lavaur, il la fit jeter toute vivante dans le fond d'un puits qu'il fit ensuite combler de grosses pierres, à cause que c'était une hérétique obstinée.

» On trouva dans Lavaur un très grand nombre d'hérétiques que les croisés firent brûler tout vifs avec *une joie extrême*. (Pierre de Vaux-Sernay, ch. 52.) Leur nombre montait, suivant un ancien auteur, à quatre cents hérétiques parfaits. Un autre ajoute qu'on leur offrit la vie, s'ils voulaient embrasser la foi catholique; mais qu'ils préférèrent la mort, s'y exhortèrent mutuellement et se précipitèrent eux-mêmes dans les flammes. On pardonna au reste des habitants de Lavaur, sous certaines conditions. Quant au butin qui fut très considérable, on assure que Simon de Montfort se l'appropria, et qu'il s'en servit pour satisfaire un riche marchand de Cahors qui lui avait prêté de grosses sommes. » (Ch. 108, liv. 21, *Hist. gén. de Languedoc.*)

<blockquote>
11 Baudouin a déserté la cause de son frère,
Et, suivant sans pudeur le parti du plus fort,
Il unit sa bannière aux drapeaux de Montfort.
</blockquote>

« Après la prise de Cahors, Simon entreprit le siège de Montferrand, château situé dans le Lauraguais, à deux lieues de Castelnau-d'Arry. Le comte Baudouin avait d'abord demandé au comte Raymond, son frère, le gouvernement de cette dernière place qu'il se faisait fort de défendre en cas d'attaque; mais Raymond ayant jugé à propos de l'abandonner, il lui avait confié celui du château de Montferrand, avec promesse de marcher à son secours, s'il était assiégé. Quoique ce château ne fût pas des plus forts, Baudouin, qui était brave et courageux, le défendit néanmoins pendant plusieurs jours avec quatorze chevaliers qui composaient la garnison, dont le plus qualifié était le vicomte de Montclar, contre les efforts de l'armée de Simon, composée de quatorze mille hommes. Enfin, ce général ayant fait brèche, tenta de donner l'assaut. Ses troupes franchirent le fossé; mais elles furent si bien reçues par les assiégés qui mirent en pièces toutes les machines, qu'il fut obligé de faire sonner la retraite, après une grande perte. Simon surpris d'une pareille résistance, et comprenant qu'il avait affaire à un capitaine expérimenté en la personne de Baudouin, prend la résolution de le gagner à quelque prix que ce fût, lui fait dire qu'il souhaitait d'avoir une conférence avec lui, et lui promet, foi de gentilhomme, une entière sûreté. Baudouin, sur cette parole, va au camp suivi d'un seul chevalier. Simon n'omet rien pour le porter à se rendre; et ayant beaucoup exalté sa valeur, il jette dans son esprit des soupçons contre le Comte de Toulouse son frère, qui l'exposait ainsi dans une place aussi faible, laquelle ne pouvait manquer d'être bientôt forcée. Il lui promet la vie et les bagues sauves s'il veut lui remettre ce château, à condition cependant qu'il ne porterait jamais les armes contre les croisés, s'il n'aimait mieux s'engager à son service et recevoir de sa main des domaines suffisants pour son entretien. Baudouin se laissa tenter par l'appât d'une meilleure fortune; et voyant qu'il n'était pas en état de tenir plus longtemps et qu'il n'avait aucun secours à attendre du Comte son frère, il accepte ces propositions, promet par serment de ne plus porter les armes contre Simon et les croisés, et offre même de servir ce général envers tous et contre tous. Il va ensuite trouver le Comte son frère pour lui exposer les raisons qui l'avaient obligé à cette démarche et tâche de les justifier. Mais Raymond qui était déjà informé de tout, et qui était extrêmement piqué de ce que Baudouin avait offert ses services à son ennemi capital, le reçut avec indignation et lui ordonna de se retirer, avec défense de paraître jamais devant lui.

»Baudouin retourna alors vers Simon, le pria de le recevoir au nombre de ses vassaux, et lui promit une fidélité inviolable. Simon charmé de faire une acquisition de cette importance, accepta volontiers ses offres, et Baudouin ayant été aussitôt réconcilié à l'Eglise, il fit restituer sur-le-champ à quelques pèlerins de Saint-Jacques, pour marquer la sincérité de son retour, ce que les Routiers leur avaient enlevé en haine des croisés. Il demeura toujours depuis attaché au parti de Simon, qui lui donna en fief plusieurs domaines dans le Querci, où il alla fixer sa demeure, et fit depuis une guerre implacable au Comte son frère. » (*Ibid.*, liv. 22, ch. 2.)

<blockquote>
12 Allez! de vos destins suivez l'ignominie!
Allez vendre à Montfort un sang que je renie!
Lui dit Raymond..........
</blockquote>

Voir la note précédente.

<blockquote>
13 Il devient des croisés l'ardent auxiliaire
Et nous fait tout le mal que son bras nous peut faire.
</blockquote>

Voir encore la même note.

<blockquote>
14 Dans l'Agenais soumis Penne résiste encore.....
. . . .
N'abandonnant enfin aux assiégeants surpris
Qu'une troupe expirante et des murs en débris.
</blockquote>

« Montfort, après la prise de Saint-Antonin, délibéra sur la suite des opérations de la campagne avec les évêques d'Uzès, de Toulouse et de Carcassonne. On résolut de marcher vers l'Agenais, pays que Raymond le jeune tenait de la succession de Jeanne d'Angleterre sa mère. L'évêque d'Agen pressait depuis longtemps le général des croisés de s'y rendre, avec offre de l'aider de toutes ses forces, et de l'appuyer du crédit de ses parents qui étaient très puissants dans le pays. Simon s'étant mis en marche, se saisit en passant de divers châteaux que la crainte de ses approches avait fait abandonner par leurs habitants, il les fait raser, et ne conserve que celui de Montcuq qu'il donne au comte Baudouin. Etant arrivé devant le château de Penne en Agenais, place très forte, située sur le penchant d'une colline, au bas de laquelle coule la rivière du Lot, dans un pays aussi agréable que fertile, il forme le dessein d'en faire le siége. Le Comte de Toulouse y avait mis pour gouverneur Hugues d'Alfar, chevalier espagnol, homme brave et intelligent, qu'il avait fait sénéchal du pays, et à qui il avait donné Guillelmete sa fille naturelle en mariage, et qui, avec quatre cents Routiers qu'il avait pris à sa solde, résolut de se défendre jusqu'à la dernière extrémité.

» Simon, avant que de commencer le siége de Penne, laissa son armée devant cette place et alla à Agen, suivi de quelques chevaliers, pour recevoir la soumission des habitants qui lui prêtèrent serment de fidélité, et lui remirent leur ville dont il prit possession. On peut observer à cette occasion, que le zèle de la religion réglait bien moins les pas de ce général, que l'envie de s'agrandir aux dépens d'autrui ; car il est certain qu'il n'y avait alors aucun hérétique manifeste à Agen. Or, nous avons vu ailleurs que le Pape ne regardait pas encore le Comte de Toulouse comme convaincu des crimes dont on l'accusait, et qu'il convenait qu'on ne pouvait lui ôter ses états. C'est donc uniquement dans le dessein de les envahir et de s'enrichir des dépouilles de ce prince, que Simon lui faisait la guerre.

» Ce général étant de retour à Penne le dimanche troisième de juin, il en commença le siége, durant lequel l'évêque de Carcassonne qui s'y trouva fit les fonctions de vice-légat, à cause de l'absence d'Arnaud, archevêque de Narbonne, qui était alors en Espagne. Hugues d'Alfar, gouverneur de la place, fit mettre aussitôt le feu au faubourg d'en-bas, et se renferma dans le château avec sa garnison. Les croisés se saisirent ensuite du faubourg abandonné, et y dressèrent des pierriers pour abattre les murailles. Mais les assiégés les démontèrent bientôt, et ils harcelèrent tellement les croisés par leurs fréquentes sorties, que ces derniers n'avaient encore fait aucun progrès à la Saint-Jean. Simon reçut cependant l'hommage de presque toute la noblesse de l'Agenais, qui vint le reconnaître pour son seigneur. Enfin, voulant avancer les travaux du siége et remplacer plusieurs croisés qui, après avoir fini leur quarantaine, demandaient à se retirer, il manda à Guy son frère de le venir joindre.

. . . .

» Guy assiégeait actuellement le château de Penne en Albigeois, quand Simon son frère lui manda de venir à son secours. Guy abandonna aussitôt le siége de ce château ; et, ayant fait le dégât aux environs, il se mit en marche, et arriva enfin au siége de Penne en Agenais.

» Simon chargea Guy son frère de l'attaque du côté du

levant, et il continua lui-même celle qu'il avait commencée vers le couchant. Comme les machines qu'il avait employées jusqu'alors étaient presque inutiles, il en fit construire une beaucoup plus grande dont il espérait un meilleur succès ; mais il se vit abandonné bientôt de l'archevêque de Rouen, de l'évêque de Laon et de la plupart des autres pèlerins français qui, ayant fini leur quarantaine et étant d'ailleurs fatigués de la longueur du siége, se disposèrent à partir. Simon fit tout son possible pour les retenir encore quelque temps ; le seul archevêque de Rouen consentit de demeurer jusqu'à l'arrivée d'une troupe de nouveaux croisés qui venaient de Carcassonne, et qui avaient à leur tête l'abbé de Saint-Remy de Reims, un abbé de Soissons, l'archidiacre de Châlons-sur-Marne, et le doyen d'Auxerre, lequel mourut peu de temps après. Simon, aidé de ces nouveaux croisés, pressa la place de plus près. Les assiégés continuèrent de leur côté à se défendre avec beaucoup de courage; et craignant de n'avoir pas assez de vivres, ils firent sortir de la ville toutes les bouches inutiles. Mais Simon fit rentrer ces exilés, et on le loue beaucoup *de n'avoir pas daigné les faire mourir.* (*Pierre de Vaux-Sernay*, ch. 63.) Enfin, les machines ayant miné la plupart des maisons et fait une brèche considérable aux murailles, les assiégés qui manquaient d'eau et mouraient de soif, à cause de la chaleur extrême de la saison, et qui n'avaient d'ailleurs aucune nouvelle du Comte de Toulouse, demandèrent à capituler. Ils obtinrent la liberté de se retirer avec la vie et les bagues sauves, et le gouverneur livra la place à Simon le 25 de juillet de l'an 1212. Le lendemain, l'archevêque et le chantre de Reims arrivèrent au camp avec un nouveau renfort de croisés. » (*Hist. gén. de Lang.*, liv. 22, ch. 25.)

> 15 Le peuple de Moissac, furieux, égaré,
> Forme l'affreux projet, dans sa détresse extrême,
> De trahir les Routiers en se livrant lui-même.

« Montfort, après avoir soumis l'Agenais, se rendit dans le Querci, et arriva le 14 d'août de l'an 1212 devant Moissac, ville située sur le Tarn et les frontières du Toulousain, au pied d'une colline, dans une très belle campagne. Il l'assiégea aussitôt avec le secours de Baudouin, frère du Comte de Toulouse, qui le joignit à la tête de quinze mille hommes. Les habitants se voyant menacés d'un siége, avaient appelé à leur secours un corps de Routiers et plusieurs bourgeois de Toulouse, qui, au mépris de l'Interdit que les légats avaient jeté sur la ville, à cause qu'elle était attachée au parti du Comte de Toulouse, firent sonner tous les jours les cloches de l'abbaye. Ayant été ensuite investis, ils se seraient volontiers soumis à Simon, mais la garnison les en empêcha, et ils furent obligés de se défendre malgré eux. Simon, avant que de faire dresser ces machines, dont il donna la direction à Guy, évêque de Carcassonne, et à Guillaume, archidiacre de Paris, tenta l'assaut; mais il fut repoussé avec perte et obligé de se retirer. Il eut alors recours à ses machines dont il ne fit pas un long usage, car les assiégés y mirent le feu dans une sortie et poussèrent les croisés avec beaucoup de vigueur, jusqu'à ce que Simon étant survenu, il les obligea enfin à rentrer dans la place, après avoir eu un cheval tué sous lui, reçu une blessure au pied et avoir failli d'être pris. Dans cette action, plusieurs croisés demeurèrent sur la place, et les assiégés firent prisonnier un neveu de l'archevêque de Reims, qui était venu au siége avec son oncle. Ils lui coupèrent la tête et la jetèrent avec le tronc par-dessus les murailles.

» Peu de temps après, Réginald, évêque de Toul, vint à Cahors à la tête d'un nouveau corps de croisés, dans le dessein d'aller joindre Simon. Le comte de Foix qui était à Montauban, informé de sa marche, se mit en campagne, l'attaqua et l'obligea de se réfugier dans un château du voisinage. Montfort détacha aussitôt le comte Baudouin qui l'amena en toute sûreté. Il redoubla alors ses efforts, et ayant fait élever une grande machine appelée *Cat*, il la couvrit de peaux de bœufs toutes fraîches et la fit approcher de l'avant-fossé, qui était large, profond et plein d'eau. Les assiégés opposèrent à cette machine un pierrier pour la démonter, et ils vinrent à bout d'y mettre le feu dans une sortie. Mais les croisés ayant trouvé moyen de l'éteindre, ils donnèrent l'assaut le lendemain aux ouvrages extérieurs, tandis que l'archevêque de Reims, les évêques de Toul, de Carcassonne et d'Albi, l'abbé de Moissac avec une partie de ses religieux et le reste du clergé de l'armée chantaient dans le camp des hymnes et des cantiques, nu-pieds et revêtus d'aubes pour implorer le secours du ciel. Leurs prières furent efficaces; les assiégés abandonnèrent enfin ces ouvrages, après avoir disputé longtemps le terrain, et se retirèrent derrière les murailles de la place.

» Cependant ceux de Castelsarrasin envoyèrent des députés au camp pour se soumettre, et Simon détacha en même temps Guy son frère, le comte Baudouin et quelques autres chevaliers, pour s'assurer de Verdun sur la Garonne, qui se rendit volontairement avec toutes les places des environs; en sorte qu'il ne resta plus dans le pays au Comte de Toulouse que la ville de Montauban. Les bourgeois de Moissac informés de cette soumission, et voyant d'ailleurs que les machines des croisés avaient fait des brèches considérables à leurs murs, firent négocier secrètement leur paix et offrirent de se rendre, pourvu qu'on leur accordât la vie et les bagues sauves. Simon refusa d'accepter leurs offres, à moins qu'ils ne lui livrassent les Routiers et le reste de la garnison, et qu'ils ne lui fissent serment de ne plus porter à l'avenir les armes contre les chrétiens. Les habitants de Moissac ayant consenti à ces articles, ils ouvrirent leurs portes aux croisés le lendemain 8 de septembre, et s'étant joints à eux, ils firent main-basse sur la garnison composée de trois cents hommes. Ils rachetèrent ensuite le pillage de leurs maisons pour la somme de cent marcs d'or qu'ils donnèrent à Simon, lequel prit possession de la ville et la remit à l'abbé; il se réserva seulement le domaine qui revenait de droit au Comte de Toulouse sur le château, et se l'appropria. Il fit six jours après un traité avec Raymond, abbé de Moissac, suivant lequel ils réglèrent les droits qui leur appartenaient sur la ville de ce nom avec ses dépendances; ces droits étaient échus à Simon, est-il dit dans la charte, *parce que Dieu les avait ôtés au Comte de Toulouse, pour ses péchés et pour les maux infinis qu'il avait causés à l'Eglise et à la foi catholiques.*

» .... L'abbé de Moissac ne fut guères plus content de Simon de Montfort qu'il ne l'avait été de Raymond, comte de Toulouse. Peu de temps après la prise de cette ville par le premier, il députa un de ses religieux en cour pour implorer la protection du roi, auquel il exposa, comme au défenseur de son monastère, les maux qu'il avait eus à souffrir, soit de la part des comtes de Toulouse, soit de la part des croisés. » (*Hist. gén. de Lang.*, liv. 22, ch. 27.)

> 16 Son orgueil court à l'Olme; il va par ce chemin
> Se jeter dans le piège où l'attend le destin.

Ce fait épouvantable de l'exécution d'un frère condamné par son propre frère ne peut pas être mis sur le compte de la fiction; il est malheureusement historique; il peint les mœurs féroces de cette époque de barbarie; seulement, il est postérieur à la bataille de Muret qui ne prend place qu'au douzième chant du poème; il appartient à l'année 1214. Baudouin se trouvait à cette bataille, où il se signala par le massacre des Toulousains. Nous croyons pouvoir assurer que le poète, en commettant cet anachronisme volontaire, a voulu rassembler dans le cadre du récit un ensemble de faits et de caractères propres à compléter le tableau des mœurs du moyen-âge. Maintenant voici le fait tel que, d'après les savants Bénédictins; les auteurs de l'époque l'ont raconté.

« Cependant Baudouin, frère du Comte de Toulouse, après avoir visité les domaines que Simon de Montfort lui avait donnés en fief en Agenais, vint dans le pays de Querci le premier lundi de carême, et s'arrêta au château de l'Olme, soumis à son autorité. Le seigneur et les chevaliers de ce château résolurent de se saisir de lui, et de le remettre entre les mains de son frère qui le haïssait mortellement, à cause de la guerre implacable qu'il ne cessait de lui faire. Ils mirent dans leur complot les chevaliers et les Routiers que le Comte de Toulouse tenait en garnison dans le château de Montlevar, situé au voisinage; et Ratier, seigneur de Castelnau, château qu'on appelle encore à cause de ce seigneur Castelnau de Mont-Ratier, voulut être de la partie. Baudouin avait d'autant moins de sujet de se défier du seigneur de l'Olme, qu'outre qu'il était son ami particulier, il avait prêté comme lui serment de fidélité à Montfort. Comptant donc être en sûreté dans l'Olme, il se coucha tranquillement, et tous ceux de sa suite en firent de même,

dans des maisons séparées. Entre ceux-ci, était un chevalier français, nommé Guillaume de Contres, qu'un ancien historien du pays appelle toujours *Verles d'Encontre*, et à qui Simon de Montfort avait confié le gouvernement de Castelsarrasin, et un *sergent* français que ce général avait fait gouverneur de Moissac. Durant la nuit, le seigneur de l'Olme prend la clé de la chambre où le comte Baudouin était couché, et étant allé joindre Ratier de Castelnau et les Routiers auxquels il avait donné rendez-vous dans un certain endroit, il leur dit en leur montrant la clé : « Pourquoi tardez-vous ? votre ennemi est
» entre vos mains, vous n'avez qu'à vous dépêcher, et je vous
» le livre enseveli dans un profond sommeil et sans armes, et
» avec lui plusieurs autres. » Aussitôt, ils suivent ce seigneur qui les introduit dans le château. Ils posent des sentinelles à toutes les portes des maisons où il y avait quelqu'un de la suite du Comte, allument ensuite des flambeaux, et Ratier de Castelnau, suivi du seigneur de l'Olme, ayant surpris Baudouin dans son lit, il se saisit de sa personne. Le bruit que fit la prise de ce prince éveilla ses gens, qui voulant accourir au secours, furent tous pris ou tués, à la réserve d'un petit nombre qui se sauva par la fuite.

» Les Routiers conduisirent d'abord Baudouin à Montcuq, château qui lui appartenait et dont les habitants le reçurent volontiers. Ils demandèrent en même temps à ce prince de leur faire remettre incessamment la tour de ce château où il y avait une garnison française. Baudouin, bien loin de leur accorder leur demande, fit défense à cette garnison de se rendre, même quand on le verrait prêt à être attaché au gibet, et il lui ordonna de tenir ferme jusqu'à ce que le comte de Montfort vînt au secours. Les Routiers, pour se venger de ce refus, firent jeûner Baudouin pendant deux jours. Le troisième, on lui permit de se confesser; mais un Routier ne voulut pas souffrir qu'il communiât, jusqu'à ce qu'il eût rendu un de ses camarades que ce prince avait fait prisonnier. La garnison de la tour de Montcuq se rendit toutefois, à condition qu'on accorderait la vie à tous ceux qui la composaient. Les Routiers le promirent, et manquèrent bientôt après à leur parole en les faisant tous pendre. Ils amenèrent ensuite Baudouin à Montauban, où ils le tinrent dans une étroite prison jusqu'à l'arrivée du comte Raymond son frère, qui était alors à la cour du roi d'Angleterre. Raymond arriva enfin, suivi des deux comtes de Foix père et fils, de Bernard de Portelle, chevalier aragonais, et de plusieurs autres gens de condition. Il les assembla aussitôt hors la ville ; et là, ayant pris leur avis, il condamna Baudouin son frère à mourir, tant pour crime de félonie, que par représaille de la mort du roi d'Aragon à laquelle il avait contribué......

» Baudouin se voyant condamné à la mort, demanda la permission de se confesser et l'obtint avec peine. Le comte de Foix, Roger-Bernard son fils et Bernard de Portelle le prirent ensuite, et le pendirent eux-mêmes à un noyer, sans autre façon. Les chevaliers du Temple enlevèrent aussitôt son corps et l'inhumèrent, avec la permission du comte Raymond, dans le cloître et auprès de l'église de leur commanderie de Ville-Dieu, située entre le Tarn et la Garonne, à deux lieues de Montauban. Telle fut la fin funeste de ce prince qui paraissait mériter un meilleur sort, et qui était très recommandable par sa valeur. Quelques historiens blâment Raymond de l'avoir fait mourir, surtout d'une manière si ignominieuse. Mais, sans vouloir excuser ici ce Comte, qui en aurait agi sans doute plus noblement en pardonnant à son frère, il est certain que ce dernier lui avait prêté serment de fidélité comme un vassal à son seigneur ; et que s'étant tourné néanmoins contre lui pour embrasser le parti de Simon de Montfort, ennemi juré de sa maison, il lui avait fait tout le mal qu'il avait pu. » (*Histoire générale de Languedoc*, liv. 22, ch. 64.)

17 Son frère Guy revient des champs de Palestine,
Amenant avec lui l'orgueil de sa maison,
Helvise, son épouse et dame de Sidon.

« Simon célébra la fête de Noël à Castres, où Guy son frère, qui l'avait suivi autrefois dans la Terre-Sainte, et qui y était demeuré depuis, vint le joindre. Guy amena avec lui Helvise d'Ybelin, dame de Sidon, sa femme, qu'il avait épousée en Orient, et plusieurs enfants qu'il en avait eus. (*Ibid.*, liv. 22, ch. 14.)

18 L'Hers voit tomber les Franks sur sa rive sanglante,
Et de ses flots rougis, pendant plus de vingt jours,
Les cadavres pressés interrompent le cours.

Cette partie du récit se rapporte au premier siége de Toulouse que Montfort entreprit en 1211, et qu'il fut bientôt après obligé de lever, après quelques tentatives inutiles. Voici ce qu'on trouve dans l'*Histoire de Languedoc* :

« Simon dépêcha au comte de Bar, pour le prier de faire marcher ses troupes vers Toulouse, et ayant pris les devants, il alla conférer avec lui aux environs de Montgiscard. Ils conclurent de commencer leur expédition par le siége de Toulouse, et firent ensuite défiler leurs troupes ; elles se joignirent vers Montaudran, lieu situé sur la petite rivière de l'Hers.

. . . .

» Le comte Raymond ne s'alarma pas des projets des croisés. Il s'était assuré du secours des comtes de Foix et de Comminges, qui l'avaient joint à la tête de leurs vassaux ; et il avait enfin réuni en sa faveur, après cependant beaucoup de peines et de soins, tous les habitants de Toulouse qui lui promirent de se défendre jusqu'à la dernière extrémité, nonobstant la nouvelle excommunication que les légats venaient de lancer contr'eux. Dès qu'il eut appris par ses espions l'arrivée de Simon de Montfort et du comte de Bar à Montgiscard, il s'avança vers eux pour leur disputer le passage de l'Hers, suivi des comtes de Foix et de Comminges, de cinq cents chevaliers d'élite, et d'un corps considérable d'infanterie. Il fit aussitôt rompre le pont qui était à Montaudran ; en sorte que les deux armées campèrent en présence, n'étant séparées que par cette petite rivière. Les croisés n'osant tenter le passage à la vue de leurs ennemis, prirent le parti de se détourner pour chercher quelque gué. En chemin faisant, ils rencontrèrent un autre pont que le Comte de Toulouse faisait actuellement abattre. Ils attaquèrent les troupes de ce prince, les firent reculer, et passèrent enfin, partie sur ce pont et partie à la nage. Raymond, pour n'être pas accablé par le nombre, prit le parti de la retraite, mais ce ne fut pas sans avoir fait périr auparavant plusieurs croisés et avoir fait plusieurs prisonniers.

» Le lendemain, l'armée des croisés ayant marché vers Toulouse, fit main-basse en chemin sur tous ceux qu'elle rencontra, et ravagea la campagne. Simon n'ayant pas assez de troupes pour faire la circonvallation de la ville, à cause de sa trop grande étendue, se contenta d'attaquer cette partie qu'on appelait alors le *bourg*, ou le faubourg, et qui était située vers l'abbaye Saint-Sernin. Il campa dans une distance assez éloignée des murailles, et dressa ses batteries contre deux portes. Mais les Toulousains, pour faire voir qu'ils ne le craignaient pas, les laissèrent ouvertes jour et nuit, et en percèrent même quatre nouvelles. Enfin Simon, après avoir pris l'avis du légat et des comtes de Bar et de Châlons, tenta l'assaut. Mais il fut reçu avec tant de bravoure par les habitants, dont le nombre surpassait de beaucoup celui des croisés, qu'il fut obligé de se retirer. Le comte de Toulouse fit alors une sortie avec le comte de Foix, et ils tombèrent si rudement sur les assiégeants, qu'ils en tuèrent plus de deux cents et en blessèrent autant. Le comte de Foix eut un cheval tué sous lui dans ce combat qui dura jusqu'à la nuit, et dans lequel il perdit Raymond de Castelbon, l'un de ses plus braves chevaliers. Les assiégés firent encore diverses sorties les jours suivants, et toujours avec avantage. Ils perdirent un parent du comte de Comminges, et Guillaume de Rochefort, frère de l'évêque de Carcassonne. Dans une de ces sorties qu'ils entreprirent sur le midi, lorsque les croisés, accablés par la chaleur du jour, faisaient la méridienne après leur dîner, *suivant l'usage*, ils donnèrent sur un convoi escorté par Eustache de Quen et le châtelain de Melfe, le mirent en déroute, et laissèrent mort sur la place le premier de ces deux chevaliers........

. . . .

» Le siége de Toulouse durait déjà depuis longtemps, lorsque Simon voyant que tous ses efforts étaient vains, que la disette était dans son camp et que son armée s'affaiblissait tous les jours, résolut de se retirer; résolution dont la honte, si nous en croyons Pierre de Vaux-Sernay, zélé partisan de ce général, rejaillit bien moins sur lui que sur le comte de Bar, qui, à ce qu'il fait entendre, ne fit pas bien son devoir. Quoi qu'il en soit, Simon ne voulant pas décamper impunément, fit divers détachements le lundi 27 de juin, pour faire le dégât dans les environs de Toulouse (année 1211). Les Toulousains sortent alors en foule, sous le commandement d'Hugues d'Alfar, sénéchal d'Agenais, et de Pierre d'Arsis son frère, donnent sur le camp des croisés, leur tuent beaucoup de monde, entr'autres Eustache de Canits, l'un de leurs meilleurs chevaliers, renversent leurs tentes, les mettent au pillage, et délivrent leurs prisonniers qu'on tenait dans les fers. Le comte de Foix étant survenu à la tête des Béarnais et des Navarrais, attaque les troupes du comte de Bar, les pousse vivement, et les oblige à prendre la fuite, après en avoir tué et blessé un grand nombre. Enfin les cris des croisés ayant rappelé au camp leur troupes qui s'étaient dispersées aux environs de Toulouse, le comte de Foix et le sénéchal d'Agenais se retirent en bon ordre, et rentrent dans la ville avec un riche butin, sans avoir perdu un seul homme.

» Deux jours après, Simon leva le siège avant le jour, avec tant de précipitation, qu'il laissa dans son camp une partie de ses blessés et une partie de ses équipages; il acheva cependant de désoler en passant toute la campagne. Le comte de Châlons et une grande partie des croisés de sa suite, ayant fini leur service de quarante jours, prirent alors congé de ce général; mais le comte de Bar demeura encore quelque temps. On assure cependant que les deux comtes, persuadés de l'injustice du procédé de l'abbé de Citeaux et de Simon envers les comtes de Toulouse, de Foix et de Comminges, les exhortèrent à leur donner la paix, et que le légat et Simon se seraient rendus à leurs remontrances, si Foulque, évêque de Toulouse, ne l'avait empêché. » (*Histoire générale de Languedoc*, liv. 22, ch. 3 et 5.)

[19] .... Ici la fortune inconstante
Gardait à nos drapeaux une chute éclatante.

Voyez le 1er chant et les notes qui l'accompagnent sur le siége de Castelnau-d'Arry, et les divers combats qui furent livrés autour de cette place.

CHANT SEPTIÈME

SOMMAIRE.

Pierre promet des secours à l'ambassadeur de Raymond. — Il invite Marcel aux fêtes qui durent trois jours. — Première Journée : Tournoi. — Le jeune Raymond fait hommage de son triomphe à Elma. — Deuxième Journée : Course de Taureau. — Raymond et Elma ne paraissent pas dans le Cirque. — Troisième Journée : Marche triomphale des rois de Navarre, de Castille et d'Aragon. — Char des Triomphateurs. — Images des peuples soumis à la loi du Coran. — Illumination de Saragosse.

CHANT SEPTIÈME.

Marcel, qu'entoure encor le royal auditoire,
Des malheurs de Toulouse a raconté l'histoire.
Pierre dit : « Je partage un douloureux affront ;
» Le sang et l'amitié m'unissent à Raymond. [1]
» Ses malheurs m'ont ému, sa cause est juste et belle ;
» Ce prince peut compter sur mon appui fidèle.
» Ni crainte, ni revers n'ébranleront ma foi ;
» Je sais tous les dangers que j'appelle sur moi.
» Mais, dussé-je périr dans la noble entreprise,
» Dussent tomber sur moi les foudres de l'Eglise,
» Pour combattre Montfort et les puissants légats,
» Je franchirai les monts qui bornent mes états ;
» J'irai, je conduirai ces enfants de la gloire

» Qu'aux champs de Tolosa couronna la victoire,
» Quand du Maure insolent le téméraire orgueil,
» Qui rêvait des lauriers, ne trouva qu'un cerceuil.
» J'irai, fort de la cause et des droits que j'épouse,
» Couvrir de mes drapeaux les remparts de Toulouse,
» Venger l'honneur d'un frère ; au joug d'un oppresseur
» Arracher votre prince et le fils de ma sœur,
» Et, d'un aventurier châtiant l'insolence,
» Frapper d'un coup mortel sa coupable espérance.
» Dans les jeux de la paix, tandis que mes soldats
» Préparent leur courage à de nouveaux combats,
» Calmez auprès de nous vos douleurs inquiètes ;
» Que ma cour vous retienne, assistez à nos fêtes ;
» Célébrez avec nous ce jour que Dieu bénit,
» Dont le monde chrétien s'honore et retentit,
» Le triomphe si beau, la victoire immortelle [2]
» Qui frappa le croissant, détrôna l'Infidèle,
» Et des fils de l'Islam, couchés dans nos sillons,
» Moissonna pour toujours les impurs bataillons. »

Il dit, et par son ordre on sonne la fanfare ; [3]
Des jeux et des tournois la pompe se prépare.
On appelle au champ clos ces chevaliers sans peur,
Qui viennent disputer la palme de l'honneur.
Ainsi la Grèce, aux jours où brillait son génie,
Appelait ses enfants aux fêtes d'Olympie,
Et sa main couronnait le char victorieux,
L'athlète et le coursier triomphants dans ses jeux.

CHANT SEPTIÈME.

Aux lieux où Saragosse, antique et glorieuse,
Etend de son faubourg l'enceinte populeuse,
Il est au bord de l'Ebre un champ vaste et désert,
Rivage que tapisse un gazon toujours vert,
Où le fleuve, qui gronde aux plaines inondées,
Parfois roule au hasard ses ondes débordées.
Là, du cirque qui s'ouvre aux pompes de ce jour
La palissade en bois dessine le contour.
Du tournoi radieux la lice se déploie ;
La tenture aux plis d'or, les longs tapis de soie,
Et les fleurs, les festons, les chiffres enlacés
Décorent les gradins sur dix rangs exhaussés. [4]
Tout ce que l'Aragon et ses monts, et ses plaines
Comptent de troubadours, d'illustres châtelaines,
De preux, de fiers barons, de chevaliers courtois,
Courait dans Saragosse aux pompes des tournois.
Oh ! qui pourrait nombrer ; oh ! qui pourrait décrire
Ces beautés au front pur, au magique sourire,
Aux grands yeux pleins d'éclairs, d'où partent tour à tour
Et des sources de flamme et des rayons d'amour ?
Leur bouche, fleur vermeille aux vivantes corolles,
Lance en traits acérés d'enivrantes paroles,
Et subjugue les cœurs que fascine à la fois
Le prestige de l'œil, le charme de la voix.
Oh ! qui peindra l'éclat de ces riches parures,
Et l'ébène ondoyant des noires chevelures ;
Ces boucles, ces anneaux, tous ces bandeaux soyeux
Que l'heureuse résille enferme dans ses nœuds ;

Et l'aigrette légère, élégante, mobile,
D'or et de diamants tissu riche et fragile,
Qui se roule en spirale, et de ses feux divers
En prisme scintillant divise les éclairs?
Les écharpes d'azur se déroulent flottantes;
Les voiles argentés, les gazes transparentes,
Les tissus ondoyants au reflet délicat,
Orgueil de cent beautés, rivalisent d'éclat.
C'est le cercle émaillé d'une riche corbeille,
Une guirlande immense, éclatante merveille,
Où le printemps sourit, prodigue des couleurs,
Et verse à flots pressés ses parfums et ses fleurs.
Tel, quand la nuit sereine a replié ses voiles,
Scintille un firmament tout parsemé d'étoiles,
Où la lune, éclairant les sommets d'alentour,
Semble une reine assise au milieu de sa cour.

Sur un trône d'ivoire où l'or pur étincelle,
Pierre qu'attend sa cour se place au milieu d'elle.
Là, brillent à ses pieds, aux yeux des spectateurs,
Les magnifiques dons qu'il destine aux vainqueurs.
D'abord, un fier coursier qu'aux sables de Libye
L'oasis enfanta d'un souffle d'Arabie.
Les murs de l'Alcazar reçurent ce trésor;
Avec sa riche housse et des éperons d'or,
Au roi dont il aimait le noble caractère
Le Calife l'offrit en tribut volontaire.
Puis, un lourd cimeterre au redoutable acier

CHANT SEPTIÈME.

Que trempa dans Tunis un habile ouvrier ;
Sur le fourreau d'argent, brillantes ciselures,
Rayonnent des coursiers, des casques, des armures.
C'est ce fer malheureux qu'au jour de son trépas
Portait l'Émir trahi par le sort des combats,
Quand Pierre, son vainqueur aux murs de Ségovie,
Lui ravit à la fois la couronne et la vie.
Enfin, l'on voit auprès du coursier frémissant,
Briller l'acier poli d'un casque éblouissant,
Dont le cimier emprunte à l'autruche sauvage
La noble majesté de son riche plumage.
Sur les siéges couverts de tissus nuancés,
D'un immense concours les rangs se sont pressés.
Ainsi, quand le printemps ouvre ses fleurs vermeilles,
Aux branches d'un ormeau pend un essaim d'abeilles,
Dont le groupe mobile et toujours bourdonnant,
Et grossit, et s'allonge, et se berce ondoyant.
Et le ciel bleu scintille, et dans l'azur limpide
Descend à torrents d'or la lumière splendide
Sur la lice et les fleurs, et ces mille beautés
Qu'inonde le soleil de feux et de clartés.

Mais la trompette sonne, et de sa voix guerrière [5]
Aux preux impatients elle ouvre la carrière.
Miguel, héraut du camp, au signal de son roi, [6]
Abaisse la barrière, annonce le tournoi.
Un silence attentif remplit l'enceinte émue ;
Vers la porte du camp chacun tourne sa vue :

On écoute, et bientôt, au son bruyant du cor,
Etincelant d'acier, bardé de fer et d'or,
S'avance un chevalier au superbe costume,
Que porte un coursier noir au frein blanchi d'écume.
Son beau casque reflète un feu doux et tremblant;
Sur l'éclatant cimier flotte un panache blanc;
L'écharpe aux larges nœuds, à la frange dorée,
Presse ses nobles flancs d'une zône pourprée;
De la main droite il tient la lance du combat,
De la gauche un écu qu'emplit de son éclat
Un soleil rayonnant, emblème de sa dame.
D'une voix forte il crie : « Etoile de mon âme,
» Inès est un soleil d'immortelle beauté; [7]
» En elle est la vertu, l'honneur, la pureté.
» A ses divins attraits le monde rend hommage;
» Le prix de la beauté doit être son partage.
» Qui prétend le nier, qu'il avance !..... et soudain
» J'obtiendrai son aveu les armes à la main. »

Il disait; mais du cor la voix retentissante
Annonce au chevalier qu'un rival se présente;
La lance au poing, superbe et déjà menaçant,
Sur un coursier fougueux il accourt bondissant.
Chez lui (le deuil sans doute est pour lui plein de charmes)
Tout est noir, et l'écharpe, et le casque, et les armes,
Et l'écu; mais, empreint sur la sombre couleur,
Rayonne un lis modeste, éclatant de blancheur :
« L'adorable Solar est la beauté que j'aime;

» La plus pure des fleurs, ce lis est son emblème.
» Comme un lis au vallon règne parmi les fleurs,
» Ainsi règne Solar, souveraine des cœurs.
» Blanche comme ce lis, comme lui pure et belle,
» Elle est de la beauté le plus parfait modèle,
» Dit-il; tous les mortels doivent le confesser.
» Si quelqu'un refusait, je saurai l'y forcer.
» — Qu'oses-tu dire? Inès est la belle des belles;
» Seule elle peut dompter les cœurs les plus rebelles;
» Comme l'astre du jour, elle vit pour briller,
» Et, comme le soleil, rien ne peut l'égaler.
» — Je te jette le gant, repart d'une voix brève
» Le chevalier du lis. — Et moi je le relève,
» Répond au même instant le hardi champion;
» L'on jugera bientôt qui des deux a raison.
» — Et qui veux-tu pour juge, audacieux athlète?
» — Ce peuple qui sera témoin de ta défaite.
» — Je l'accepte.... » Et le gant sur l'arène lancé,
Par le noble adversaire est soudain ramassé;
Il est remis au roi, qui saura, juste et sage,
Arrêter le combat en agitant ce gage.

Les champions qu'excite et l'orgueil et l'amour,
Du cirque en sens contraire ont fait trois fois le tour,
Saluant avec grâce, et l'assemblée entière,
Et le prince, et leur dame, et leur digne adversaire.
Alors, ayant pris place aux deux extrémités,
Ils fondent l'un sur l'autre, ardents, précipités;

Leur lance est en arrêt, leur visière baissée;
Leur vitesse est égale au vol de la pensée.
Les coursiers écumants se laissent emporter;
D'un choc épouvantable on les voit se heurter;
Tous les cœurs sont émus et tous les fronts pâlissent;
Sous le coup foudroyant les armes retentissent;
Mais sur l'airain sonore il tombe sans vertu,
Et le fer de la lance a glissé sur l'écu.
Emportés par le feu de leur ardeur guerrière,
Ces braves champions fournissent la carrière,
Tournent bride en courant, reviennent sur leurs pas,
Et l'un sur l'autre encor fondent avec fracas.
Le chevalier du lis frappe son adversaire.
Le soleil ébranlé sent pâlir sa lumière;
Tous ses rayons dorés, naguère encor si beaux,
Tombent avec l'écu, dispersés en lambeaux.
Un moment abattu, l'athlète se relève;
D'une main vigoureuse il a saisi son glaive,
Et ce glaive s'agite et lance dans les airs,
Rapide et tournoyant, une gerbe d'éclairs.
Telle éclate la foudre, au sein de l'étendue,
En longs sillons de feu qui déchirent la nue;
Tel l'Etna, dans la nuit, tonne en jets éclatants;
Tel le glaive étincelle et frappe en même temps.
Il tombe sur le lis, ainsi qu'une massue;
Il en frappe la tige, et la tige est rompue;
L'écu même s'entrouvre à demi-fracassé.
Un second coup résonne, et le casque est percé.

CHANT SEPTIÈME.

Repoussant une attaque et si chaude et si vive,
Le chevalier du lis a repris l'offensive;
De sa lance brisée il jette les tronçons;
Un mouvement rapide a vidé les arçons;
Tous deux ils sont debout sur l'arène, en présence,
Se mesurant de l'œil, s'observant en silence.
Le chevalier du lis s'élance; le premier
Il frappe son rival; il atteint le cimier
Du casque éblouissant qu'il écrase, et sur l'herbe
S'en va tomber au loin le panache superbe.
Un second coup succède, et le casque brisé
Découvre un front livide et de sang arrosé.
Le champion d'Inès, dont la force succombe,
Sous le coup foudroyant fléchit, chancelle et tombe.
« Cessez!.... de toute part s'élève un cri d'effroi :
» Cessez! criait la foule. » Au même instant le roi
Protège le vaincu de son auguste égide;
Son geste met un terme au combat homicide,
Et des servants du camp le secours empressé
Vient prêter assistance au malheureux blessé; [8]
On l'emporte, on étanche au flot d'une onde pure
Le sang qui tout fumant jaillit de sa blessure.

L'heureux vainqueur triomphe : il s'avance; sa main
Du superbe coursier saisit déjà le frein....
Mais le cor retentit.... une voix crie : « Arrête!
» Ce coursier généreux que tu crois ta conquête,
» Par un second triomphe il te faut l'acheter,

» Car moi je viens ici pour te le disputer.

» Cède ou combats !.. choisis !... ta défaite ou la mienne ! »
Et déjà l'on a vu s'avancer dans l'arène
Un guerrier dont le port, le formidable aspect,
A l'égal des héros commande le respect.
Son casque au cimier d'or, aux vives étincelles,
Est surmonté d'un aigle ouvrant ses sombres ailes,
Et sur l'écu qu'entoure un large cercle d'or
Un aigle ciselé semble prendre l'essor.
Son écharpe soyeuse et ses armes sont blanches ;
Au large ceinturon qui lui presse les hanches
Un glaive est suspendu, noble appui que son bras
Eprouva plus d'un jour au hasard des combats.

« Qui que tu sois.... guerrier fameux.... j'aime à le croire,
» Qui veux en ce moment m'arracher ma victoire,
» Dis-moi quel est ton nom ?... par l'astre que tu sers,
» Dis-moi quelle beauté te retient dans ses fers ?
» Dit le héros du lis. Moi, je te le déclare,
» Mon nom est Morellos, seigneur de Transtamare ;
» Et celle dont le nom, resplendissant d'éclat,
» Vient de sortir vainqueur d'un terrible combat,
» La beauté, digne objet de mon tendre délire,
» C'est Solar qui me tient sous son aimable empire.
» Parle, quels sont tes noms ? tu connais tous les miens. »

Et l'inconnu répond : « Ces noms valent les tiens.
» Va, ne t'applaudis pas d'un succès éphémère ;

» L'heure de la victoire est bien souvent amère,
» Alors qu'il faut défendre un laurier mal acquis,
» Car au dernier vainqueur demeure enfin le prix.
» Je ne puis déclarer à toi, pas au roi même,
» Ni mon nom, ni celui de la beauté que j'aime ;
» Tu ne les liras point gravés sur mon écu,
» Mais tu les apprendras quand je t'aurai vaincu.
» Du combat cependant j'égalise la chance ;
» J'abandonne l'écu, je dépose ma lance ;
» Au moment d'échanger de si terribles coups,
» Que tout, l'honneur le veut, soit égal entre nous.
» Nous allons tous les deux combattre avec l'épée ;
» Je suis à pied ; défends une gloire usurpée. »

Et jetant son écu, dressant son glaive en l'air
Où l'acier flamboyant reluit comme un éclair,
Sans autre bouclier que son mâle courage,
Sur son rival moins fier il fond comme un orage.
Morellos, du torrent sur lui précipité
Ne soutient pas la force et la vivacité ;
Son armure est en feu ; sur ses flancs, sur sa tête,
De cent coups redoublés éclate la tempête ;
De l'attaque incessante il détourne les traits,
Il se défend à peine et n'attaque jamais.
Quand, vainqueur de l'hyène et rugissant de joie,
Le tigre lui ravit le daim qui fut sa proie,
Si le roi des forêts qu'il ne soupçonnait pas,
Sortant de sa tanière, au-devant de ses pas

Apparaît, il frissonne, il sent fuir son courage;
Mais il retient sa proie, et le combat s'engage.
D'une retraite habile empruntant le secours,
On le voit se défendre en reculant toujours,
Jusqu'au moment fatal où le lion se lasse,
S'élance, impatient, et saisit, et terrasse,
Et presse l'ennemi que déchirent ses dents,
Dans l'étreinte de fer de ses ongles ardents;
Etanche dans le sang sa fureur assouvie
Et ravit la victoire à son rival sans vie.
Tel Morellos résiste et combat en cédant,
Mais cède pas à pas le terrain qu'il défend;
Tel le noble inconnu que son secret protège
Le presse, le poursuit, le tourmente, l'assiège;
Fait briller à ses yeux, où la colère bout,
Ce glaive menaçant dont l'éclair est partout.
Morellos, que la honte a rendu téméraire,
S'arrête, et veut braver son puissant adversaire.
Mais c'est en vain; il porte un coup mal assuré;
Le coup glisse et se perd comme un trait égaré.
Il lève encor le bras; mais cet effort funeste
De sa force épuisée a consumé le reste;
Il chancelle.... et d'un coup terminant le combat,
A ses pieds l'inconnu le rejette et l'abat;
Et le fer sur la gorge, il lui dit : « Brave athlète! [9]
» Rends-toi! je suis vainqueur; confesse ta défaite!
» Ne reconnais-tu pas à mes coups affermis
» Le pur sang des héros dans mes veines transmis?

» Surtout, n'accuse point la fortune jalouse ;
» Je suis Raymond, le fils du Comte de Toulouse,
» Issu du grand Raymond et neveu de ton roi ;
» Sans honte et sans regret tu peux subir ma loi.
» A la beauté d'Elma dont je défends la gloire
» L'adorable Solar doit céder la victoire. »

Il disait. Un transport mêlé d'étonnement
S'élève autour du cirque en long frémissement ;
Les battements de mains éclatent dans l'ivresse ;
Pour mieux voir le héros sur les bancs on se dresse.
Il s'incline, tourné vers le roi qui descend,
Relève le vainqueur et pleure en l'embrassant :
« Beau neveu, noble fils d'une sœur bien-aimée !
» Guerrier dont chaque jour grandit la renommée,
» Quel bonheur de vous voir ! quelque ange, Dieu merci,
» A dû briser vos fers et vous conduire ici !
» Recevez de ma main ce coursier, noble gage ;
» Ce prix vous est bien dû, c'est le prix du courage. [10]
» Quant à vous, qui déjà triomphiez aujourd'hui,
» Car vous n'avez connu d'autre vainqueur que lui,
» Acceptez, Morellos, ce brillant cimeterre
» Que je conquis pour vous dans les champs de la guerre ;
» Digne de votre bras, à l'heure du danger,
» Dans un sang odieux vous saurez le plonger.
» Que ce casque brillant, avec une cuirasse,
» Du malheureux blessé console la disgrace ;

CHANT SEPTIÈME.

» J'honore son courage, héroïque vertu,
» Qu'il soit récompensé pour avoir combattu. »

Pierre dit; et Marcel, à l'aspect de son maître,
A la joie, au bonheur se sent enfin renaître.
Tel un fils qui, fuyant vers de lointains climats,
De sa mère vivante a pleuré le trépas,
Quand un heureux retour la rend à sa tendresse,
Palpite en la voyant d'amour et d'allégresse.
Ainsi Marcel se livre aux transports les plus doux,
Et du jeune Raymond embrassant les genoux :
« C'est donc vous, disait-il, c'est vous, vous que j'embrasse,
» Vous dont j'ai si longtemps déploré la disgrace;
» Je vous revois, enfin, vous que j'ai tant pleuré;
» Je vous revois vainqueur, triomphant, adoré!!! »
Et ces tendres amis, oubliant tant d'alarmes,
Mêlaient de leurs transports le délire et les larmes.

Pourtant, l'heureux vainqueur attend son plus doux prix
Des mains de la beauté dont son cœur est épris.
Il approche d'Elma, qui, belle et rougissante,
Ne reçoit qu'en tremblant l'hommage qu'il présente,
Le relève et lui dit : « Illustre chevalier,
» Recevez de ma main ce modeste laurier;
» Qu'à ce front héroïque il serve de couronne!
» C'est, avec notre roi, mon cœur qui vous le donne. »
Et le cirque applaudit, et chacun proclama
La gloire de Raymond et la beauté d'Elma.

Le lendemain, quand sonne enfin l'heure attendue,
Aux courses des taureaux la foule est descendue.
Même torrent de peuple aux flots précipités;
Mêmes riches atours, même essaim de beautés;
Et toujours un ciel bleu dont la magnificence
Verse de ses splendeurs la magique opulence.
Mais, dans ce grand concours, ceux que chacun nomma,
Raymond ne paraît point, en vain l'on cherche Elma.
« La trop modeste Elma, qu'embarrasse sa gloire,
» Cache à des yeux jaloux l'éclat de sa victoire, »
Disait-on. Mais Marcel, plein d'un trouble secret,
Promène autour du cirque un regard inquiet.
Pour la première fois, son amitié blessée
D'un maître qu'il adore ignore la pensée.
Qu'est devenu Raymond, où porte-t-il ses pas?
Quel projet est le sien? Marcel ne le sait pas.
Ainsi, de ses petits un moment séparée
Pour tremper leur pâture à la source ignorée,
Philomèle au retour contemple avec douleur
Son nid que dépeupla la main de l'oiseleur.

Cependant tout est prêt, et dans le cirque immense,
Au signal de l'airain la course enfin commence.
Dans la lice apparaît l'ardent toréador.
La casaque de pourpre et la résille d'or,
Les vestes de velours aux manches tailladées,
De perles, de rubis, d'or richement brodées;
Les paillettes d'argent, les rubans enflammés

Fascinent les regards éblouis et charmés.
La moire aux doux reflets, la dentelle flottante
Entourent de leurs nœuds une taille élégante.
Agitant d'une main cet éclatant drapeau
Dont la couleur sanglante irrite le taureau,
Et de l'autre un poignard dont la lame acérée
Garde pour sa victime une mort assurée :
Tel le toréador que le cirque applaudit,
Léger, impétueux, et s'élance et bondit. [11]

Au bruit des instruments, s'avance dans l'arène
Le taureau qui mugit, affranchi de sa chaîne.
Mais, quand il voit ce peuple et qu'il entend ce bruit,
L'indomptable animal s'effarouche et s'enfuit.
L'air s'échappe en grondant de ses naseaux qui fument;
Il a levé la tête et ses grands yeux s'allument.
Il s'arrête.... on dirait qu'il prépare ses coups.
Admirez!.... qu'il est beau de force et de courroux !
Il cherche le combat, il respire l'audace;
Au croissant de son front se dresse la menace;
Son cou large et nerveux, ce long fanon qui pend,
Cette queue onduleuse, et qui, comme un serpent,
Et se dresse vibrante et se roule en spirale,
Le mugissement sourd que sa poitrine exhale,
Ses pieds battant le sol de sa bave humecté;
Tout des vaillants piqueurs glace la fermeté.

Mais le devoir commande et la honte les presse.

CHANT SEPTIÈME.

Sur des coursiers tout blancs et rivaux de vitesse,
Les quatre picadors, de buffle cuirassés,
Sur l'ennemi fougueux se jettent, dispersés,
Brandissant une lance, et de sa pointe aiguë
Ils piquent le taureau qui bondit à leur vue.
Il s'attaque à l'un d'eux; on le voit s'élancer,
Et de sa double corne il cherche à le percer.
Mais, tandis qu'il poursuit l'ennemi qui s'échappe,
Un second assaillant sur lui fond et le frappe.
Echauffé par le sang, excité par les cris,
Une aveugle fureur allume ses esprits;
Il se tourne et combat le nouvel adversaire.
Un troisième succède et brave sa colère;
Puis un autre... Entouré d'ennemis renaissants,
Le taureau, hors de lui, s'agite en tous les sens;
Seul il fait face à tous. Il court, se précipite;
Il atteint le coursier retardé dans sa fuite,
Le frappe, et dans son flanc, comme un large poignard,
De sa corne brûlante il enfonce le dard.
Le coursier tombe et meurt. L'homme demeure en proie
Aux fureurs du taureau qui sous ses pieds le broie;
Et le peuple, témoin de ce fatal combat,
Jette au vainqueur sauvage un immense vivat.

Mais de nouveaux acteurs vont animer la scène.
On en voit un essaim s'élancer dans l'arène;
Ils sont à pied, courant au-devant du taureau,
Agitant dans leurs mains la flèche et le drapeau.

Rapides, effleurant le sol que leur pied touche,
Ils semblent se jouer de l'animal farouche ;
Tournent autour de lui, se laissent approcher,
D'une main téméraire ils osent le toucher.
Mais sitôt que le monstre à la gueule fumante
Abaisse, pour frapper, sa corne impatiente,
Le léger champion, de terreur affranchi,
Pose un pied sur sa tête, et le taureau franchi,
Qui frappe dans le vide, et veut frapper encore,
Cherche en vain l'ennemi que sa haine dévore.
Cependant les piqueurs jettent au monstre fou
Mille traits acérés qui mordent à son cou ;
Et le monstre rugit, et son dos se hérisse,
Enorme porc-épic que torture la lice.
Quand sa rage est au comble, et qu'il jette en courant
L'écume et la sueur qui tombent par torrent,
Tous les toréadors, hors un seul qui demeure,
Sortent ; telle est la loi pour que l'animal meure ;
Et l'on voit, seul à seul, en ce moment fatal,
De l'homme et du taureau le combat inégal.
D'un côté, c'est la force avec toute sa rage ;
De l'autre, c'est l'adresse et surtout le courage ;
Mais la force vaincue avec son désespoir,
De l'homme sur la brute atteste le pouvoir.

Le Spada reste seul dans l'arène ; il se place
Au-devant du taureau, s'arrête et lui fait face.
L'animal, emporté par d'horribles fureurs,

Dans ce sang ennemi veut venger ses douleurs.
Il s'élance!.... on frissonne. En sa pose tranquille
Le Spada le regarde et l'attend, immobile,
Le bras levé, l'œil fixe, un glaive dans la main.
Le quadrupède arrive.... il va frapper.... Soudain
Sur le front du taureau cette main intrépide
Plonge un fer qui frémit.... l'éclair est moins rapide.....
Le monstre foudroyé, pliant ses deux genoux,
Tombe... aux pieds du vainqueur expire un vain courroux;
Il triomphe, et le cirque, enivré de sa gloire,
Du grand toréador proclame la victoire.

De ces superbes jeux le terme est arrivé;
Du triomphe royal le jour s'était levé.
Aux portes du matin dès que l'aube rayonne,
Le tambour au loin gronde et la trompette sonne.
A leur voix belliqueuse on voit de toutes parts
Accourir les guerriers, flotter les étendards.
Tous les rois, tous les chefs dont le courage brille
Sur les monts de Navarre et les tours de Castille;
Tous ces nobles seigneurs, dont l'œil dans vingt combats
Vit du Maure vaincu la fuite ou le trépas;
Ces peuples, ces soldats dont se grossit l'armée,
Qu'éleva la victoire à tant de renommée,
Formés en bataillons, en masses, en carrés,
Accourent pour la pompe et marchent séparés.
Au milieu des transports du peuple, immense foule,
Leur appareil guerrier s'allonge et se déroule.

Tel, des rangs belliqueux imitant l'appareil,
Et suivant dans son vol la marche du soleil,
L'on voit aux premiers froids un bataillon de grues,
Triangle aérien, voyager dans les nues.
Sur les murs pavoisés de lauriers en festons,
Des cités, des héros resplendissent les noms :
Ici, des étendards, des armes, des trophées ;
Là, les chants de victoire et la voix des Orphées ;
Plus loin, le vaste char où pleure dans les fers
L'image des vaincus, de vingt peuples divers ;
Enfin, l'arc de triomphe, émule de l'histoire,
Qui donne un corps de marbre au songe de la gloire,
Et partout des lauriers, des chiffres, des couleurs,
Insignes parfumés de victoire et de fleurs.

On voit, au premier rang, s'avancer en colonne
Les chevaliers sortis des murs de Barcelonne ;
Un superbe étendard couvre à plis onduleux
Les trompettes d'argent qui sonnent devant eux.
Sur la pourpre soyeuse, avec divers emblèmes,
De douze rois vaincus brillent les diadèmes,
De ces rois africains que Raymond Bérenger
Dans un combat fameux sut vaincre et protéger, [12]
Quand sa noble vengeance, ayant conquis leurs terres,
Pour unique rançon les rendit tributaires.
D'Urgel, de Montserrat les nombreux montagnards
Suivent sur quatre rangs, armés de larges dards ;
Des ours qu'ils ont vaincus sur la cime orageuse

CHANT SEPTIÈME.

La dépouille revêt leur épaule nerveuse.
Tous ces cœurs généreux que la gloire guida
Des sources de la Sègre aux murs de Lérida,
Cavaliers, fantassins, archers au trait rapide
Rangent par pelotons leur phalange intrépide.
Ici, paraît Navarre; un grand prince, un héros,
D'un souvenir de gloire enrichit ses drapeaux;
Deux colossales clés que traverse une épée
Signalent aux regards la ville de Pompée; [13]
Image de ces clés, de ce fer destructeur
Qu'Abdalah détrôné remit à son vainqueur.
A la suite on portait cette chaîne insolente
Dont l'orgueilleux Emir avait paré sa tente, [14]
Et dont les lourds anneaux, intolérable affront,
Des rois qui l'ont vaincu devaient courber le front.
Ornement révéré de la pompe guerrière,
Plus loin, Saint-Sébastien montre dans sa bannière
La palme du martyr, qui, de flèches percé,
Pour prix de ses douleurs et de son sang versé,
Convertit à la foi le rivage ibérique.
Des têtes de dragon, une hydre symbolique
Révèlent le Cantabre audacieux et fier,
Aux longs cheveux flottant sous un casque de fer.
Et toi, Vittoria, fameuse par tes courses,
L'image d'un taureau que combattent deux ourses
Couvre tes étendards d'étoiles parsemés!
Tes enfants belliqueux à vaincre accoutumés,
Dont le nom retentit du couchant à l'aurore,

Sont l'appui de la croix et la terreur du Maure ;
Ils marchent, agitant un glaive redouté.
Des nobles Castillans l'austère gravité
Symétrise leurs rangs où règne un froid silence ;
Des tours et des lions annoncent leur présence :
De force et de courage emblème généreux.

Tu parais le dernier et le plus glorieux,
Magnanime Aragon ! la licorne bénie
A l'aigle des Césars pour toi s'est réunie,
Et sur tes étendards ce double signe empreint
Décore tes grandeurs d'un éclat souverain.
Marchez, nobles guerriers ! marchez, troupe immortelle !
Marchez ! pour vous surtout la fête est grande et belle.
Deux cents gardes, qu'armait la hache des licteurs,
Servent d'escorte au char des trois triomphateurs ;
D'autres dressent en l'air, d'une main assurée,
La longue pertuisane ou la lance dorée.
De nombreux écuyers portent sur des brancards
Des glaives, des écus, des casques, des brassards,
La robe de l'Emir, son armure complète,
Et son riche turban, et sa brillante aigrette ;
Ces longs crins de coursier qui flottent au hasard,
Dont ce fils du prophète a fait son étendard ;
Sa tente, ses trésors, conquêtes légitimes :
Telles sont des vaincus les dépouilles opimes.

La toque au long panache, au somptueux décor,

CHANT SEPTIÈME.

Le large manteau bleu, semé d'étoiles d'or,
Et l'hermine éclatante, au champ taché de larmes,
Et le sceptre d'argent parent les hérauts d'armes.
Leur chef s'arrête et crie : « A Dieu seul tout honneur !
» Dieu seul est grand, Dieu seul est puissant et vainqueur !
» Il a pris ses enfants sous l'ombre de ses ailes,
» Et rendu les trois rois vainqueurs des infidèles :
» Qu'Alphonse, Pierre, Sanche, honorés en tout lieu,
» Soient à jamais vainqueurs et bénis ! Gloire à Dieu ! »

Plus blancs que cette neige, écharpe virginale,
Que la cime des monts à nos regards étale,
Quatre coursiers traînaient le char triomphateur,
Eblouissant d'éclat, de pompe, de grandeur.
Des ciselures d'or, des riches broderies
Le doux rayon se mêle au feu des pierreries.
Les princes sont debout, le front ceint de lauriers;
La pourpre des Césars couvre ces cœurs guerriers.
Au-dessus, la Victoire aux ailes étendues
Balance dans sa main trois palmes confondues.
A leur suite frémit, tristement enchaîné,
Un Emir sur un char par des buffles traîné,
Que suit encor l'image, en signe de défaite,
De vingt peuples soumis à la loi du prophète.

C'est l'heureux Yémen, terre de myrrhe et d'or,
Où le phénix renaît, meurt, et renaît encor ;
L'Arabie, au désert de mirages voilée,

Traînant les plis d'azur de sa robe étoilée;
La noire Ethiopie et ses fils basanés,
De perles, de corail et d'ambre couronnés.
C'est l'obélisque, et puis les grandes pyramides,
Avec le crocodile aux écailles humides;
L'hiéroglyphe ami des temples abattus,
L'Egypte et son vieux Nil ombragé de lotus.
On avait figuré, brillantes et légères,
D'Alger et de Tunis les rapides galères,
Et le palmier libyque, et ce peuple forban,
Lâche écumeur des mers et honte du turban.
La couleur des burnous distingue par peuplades
Les Berbers indomptés et leurs tribus nomades;
Et, près d'eux, apparaît le croissant de Maroc,
Comme un nid de vautour qui brille sur un roc.
Vous paraissez enfin, belles et fastueuses,
De l'antique Bétis filles voluptueuses;
Grenade, où les lions descendus de l'Atlas,
Pour les jeux du Calife ont de sanglants combats;
Où, sous un ciel si pur, sous la nuit transparente,
Le citronnier blanchit la vallée odorante.
Cordoue, où la mosquée étale le trésor
De ses mille piliers, aux mille lampes d'or!
Vous paraissez sans voile!... Ainsi, belle, adorée,
De sa nudité seule ingénûment parée,
L'odalisque s'enivre aux parfums du sérail,
Boit l'air voluptueux que berce l'éventail,
Foule à ses pieds la rose, et la soie, et l'hermine;

Au chant de la cascade et de la mandoline
Soupire, et va subir, pour prix de sa beauté,
Dans les bras de son maître un amour détesté.
Tel était le triomphe, et sa pompe, et sa gloire.

Lorsque descend la nuit tumultueuse et noire,
En tous lieux, au palais, au dôme, à chaque tour,
Des feux, vainqueurs de l'ombre, ont rallumé le jour;
Prisme aux mille couleurs, Saragosse, brillante,
Des princes éblouis a surpassé l'attente.
Et cependant le peuple, heureux et transporté,
Mêlait des chants de gloire à sa félicité;
Tout semblait l'inviter à l'oubli de ses peines :
Là, des vins généreux ruisselaient en fontaines;
L'abondance régnait partout, et chaque voix
Exaltait à l'envi le modèle des rois.

C'était ainsi que Pierre et ses rivaux de gloire
Célébraient par des jeux leur fameuse victoire,
Et que leur noble orgueil aimait à retracer
Des grandeurs qu'un seul jour, hélas! peut effacer.

NOTES DU CHANT SEPTIÈME.

Le sang et l'amitié m'unissent à Raymond.

Pierre, comme on le sait, avait donné en mariage Léonor, une de ses deux sœurs, à Raymond VI, comte de Toulouse; il maria l'autre avec Raymond le jeune, fils de ce dernier.

[2] Le triomphe si beau, la victoire immortelle....

Il s'agit de la célèbre bataille de *las Naves de Tolosa*, dont il a été déjà question dans les notes du 2e chant.

[3] Il dit, et par son ordre on sonne la fanfare.

« Il est aisé d'imaginer quel mouvement devait produire dans tous les cœurs la proclamation de ces tournois solennels; annoncés longtemps d'avance, et toujours dans les termes les plus fastueux, ils animaient dans chaque province ou canton, et dans chaque cour, tous les chevaliers et écuyers à faire d'autres tournois, où, par toute sorte d'exercices, ils se préparaient à paraître sur un plus grand théâtre. » (*Lacurne de Sainte-Palaye*, tom. 1, p. 88.)

⁴ La tenture aux plis d'or, les longs tapis de soie,
Et les fleurs, les festons, les chiffres enlacés
Décorent les gradins sur dix rangs exhaussés.

« Je ne ferai point la description des lices pour le tournoi, ni des tentes et des pavillons superbes dont toute la campagne était couverte aux environs, ni des *hours*, c'est-à-dire des échafauds dressés autour de la carrière où tant de braves et de nobles personnages devaient se signaler; je ne distinguerai point les différentes espèces de combats qui s'y donnaient, joûtes, castilles, pas d'armes et combats à la foule; il me suffit de faire remarquer que ces échafauds, souvent construits en forme de tours, étaient partagés en loges et en gradins, décorés avec toute la magnificence possible, de riches tapis, de pavillons, de bannières, de banderolles et d'écussons; aussi, les destinait-on à placer les rois, les reines, les princes et les princesses, et tout ce qui composait leur cour, les dames et les demoiselles; enfin, les anciens chevaliers qu'une longue expérience au maniement des armes avait rendu les juges les plus compétents. Ces respectables vieillards, à qui leur grand âge ne permettait plus de s'y distinguer encore, touchés d'une tendresse pleine d'estime pour cette jeunesse valeureuse qui leur rappelait le souvenir de leurs propres exploits, voyaient avec plaisir leur antique valeur renaître dans ces essaims de jeunes guerriers.

» La richesse des étoffes et des pierreries relevait encore l'éclat du spectacle, etc. » (*Ibid.*, p. 92.)

⁵ Mais la trompette sonne.........

« Le bruit des fanfares annonçait l'arrivée des chevaliers superbement armés et équipés, suivis de leurs écuyers tous à cheval; ils s'avançaient à pas lents avec une contenance grave et majestueuse. » (*Ibid.*, p. 94.)

⁶ Miguel, héraut du camp.........

« Une multitude de rois, hérauts et poursuivants d'armes, répandus de toutes parts, avaient les yeux fixés sur les combattants, pour faire un rapport fidèle des coups qui seraient portés et reçus. » (*Ibid.*, p. 93.)

> 7 .... Etoile de mon âme,
> Inès est un soleil d'immortelle beauté....

« Le titre d'esclave ou de serviteur de la dame que chacun nommait hautement en entrant au tournoi, était un titre d'honneur qui ne pouvait être acheté par trop de nobles exploits ; il était regardé par celui qui le portait comme un gage assuré de la victoire, comme un engagement à ne rien faire qui ne fût digne d'une qualité si distinguée. *Servants d'amour,* leur dit un de nos poètes dans une ballade qu'il composa pour le tournoi fait à Saint-Denis, sous Charles VI, au commencement de mai 1389 :

> » Servants d'amour regardés doucement
> » Aux échaffauts anges de paradis ;
> » Lors jouterez fort et joyeusement,
> » Et vous serés honorés et chéris. » (*Ibid.*, p. 95.)

> 8 Et des servants du camp le secours empressé
> Vient prêter assistance au malheureux blessé.

« Des valets ou sergents, prompts et actifs, avaient ordre de se porter de tous les côtés où le service des lices les appellerait, soit pour donner des armes aux combattants, soit pour contenir la populace dans le silence et le respect. » (*Ibid.*, p. 94.)

> 9 Et le fer sur la gorge, il lui dit : Brave athlète !
> Rends-toi ! je suis vainqueur ; confesse ta défaite !

« On pourrait donner une liste très ample des chevaliers blessés ou tués dans les tournois, sans compter ceux qui étaient quelquefois écrasés dans la foule. Robert, comte de Clermont en Beauvoisis, fils de saint Louis, dit Fauchet, et chef de la maison qui aujourd'hui porte le nom de Bourbon, en un de ces tournois reçut tant de coups de masse, que le reste de sa vie il s'en porta mal. Raoul, comte d'Eu, connétable de France, perdit la vie en 1344, aux joûtes qui se firent pour le mariage de Philippe, fils de Philippe de Valois. Mais un des tournois les plus meurtriers est celui qui fut fait à Nuys, auquel, suivant Philippe Monskes, il y eut quarante-deux chevaliers et autant d'écuyers (varlets) qui furent tués. Voyez la Colombière, au chap. XVII des tournois à fer émoulu et à outrance, et des accidents funestes qui y sont arrivés. » (1re *note sur la 3e partie de l'ouvrage de Lacurne de Sainte-Palaye.*)

10 Recevez de ma main ce coursier, noble gage ;
Ce prix vous est bien dû....

« Le tournoi fini, on s'occupait du soin de distribuer, avec toute l'équité et l'impartialité possible, le prix que l'on avait proposé, suivant les différents genres de force ou d'adresse par lesquels on s'était distingué, soit pour avoir brisé le plus grand nombre de lances, soit pour avoir fait le plus beau coup de lance ou d'épée, soit pour être resté plus longtemps à cheval sans être démonté ni désarçonné, soit enfin pour avoir tenu plus longtemps de pied ferme dans la foule du tournoi, sans se déheaumer ou sans lever la visière pour reprendre haleine ou se délasser. » (*Ibid.*, p. 102.)

11 Tel le toréador que le cirque applaudit,
Léger, impétueux, et s'élance et bondit.

Toréador, nom donné en Espagne à ceux qui prennent part aux combats de taureaux. Ces combats remontent à une très haute antiquité ; c'est le spectacle favori des Espagnols. Xarama, en Castille, et Outrera, en Andalousie, fournissent les meilleurs taureaux. Ces animaux, abandonnés à eux-mêmes dans ces contrées, y vivent presque à l'état sauvage. Le spectacle s'ouvre par l'arrivée de plusieurs *picadores*, montés sur des chevaux de peu de valeur et qui ont les yeux bandés. Ces picadores portent des pantalons de peau de chamois (ailleurs de buffle), doublés de tôle, un gilet de drap d'or ou d'argent, une veste en soie ornée de tresses, de paillettes et de franges ; leur tête est couverte d'un vaste chapeau blanc, de forme ronde, entouré d'un ruban très long ; ils tiennent à la main une *garocha*, perche longue de dix-huit pieds, terminée par une petite pointe tranchante ; ils entrent dans l'arène, séparée de l'espace réservé aux spectateurs par une barrière ou *baranda* haute de cinq pieds. Avec les picadores entrent les *chulos*, vêtus du costume de Figaro, ornés de rubans. Ils tiennent à la main une écharpe de soie de la couleur la plus éclatante. On lâche un taureau, que les picadores et les chulos excitent et combattent à l'envi. Quand l'animal est au comble de la fureur, survient un *matador* qui doit mettre fin à la lutte. Si le matador succombe, un autre vient le remplacer. Dix ou douze taureaux et une vingtaine de chevaux doivent succomber dans une belle représentation. (*Dictionnaire encyclopédique usuel,* verbo Toreador.)

<pre>
    12 Sur la pourpre soyeuse, avec divers emblèmes,
       De douze rois vaincus brillent les diadèmes;
       De ces rois africains que Raymond Bérenger
       Dans un combat fameux sut vaincre et protéger.
</pre>

« Hic est Raymundus Berengarius, princeps Barcinonæ,
» comes gerundensis, et marchio ansonensis, qui mortuo pa-
» tre, Berengario comite, non tantum partem Barcinonæ
» principatus à Mauris occupatam recuperavit, verum etiam
» reges duodecim maurorum, campestri prælio victos, sibi
» tributarios fecit, undè cognomen sortitus est : *Propugnator*
» *et murus christiani populi.* » (Vixit anno ab incarnatione Jesu-Christi MLVIII.) — (*Ex libro civitatis orbis terrarum à Georgio Braun et Franciso Hogenbergio.*)

<pre>
    13 .... Signalent aux regards la ville de Pompée.
</pre>

Pompeiopolis; en espagnol, *Pamplona;* en français, *Pampelune.*

<pre>
    14 A la suite, on portait cette chaîne insolente
       Dont l'orgueilleux Emir avait paré sa tente.
</pre>

Voir la note du deuxième chant, sur la bataille de *las Naves de Tolosa.*

CHANT HUITIÈME

SOMMAIRE.

Description du palais enchanté d'Atland. — Histoire d'Elma. — Le démon se sert d'Elma pour venger la défaite des Maures. — Il lui inspire de l'amour pour Raymond. — Elma le délivre de sa prison. — Après le tournoi, elle l'enlève et le transporte dans le palais enchanté. — Prestiges qui entraînent Raymond. — Amours de Raymond et d'Elma. — Artifices d'Elma pour enchaîner Raymond. — Raymond se plonge dans la mollesse. — Douleur du grand Raymond et d'Elvire dans les cieux. — Leur prière à Marie.

CHANT HUITIÈME.

Au sommet de ces monts dont l'imposante chaîne
Garde le souvenir et le nom de Pyrène; [1]
Au-dessus des rochers, informe et vaste amas,
Dont le front orageux s'entoure de frimas,
Et parmi ces glaciers qui dressent dans l'espace
De leurs dômes d'azur l'éblouissante masse,
Brille un palais superbe, œuvre des anciens jours,
Aux créneaux éclatants, aux merveilleuses tours.
Sur ces hauteurs, où l'homme est frappé de vertige,
De la création s'efface le prodige;
Point de gazon naissant, nul arbre, nulle fleur;
Loin des sucs nourriciers le germe sèche et meurt;
Le soleil impuissant, qui n'est plus roi du monde,
Y verse sans chaleur sa lumière inféconde.

Mais l'art des enchanteurs, à qui, sur ce sommet,
La nature obéit et l'ange se soumet,
Ce pouvoir des démons que le ciel autorise,
Combla de ses trésors un lieu qu'il favorise.
Du magique palais l'enceinte au large mur
Reflète au loin l'éclat du cristal le plus pur.
Aux frontons radieux, aux colonnes brillantes,
Les suaves festons, les frises élégantes,
Les ornements, les fleurs qui trompent le zéphir,
Miracles du ciseau sculptés dans le saphir,
Mais qu'un ciseau mortel est inhabile à faire,
Suspendent leur guirlande ondoyante et légère.
Au dehors sont éclos de gracieux jardins
Dont un compas magique a tracé les dessins.
Sous les arbres touffus, sous les berceaux sans nombre,
L'éclat du jour se mêle à la fraîcheur de l'ombre;
Sur le gazon fleuri, par l'aurore baigné,
Un souffle caressant, de parfums imprégné,
Balance des trésors que la nature admire :
La topaze s'anime et le rubis respire;
La perle végétale entoure de ses nœuds
Le calice des lis, et l'arbuste épineux
Mêle, tout radieux de sa métamorphose,
L'éclair du diamant au parfum de la rose. [2]
Des sons mélodieux se répandent dans l'air;
La cascade s'épanche en humide concert.
Je ne sais quels échos, invisibles génies,
Versent dans ces beaux lieux d'étranges harmonies;

Un charme vague et doux, qu'on tremble d'éprouver,
Saisit le cœur de l'homme et le force à rêver;
Une langueur secrète enlève à sa mémoire
Les nobles souvenirs de patrie et de gloire,
Et ne lui laisse plus, dans ce fatal séjour,
Qu'un vœu, qu'un seul désir, qu'un seul besoin... l'amour.

Monument des secrets que connut un autre âge,
De l'enchanteur Atland ce palais fut l'ouvrage; ³
Au sommet des glaciers lui-même il le plaça,
Enrichit de ses dons l'enceinte qu'il traça,
Et, de son art puissant déployant le prestige,
Suspendit dans les airs le lumineux prodige.
Des tigres, des lions, des panthères, des ours,
Gardiens mystérieux des merveilleuses tours,
D'un terrible enchanteur subissent l'esclavage;
On dirait que le marbre a gardé leur image;
Mais dans le bloc vivant l'animal est resté,
Prisonnier qu'a surpris son immobilité.
Au gré de son désir, quand l'enchanteur habile
Veut rendre au mouvement cette vie immobile,
Sa baguette s'applique au marbre, et, sous le choc,
D'un éclair électrique elle anime le bloc.
Le tigre se réveille et rugit de colère;
Le lion plus terrible agite sa crinière;
La panthère bondit; les hyènes, les ours,
Par d'effroyables cris appellent les vautours,
Et l'on voit s'agiter, à la voix de son maître,

Le troupeau dévorant que lui seul peut soumettre;
Mais, sitôt qu'il les touche avec un sceptre d'or,
Dans le marbre assoupi tout se tait et s'endort.

Ce fut là que, fuyant la mort ou l'esclavage,
Un roi maure, vaincu par les fils de Pélage,
Courut ensevelir sa honte et ses amours.
De l'art des nécromans empruntant le secours,
Sur un char constellé qui traversait l'espace,
Il s'ouvrit un chemin dans ces remparts de glace.
Il vit le vieil Atland, alors près de mourir,
Recueillit sa science et son dernier soupir,
Et, de ses noirs secrets heureux dépositaire,
Il renonça sans peine aux grandeurs de la terre.
Une jeune chrétienne, enchaînée à ses pas,
Esclave qu'il devait au destin des combats,
Au front mélancolique, à l'œil chaste et timide,
Alluma dans ses sens une flamme rapide.
De cet amour fatal Elma reçut le jour;
Elma, nom révéré dans cet impur séjour,
Nom chéri des démons. Mais sa mère qui prie
Lui donne aussi tout bas le doux nom de Marie.
Pauvre Elvire!... elle prie, elle pleure!... Oh! comment
Descendra le baptême au front de son enfant!
Oh! comment, dans une onde exempte de souillure,
Racheter pour le ciel cette âme jeune et pure!
Mais elle a tant prié! dans ses élans pieux,
Tant de pleurs, pauvre mère! ont coulé de ses yeux,

Que la Vierge, qui sait les douleurs d'une mère,
Exauce de son cœur la fervente prière !
Alors, plus radieux que l'astre du matin,
Apparaît devant elle un messager divin;
Elvire a reconnu l'auréole qui brille.
« Viens, suis-moi, lui dit-il; viens, emmenons ta fille! »
Et dans un char d'azur, par deux cygnes traîné,
Ils glissent dans l'éther qui frémit, sillonné.
L'enchanteur voit leur fuite; emporté par sa haine,
Il excite contre eux les monstres qu'il déchaîne;
Il les déchaîne en vain; les monstres rugissants
Ont exhalé leur rage en des cris impuissants.
Au sommet d'une tour, on l'aperçoit lui-même
Lançant contre le ciel quelque horrible blasphème,
Par quelque charme impie épouvantant les airs;
Mais l'enchanteur vaincu, de son trône d'éclairs
Tombe, comme un rocher qu'emporte la tempête,
Ou comme si la foudre avait frappé sa tête.

Le char mystérieux, par l'ange dirigé,
Près de l'Ebre, en un lieu de chênes ombragé,
Sous le toit vénéré d'une antique chapelle
Dépose la chrétienne et sa fille avec elle.
Un prêtre, ermite saint, vieillard aux blancs cheveux,
Les prend des mains de l'ange; il exauce leurs vœux,
Et sur ce front naïf, où le péché s'efface,
Epanche à flots divins le baptême et la grâce.

Mais la mère d'Elma, que Dieu rappelle à lui,
Laissa, bien jeune encor, sa fille sans appui,
Et le roi d'Aragon, touché de sa misère,
Recueillit l'orpheline et lui servit de père.
Puis, la guerre éloigna ce monarque puissant;
Les champs de Tolosa le virent triomphant.
Le démon, favorable aux enfants du Prophète,
Promit, en le servant, de venger leur défaite.
Lisant dans l'avenir, il voyait que Raymond
Allait briser sa chaîne au prix d'une rançon;
Mais il savait combien, dans la prochaine guerre,
L'absence du héros serait fatale à Pierre.
Alors, pour l'arrêter, il l'attache et l'endort
Sous un lien plus doux et mille fois plus fort;
Il jette au noble cœur, avec sa délivrance,
Une chaîne d'amour et de reconnaissance.

Elma fut l'instrument que prit le tentateur;
D'une ardeur inconnue il lui remplit le cœur;
Un long trouble s'élève en ce cœur qui sommeille.
Aussi, lorsque, plus tard, elle prête l'oreille
Aux récits de Marcel; quand elle apprend enfin
Les combats de Raymond et son affreux destin;
Lorsqu'elle entend frémir aux plages toulousaines
Ce bruit de gloire auquel se mêle un bruit de chaînes;
(Etait-ce la pitié?... Mais l'amour bien souvent
Emprunte à la pitié son masque décevant.)
Alors, durant les nuits, elle court, solitaire,

CHANT HUITIÈME.

Le sommeil semble fuir son aride paupière ;
Ou des songes brûlants, sous vingt aspects divers,
Lui montrent un guerrier qui languit dans les fers.
Tel, sur un lit fatal où la fièvre s'allume,
Dans l'accès délirant du mal qui le consume,
Le malade, accablé de terreur et d'ennui,
Voit souvent un fantôme errer autour de lui.
Bientôt un seul désir, un besoin la dévore,
Un seul.... la liberté du héros qu'elle adore.
Elle voudrait le voir, l'entendre, lui parler :
D'un frisson de terreur elle se sent trembler.
L'imprudente !..... infidèle à l'ombre de sa mère,
Elle ose interroger l'art fatal de son père ;
Car elle sait des mots qui troublent les enfers,
Allument le tonnerre, épouvantent les mers,
Et des monts ébranlés font tressaillir la cime. [4]
A ces mots tout puissants, les esprits de l'abîme
Apparaissent en foule ; à leur aspect maudit
Les cieux sont obscurcis et le soleil pâlit ;
Ils tracent à leur reine une route inconnue,
Sur un char de vapeur l'élèvent dans la nue ;
Ou, contraignant la lune à descendre avec eux,
Ils trempent dans les flots son disque lumineux. [5]

Empruntant de ces mots la force redoutée,
Elma parle ; et déjà la terre épouvantée
S'ouvre devant ses pas ; un étroit souterrain,
Dédale tortueux, la reçoit dans son sein.

Le phosphore qui brille au cristal de la voûte,
A travers cent détours illumine sa route.
Son cœur au doux espoir se livre tout entier ;
Le phare conducteur lui montre le sentier.
Le cachot de Raymond à ses yeux se découvre ;
Elma frappe le mur ; le mur chancelle et s'ouvre,
Et des mains du captif qui languit loin du jour,
Déjà tombent les fers détachés par l'amour.
Une femme paraît : « Accepte ma victoire!
» Je t'arrache à l'oubli, je te rends à la gloire.
» Viens, dit-elle, ô Raymond! hâte-toi! ton sauveur
» Ne veut d'autre rançon, d'autre prix que ton cœur. »
Et tous deux, dans la nuit s'élançant avec joie,
Parcourent sans péril la souterraine voie.

Le jour naissait à peine ; un noble chevalier
Foule, antique Aragon, ton sol hospitalier ;
Il court à Saragosse où le tournoi s'apprête ;
Il veut par des lauriers couronner sa conquête.
Inconnu, sans appui, n'ayant pour protecteur
Que sa vaillante épée, et sa dame, et son cœur,
Il combat ; il triomphe, et, palpitant de gloire,
Il vient aux pieds d'Elma prosterner sa victoire.
Mais ce lion superbe, auprès d'elle craintif,
A sa libératrice a rendu le captif.

Marcel qui n'a rien su, mais qui veut tout connaître,
Dans les champs d'Aragon cherchait en vain son maître ;

Ce héros, qui chérit sa nouvelle prison,
Au sourire d'Elma s'enivre de poison.
Lorsqu'après le tournoi, l'âme toute ravie,
Aux regards d'une amante il suspendait sa vie,
Admirant des attraits si purs, qu'à son flambeau
Le soleil n'éclaira jamais rien de si beau,
L'enchanteresse Elma, qui veut river ses chaînes,
Lui verse avec l'amour un philtre dans les veines.
Par la douce boisson mollement endormi,
Et livré sans défense à son tendre ennemi,
De son état funeste ignorant la merveille,
Dans le palais d'Atland le héros se réveille.
Tel, dans la fiction d'un poème enchanteur,
Mollement endormi sous les jasmins en fleur,
Ascagne, jeune espoir d'une race bannie,
Est porté par Vénus aux bosquets d'Idalie.

Là, tout ce que produit la puissance de l'art,
Ce qui séduit l'oreille ou charme le regard,
Ce qui verse en nos sens la langueur et l'ivresse,
Les sons voluptueux, la grâce enchanteresse,
Le prestige mouvant des changeantes couleurs,
Les parfums exhalés du calice des fleurs;
Tous ces dons corrupteurs d'une main infernale
Prodiguent à Raymond leur richesse fatale.

Sous un dôme, de pourpre et d'azur nuancé,
Dans la mousse et les fleurs doucement balancé,

Languissant, et déjà vaincu par la mollesse,
Le prince ouvre ses yeux qu'un demi-jour caresse.
Il écoute, il regarde, et le ciel lui sourit;
Tout ce qui s'offre à lui le surprend, le ravit.
Sur les plus doux tableaux son regard se repose;
Il égare ses pas sous des berceaux de rose;
Il entend s'échapper de ces dédales verts
Un murmure lointain de suaves concerts :
Accords harmonieux qu'à l'oreille surprise
Apporte, en se jouant, un soupir de la brise.
Il approche, il écoute.... aux échos frémissants
D'un chant mélodieux s'éveillent les accents;
Et puis, le chœur se tait. Une voix pure et tendre,
Qui s'élève aussitôt, seule se fait entendre,
Et du chant prolongé la flexible douceur,
En captivant Raymond charme et trouble son cœur.

« Ici, tout rend hommage à notre souveraine;
» Trop heureux le mortel que son pouvoir enchaîne !
» Ses jours seront filés par la main des plaisirs.
» Ce bonheur tant cherché, capricieux fantôme,
» But trompeur des efforts, des vains projets de l'homme,
» Ici prévient nos vœux et comble nos désirs.

» Ici, nous cultivons une douce sagesse;
» Nous cueillons au matin les fleurs de la jeunesse.
» Enfants de la nature et soumis à ses lois,
» Loin des combats sanglants et d'un savoir aride,

» Entraînés sur les pas de cet aimable guide,
» Que nous font les trésors et la pompe des rois ?

» Le plaisir est le dieu dont nous servons le temple.
» Dans les heureux qu'il fait lui-même il se contemple;
» Son culte et son pouvoir embrassent l'univers;
» Il allume en nos sens ces ardeurs mutuelles,
» Attrait mystérieux, flammes toujours nouvelles,
» Qui fécondent l'espace, et la terre, et les mers.

» Cueille-les donc ces fleurs sous tes regards écloses !
» Couronne ton printemps de parfums et de roses,
» Emblème gracieux des trésors de l'amour !
» Cesse de végéter alors que tu peux vivre !
» Ces moments fugitifs que le destin nous livre,
» Dérobés au plaisir, sont perdus sans retour. »

C'est ainsi que la voix, respirant la mollesse,
Module les conseils d'une fausse sagesse;
Et Raymond les écoute. A ses yeux enchantés,
Se montre au même instant un essaim de beautés
Brillantes de fraîcheur, de jeunesse, de grâce.
Leurs pas sur le gazon ne laissent point de trace;
De leur front ingénu la modeste candeur
Même à la nudité prête un air de pudeur;
A peine un léger voile à l'œil qui les dévore
Dérobe des attraits qu'il embellit encore.

Digne de commander dans ce fatal séjour,

Elma brille et s'élève au milieu de sa cour.
Raymond, qui la contemple et qui s'enivre d'elle,
Parmi tant de beautés la voit encor plus belle.
Non, jamais le démon n'avait, dans un seul corps,
Placé tant d'agréments, de grâces, de trésors.
Sa taille est grande et noble ; à la forme élégante
Elle unit des roseaux la souplesse ondoyante ;
Tout l'idéal de l'art, dans ses brillants effets,
N'a jamais obtenu des accords si parfaits ;
Dans tous ses mouvements une grâce infinie
De ce corps accompli révèle l'harmonie ;
Ses longs cheveux voilaient, sous leur cascade d'or,
D'un sein voluptueux le pudique trésor ;
Devant son cou de cygne et ses blanches épaules,
La terre eût vu jaunir la neige de ses pôles ;
Un long regard de flamme illumine ses yeux,
Où le plaisir scintille en éclairs gracieux,
Où le désir languit, où les tendres pensées
Rayonnent à travers les paupières baissées.
Sous un nez ravissant, modelé par l'amour,
Deux lèvres de corail, au souriant contour,
Unissent, en s'ouvrant comme une fleur éclose,
La blancheur de la perle au carmin de la rose.
Ainsi brillait Elma, charme trop séduisant !

Raymond fixe sur elle un regard caressant.
A l'aspect du héros qu'électrise un sourire,
L'essaim voluptueux se tait et se retire.

Les amants restent seuls.... ô bonheur insensé!....
Dans un antre, de mousse et de fleurs tapissé,
L'amour conduit leurs pas.... l'amour qui les enivre....
Un élan mutuel l'un à l'autre les livre....
Du magique château les tours ont chancelé,
Le marbre s'est ému, les monstres ont hurlé.
Moins rapide est le feu dont le volcan s'anime ;
Du lierre et de l'ormeau l'étreinte est moins intime ;
L'air gémit sous le cri du remords étouffé....
Le héros est vaincu ; l'enfer a triomphé !....

Elma verse à Raymond, pour sceller sa victoire,
L'oubli de son pays, le mépris de la gloire ;
De prestiges menteurs l'entoure chaque jour,
Et ne laisse en son cœur de place qu'à l'amour.
Tantôt, de sa fortune exaltant la noblesse,
Du feu qui la consume elle lui peint l'ivresse ;
Tantôt, elle promet, enchaînant le destin,
A ses félicités un avenir sans fin ;
Tantôt, elle figure en brillante fumée
Le néant des grandeurs et de la renommée ;
Elle inspire au héros qui languit dans ses bras
Le dégoût de la guerre et l'horreur des combats,
Et, mettant à ses pieds sa couronne de reine,
Etouffe ses instincts, le fascine et l'enchaîne.
Comme on voit l'araignée enfermer dans ses nœuds
L'insecte ailé surpris dans le piège soyeux,
Et pour mieux attacher sa proie au tissu frêle,

Du liquide trésor que son flanc noir recèle
Multiplier les fils, resserrer les liens;
Telle Elma, qui connaît l'art des Thessaliens, [6]
Pour garder le captif qu'emprisonnent ses charmes,
A cet art tout puissant demande encor des armes;
Mêle aux ombres d'Endor les secrets d'Aladdin,
Répand dans ces beaux lieux les délices d'Eden,
Enchante les bosquets de ses métamorphoses,
Dans le miel des baisers verse un parfum de roses,
Aux éléments soumis commande, et chaque jour
Fait éclore à sa voix un miracle d'amour.
En vain pour le héros le temps s'échappe et coule;
Un bonheur infini devant lui se déroule;
Chaque heure lui promet des plaisirs renaissants;
Une douce langueur s'empare de ses sens.
Adieu la gloire! adieu son père! adieu Toulouse!
Ces noms qui font trembler une amante jalouse,
Noms si chers, si puissants et si vite oubliés!

« Vois, lui disait Elma, le monde est à nos pieds!
» Comme, au-dessous de toi, dans leur bassesse étrange,
» Rampent tous ces mortels sur leur globe de fange!
» Ils traînent l'existence en un trouble importun.
» Avec ce vil troupeau qu'avons-nous de commun?
» Loin de leurs maux sans nombre et de leurs vains caprices,
» Ici, nous épuisons la coupe des délices;
» Suspendus dans l'espace, où tout nous est soumis,
» Nous n'avons pour témoins que les astres amis.

CHANT HUITIÈME.

» Ici, tout rit d'amour, de fraîcheur, de jeunesse;
» Un printemps éternel sourit à notre ivresse;
» L'air frémit, amolli par des accords touchants;
» Sur ces bords émaillés l'eau murmure des chants;
» Tout promet à nos vœux, dans ces flots de lumière,
» Un long enchantement pour notre vie entière.
» Que dis-je, notre vie?.... Ami, ne sais-tu pas
» Que je puis me soustraire à la loi du trépas,
» Et d'un amour sans fin t'offrant ce nouveau gage,
» De mon éternité t'assurer le partage?
» Tel est de mon amour le suprême bienfait;
» Il peut rendre immortel le bonheur qu'il a fait.
» Conçois-tu ce destin éclos de mon sourire,
» Cette immortalité d'ivresse et de délire?....
» Mais que peuvent des mots pour t'expliquer mon cœur?
» Toute parole est froide auprès de mon ardeur. »

Un autre jour, dans l'air elle allume un orage;
Des tigres déchaînés elle excite la rage;
Puis, Elma dit un mot, fait un geste, et soudain
Les tigres apaisés viennent lécher sa main.
« Ici tout est soumis à mon pouvoir suprême,
» Et je puis en doter l'heureux mortel que j'aime;
» Car il doit m'égaler, disait-elle. Tu vois
» Le charme impérieux de l'œil et de la voix.
» Si je veux, des tombeaux j'animerai la poudre,
» Et sur un char ailé je conduirai la foudre.
» Je lis dans l'avenir tous les secrets du sort;

» Je dispense la vie, ou j'appelle la mort.
» Les éléments domptés me proclament leur reine ;
» L'enfer tremble et s'agite à ma voix souveraine ;
» Et quand tout l'univers se courbe sous ma loi,
» Je ne sais de plaisir, de bonheur qu'avec toi ;
» Car l'amour est plus fort que mon pouvoir suprême,
» Que les vents et la foudre, et l'enfer, et moi-même.
» L'amour !..... connais-tu rien qui puisse l'égaler ?
» Ce tison dans le cœur qui ne fait que brûler,
» Ce bonheur délirant qui tourmente et dévore,
» Cet été sans printemps, ce midi sans aurore,
» Ce miel ardent qui tue en caressant le sein ;
» Car l'amour et la mort se tiennent par la main. » 7

Un autre jour traçant des traits cabalistiques,
On la vit s'entourer de formes fantastiques.
Les ombres s'élevaient de la nuit des enfers,
Sortaient du flanc des monts, ou descendaient des airs.
Sur un nuage d'or que la brise balance,
L'immense foule, au loin, se groupait en silence ;
Fantômes empressés que caresse le soir,
Ils viennent de leur reine adorer le pouvoir.
Elma veut essayer avec ses noirs complices
Sur le cœur de Raymond de nouveaux artifices.
Sur un trône d'ébène elle le fait asseoir ;
Les parfums les plus doux fument dans l'encensoir ;
Et puis Elma s'incline, et son perfide hommage
Devant lui de l'encens balance le nuage.

CHANT HUITIÈME.

Elma s'incline encore; avec toute sa cour,
Elle adore le dieu qu'enfanta son amour.
Alors, levant la tête, habile enchanteresse,
Comme un arbre plié qui soudain se redresse :
« Mortel, te voilà dieu !... permets qu'à ton côté,
» Partageant les honneurs de ta divinité,
» J'ose m'asseoir, dit-elle, et que, dans ce partage,
» De nos sujets communs je te doive l'hommage ! »
Et, sur le trône assise, elle aime à contempler
Ses sujets dont les flots viennent se dérouler.
Ils passaient sous ses yeux, silencieux et calmes;
Ils passaient, déposant des drapeaux et des palmes,
Des couronnes, des fleurs, des sceptres que leur main
Consacrait, noble offrande, au couple souverain.
Au milieu de la fête, et lorsque autour du trône
De ses feux les plus vifs le triomphe rayonne,
Sur les chars, les drapeaux, les couronnes, les fleurs,
Sur les feux ondoyants aux changeantes couleurs,
Sur ce peuple léger de sylphes, de fantômes,
Sorti du sein des airs, ou des sombres royaumes,
Elma souffle... et soudain tout ce peuple accouru,
Palmes, sceptres, drapeaux, feux, tout a disparu;
Et le trône s'écroule, et dans cette nuit noire,
Elma dit à Raymond : « Héros! voilà la gloire!....
» Ce mirage qui plaît, car il sait éblouir,
» Qui fuit comme un éclair quand on croit le saisir,
» Le voilà !... ton triomphe en est la triste image.
» Que sert de se flatter ? la gloire est un mirage !...

» L'homme qui veut monter à ses âpres sommets,
» Peut l'entrevoir un jour, mais l'atteindre jamais!...
» L'infortuné que brûle une funeste envie,
» Livre aux vents orageux les parfums de sa vie;
» Et lorsque sur le but il croit poser la main,
» La robe déchirée aux ronces du chemin,
» Pâle, les pieds meurtris, haletant de la course,
» N'osant se rafraîchir au cristal de la source,
» Il se hâte, il poursuit le fantôme adoré;
» Il embrasse le vide, et meurt désespéré!...
» Et pourtant ce martyr, ce vainqueur éphémère,
» Immole son bonheur à l'ardente chimère;
» Papillon égaré par un fanal errant,
» Il court tendre son aile au rayon dévorant;
» Il y court!.... Insensé qui ne sait pas comprendre
» L'amour, ce vrai phénix qui renaît de sa cendre!...»

Et puis, elle ajoutait avec un froid mépris :
« Qu'est-ce donc que la gloire, et qui connaît son prix ?
» Qui saura distinguer la fausse de la vraie,
» Choisir le pur froment confondu dans l'ivraie ?
» Qu'est-ce donc que la gloire ?.... Un son dans le désert,
» Qui retentit à peine et dont l'écho se perd!...
» Un nom qui brille un jour sur l'océan des âges,
» Comme un flocon d'écume au sommet des rivages,
» Et que bientôt, au choc des tourbillons amers,
» L'orageuse raffale engloutit dans les mers.
» O cendre des héros! poussière dispersée,

» Titans dont ici-bas la trace est effacée!
» Oh! qui rallumera, seulement pour un jour,
» Ces grands flambeaux qu'un souffle éteignit sans retour?
» Si j'osais repétrir ces cendres ignorées,
» Sous un front souverain autrefois adorées,
» Tu prendrais en dégoût ces héros si vantés,
» Du trône dans les fers cent fois précipités;
» Le poignard, le poison, les serpents de l'envie
» Viendraient trancher, surprendre, épouvanter leur vie,
» Et ces tristes honneurs, chèrement expiés,
» Vengeraient les humains qu'écrasèrent leurs pieds.
» Leur gloire fut la guerre, épouvante des mères;
» Le meurtre féconda leurs palmes éphémères.
» Si, tordant ces lauriers, j'en tirais les sanglots,
» Et les pleurs, et le sang dont ils burent les flots,
» J'en formerais des mers, un océan immonde,
» Plus grand que l'Océan qui fait le tour du monde;
» Et j'y voudrais noyer l'orgueil, monstre béant,
» Dont la soif pour boisson veut des fleuves de sang;
» L'insatiable orgueil, qui, dans ses flancs avides,
» Engloutirait la terre et les sables arides,
» Et les mers, et l'espace, et le soleil lointain,
» Et les cieux, impuissants pour assouvir sa faim.
» Si je ressuscitais, pour flétrir tant de crimes,
» A côté des bourreaux d'innombrables victimes;
» Et ces tristes cités, ces ruines sans nom,
» Veuves de ces splendeurs qui couronnaient leur front;
» Et ces peuples martyrs, flots lancés sur la grève,

» Souillés par l'esclavage, ou meurtris par le glaive;
» Grande hostie immolée au caprice des rois;
» Dans un commun concert tous élevant la voix,
» Tous ils n'auraient qu'un cri pour flétrir leur mémoire,
» Pour maudire à la fois les grands noms et la gloire.
» Et tu pourrais vouloir, toi, généreux Raymond,
» Au nom de ces maudits associer ton nom? »

Un autre jour, songeant au sort qu'elle redoute,
Voyant Raymond flotter dans les ombres du doute,
Elma dit : « Cher ami, j'ai voulu, dans ma cour,
» Condamner ta faiblesse à subir mon amour.
» Tu te crois malheureux!.... tu t'inclines, morose,
» Sous le feu d'un baiser, sous le poids d'une rose.
» Et pourtant qu'ai-je fait?.... ma main t'a présenté
» Des coupes de tendresse et de félicité;
» Ta lèvre les effleure; et, craignant mon empire,
» Tu n'oses les vider dans ton sein qui soupire.
» Oh! je te plains! Ami, tu pouvais avec moi
» Enchaîner ce bonheur qui s'éloigne de toi....
» Je ne sais rien comprendre au trouble qui t'assiège;
» Comme un lion blessé qui tombe dans le piège,
» Et rugit sous le joug, ton amour effrayé
» Retire à ma tendresse un front humilié.
» Oh! non, rassure-toi, ma victoire est perdue;
» Tu ne m'as point cédé; c'est moi qui suis vaincue;
» Moi qui te rends ici des honneurs enviés,
» Que tu peux faire grande ou fouler à tes pieds.

» Devant toi point de fiel, point d'orgueil qui te brave;
» C'est moi qui me soumets et te livre une esclave.
» Commande! et, si tu veux, tous mes enchantements
» Cèderont à la voix de tes commandements.
» Commande! et des géants vont sortir de ces arbres;
» Ces monstres animés dépouilleront leurs marbres,
» Et tous, à tes genoux, sous ton regard vainqueur,
» De leurs fronts redoutés courberont la terreur! »

C'était ainsi qu'Elma, pour flatter son idole,
Joignait à l'art puissant le miel de la parole,
D'un progrès insensible échauffait son ardeur,
Pénétrait chaque jour plus avant dans son cœur,
Et sous des fleurs cachant sa profonde blessure,
De la gloire outragée étouffait le murmure.
Par ce doux artifice, ainsi de jour en jour
Elle enlace Raymond des nœuds de son amour.
Telle, aux pieds des coteaux, une onde voyageuse
Caresse en murmurant la tour silencieuse
Dont le front se balance au limpide cristal;
La mine lentement dans un calme fatal;
Et d'un ravage sourd multipliant l'atteinte,
L'engloutit en débris dans sa perfide étreinte.

Mais le jeune Raymond, tristement énervé,
Du philtre vénéneux goutte à goutte abreuvé,
Languit, baisse la tête, inondé de délice,
Comme un lis dont l'aurore a rempli le calice.

A ce front que revêt une molle pâleur,
Qui donc eût reconnu ce superbe vainqueur
Dont Saragosse entière, en un grand jour de gloire,
Sur un autre vainqueur proclama la victoire?
La guirlande de fleurs, parure des bergers,
L'enlace et le flétrit de ses festons légers;
La pourpre s'y déroule en folle bandelette,
Le glaive dans sa main fait place à la houlette;
Sur son épaule nue et les tissus moelleux,
A longs flots odorants descendent ses cheveux.
Loin de ses yeux languit l'armure des batailles;
Le corselet de fer, tissu d'étroites mailles,
Le casque au cimier d'or, les rudes gantelets,
Et la lance guerrière aux menaçants reflets;
La cuirasse et l'écu, belliqueuse dépouille,
Gisent, abandonnés à l'affront de la rouille.
Devant lui cent beautés, essaim voluptueux,
Dessinent les tableaux de leurs aimables jeux.
De ces jeux enivrants, aux doux sons de la lyre,
Le héros fasciné partage le délire;
Dévorant du regard des charmes ravissants,
Il ose se mêler à ces chœurs bondissants,
S'enlacer à la chaîne, et conduire la foule
De ces anneaux vivants que le plaisir déroule.
Un charme impérieux l'enivre et le poursuit;
Ses yeux qu'il craint d'ouvrir s'égarent dans la nuit.

Ainsi, dans l'Orient, de parfums couronnée,

Rayonne du plaisir la coupe empoisonnée,
Qui verse à l'imprudent, avide de bonheur,
La mort dont le sommeil germe dans une fleur.
Du spasme délirant redoublant l'énergie,
Il savoure à longs traits sa douce léthargie :
Des rêves de délice enchantent son sommeil;
C'est un ciel de cristal, un palais de vermeil;
Dans un torrent de joie il a noyé ses peines;
L'ardente volupté ruisselle dans ses veines;
Son doux frémissement le berce comme un flot;
A la fièvre enivrante il sourit.... mais bientôt
Dans les larges sillons qui creusent son visage,
La précoce vieillesse imprime son ravage;
Les frissons de bonheur qui consument son corps
De la frêle machine ont usé les ressorts.
L'insensé, dévorant ses propres destinées,
Se sent en un seul jour vivre plusieurs années,
Et la mort qui s'approche et qui vient le saisir,
Ne fait que remplacer le sommeil du plaisir.

Cependant, au milieu des célestes peuplades,
Le plus grand des Raymond, le héros des croisades,
Gémissait, en voyant ce fils, plein d'avenir,
De ses nobles destins perdre le souvenir.
Alors, non loin de lui, partageant ses alarmes,
Une gloire du ciel versait de saintes larmes;
C'est la mère d'Elma, que trouble son malheur.
De son sein maternel qui dira la douleur ?

Au pouvoir de l'enfer cette fille ravie,
Qu'elle-même a plongée aux sources de la vie,
Indigne du bienfait, du bonheur qui l'attend,
Courbe un front dégradé sous le joug de Satan.
C'est peu; d'un art fatal elle arme son délire;
Du prince des démons elle affermit l'empire,
Et, prodiguant pour lui des trésors de beauté,
Avilit un héros dans ses fers arrêté.
De ces égarements où triomphe l'abîme,
La sainte et le guerrier ont détesté le crime;
De ces anges déchus le déplorable affront
D'une rougeur pudique a coloré leur front.
Le même deuil pesait sur leur âme offensée;
Ils ont dans un regard échangé leur pensée,
Et leur humble prière à la reine des cieux
Exprime sans détour leurs tourments et leurs vœux.

La Vierge les entend; la bonté de Marie
Ne repoussa jamais la douleur qui la prie;
D'Elvire et de Raymond, justement courroucés,
Les vœux lui sont connus, ils seront exaucés.
Le ciel, dont la faveur prépare un doux prodige,
Du pouvoir des enfers détruira le prestige;
Et, portant dans ces cœurs le trouble et le remords,
La grâce y versera ses célestes trésors.

NOTES DU CHANT HUITIÈME.

¹ Garde les souvenirs et le nom de Pyrène.

Pyrène, fille de Pyrénée, séduite par Hercule, le suivit dans ses expéditions ; elle s'égara et fut dévorée par les bêtes sauvages dans les montagnes auxquelles elle donna son nom. (Voir Chompré, *Dictionnaire de la Fable.*)

² La topaze s'anime et le rubis respire ;
La perle végétale entoure de ses nœuds
Le calice des lis, et l'arbuste épineux
Mêle, tout radieux de sa métamorphose,
L'éclair du diamant au parfum de la rose.

Cette fiction n'est pas aussi contraire à la nature qu'on pourrait le croire ; les merveilles du règne végétal et du règne animal présentent des analogies sur lesquelles le poète a pu l'appuyer. Voici ce qu'on lit dans *les Souvenirs d'un Naturaliste*, par M. de Quatrefages :

« *Tritonie*. Qu'on se figure une petite limace de forme allongée, portant sur les côtés une rangée de branchies ramifiées, semblables à autant de buissons animés, d'une exquise délicatesse ; qu'on remplace les tentacules lisses et opaques de nos colimaçons par deux grands cornets de verre, d'où s'échappe un bouquet de branchages roses entremêlés de fleurs violettes ; qu'on étende en avant de la tête un voile étoilé de la plus fine gaze, et l'on n'aura encore qu'une idée bien imparfaite de cet admirable petit être *qui semble fait d'émail et de cristal vivants*. » (*Revue des Deux-Mondes*, tome 17, 1er janvier 1847.)

3 De l'enchanteur Atland ce palais fut l'ouvrage.

« Ce brigand dangereux (Atland) possède un admirable château d'acier, élevé dans les nues, sur le sommet des Pyrénées. Plusieurs chevaliers ont déjà montré leur courage en allant l'attaquer, mais aucun d'eux n'est revenu de cette téméraire entreprise....... Du milieu de cette vallée s'élevait une montagne isolée d'une roche dure et absolument escarpée, dont la cime paraissait environnée d'un mur d'acier..... Ce roc surpasse en hauteur tout ce qui l'environne ; c'est là que l'enchanteur tient tant de prisonniers renfermés. Il faudrait avoir des ailes pour y pouvoir monter ; car nul sentier, nul degré ne se présente sur les quatre faces également escarpées de ce rocher, et il est aisé de voir que le secours d'un cheval ailé devient absolument nécessaire au maître de ce château pour pouvoir en faire ses prisons et sa demeure.... Bradamante, curieuse de savoir le nom de cet enchanteur et dans quel dessein il s'était formé par son art cette demeure inattaquable, l'interrogea sur ces faits pour en être éclaircie. Hélas ! dit le vieux magicien, en versant un torrent de larmes, ce n'est ni pour cacher des larcins, ni pour aucun dessein coupable, que j'élevai cette roche et que je bâtis ce château ; ce ne fut, au contraire, que pour garantir les jours d'un jeune chevalier.... Roger est son nom. Ce fut moi, malheureux Atland, qui l'élevai dès le berceau........ Dans cette vue, je bâtis cette roche, et je m'emparai de Roger...... Pour que mon Roger, forcé de n'en point sortir, trouve dans ce château une compagnie aimable qui l'amuse, j'ai soin de rassembler de toutes parts en ce lieu tout ce qui peut contribuer au bonheur de la vie : concerts, parures, jeux variés, chère excellente, tout y prévient leurs désirs..... » (Arioste, *Roland furieux*, ch. 4.)

> 4 Car elle sait des mots qui troublent les enfers,
> Allument le tonnerre, épouvantent les mers,
> Et des monts ébranlés font tressaillir la cime.

Il est facile de reconnaître dans ces vers une imitation de Virgile.

> « Hæc se carminibus promittit solvere mentes
> » Quas velit, ast aliis duras immittere curas ;
> » Sistere aquam fluviis, et vertere sidera retro ;
> » Nocturnosque ciet Manes : mugire videbis
> » Sub pedibus terram, et descendere montibus ornos. »

(*Enéide*, liv. 4.)

> 5 Ou, contraignant la lune à descendre avec eux,
> Ils trempent dans les flots son disque lumineux.

« Carmina vel cœlo possunt deducere lunam. »

(Virgile, Eglog. 8.)

> 6 Telle Elma, qui connaît l'art des Thessaliens......

« Thessalæ mulieres præcipue illam artem callere, et in eâ
» excellere putabantur, ut innuit Aristophanes, in *nebulis*.

> » Veneficam si fœminam ipse Thessalam
> » Coemero, captabo lunam noctibus. »

(*Natalis comes Mythologia*, lib. 3.)

> 7 Car l'amour et la mort se tiennent par la main.

Quia fortis est ut mors dilectio, dura sicut infernus æmulatio ; lampades ejus, lampades ignis atque flammarum.

Parce que l'amour est fort comme la mort, et que le zèle de l'amour est inflexible comme l'enfer ; ses lampes sont comme des lampes de feu et de flammes. — (*Cantique des Cantiques*, ch. 8, v. 6. — Traduction de Le Maistre de Sacy.)

CHANT NEUVIÈME

SOMMAIRE.

Pierre rassemble son armée. — L'armée franchit les Pyrénées. — Elle s'arrête à Saint-Gaudens. — Le Comte de Comminges joint sa troupe à l'armée d'Aragon. — L'Ermite du mont voisin. — Pierre va le consulter. — L'armée quitte Saint-Gaudens et va camper dans la plaine de Calagurris (Martres). — Le Comte de Foix conduit un renfort. — Banquet dans la tente royale. — Discours de Pierre. — Discours de Roger-Bernard. — Discours du Comte de Comminges. — Présage heureux. — Le Roi annonce qu'il va partir pour proposer la paix à Montfort.

CHANT NEUVIÈME.

—

Tandis que, trahissant sa noble destinée,
Raymond boit à longs traits la coupe empoisonnée;
Que Marcel, n'osant plus espérer son retour,
Cherche un maître endormi dans les bras de l'amour,
Pierre va secourir sa famille opprimée;
Pour combattre Montfort il rassemble une armée ;
Car il tarde à son cœur, par la gloire embrasé,
D'entrer en lice avec le farouche croisé.

Des bords lointains baignés par l'onde baléare
Jusqu'aux monts sourcilleux de la double Navarre,
A l'appel du héros, vingt peuples différents,
De ses vieux bataillons viennent grossir les rangs.

Au son d'une trompette, à l'aspect d'une lance,
De ces mille sommets la jeunesse s'élance,
Avec ses chants joyeux, ses fifres, ses hautbois,
Enlaçant à son front la dépouille des bois.
Pour ces cœurs généreux les périls ont des charmes;
Ils veulent tous combattre, ils demandent des armes;
Mais Pierre ne reçoit, modérant leur transport,
Qu'un nombre limité que désigne le sort.

Cependant, par son ordre, un message fidèle
De Comminge et de Foix va réchauffer le zèle;
A ces nobles seigneurs annonce de sa part
Et ses apprêts de guerre, et son prochain départ,
Afin que tout baron touchant à la frontière
Soit prêt à lui fournir l'appui de sa bannière.
Déjà sa prévoyance allume les fourneaux,
De mille bras actifs peuple les arsenaux;
Aux bruyants ateliers les longs soufflets mugissent;
Sur l'âtre étincelant que les flammes rougissent,
Du cyclope au front noir le bras s'appesantit;
Sous le marteau tombant l'enclume retentit;
Le ductile métal se façonne et s'épure;
Le fer a revêtu les formes de l'armure;
Il s'amincit en glaive, il se dresse allongé
En lance menaçante, en javelot forgé.
La flèche au vol sifflant, pour les guerres nouvelles,
Dans le carquois sonore a replié ses ailes;
L'airain retentissant en casque s'arrondit,

Se courbe en bouclier dont l'orbe resplendit;
Les brassards, les hauberts, les cuirasses, les piques,
Arment pour les combats les guerriers ibériques,
Et de ces monts ardus, témoins de tant d'apprêts,
Leur troupe se dispose à franchir les sommets.
Ainsi, sur les coteaux que le pampre couronne,
Quand nos mains vont cueillir les trésors de l'automne,
D'un mouvement confus les manoirs sont remplis;
Des joyeux vendangeurs vous entendez les cris;
Vers la cuve fumante et de moût arrosée
S'empressent les porteurs de la grappe écrasée,
Et le maillet bruyant, qui dompte les cerceaux,
Sous ses coups répétés fait mugir les tonneaux.

Du col de Puycerda les pentes inclinées
Ouvrent aux combattants l'accès des Pyrénées;
Trois mille cavaliers, à travers ces détroits,
Lentement descendus sur les terres de Foix,
Conduisent avec eux, réserve accoutumée,
Les armes, les troupeaux aliment de l'armée.
Abrégeant les détours, le hardi fantassin
Aux rocs du Mont-Perdu cherche un âpre chemin;
Sa main saisit au flanc de la roche escarpée
Ces longs crampons de fer dont autrefois Pompée,
Voulant sur Perpenna jeter ses légions,
Hérissa sous leurs pas le granit d'Arbizons. [1]
La brèche de Roland, où gronde l'harmonie
Du fleuve qui bondit des pics de Gavarnie,

Voit labourer sa neige en tortueux sillons
Où s'impriment les pas des nombreux bataillons.
Depuis les grands combats des preux de Charlemagne,
Nulle guerre n'avait agité la montagne;
Son écho sommeillait; il s'éveille, joyeux,
Aux accents prolongés des refrains belliqueux.
Au pied de ces glaciers que les neiges couronnent,
Où du palais d'Atland les hautes tours rayonnent,
Des bruits d'armes, des chants s'élèvent tour à tour,
Et vont frapper Raymond, prisonnier de l'amour.
Il écoute; il voudrait vaincre sa léthargie;
Il cherche à ranimer sa mourante énergie;
Le vent tout imprégné d'une guerrière ardeur,
Fait bouillonner son sang, fait palpiter son cœur;
Il l'aspire, il entend une rumeur lointaine,
Et retombe accablé sous le poids de sa chaîne.
Elma, qui voit Raymond tenter un noble effort,
D'un magique regard le fascine et l'endort.
Par son ordre, un démon trouble les airs, et chasse
Ces longs frémissements qui roulent dans l'espace;
Et la rumeur expire, et dans son morne oubli
L'infortuné captif retombe enseveli.

Ainsi, quand le malade au front mélancolique,
S'incline sous le poids d'un sommeil léthargique,
Par un songe excité, son œil, plein de langueurs,
S'ouvre et cherche un moment d'incertaines lueurs;
Mais, pliant sous l'effort, sa mourante paupière

Reçoit avec douleur un rayon de lumière,
Et s'abaisse, et se ferme, et, loin du jour qui luit,
Implore le repos de l'éternelle nuit.

Le roi Pierre a suivi la marche de l'armée;
Pour le jeune Raymond sa tendresse alarmée
L'attendit vainement pendant quarante jours.
De l'Ebre impétueux il remonte le cours,
Du neigeux Aragon il franchit les abîmes,
Des monts pyrénéens il a gravi les cimes;
Il descend vers Bigorre, et ses blancs pavillons
De la plaine féconde ont couvert les sillons.
Il laisse loin de lui la crête désolée,
Il évite Campan et sa douce vallée;
Il admire en passant ce magnifique lieu,
Cet imposant désert, cette échelle de Dieu,
D'où Matha, s'élançant vers la rive africaine,
De l'esclave chrétien ira prendre la chaîne; ²
Fondateur de cet ordre où le plus mince don
Du captif gémissant prépare la rançon.
Bazer le voit franchir la Garonne profonde,
Que la Neste en grondant vient gonfler de son onde;
Puis, donnant à l'armée un utile repos,
Autour de Saint-Gaudens il plante ses drapeaux.

Le Nébouzan frémit d'une sublime audace;
Les barons, les seigneurs endossent la cuirasse.
Aspet et Montastruc, Encausse et Montespan,

Sauveterre, Pointis, Saint-Béat et Gourdan,
Et cent autres pennons sortis de leurs tourelles,
Et les vassaux nombreux qui, noblement rebelles,
Sous le joug de Montfort refusent de plier,
Aux armes d'Aragon viennent se rallier.
Le comte de Comminge amène aussi l'élite
Des pâtres indomptés qui marchent à sa suite;
Et du sein de ces bois s'élancent tout armés
Dix mille montagnards en soldats transformés.
Tels, en un soir d'été, sur le bord des rivières,
D'innombrables essaims, myriades légères,
Se pressent dans les airs, folâtres papillons,
Au caprice des vents roulés en tourbillons;
Ou telles, au désert, entrelaçant leurs ailes,
Dans leur immense vol flottent les sauterelles;
Nuage dévorant, dont la sombre épaisseur
Obscurcit le soleil et répand la terreur.

Pendant ce court repos, le roi, par la prière,
De ses destins futurs veut sonder le mystère.

Sur la rive du fleuve, au regard du midi,
S'élève un monticule au sommet arrondi, [3]
Qui, sur un sombre amas de débris volcaniques,
Dresse un front couronné de chênes druidiques,
Au tronc large et noueux, que trois hommes en vain
Essaîraient d'embrasser se tenant par la main.

CHANT NEUVIÈME.

De ces rameaux épais, dont nul ne connaît l'âge,
La voûte ténébreuse abrite un ermitage.
C'est là que, sous l'ardoise, un prêtre aimé des cieux
Ensevelit ses jours, loin d'un monde oublieux.
Sa barbe à flots de neige inonde sa poitrine;
Son œil est rayonnant d'une flamme divine;
Le passé qui s'éteint vit dans son souvenir,
Son langage inspiré révèle l'avenir.
Longtemps il accomplit, dans ce lieu solitaire,
Les rigoureux devoirs du plus saint ministère;
Mais, depuis trente hivers, du travail de ses mains
Vivant, presque ignoré du reste des humains,
Il disait dans ses chants, élan d'une âme pure,
Les bienfaits de ce Dieu, père de la nature.

Avant que le soleil de ses naissants rayons
Ait coloré l'espace et la cime des monts,
Pierre, qu'un écuyer dans sa course accompagne,
D'un pas silencieux a gravi la montagne.
Sur le sort des combats qu'il va bientôt livrer
Des lumières du ciel il voudrait s'éclairer;
Il demande au vieillard, pour le rendre propice,
L'appui de sa prière et le saint sacrifice.
Hilaire, qui cédait à l'inspiration,
Sans connaître le roi l'a nommé par son nom;
Devant l'autel rustique il s'agenouille, il prie;
De ses tremblantes mains il consacre l'hostie.
Tout-à-coup, ô prodige! un rayon lumineux

CHANT NEUVIÈME.

Vient frapper les vitraux resplendissants de feux ;
Le Dieu qui descendait dans la pieuse enceinte,
A semblé la remplir de sa majesté sainte.

Le mystère accompli, le prenant à l'écart,
Le roi veut de ses dons enrichir le vieillard ;
Mais l'or est repoussé. L'homme de la prière
Fait entendre ces mots : « Ma pauvreté m'est chère ;
» Qu'elle me reste encor quand mes jours vont finir !
» Le ciel m'a révélé qu'au moment de mourir
» Je verrais un grand roi, dont la bonté facile
» Viendrait de sa présence honorer mon asile.
» Puisque je vous ai vu, ma mort doit approcher ;
» Les faux biens d'ici-bas ne peuvent me toucher.
» Gloire à Dieu ! sa clémence a permis que j'offrisse
» Pour la dernière fois l'auguste sacrifice.
» Puisse-t-il vous bénir ! la justice est pour vous ;
» Mais le ciel doit encor signaler son courroux.
» Le sang qui fut versé sur la rive du Rhône,
» Retombe par torrents aux flots de la Garonne.
» Quel carnage ! Oh ! voyez ! sur la terre et sur l'eau
» De guerriers expirants quel horrible monceau !....
» Des cadavres sanglants la digue amoncelée
» Fait remonter les flots vers leur source troublée.....
» Le chef et les soldats, ils ont tout massacré....
» Le fer n'épargne rien..... pour lui rien n'est sacré !....
» Rien n'est sacré !.... Quel est ce mortel téméraire
» Qui du sombre avenir veut sonder le mystère ?

» Trop heureux que du ciel les immuables lois
» Lui cachent ses destins, en étouffant ma voix!..... »

Il exhalait ainsi sa dernière parole,
Et son corps a brillé d'une sainte auréole.
Pierre entend sans pâlir, mais d'un cœur déchiré,
L'oracle menaçant de l'ermite inspiré;
Il garde sur son front une mâle assurance,
Et l'écuyer fidèle a juré le silence.

Le lendemain, quand l'aube a reconquis les cieux,
L'on voit flotter dans l'air mille étendards soyeux.
Le clairon vibre au loin sur la rive sonore;
Le camp s'est ébranlé; sous les feux de l'aurore,
Brillent les vifs éclairs des lances, des cimiers;
La plaine retentit sous les pas des coursiers,
Et dans les frais vallons où serpente la foule
Un long fleuve d'airain se gonfle et se déroule.
L'on descend la Garonne; en de légers bateaux,
D'un agile aviron ceux-ci fendent les eaux;
Ceux-là qu'on voit nouer des poutres, des solives
Au flexible lien du chêne de ces rives,
Sur ces planchers flottants l'un à l'autre enchaînés,
Au courant voyageur voguent abandonnés.
Mille autres sur des chars, emmenant leurs compagnes,
Que traîne avec lenteur le bœuf de ces montagnes,
En sillon tortueux sur le bord du chemin,
Suivent de loin les pas du poudreux fantassin.

Stan-Carbon disparaît, Lestelle est signalée ;
Du Salat sur la droite on laisse la vallée ;
Près du champ des martyrs, de sommets couronné,
Le rocher d'Escalère est conquis et tourné ; [4]
Mais bientôt des Romains on prend l'antique voie,
Et de Calagurris la plaine se déploie. [5]

Là, tandis que la halte appelle un court repos,
Des bruits inattendus ont frappé les échos ;
Au doux frémissement des flottantes bannières
Succède le fracas des trompettes guerrières.
« Serait-ce l'ennemi qui menace nos flancs ?
» Dit Pierre. Qu'on s'arrête et qu'on forme les rangs !
» Que trente cavaliers, marchant avec prudence,
» Courent interroger la troupe qui s'avance ! »
Les chefs impatients répondent à la fois.
Les cris : « Vive Aragon ! vive Toulouse et Foix ! »
Ces cris, de toute part apportés par la brise,
Versent au sein du roi la plus douce surprise.
Ainsi, quand le pêcheur qu'environne la mort,
Fuit devant la tempête et cherche en vain le port,
Il trouve avec bonheur, dans une anse ignorée,
De sa barque en péril la retraite assurée.
C'est le comte de Foix, c'est le brave Roger,
Qui répond à l'appel, qui brave le danger,
Et du comte Raymond partageant les alarmes,
Marche avec tous ses preux, avec mille hommes d'armes.
Roger brille à leur tête ; il dirige leurs pas.

Pierre le reconnaît ; et, lui tendant les bras :
« Comte, soyez témoin du bonheur que j'éprouve,
» Lorsque avec ces guerriers ici je vous retrouve,
» Dit-il ; notre rencontre, en ce moment si doux,
» Est un présent du ciel qui combat avec nous. »

Par son ordre aussitôt l'armée impatiente
A suspendu sa marche et l'on dresse une tente.
Les servants empressés, les pages, les valets,
D'un somptueux festin disposent les apprêts.
A la fleur du froment que les mains ont pétrie
Un liquide parfum par degrés se marie,
Et la pâte, soumise à de timides feux,
Figure d'un castel les contours anguleux.
De l'art d'Apicius l'habileté féconde
Unit aux fils de l'air les habitants de l'onde ;
La pêche veloutée et l'humide raisin
Abandonnent la plaine et le coteau voisin ;
Les vergers dépouillés prodiguent leurs merveilles ;
Les tributs de l'automne ont rempli les corbeilles ;
Des jardins d'Hespérus le sphérique trésor
Dresse sur des tapis ses pyramides d'or ;
Le laitage embaumé qu'on plonge dans la glace
Présente à l'œil surpris sa solide surface.
Des rapides chevreuils atteints au fond des bois,
Des âpres sangliers, des timides chamois
On perce de longs dards la viande parfumée ;
Sur les charbons ardents, dans des flots de fumée,

Des plus jeunes taureaux, par la hache abattus,
Les membres découpés frémissent étendus.
Puis, sur des ais de cèdre, on déroule, on déploie
L'or et l'argent tissus que nuance la soie,
Et dans les mets fumants qui peuplent les fourneaux,
De l'onctueuse olive on épanche les flots. ⁶

Les chefs sont assemblés dans la tente royale.
Une estrade superbe à leurs regards étale
Le splendide banquet dans son large contour.
Sur de riches coussins disposés tout autour,
Les barons, les seigneurs de puissante lignée
Prennent chacun la place à son rang assignée.
Devant chaque convive ensemble on a placé
Le lin éblouissant au tissu nuancé,
Et l'argent ciselé dont la richesse abonde,
Et le tranchant acier, et la coupe profonde.

Ce spectacle nouveau, cet imposant aspect,
La présence d'un roi qu'entoure le respect,
La dignité du lieu, sa magique influence,
Ont d'abord commandé le calme et le silence.
Mais, quand les aliments et les fraîches boissons
Ont dompté du besoin les plus vifs aiguillons;
Quand ce front souverain que la bonté mitige
A de la majesté tempéré le prestige,
Alors on voit éclore, avec la liberté,
Les traits inattendus, la piquante gaîté.

CHANT NEUVIÈME.

S'élançant du flacon, de la coupe remplie,
Pétille le nectar et la vive saillie ;
Par ces vins généreux que l'outre a conservés
Pour les jours solennels dès longtemps réservés,
Les cœurs sont réchauffés, le courage fermente.
Roger remplit sa coupe; il la lève écumante :
« Seigneurs, je bois, dit-il dans un fougueux transport,
» A la destruction de l'odieux Montfort !
» A l'honneur de Toulouse ! au succès de nos armes !
» Puisse le fier lion nous rendre enfin nos larmes ! »
Les convives émus répètent mille fois :
« Vive, vive Aragon ! vive Toulouse et Foix ! »
Chacun remplit sa coupe; et, dévouant leur tête,
Du superbe Montfort tous jurent la défaite.
Lorsque, du ciel en feu tombant avec fracas,
La foudre remplit l'air de ses bruyants éclats,
Et sous un coup horrible ébranle au loin la terre,
Un long calme succède à la voix du tonnerre ;
Ainsi, quand ces guerriers, par le vin écumant,
Ont, la coupe à la main, consacré leur serment,
A l'ardeur frémissante, aux cris de la vaillance
Ont succédé bientôt le calme et le silence.

Alors Pierre s'écrie : « Amis, nobles seigneurs,
» Le zèle qui m'anime a passé dans vos cœurs,
» Je le vois; j'applaudis à cette ardeur sublime
» Que révèle si bien votre élan unanime.
» La cause la plus juste a donc ses défenseurs !

» De mon frère opprimé vous serez les vengeurs.
» Peut-être, m'embrasant du feu qui vous inspire,
» D'ici même au combat je devrais vous conduire,
» Fondre sur la croisade, en briser l'union,
» Et de Montfort surpris terrasser le lion.
» Mais il faut rallumer une guerre éternelle
» Et subir les horreurs qui marchent avec elle;
» Mais il faut emporter de superbes remparts,
» Dans des fleuves de sang baigner nos étendards;
» Et le sang des humains, si l'on peut s'en défendre,
» Seigneurs, vous le savez, ne doit pas se répandre;
» Ce sang si précieux, que le divin martyr,
» Voulant le racheter, consentit à mourir.
» A de sanglants lauriers la paix est préférable;
» Mais, si je veux la paix, je la veux honorable.
» Montrons à l'ennemi nos bataillons épais;
» Soyons prêts au combat, nous dicterons la paix.
» Je vais trouver Montfort; ce guerrier téméraire
» Sentira le besoin de terminer la guerre.
» Il frémira des coups que nous allons frapper;
» Sa conquête chancelle et lui peut échapper.
» Qu'il connaisse, à son tour, le danger de combattre!
» Au sein de sa fortune un revers peut l'abattre.
» Dix ans, sous les fléaux qui vinrent l'accabler,
» La triste Occitanie a vu le sang couler.
» La croisade aujourd'hui n'a qu'un but homicide;
» Soumise aux vils calculs d'un intérêt cupide,
» La guerre est sans honneur. Un accord sans combat,

» Si le ciel le permet, clora ce grand débat. »

Le monarque a parlé. Soudain Roger se lève ;
Roger, qui de Montfort ne veut ni paix, ni trêve :
« Sire, votre dessein part d'un cœur généreux,
» Dit-il, et, sans détour, je lui donne mes vœux.
» De ce ciel qui m'entend puisse la paix descendre,
» Pour épargner le sang ; hélas ! qu'on va répandre !
» Mais le comte Montfort vous est-il bien connu ?
» Montfort, soldat farouche, insolent parvenu,
» Artisan de mensonge et nourri dans l'intrigue,
» Dont l'injuste fortune est l'œuvre de la brigue ;
» Qui, pour monter au rang dont il est revêtu,
» De la férocité s'est fait une vertu,
» Et qu'on voit consacrer à la cause divine
» Des bras rougis de sang et chargés de rapine.
» N'espérez de sa part qu'un artifice vain ;
» Il trahira la foi du traité le plus saint.
» Non ! dussé-je, expiant une ardeur téméraire,
» Des légats sur moi seul attirer la colère ;
» Dussé-je voir la flamme embraser mes châteaux,
» Mes domaines conquis dépeuplés de vassaux ;
» Voir peser sur mon front le terrible anathème,
» Traîner des jours proscrits ; dussé-je enfin moi-même
» Expirer sous les coups d'un tyran que je hais ;
» Guerre, guerre à Montfort ! avec lui point de paix ! »
Ainsi parle Roger ; les barons applaudissent,
Et d'immenses clameurs dans les airs retentissent.

Le comte de Comminge alors dit à son tour :
« Grand roi, nobles seigneurs de cette illustre cour,
» Nos pairs et nos amis! qui pourrait se défendre
» D'applaudir au discours que nous venons d'entendre?
» Comme vous, j'aime aussi cette noble chaleur,
» Ce courage qui trouve un écho dans mon cœur.
» Mais devons-nous céder au feu qui nous entraîne
» Et tenter des combats la carrière incertaine?
» Je sais que dans les camps, où l'honneur l'applaudit,
» En face du péril le courage grandit;
» Que, lorsque le bon droit n'obtient pas la victoire,
» L'on peut, même en tombant, succomber avec gloire,
» Et qu'enfin la défaite où brille la vertu
» Au-dessus du vainqueur élève le vaincu.
» Mais c'est peu qu'une grande et haute renommée
» Honore notre chute en cent lieux proclamée;
» Aujourd'hui, le triomphe est un devoir pour nous :
» Vingt peuples opprimés embrassent nos genoux.
» Voyez plutôt : le Nord, nous jetant la tempête,
» Gronde sur le Midi dont il fait sa conquête;
» Entre ces fiers rivaux c'est un combat à mort. [7]
» Malheur, si le Midi succombe sous l'effort!
» Si nous sommes vaincus, l'affreuse barbarie
» Va dévorer nos lois, nos arts, notre industrie.
» Voulez-vous confier au hasard des combats
» De si grands intérêts, le sort de nos états?
» Montfort n'est pas d'ailleurs un ennemi vulgaire;
» Il faut craindre sa force autant que sa colère.

CHANT NEUVIÈME.

» Nourri dans les hasards, intrépide guerrier,
» Il cueillit dans le sang plus d'un fatal laurier.
» Il sait vaincre; il commande une troupe aguerrie;
» Evitons, s'il se peut, d'affronter sa furie.
» En stériles efforts pourquoi nous consumer?
» Qu'importe de le vaincre? il faut le désarmer.
» Sans chercher à cueillir une gloire inutile,
» Laissons-lui tout l'honneur d'une retraite habile.
» Qu'il parte! j'y consens; qu'il purge nos chemins
» De cet amas hideux d'avides pélerins!
» Qu'un pacte, cimenté par des gages solides,
» Nous délivrant bientôt de ces hôtes perfides,
» Affranchisse nos champs d'un insolent tribut,
» Et de nos grands efforts nous atteindrons le but! »
Comminge avait fini. Sa parole prudente
Tombait, comme en hiver une neige abondante,
Qui descend de la nue à paisibles flocons,
Et couvre d'un linceul les naissantes moissons.

Telle était sa parole, et ce puissant langage
Des esprits agités balance le suffrage;
Certains ont applaudi; mornes, préoccupés,
D'un long étonnement d'autres semblent frappés.
Tout-à-coup, sur leur tête, un singulier prodige
Attire les regards et d'abord les afflige;
Mais le doute inquiet, qui s'élève un moment,
Est bientôt dissipé par l'heureux dénoûment.
L'on voyait s'agiter, faible oiseau qui succombe,

Sous les serres d'un aigle une blanche colombe,
Et flotter dans les airs que sa pauvre aile bat,
Un plumage sanglant, dépouille du combat.
Mais, quand l'aigle vainqueur déchirait sa victime,
Dans un dernier débat sa force se ranime;
Forte d'un désespoir dont sa vie est le fruit,
Des serres du tyran elle s'arrache et fuit.
La colombe s'abat; pour conserver sa vie,
Dans la tente royale elle se réfugie;
Dans son trouble mortel, palpitante d'effroi,
Elle vient s'abriter sur les genoux du roi.
Les cœurs sont agités d'une douce espérance.
Le brigand affamé qu'aveugle sa vengeance,
Ne craint pas de la suivre en ce séjour sacré.
Pierre saisit son glaive, et, d'un bras assuré,
Quand il croit enlever sa tremblante conquête,
De l'aigle audacieux le roi tranche la tête.

L'assemblée applaudit; on vante du vainqueur
L'admirable sang-froid, l'adresse et la vigueur;
De l'aigle qui palpite on admire, on mesure
Le bec fort et tranchant, les serres, l'envergure,
Cette aile au vol puissant qui planait dans les airs,
Et cet œil qui s'éteint en lançant des éclairs.
La colombe, à son tour, loin des serres fatales,
Est l'objet envié des caresses royales.
Pauvre oiseau! l'arrachant à ses joyeux ébats,
L'on voulait que du prince elle suivît les pas.

Au grillage doré tristement asservie,
La colombe eût maudit le bienfait de la vie.
On disait que, du ciel présent révélateur,
Elle était pour l'armée un gage de bonheur ;
Que l'oiseau prisonnier, victime expiatoire,
Devait à ses drapeaux enchaîner la victoire.
Mais Pierre, qui tenait la captive en ses mains,
Et dont l'esprit résiste à ces présages vains :
« Sois libre, lui dit-il, ô colombe chérie !
» S'il est vrai qu'en ce jour tu me doives la vie,
» Je veux y joindre un don qui soit encor plus beau ;
» Car, sans la liberté, la vie est un fardeau.
» Va rejoindre ton nid qui t'a déjà pleurée ;
» Va ! je te rends à l'air, ta patrie adorée. »
Il dit ; et de ses mains, par un essor joyeux,
La colombe s'échappe en regardant les cieux ;
Sur son libérateur un moment se balance,
Semble remplir les airs de sa reconnaissance ;
Puis tout-à-coup s'envole, et dirige son cours
Vers le nid solitaire où pleurent ses amours.

Ce prodige imprévu, cette frappante image
Sont acceptés par tous comme un heureux présage.
Plus de doute ; on a cru lire l'arrêt du sort :
La colombe est Raymond ; cet aigle, c'est Montfort.
L'heureux libérateur que la victoire appelle,
Va couronner son front d'une palme nouvelle ;

Et sa cour, qui déjà croit le succès certain,
Félicite le roi d'un triomphe prochain.

Quand, des propos divers, semés à l'aventure,
Eut, dans ce noble cercle, expiré le murmure,
Le roi Pierre se lève et dit : « Nobles seigneurs,
» Demain, lorsque du jour les naissantes lueurs
» Eclaireront les cieux, je pars pour Carcassonne.
» Je vais trouver Montfort; oui, j'y vais en personne;
» Il m'écoute..... et peut-être, en lui montrant l'écueil,
» D'un superbe ennemi je dompterai l'orgueil.
» Vous cependant, tandis que je m'absente à peine,
» Etablissez le camp dans cette vaste plaine.
» L'exacte discipline y dictera ses lois;
» Ces guerriers réunis connaîtront votre voix.
» Armez avec grand soin les diverses milices;
» Que d'utiles travaux, de nombreux exercices
» D'un repos dangereux préservent le soldat,
» Et, qu'espérant la paix, il s'apprête au combat.
» Allez!..... » Disant ces mots qu'accompagne un sourire,
Il dissout l'assemblée et chacun se retire.

Le roi, demeuré seul, sans suite, sans témoins,
Sent flotter son esprit en proie à mille soins;
Des souvenirs confus oppressent sa mémoire.
De ses jours signalés par le deuil et la gloire,
L'image tour à tour se présente à ses yeux.
Tantôt, des Sarrasins son bras victorieux

CHANT NEUVIÈME.

Abandonnait au fer la troupe consternée ;
Tantôt ce sont les jeux, les fêtes d'hyménée ;
Il voit sa sœur quittant la demeure des rois ;
C'est la cour de Toulouse et ses brillants tournois.
Puis, il entend mugir l'effroyable tempête,
Et la croisade en feu qui gronde sur sa tête ;
Montfort est accouru, de carnage enivré....
Puis, il entend la voix de l'ermite inspiré ;
Il entend cette voix comme un lointain murmure.
L'événement du jour toutefois le rassure ;
Et l'aigle et la colombe, envoyés par les cieux,
Présages de succès, palpitent sous ses yeux.
Ainsi nos souvenirs que les songes retracent,
Dans un sommeil confus se montrent et s'effacent ;
Ou tels, sur un théâtre, en mobiles tableaux,
Passe l'aspect changeant de cent objets nouveaux.
Le héros se ranime ; il croit, il aime à croire
A ses nobles destins de triomphe et de gloire.
Il vaincra !..... la victoire est promise à ses coups.

Il songe au vieux Raymond, triste objet de courroux ;
Il voudrait adoucir sa douleur paternelle ;
Il mande auprès de lui son écuyer fidèle.
« Rigobert, lui dit-il, ami dévoué, pars !
» Porte-toi sur Toulouse, entre dans ses remparts.
» Dis au comte Raymond que, pour lui seul formée,
» Ici se réunit une puissante armée ;
» Que tout le Nébouzan, pour défendre ses droits,

» Marche avec les guerriers de Comminge et de Foix;
» Mais qu'avant le combat, pour bannir toute excuse,
» Je présente à Montfort la paix qu'il nous refuse. »
Le roi parlait encor, Rigobert est parti.

Cependant, par ses chefs le soldat averti,
Dans une vaste plaine a déployé les tentes,
Aux tissus variés, aux bannières flottantes.
Le bagage épandu couvre au loin les sillons;
Dans l'arène mobile on plante les jalons.
Les angles sont décrits; sur le sol qui s'incline
Un immense carré s'élargit, se dessine.
Les nombreux pavillons se dressent alignés;
Les quartiers différents, par les chefs assignés,
Reçoivent les soldats classés par intervalles,
Et partagent le camp en zônes inégales.
Là, brillent les frondeurs, armant leur bras tendu
Du filet tournoyant, dans le chanvre tordu;
Là, les tireurs de l'arc, dont la corde assurée
Presse le vol sifflant de la flèche acérée;
Ici, le montagnard, un javelot en main,
Dont le flanc demi-nu porte un glaive romain;
Plus loin, les combattants armés de fortes masses;
Ailleurs, les casques lourds, les pesantes cuirasses
Qui ceignent le guerrier comme un rempart de fer;
Enfin, l'on voit au fond se hérisser dans l'air
Une épaisse forêt de lances et de piques,
Qu'enflamme l'œil du jour de ses regards obliques.

Par un fossé profond, tout autour étendu,
Et par des pieux serrés le camp est défendu.
Aux tentes de leurs chefs, richement étoffées,
De l'airain belliqueux, des superbes trophées
Les soldats empressés appendent les faisceaux ;
Ils tressent en festons les verdoyants rameaux.
De ses feux expirants le soleil les éclaire ;
L'on voit au flanc des monts s'effacer la lumière.
Bientôt, la sombre nuit, suspendant leurs travaux,
Invite ces guerriers aux douceurs du repos.

NOTES DU CHANT NEUVIÈME.

> [1] Ces longs crampons de fer dont autrefois Pompée,
> Voulant sur Perpenna jeter ses légions,
> Hérissa sous leurs pas le granit d'Arbizons.

Les voyageurs qui gravissent le pic élevé d'Arbizons, remarquent avec étonnement des chevilles de fer implantées dans la roche. La tradition, qui met les Romains partout, en donne une explication que le poète a cru pouvoir adopter, sans en garantir l'exactitude. On aurait tout aussi bien pu attribuer à Charlemagne, qui lutta bien longtemps dans ces montagnes contre les Maures, les crampons dont on fait honneur à Pompée ; mais, dans le doute, la préférence doit être donnée à ce dernier : *Major e longinquo reverentia.*

> [2] .... Cette échelle de Dieu,
> D'où Matha, s'élançant vers la rive africaine,
> De l'esclave chrétien ira prendre la chaine.

L'Escala-Dieu, *Scala Dei*, autrefois un monastère. Enseveli dans le désert, il donnait un caractère mystique à la beauté de ce site pittoresque. On assure que Jean de Matha sortit de ses murs pour accomplir son premier voyage en Afrique.

« Sur la fin de 1198, le pape Innocent confirma la règle
» de l'ordre des Trinitaires pour la rédemption des captifs,
» comme il paraît par la bulle adressée à Jean de Matha, qui
» fut le premier de leurs ministres, car c'est ainsi qu'ils nom-
» ment leurs supérieurs. » (*Hist. Ecclés.* de Fleury, liv.
75—IX.)

> 3 Sur la rive du fleuve, au regard du midi,
> S'élève un monticule au sommet arrondi,......

Ce site est décrit tel qu'il existe aujourd'hui, avec beaucoup d'exactitude. Ces vieux chênes et cette chapelle, objet de la vénération des fidèles, sont une propriété de la commune de Valentine, qui y attache le plus grand prix. Les chants religieux sur ce sommet sauvage et solitaire, pénètrent l'âme de la plus douce émotion ; on éprouve à les entendre, on ne sait quelle extase rêveuse qui semble vous détacher de la terre et vous élever vers le ciel.

> 4 Près du champ des martyrs, de sommets couronné,
> Le rocher d'Escalère est conquis et tourné.

La petite ville de Saint-Martory que domine le sommet de l'Escalère.

> 5 .... Et de Calagurris la plaine se déploie.

L'antique Calagurris des Romains, aujourd'hui Martres.

> 6 .... Et dans les mets fumants qui peuplent les fourneaux,
> De l'onctueuse olive on épanche les flots.

C'est une très ancienne méthode pratiquée dans la cuisine espagnole de mêler de l'huile à tous les plats.

> 7 Voyez plutôt : le Nord, nous jetant la tempête,
> Gronde sur le Midi dont il fait sa conquête ;
> Entre ces fiers rivaux c'est un combat à mort.

La longue guerre dont la croisade contre les hérétiques albigeois a fourni le prétexte, ne peut pas avoir d'autre signification politique. Elle doit être considérée comme une nouvelle irruption des Franks dans les provinces Gallo-Romaines. C'était la lutte de la servitude féodale avec les libertés du régime municipal, héritage des institutions romaines.

CHANT DIXIÈME

SOMMAIRE.

Pierre quitte l'armée. — Il traverse le pays de Foix. — Il entre dans Carcassonne. — Conférence avec les Légats et Montfort. — Discours de Pierre. — Réponse de Montfort. — Discours d'Arnaud. — Réponse de Pierre. — Discours de Dominique. — Discours de Foulque. — Réponse de Pierre. — La Conférence est rompue. — Pierre retourne vers l'armée. — Il s'égare à l'entrée de la nuit dans les montagnes du Maz-d'Azil. — Le lendemain, il rejoint l'armée et annonce la reprise des hostilités. — L'armée se met en marche pour Muret. — Le Comte de Toulouse va joindre l'armée d'Aragon. — Préparatifs dans le camp des Croisés. — Montfort court à la défense de Muret. — En passant à l'abbaye de Boulbonne, il consacre son épée sur l'autel.

CHANT DIXIÈME.

Du camp silencieux, où tout repose encore,
Précipitant sa marche et devançant l'aurore,
Pour conquérir la paix, le roi s'est éloigné;
D'une brillante escorte il marche accompagné.
Aux coteaux onduleux dont les chaînons s'enlacent,
Les ombres de la nuit pâlissent et s'effacent.
Sur le voile flottant des vapeurs du matin,
L'on voit poindre la cime et le rocher lointain,
Qui nagent embrasés dans la pourpre de l'aube;
Mais sous l'épais brouillard la plaine se dérobe.
L'orient est en feu; du soleil et du jour
Le doux chant des oiseaux célèbre le retour.

La nature revêt sa tunique brillante;
Un vent léger se lève et caresse la plante;
Sur sa tige inclinée il balance la fleur,
Et verse dans les airs son humide fraîcheur.
La terre semble offrir, sous l'astre qui l'anime,
D'un monde renaissant le spectacle sublime.

Pierre vers l'orient a marqué son chemin ;
Il franchit la Garonne et le coteau voisin.
Sur un sol montueux, labouré de ravines,
Dans les vallons étroits, sur le flanc des collines,
Dans les sombres forêts aux sinueux détours,
La troupe aventureuse a dirigé son cours.
Le soleil, dans les cieux poursuivant sa carrière,
De leur centre enflammé répandait sa lumière,
Lorsqu'apparut ce fleuve, au liquide trésor,
Sur un lit de gravier roulant des sables d'or. [1]
Par l'été dévorant l'onde presque épuisée,
Aux guerriers voyageurs ouvre une route aisée;
Les coursiers altérés inclinent en passant,
Leurs avides naseaux dans le flot frémissant.
L'on évite Pamiers; une troupe inhumaine
Occupe le château qui domine la plaine;
Dans les terres de Foix on va toujours marchant.
Lavelanet blanchit sous les feux du couchant.
Pierre aborde ses murs; dans leur enceinte amie
Du héros d'Aragon l'escorte est accueillie.
La nuit verse sur elle un bienfaisant sommeil;

Doux oubli de nos maux que nous rend le réveil !
Le lendemain, sitôt qu'à la céleste voûte
Brille le jour naissant, Pierre poursuit sa route.
Du Comte, son ami, dépassant les états,
Aux rives de l'Atax il dirige ses pas;
Il cherche la croisade, il marche à Carcassonne.

De créneaux et de tours large et sombre couronne,
Ouvrage des Romains, l'imposante cité
Sur les faubourgs déserts lève un front redouté. ²
C'est là que, rassemblant un fidèle cortège,
Les chefs de la croisade ont établi leur siège;
Des légats tout puissants c'est aussi le séjour :
Là résident Montfort, sa famille et sa cour.
Comme l'éclair jaillit des flancs noirs du nuage,
S'élance de ces murs le funeste message
Qui va porter au loin l'épouvante et la mort,
Et qu'accomplit trop bien le soldat de Montfort.

Sur un coteau voisin, aux pentes ombragées,
Contre les feux du jour par un bois protégées,
Pierre établit sa troupe, et dépêche aussitôt
Vers les murs ennemis un rapide héraut.
Le fidèle écuyer que son ardeur entraîne,
Presse de l'éperon son coursier dans la plaine;
La trompette éclatante a sonné son départ;
Mais le fer de sa lance agite un étendard
Dont la blanche couleur, devançant la parole,

D'un message de paix fut toujours le symbole.
Au pied de ces remparts, où l'on ne l'attend pas,
Le héraut s'est montré ; nul obstacle à ses pas;
Le pont s'est abaissé pour lui livrer passage.
L'envoyé du roi Pierre explique son message;
Et Leycestre, accordant l'entretien souhaité,
Reçoit Pierre et sa suite aux murs de la cité.

Là, siégeait des légats le tribunal sévère
Dont Montfort est toujours l'empressé mandataire.
Et cependant, parmi ces prélats rigoureux,
Prêtre sublime, au cœur miséricordieux,
S'élevait Dominique; et sa voix paternelle
Balançait les excès d'un déplorable zèle.
Ainsi, sous le soleil, dans les mêmes gazons
Où rampe le serpent gonflé de noirs poisons,
S'épanouit en fleurs la plante salutaire,
Et le suc généreux qui trompe sa colère.

Le monarque, introduit dans le conseil sacré,
De guerriers, de légats, d'évêques entouré,
Leur dit : « Nobles prélats, barons, comtes et princes,
» Si l'on m'a vu quitter mon peuple et mes provinces;
» Vainqueur des Sarrasins, si je viens dans ce lieu
» Planter mes étendards favorisés de Dieu,
» Ce n'est pas que je veuille étaler ma victoire.
» Ne pensez pas qu'épris d'un vain désir de gloire,
» Je laisse se gonfler par quelque orgueil humain

» Ce cœur où le ciel mit peut-être un grand dessein.
» Un plus noble penser me conduit et m'anime :
» Je viens pour secourir un prince qu'on opprime.
» Allié de Raymond, les nœuds les plus étroits
» M'imposaient le devoir de défendre ses droits;
» Ses droits, par tant d'aïeux affermis sur sa tête,
» Dont à mes yeux on fait le prix de la conquête.
» Il est trop vrai, seigneurs, la croisade aujourd'hui,
» Armant contre Raymond, ne poursuit plus que lui.
» Rome, dont parmi vous je trouve les organes,
» Rome est sans intérêt dans ces débats profanes.
» L'hérétique est vaincu ; sous vos efforts heureux,
» Ses remparts mis en poudre ont croulé dans les feux.
» L'hérésie aux abois, sans asile, expirante,
» N'est plus qu'un vain délire, une fièvre impuissante.
» Qui de vous peut la craindre ? Indigne de nos coups,
» La pitié qu'elle inspire éteint notre courroux.
» A tant d'abaissement voudriez-vous descendre ?
» D'un ennemi vaincu l'on dédaigne la cendre.
» L'aigle qui vit de proie et combat le dragon,
» N'abaisse point son vol sur l'obscur moucheron.
» Pourquoi donc, aujourd'hui que cette peste est morte,
» A de sanglants débats ouvrir toujours la porte;
» Poursuivre ses débris avec tant de fureur ?
» Pourquoi surtout marquer d'un sceau réprobateur
» Un prince dont la foi ne s'est point démentie,
» Dont le haut rang pour vous est une garantie;
» Qu'à la voix d'un légat Rome vit à ses pieds,

» Et qui, s'il eut des torts, les a tant expiés ?
» Vous l'avez condamné..... vous auriez dû l'entendre.
» Pourquoi le repousser quand il vient se défendre ?
» Craint-on qu'il n'éclairât les tortueux détours
» D'un perfide ennemi qui l'évite toujours ?...
» Je le déclare donc ; seigneur de cette terre,
» J'y viens porter la paix, en présentant la guerre. ³
» Oublions le passé. Pour un traité certain,
» Je puis abandonner mes droits de suzerain.
» Les croisés sont vainqueurs ; qu'une part leur soit faite :
» Carcassonne et Beziers resteront leur conquête.
» Mais aussi, qu'à l'abri d'injurieux soupçons,
» Toulouse soit laissée aux enfants des Raymonds.
» La paix est à ce prix ; c'est moi qui la propose,
» Et vous n'attendrez pas que mon bras vous l'impose. »

« Sire, nous attendrons, répond soudain Montfort.
» Il est vrai qu'aujourd'hui vous semblez le plus fort.
» Vos soldats si nombreux, votre récente gloire,
» L'effroi de votre nom grandi par la victoire,
» Tout semble vous donner un suprême ascendant ;
» Tout s'unit contre nous. Croyez-le cependant,
» Ce langage hautain, ces formes absolues
» N'intimideront pas nos âmes résolues.
» Le chêne que l'orage attaque avec fracas,
» Est quelquefois brisé, mais il ne fléchit pas ;
» Sa racine est profonde et sa tige robuste :
» C'est l'image du fort, c'est l'image du juste.

CHANT DIXIÈME.

» Notre foi, notre espoir résident dans celui
» Dont le bras tout puissant est notre ferme appui.
» La force ! elle est au Dieu qui conduit les armées,
» Devant qui les grandeurs s'envolent en fumées,
» Qui fait les conquérants, et brise sur l'écueil,
» Au sein de son triomphe, un colosse d'orgueil.
» Pour moi, ma volonté sera toujours soumise
» Aux ordres souverains que me dicte l'Eglise.
» A ses dignes légats dont je sers le pouvoir,
» Je reconnais le droit d'ordonner, de vouloir.
» A leur voix de parler, de gouverner la terre,
» De nous dicter la paix, de commander la guerre;
» A nous, lorsque l'Eglise invite à la servir,
» Le devoir glorieux de vaincre ou de mourir.
» Il faut, puissants légats, que votre voix réponde ;
» Parlez, votre parole est la règle du monde. »

« Comte, notre pouvoir n'est pas mis en oubli,
» Dit l'abbé de Citeaux, dont le front a pâli.
» Je me sens étonné, s'il faut que je le dise,
» Qu'un prince glorieux et si cher à l'Eglise,
» Qui doit au nom chrétien tant de célébrité,
» Fasse cause commune avec l'iniquité.
» Je crains qu'à votre insu l'orgueil ne vous abuse,
» Et les liens du sang sont une faible excuse,
» Sire ; de tels liens devraient vous engager
» A convertir un frère, et non à le venger.
» Le sage nautonier qui, témoin de l'orage,

» Voit un frère bien cher tomber dans le naufrage,
» Pour l'arracher aux flots, lui prête son appui ;
» Mais il ne cherche pas à s'y perdre avec lui.
» Ainsi, vous démentez cette grande journée,
» Cette insigne faveur que Dieu vous a donnée,
» Lorsque, dans leurs états, de tant de morts jonchés,
» Cent mille Sarrasins sur la terre couchés,
» Servirent d'holocauste aux vengeances divines,
» Et remplirent l'Islam de deuil et de ruines.
» L'hérésie est vaincue, et vous la fomentez ;
» Elle est morte, et c'est vous qui la ressuscitez ;
» Et, quand elle se traîne, errante, inanimée,
» Elle reçoit de vous le secours d'une armée !
» Il est vrai que, dans l'ombre et prompt à se cacher,
» Partout où la croisade allume son bûcher,
» Sous un respect menteur l'hérétique s'incline ;
» Mais du poison fatal le germe a pris racine.
» Dans ces cœurs pervertis, le ferment contenu
» N'attend, pour éclater, qu'un signal convenu ;
» C'est vous qui le donnez. Réjouissez-vous, sire ;
» Le travail de dix ans, un jour va le détruire.
» Tant d'efforts généreux, tant de sang répandu,
» Tant de beaux dévoûments, tout sera donc perdu !
» Le monstre, à votre voix, renaîtra de sa cendre.
» Que de grâces, grand roi, n'a-t-on pas à vous rendre !...
» Ah ! ce n'est pas ainsi qu'un roi, vraiment pieux,
» Exerce le pouvoir qu'il a reçu des cieux.
» Il en est temps encor ; l'Eglise vous contemple ;

» Ne donnez pas au monde un si funeste exemple.
» Réfléchissez ; songez que votre trahison
» Fait d'un enfant du ciel un enfant du démon. »

« J'ai réfléchi longtemps, et de votre anathème
» Je sais la perfidie et l'injustice extrême;
» Pour peu qu'un ennemi commence à vous peser,
» On vous voit aussitôt l'anathématiser,
» Dit Pierre; la méthode est facile et certaine
» Pour vous débarrasser de tout ce qui vous gêne.
» Mais ne craignez-vous pas d'émousser par l'abus
» Ce glaive que bientôt les rois ne craindront plus?
» Qui me dit d'y songer, qu'il y songe lui-même!
» Ce pouvoir, dans vos mains n'est qu'un dépôt suprême;
» Le ciel dont il émane est toujours offensé,
» Si, quand le cœur mentit, la bouche a prononcé;
» Si l'anathème saint, au service des haines,
» N'est plus qu'un instrument des passions humaines.
» Pour vous, j'atteste ici ces peuples dépouillés,
» De quels excès honteux n'êtes-vous pas souillés?
» L'on peut suivre vos pas à la lueur des flammes;
» Vous avez immolé des vieillards et des femmes.
» Ne rougissez-vous pas en songeant au passé,
» A tant de murs détruits, à tant de sang versé,
» A ces bûchers cruels qu'on voit fumer encore,
» A tant d'autres fureurs que la nature abhorre?
» Et, s'il faut s'expliquer, n'est-il pas temps enfin
» Qu'on arrête vos coups, seigneurs; qu'on mette fin

» A tout ce sang qui coule, à ces torrents de larmes,
» Aux feux dont le ravage accompagne vos armes,
» Et qui transforment, grâce à votre joug de fer,
» Les ministres du ciel en prêtres de l'enfer? »

« Hélas! il est trop vrai, dit alors Dominique;
» Nous portons le fardeau de la haine publique;
» Éperdus, mutilés, ces peuples malheureux
» Ne nous ont jamais vus qu'à la lueur des feux.
» La croisade a marché sur des monceaux de cendre;
» Comment à leur amour oserions-nous prétendre?
» Ce chemin nous égare, osons nous corriger;
» De confesser nos torts où serait le danger?
» Rappelons-nous du Christ la charité féconde;
» C'est au pied de la croix qu'on gouverne le monde.
» Si vous voulez l'instruire, il faut le consoler;
» Les pleurs du repentir alors pourront couler.
» Ah! pour toucher les cœurs par un remords sincère,
» Deux trésors sont à nous, l'amour et la prière. »

Dominique se tait. Il semble qu'à sa voix
La sainte humanité va reprendre ses droits;
Avec la douce paix, la bonté, la clémence,
Descendait dans les cœurs un rayon d'espérance.
Ainsi, lorsqu'au milieu d'un orage en fureur
Qui jetait dans les champs le ravage et l'horreur,
Un rayon du soleil perce la nue obscure
Et vient un seul moment consoler la nature;

CHANT DIXIÈME.

Le bonheur semble rire à travers les sillons,
Le ciel reprend sa joie et l'oiseau ses chansons,
Et, pour les fruits tardifs de sa peine assidue,
Au laboureur tremblant l'espérance est rendue.

L'évêque de Toulouse alors se lève : « Eh quoi!
» Sommes-nous donc frappés de stupeur ou d'effroi?
» Dit-il. Contre l'Eglise, ici même, à sa face,
» On a pu proférer l'insulte et la menace;
» Et nous restons muets!.... et pas un d'entre nous
» N'a de voix qui s'allume au feu d'un saint courroux!
» Quel blasphème pourtant ne viens-je pas d'entendre!
» Qu'ose-t-on condamner, et qu'ose-t-on prétendre?
» Une œuvre de dix ans, il faut l'anéantir;
» Se renier soi-même; à la fois démentir
» Nos actes, nos travaux, nos discours, nos croyances,
» Et rendre à l'ennemi toutes ses espérances!
» Mais, pourquoi s'arrêter en un si beau chemin?
» Au Comte de Toulouse il faut donner la main.....
» Voilà ce qu'on propose. O sacrilège! ô honte!
» Vous qui parlez ainsi, connaissez-vous le Comte?
» Oui, vous le connaissez, et vous devez savoir
» Combien par sa faiblesse il trahit son pouvoir.
» Indigne de régner, qu'il soit fidèle ou traître,
» L'hérétique avec lui sera toujours le maître;
» Sous l'ascendant fatal il se débat en vain,
» Et le sang du légat rougit encor sa main;
» Et ce sang, c'est le nôtre. Il faut à notre injure

» L'anéantissement d'un lâche ou d'un parjure.
» Le ciel, dans un combat, vous prêta son appui;
» Oui, sire; mais alors vous combattiez pour lui.
» Aujourd'hui, pensez-vous que son bras vous soutienne?
» Vous attaquez le Pape et l'unité chrétienne;
» Cette sainte unité qui conserve nos lois,
» Et doit sauver le monde à l'ombre de la croix.
» Vous rompez le faisceau qu'aux passions de l'homme
» Oppose avec bonheur la sagesse de Rome;
» C'est un crime de plus d'affaiblir ce lien,
» Et le roi pêche en vous autant que le chrétien.
» Quand vous triompheriez, qu'importe!.. je veux croire
» Que le sort d'un combat vous donne la victoire.
» Ce triomphe d'un jour ne peut vous rassurer;
» A de nouveaux combats il faut vous préparer.
» Eussiez-vous à vos lois la victoire asservie,
» La croisade vivra son immortelle vie;
» La voix du Saint-Pontife enfantera toujours
» Et de nouveaux guerriers, et de nouveaux secours;
» Vous la vaincrez cent fois, vous ne pourrez l'abattre;
» Vous la retrouverez toujours prête à combattre.
» La mort peut nous frapper. Dieu place le trépas
» Dans des maux imprévus, sous le fer des combats;
» Mais les pieux vengeurs que nous garde l'Eglise
» Ne manqueront jamais à la sainte entreprise;
» Et si vous échappez, peut-être, à notre bras,
» Tôt ou tard à leurs coups vous n'échapperez pas.
» Entre nous et Raymond nulle paix n'est possible. »

CHANT DIXIÈME.

« Ainsi, de vos décrets la rigueur inflexible,
» Quand la paix s'offre à vous, ose la refuser,
» Et c'est le fer en main qu'il faut vous l'imposer!
» Que sur vous désormais (daigne le ciel m'entendre!)
» Retombe tout le sang qu'on me force à répandre! »
Repart le roi.

    « Ce sang retombera sur vous;
» Sur vous, répond Arnaud, qui venez parmi nous,
» Quand nos pieds écrasaient la tête du reptile,
» Rallumer les brandons d'une guerre inutile.
» Je ne puis, même alors que vous les effacez,
» Perdre le souvenir des services passés.
» Ces injustes légats, que votre bouche offense,
» Vous protègent encor de leur reconnaissance.
» Sans ce grand souvenir (sera-t-il le dernier?)
» Vous seriez notre ôtage, ou notre prisonnier.
» Que huit fois cependant, dans une paix sincère,
» Le jour succède à l'ombre et l'ombre à la lumière.
» Réfléchissez-y bien; les jours vous sont comptés.
» Que sur vous l'Esprit-Saint répande ses clartés,
» Et que l'Eglise enfin, dont le cœur vous rappelle,
» Trouve un enfant soumis dans un prince rebelle!
» J'ose espérer encor; mais, ce terme expiré,
» Si vous ne rentrez pas dans le giron sacré,
» Au nom du ciel, au nom du Pontife suprême,
» Ma voix fulminera les feux de l'anathème,
» Sur vos sujets tremblants lancera l'Interdit;

CHANT DIXIÈME.

» Vous serez sans couronne, hérétique et maudit. »

Pierre, sans s'émouvoir : « Légat, je vous rends grâce;
» Je méprise l'insulte et crains peu la menace;
» Vos délais de faveur, je puis y renoncer,
» Et la guerre entre nous demain va commencer. »

Pierre se lève et sort; suivi de son escorte,
Des remparts ennemis il a franchi la porte.
Il marchait, déplorant, d'un cœur préoccupé,
Le triste résultat de son espoir trompé;
Et parfois essuyant quelques furtives larmes,
Il pressait son retour vers ses compagnons d'armes.
Voulant hâter sa marche, il foule sous ses pas
Des sentiers tortueux qu'il ne connaissait pas,
Et n'ouvre enfin les yeux sur l'erreur de son guide,
Que lorsqu'au flanc des monts descendait l'ombre humide.
Tel un jeune chasseur, oublieux du retour,
Que l'ardeur de la proie entraîna tout un jour,
Est surpris dans les bois quand la clarté s'efface,
Et des sentiers battus ne trouve plus la trace.

Au milieu des coteaux s'ouvre un bassin riant
Que les flots de l'Arise arrosent en fuyant.
Déjà l'astre des nuits, commençant sa carrière,
Argentait l'horizon de sa blanche lumière,
Lorsque Pierre, qu'égare un chemin détourné,

Descend avec sa troupe au vallon fortuné.
Ce lieu, pour tout asile, au maître d'un royaume,
Offre une grotte obscure et quelques toits de chaume;
Toits indigents, couverts par des rameaux épais,
Mais qu'abritent bien mieux l'innocence et la paix.
Dans le calme profond de ces fraîches retraites,
L'on entendait au loin le doux son des musettes;
Des voix s'y mariaient, et les pipeaux légers
Animaient les chansons et les jeux des bergers;
S'abreuvant à longs traits d'un bonheur sans mélange,
Joyeux, ils célébraient le jour de la vendange.
Aux mains qui dépouillaient les coteaux jaunissants,
Le pampre avait livré ses généreux présents;
Les pieds des vendangeurs, pacifique mêlée,
Bondissaient en cadence; et la grappe foulée
Versait à flots rougis son nectar écumant
Dans le large tonneau qui bouillonne, fumant.
Les ris immodérés, la bruyante folie
Éclataient sur des fronts tout barbouillés de lie.
Les filles, les garçons confondaient leurs accords;
Les danses et les chants secondaient leurs transports;
Sous les yeux maternels leur pudique allégresse
D'un plaisir sans remords osait goûter l'ivresse :
Vrai plaisir! fleur des bois, préférable au laurier!

Cependant, à l'aspect de l'appareil guerrier, [4]
Au bruit de ces coursiers, à l'éclat de ces armes,
Tous ces bergers, saisis de subites alarmes,

Cessaient leurs jeux, fuyaient. « Où portez-vous vos pas,
» Bonnes gens? dit le roi; restez, ne fuyez pas!
» Je ne viens pas troubler votre innocente joie;
» Ce n'est point la croisade ou Montfort qui m'envoie;
» Allié de Raymond, je viens le secourir.
» Avec Roger de Foix, que vous devez chérir,
» Nous allons délivrer les remparts de Toulouse.
» Cette admirable nuit, ces bois, cette pelouse,
» Tout me charme et m'invite à rester parmi vous;
» J'y puis encor passer quelques moments bien doux.
» Ne voyez, à travers ces armures guerrières,
» Que des libérateurs, des amis et des frères.
» Reprenez donc vos chants, vos danses et vos jeux;
» Votre félicité déjà me rend heureux. »

A ces mots qu'accompagne un gracieux sourire,
De ces fronts effarés la pâleur se retire;
Les bergers confiants reprennent leurs pipeaux,
L'empressé vendangeur retourne à ses travaux;
Les femmes ont quitté le seuil de leurs chaumières;
Les filles, en tremblant, s'avancent les dernières.
Pierre les encourage en leur pressant la main,
Et les chants et les jeux recommencent soudain;
Mais leur troupe timide, en proie à la surprise,
D'un reste de frayeur n'est pas encor remise.
Ainsi, durant la nuit, d'ignorants villageois,
Qui prirent pour fantôme un vieux tronc dans les bois,
Même après que le jour a démenti leur crainte,

CHANT DIXIÈME.

De leur effroi naïf ont l'âme encore atteinte.
Bientôt, le nom du roi prononcé par hasard,
D'un désir curieux allume leur regard.
« C'est un roi, disait-on. Quel roi?... Roi des Espagnes.
» Qui nous eût dit qu'un roi viendrait dans nos montagnes? »
Répétait à l'envi tout ce peuple charmé;
Et tout autour de Pierre un cercle s'est formé.
Les enfants en tumulte abandonnant leurs rondes,
A travers tous les rangs passent leurs têtes blondes;
Ils veulent eux aussi, surmontant leur effroi,
Savoir comment est fait le visage d'un roi.

Ces désirs satisfaits, on retourne à la danse,
Et des aimables jeux la gaîté recommence.
L'admirable beauté de ce site enchanteur,
Ces ombrages si pleins de calme et de fraîcheur,
De l'astre au front d'argent la clarté douce et pure,
Un charme répandu sur toute la nature;
Les jeux de ces bergers, et leur danse, et leur chant,
De leur profonde paix le contraste touchant;
Ces murmures lointains, ces vagues harmonies
Que chantent à la nuit d'invisibles génies;
Tout remplissait les cœurs d'un plaisir inconnu.
A ce tableau si pur, Pierre se sent ému;
Il soupire en secret; son âme recueillie
Se remplit de langueur et de mélancolie.
Se tournant vers sa troupe : « O chers amis! dit-il;
» Qui de vous eût pu croire à ce riant exil, 5

» Eût cherché dans ces bois, loin des regards profanes,
» Tant de bonheur caché sous ces humbles cabanes?
» Voyez de ces bergers l'innocente candeur;
» Ils savourent en paix la volupté du cœur.
» Et nous, sur les écueils de la puissance humaine,
» De nos jours agités portant la lourde chaîne,
» Parmi les faux plaisirs et les vaines grandeurs,
» Nous vivons pour traîner, quelquefois dans les pleurs,
» Ce destin qu'environne un éclat éphémère,
» Mais dont le peuple, hélas! ne sait pas la misère.
» Tel est le sort des rois; et l'on peut l'envier!.... »

A leur banquet frugal n'osant le convier,
Un vieillard, de ce lieu vénéré patriarche,
Dont le fardeau des ans a ralenti la marche,
S'est approché de Pierre, et sa tremblante voix
A de jeunes garçons semble dicter des lois.
Il fait porter au roi, dans l'osier des corbeilles,
Et la grappe dorée, et les pommes vermeilles,
Et la pêche fondante au duvet cotonneux;
Puis, des jeunes troupeaux le nectar écumeux.
« Daignez, sire, accepter ces doux fruits, ce laitage;
» Les mains de nos enfants ont durci ce fromage;
» Nos filles ont pétri ce pain noir et grossier;
» Elles ont recueilli le fruit du framboisier,
» La noisette des bois et la fraise sauvage,
» Et nos filets ont pris ces oiseaux de passage.
» Je n'ose vous offrir de nos vins; je les crois

» Peu dignes, en effet, de la coupe des rois;
» Mais, avec une source, ils sont le seul breuvage
» Dont notre pauvreté puisse vous faire hommage. »

Le vieillard dit, s'incline; et Pierre, soucieux,
Accueille avec bonté le tribut gracieux.
Il s'éloigne; et bientôt, sur des joncs qu'on prépare,
Un sommeil bienfaisant de ses membres s'empare.
Mais, dès que l'aube en pleurs blanchit le firmament,
Par le chant des oiseaux éveillé doucement, [6]
Pierre se lève et fait déployer ses bannières.
Il revoit les bergers, visite leurs chaumières,
Rappelle le vieillard, le comble de ses dons,
Et dit : « Bons habitants de ces riants vallons,
» Que le ciel loin de vous écarte les orages;
» Conservez à jamais la paix de ces ombrages!
» De l'horreur des combats puisse vous garantir
» Cette enceinte de monts difficile à franchir!
» La fraude est loin de vous; bannissez avec elle
» L'avide ambition et la guerre cruelle;
» Vivez toujours unis, cherchez votre bonheur
» Dans la simplicité de l'esprit et du cœur.
» Que votre vie à tous soit longue et fortunée!
» Adieu! je pars, je vais suivre ma destinée. »

Pierre dit, les salue et les quitte à l'instant.
Les bergers attendris pleuraient en l'écoutant;

Ils bénissent son nom, et mêlent à leurs larmes
Des vœux pour obtenir le succès de ses armes.

Pierre a bientôt franchi les vallons, les coteaux,
La plaine et la Garonne aux frémissantes eaux,
Et quittant, à Boussens, sa rive parfumée,
Avant la fin du jour il a rejoint l'armée.
Aussitôt, au conseil qui s'assemble, nombreux,
Il dit de ses efforts le succès malheureux ;
Qu'à son désir de paix il n'est plus d'espérance,
Et que, dès ce moment, la guerre recommence.
Tous ces braves guerriers se sont levés soudain ;
Une ardeur belliqueuse a fait battre leur sein.
Roger s'écrie : « Eh bien ! puisque l'on veut la guerre,
» Je l'accepte. Après tout, pour moi je la préfère
» A cette paix douteuse, à ce honteux repos
» Qui peut-être eût souillé l'honneur de nos drapeaux.
» La croisade demande une lutte sanglante ;
» Il faut que notre ardeur réponde à son attente.
» Que cherchent parmi nous ces cruels ennemis,
» Ces impurs étrangers que le Nord a vomis ?
» Ah ! secouons le joug de ces maîtres avares,
» Et chassons à jamais ces hordes de barbares ! »

Bientôt, on délibère, on s'accorde, on est prêt.
Pour délivrer Toulouse, on va prendre Muret ;
Muret, château puissant, enceinte vaste et neuve, [7]
Qui commande à la plaine et domine le fleuve ;

CHANT DIXIÈME.

Arsenal de Montfort, où ce guerrier prudent
Plaça les chevaliers rendus par l'Orient,
Et d'où leur troupe un jour sur les flots descendue,
Peut porter à Toulouse une attaque imprévue.
D'une marche rapide il faudra l'investir ;
L'armée au même instant se dispose à partir.
Mais, pour donner assaut à ces fortes murailles,
C'est peu de triompher en livrant des batailles ;
Aux longs travaux d'un siége on doit se préparer,
Et ce n'est qu'à ce prix qu'on peut s'en emparer.
Il faut donc établir les puissantes machines.

Au jour naissant, déjà dans les forêts voisines,
Troublant le long sommeil des paisibles échos,
Retentissent la hache et les pesants marteaux.
Sous les coups répétés les vieux hêtres succombent ;
L'on entend le bruit sourd des grands chênes qui tombent ;
Les frênes, les ormeaux, l'érable frémissant,
Sur la pente des monts roulent en bondissant ; [8]
Et les madriers lourds dont la route est semée,
Suspendus aux longs chars, marchent avec l'armée.

Le Comte de Toulouse, instruit avant ce jour,
A ce grand mouvement veut se joindre à son tour.
Il s'entoure aussitôt de ses vassaux fidèles.
Les barons, les seigneurs, sortis de leurs tourelles,
Accourent à sa voix ; on voit sur leurs coursiers

De l'Hers et du Girou les nobles justiciers.
Verfeil et Caraman s'arment et se soulèvent;
De la Save et du Touch les campagnes se lèvent;
Villemur, Montastruc, la Réole, Gimont,
Les coteaux de Bazus, les sommets de Clermont,
Mille bourgs populeux, épandus dans les plaines,
Offrent des combattants réunis par centaines.
Chaque troupe a son chef, porte son étendard;
La trompette a sonné le signal du départ,
Et Raymond, conduisant ces cohortes guerrières,
De Foix et d'Aragon a rejoint les bannières.
Pour son poste assigné chaque corps est parti;
On marche sur Muret; Muret est investi.
Appuyé sur la rive où le soldat s'entasse,
Un immense croissant environne la place;
Mais le château, couvert des travaux de Montfort,
De cent mille assaillants pourrait braver l'effort.

Dans le camp des croisés, où cependant tout s'arme,
Tant d'apprêts menaçants ont répandu l'alarme.
Les légats, étourdis par des récits confus,
Accusaient leur orgueil d'un imprudent refus.
De cette immense armée une épouvante sombre
Redoublait le prestige et grossissait le nombre;
Tous tremblaient. Mais Montfort, qui seul n'est point troublé,
Raffermit de ces cœurs le courage ébranlé.
Tel, debout au milieu des plaines inondées,
Un chêne au large tronc, géant de cent coudées,

CHANT DIXIÈME.

Seul résiste aux torrents déchaînés par l'hiver,
Et protège le sol que ses pieds ont couvert.
Montfort prévit l'attaque, il veille à la défense ;
Plus grand est le péril, plus grande est sa puissance.
C'est alors qu'en lui seul cherchant tout son appui,
Il enfante des coups que nul ne sait que lui ;
Que sa témérité se dresse avec l'obstacle,
Et que de son génie éclate le miracle.
Ici, Muret l'appelle à des périls nouveaux.
Il sort de Carcassonne, il traverse Fanjaux ;
Fanjaux, où Jupiter, dans un temple sauvage,
D'un idolâtre encens jadis reçut l'hommage. [9]
Il veut, digne du rang qui lui fut confié,
Défendre le château qu'il a fortifié.

De ce poste avancé dont il sait l'importance,
Montfort a dès longtemps préparé la défense.
Une enceinte de tours, aux superbes créneaux,
Couvrit les vieux remparts et les remparts nouveaux.
Il fit plus ; par ses soins la Louge détournée,
Roule en un lit factice une onde emprisonnée, [10]
Et vers le large fleuve abrégeant son chemin,
Sous les murs du château se jette dans son sein.
Sur deux lignes de front que l'art a rapprochées,
Les flots sont recueillis aux profondes tranchées,
Et l'onde, répandue ainsi de toute part,
Présente aux assaillants son humide rempart :
Le mur couvre la place et le flot la protège.

Avant de s'y jeter pour soutenir le siége,
Montfort, au Dieu puissant qui dirige son bras,
Veut consacrer sa cause et le fer des combats. [11]
Sur les bords de l'Ariége, une chapelle sainte
Elève au fond d'un bois sa vénérable enceinte;
Montfort remet ses dons au prieur vénéré,
Et fléchit le genou devant l'autel sacré.
Le vieux prêtre au guerrier exprime ses alarmes:
« De Foix et d'Aragon il doit craindre les armes;
» Ces soldats, dont les feux accrus incessamment,
» Egalent, disait-il, les feux du firmament,
» Grondent autour de vous comme un bruyant orage,
» Et peuvent par le nombre accabler le courage. »

« Rassurez-vous. Le ciel dont j'invoque l'appui
» N'abandonne pas ceux qui combattent pour lui, »
Dit Montfort; et sa main, de carnage trempée,
Dépose sur l'autel sa formidable épée.
Il s'écrie : « O Jésus ! divin maître et sauveur !
» Si vous m'avez élu pour votre défenseur;
» Si mon sang dévoué, dont votre amour dispose,
» Coula plus d'une fois pour votre sainte cause,
» Faites que le bon droit triomphe à votre gré,
» Et donnez la victoire à ce fer consacré. »

Il dit; un feu plus pur fait battre sa poitrine,
Ses yeux semblent briller d'une flamme divine.
Il part; et le coursier qui presse son retour
Le conduit dans Muret vers le déclin du jour.

NOTES DU CHANT DIXIÈME.

> ¹ .... Ce fleuve au liquide trésor
> Sur un lit de gravier roulant des sables d'or.

L'Ariége, en latin *Aurigera*. Il est certain que l'industrie des orpailleurs s'est exercée pendant longtemps à laver le sable de l'Ariége dans lequel ils trouvaient des paillettes d'or. Ce genre d'industrie a été assez productif ; aujourd'hui il est à peu près abandonné.

> ² De créneaux et de tours large et sombre couronne,
> Ouvrage des Romains, l'imposante cité
> Sur les faubourgs déserts lève un front redouté.

La partie de Carcassonne qui a conservé le nom de *cité*, et qui est la vieille ville, la ville romaine, s'élève sur une hauteur qui domine la ville moderne ; elle offre un système de fortification, une ligne de remparts ou de murs que flanquent une douzaine de tours, les unes rondes, les autres carrées ; leur aspect est d'autant plus pittoresque, qu'il est tout à fait inattendu.

³ .... Seigneur de cette terre,
J'y viens porter la paix en présentant la guerre.

Les rois d'Aragon étaient seigneurs suzerains du Carcassés, dont Carcassonne était la capitale.

« L'évêque d'Usez et l'abbé de Citeaux, après avoir accordé
» cette grâce (la grâce du comte de Foix) au roi d'Aragon,
» lui en demandèrent une autre à leur tour. Ce fut de rece-
» voir, en qualité de comte ou de seigneur suzerain de Car-
» cassonne, l'hommage du comte de Montfort pour cette ville;
» mais le roi rejeta absolument leur demande. Le lendemain,
» les deux légats et Simon renouvelèrent leurs instances au-
» près de ce prince, et ils le pressèrent tellement, qu'enfin il
» consentit à recevoir cet hommage..... Les ancêtres du roi
» d'Aragon possédaient le comté de Carcassonne depuis la fin
» du XIe siècle. » (*Histoire générale de Languedoc*, liv. 21, ch. 95.)

⁴ Cependant, à l'aspect de l'appareil guerrier....

Tout ce passage rappelle un des plus charmants épisodes de la Jérusalem délivrée, la fuite d'Erminie chez les bergers. C'était un parallèle bien dangereux et bien difficile à soutenir. Le lecteur jugera si le poète toulousain n'a pas été trop téméraire.

⁵ Qui de vous eût pu croire à ce riant exil?

Gilbert a dit : *Et vous, riant exil des bois.*

⁶ Par le chant des oiseaux éveillé doucement.

Le poète s'est rappelé le bon roi Évandre et les vers admirables de son maître, Virgile :

« Evandrum ex humili tecto lux suscitat alma,
» Et matutini volucrum sub culmine cantus. »

(*Énéide*, liv. 8.)

⁷ Muret, château puissant, enceinte vaste et neuve.

Muret, petite ville, située sur la rive gauche de la Garonne, qu'on trouve en remontant ce fleuve à environ quatre lieues de Toulouse. La ville est enfermée dans un angle formé par la jonction de la Louge, petite rivière, avec la Garonne. Le faubourg du nord s'élève sur la rive gauche de la Louge. Le château de Muret, dont il reste à peine quelques débris, était construit à la pointe de l'angle, au confluent de la Louge et de la Garonne ; ces débris consistent dans de vieux pans de murs d'une énorme épaisseur. L'on voit encore vis-à-vis, sur la rive gauche de la Louge, des restes de maçonnerie qui indiquent le point où s'abattait le pont-levis du château. L'on ne peut se défendre d'une certaine émotion à l'aspect de ces ruines qui réveillent le souvenir d'un épouvantable massacre.

> 8 Les frênes, les ormeaux, l'érable frémissant,
> Sur la pente des monts roulent en bondissant....

Ces vers semblent avoir été inspirés par ce passage de Virgile, au livre VIe de l'*Enéide*, où sont racontées les funérailles de Misène :

« Itur in antiquam sylvam, stabula alta ferarum ;
» Procumbunt piceæ, sonat icta securibus ilex,
» Fraxineæ que trabes ; cuneis et fissile robur
» Scinditur ; advolvunt ingentes montibus ornos. »

> 9 Fanjaux, où Jupiter, dans un temple sauvage,
> D'un idolâtre encens jadis reçut l'hommage.

Fanjaux, en latin *Fanum-Jovis*.

> 10 .... Par ses soins, la Louge détournée,
> Roule en un lit factice une onde emprisonnée.

A un quart d'heure au nord de Muret, dans un lieu appelé, dans le langage du pays, *les Pesquiés* (les étangs), l'on voit un ravin assez large qui remonte fort haut et va aboutir à la Garonne. D'après une vieille tradition, ce ravin serait l'ancien lit de la Louge (*Loisia*). L'on suppose que le cours de cette petite rivière aurait été détourné et dirigé vers Muret, pour la défense du château. Toutefois, aucun historien de la croisade ne mentionne cette circonstance qui serait assez remarquable.

> 11 Montfort, au Dieu puissant qui dirige son bras,
> Veut consacrer sa cause et le fer des combats.

Le fait est historique. Voici comment il est raconté par Arnaud Sorbin, traducteur de Pierre de Vaux-Sernay.—« Cepen-

» dant nostre comte, avec sa compagnie, s'acheminant à Sa-
» verdun, arriva à l'abbaye de Bolbonne, où logeant, entra
» en l'église pour prier Dieu, et se recommander aux prières
» des religieux; où étant en oraison, print son espée qu'il
» avait à la ceinture, et la posa sur l'autel, disant : O bon
» Seigneur! ô bening Jésus! qui m'as eslu, bien qu'indigne, à
» tes guerres, je mets à ce jour mes armes sur ton autel et
» les prens de toy; afin que faisant ta guerre, je reçoive
» aussi les armes de ta main. Ces choses dictes, le Comte
» s'achemina vers Saverdun. » (*Histoire des Albigeois*, ch. 125.)

CHANT ONZIÈME

SOMMAIRE.

Les chefs de la Croisade sont assemblés au château de Muret. — Arnaud propose de demander une trêve au roi d'Aragon. — Montfort rejette cette proposition. — L'avis des Prélats est adopté. — Pierre réunit un conseil dans sa tente ; il propose un assaut pour le lendemain. — Le projet du Roi est adopté. — Satan assemble son conseil. — Diverses propositions sont faites. — Mahomet demande que le Roi d'Aragon lui soit sacrifié. — Le démon de la volupté s'offre pour le séduire et l'énerver. — Satan trace la marche et nomme les chefs des légions. — Les démons se répandent dans la plaine de Muret.

CHANT ONZIÈME.

―

Le château de Muret, enceinte crénelée,
Des chefs de la croisade a reçu l'assemblée.
Les prélats sont émus de leurs dangers pressants.
Aux funèbres clartés des flambeaux pâlissants,
Au milieu de la nuit, dans une antique salle
Que pare un vain débris de pompe triomphale,
Sur une double estrade, et sans autre appareil,
Ils sont assis; Arnaud préside le conseil. [1]
Foulque, dont la terreur dompte la violence,
Se range à ses côtés dans un morne silence;
Près de lui Dominique, à l'œil triste et rêveur,

Courbe son front ridé qu'assiège la douleur ;
Non loin de Vaux-Sernay qu'un fol espoir anime,
Siègent les deux prélats de Comminge et de Nîme ;
Ceux d'Uzès, de Lodève, et d'Agde, et de Beziers ;
Enfin, quelques prieurs vont s'asseoir les derniers.

L'hémicycle opposé qu'on réserve à l'armée,
Reçoit les combattants de haute renommée.
Là, brille, calme et fier, le conseil des guerriers,
L'élite des barons, la fleur des chevaliers :
L'impétueux Saint-Pol, Courtenay l'intrépide,
Nevers si belliqueux sur un coursier rapide ;
Thibaut que la Champagne envoya plein d'ardeur ;
Enguerrand dont le front imprime la terreur ;
Labarre, dont la voix grondant comme un orage,
Conduit les combattants dans les champs du carnage ; ²
Vingt autres que l'on voit aux assauts meurtriers
Mêler leur jeune gloire à d'antiques lauriers.
Parmi ces preux, si fiers de leur noble origine,
Le superbe Montfort s'élève et les domine.
Comme un cèdre, entouré de jeunes arbrisseaux,
Lève son front géant sur ses frêles vassaux,
Et les tient abrités sous son ombre puissante ;
Aux guerriers qu'il conduit tel Montfort se présente.
Toujours de la croisade il est l'âme et l'appui.
Sa troupe est faible en nombre ; il la trouve aujourd'hui
Forte de confiance et d'une ardeur nouvelle ;
Elle croit au succès ; Montfort est avec elle.

CHANT ONZIÈME.

Le légat consterné fait parler ses terreurs :
« Frères qui partagez mon trouble et mes douleurs,
» Et vous, nobles guerriers dont le glaive fidèle
» Au prix de votre sang signala votre zèle,
» Ce jour, ce jour fatal que je vois approcher,
» Apporte des périls qu'on ne peut vous cacher.
» Voyez, autour de vous, voyez ces feux sans nombre,
» Et, plus loin, l'horizon étincelant dans l'ombre.
» L'ennemi nous déborde; ici, de toutes parts,
» De cinq princes unis flottent les étendards.
» L'Aragon a vomi ses bandes innombrables;
» Toulouse a rassemblé ses guerriers formidables;
» Les enfants du Béarn ont grossi cette fois
» Les bataillons amis de Comminge et de Foix.
» Cent mille combattants, deux cent mille peut-être,
» Prêts à fondre sur nous quand le jour va paraître,
» Sont là.... Qu'opposons-nous au torrent destructeur?
» La valeur!..... mais le nombre accable la valeur.
» J'admire un dévoûment si longtemps invincible;
» Mais ne nous flattons pas, la lutte est impossible;
» Elle doit nous trahir et tout perdre à jamais.

» Quand le roi d'Aragon vint nous offrir la paix,
» Peut-être aurions-nous dû, loin d'être inexorables,
» A ses vœux les plus chers nous montrer favorables,
» Et ne pas rejeter, quand il s'offrait à nous,
» Le facile moyen de détourner ses coups.

» Au traité qu'il voulait nous aurions pu souscrire;
» Plus tard, Rome aurait vu s'il fallait nous dédire.
» Le temps nous presse; osons revenir sur nos pas,
» Car la nécessité nous étreint dans ses bras.
» Le prince d'Aragon est généreux et sage;
» On peut le désarmer à l'aide d'un message.
» Demandons une trêve. Heureux de le fléchir,
» Nous aurions fait la loi, nous devrons la subir.
» Je crois.... » Arnaud s'arrête et sa langue est glacée;
La pâleur de son front achève sa pensée;
Il acceptera tout, il pourra tout signer,
Si le roi d'Aragon consent à s'éloigner;
Et déjà la rougeur, au soupçon d'un outrage,
Des généreux guerriers a couvert le visage.

Montfort s'indigne aussi; sa voix ne peut trahir
Le sentiment profond qu'il cherche à contenir.
« Dignes prélats, pourquoi vous laissez-vous abattre?
» C'est à vous de prier, c'est à nous de combattre;
» A chacun son emploi, terrible ou solennel :
» Le guerrier au combat, mais le prêtre à l'autel.
» A nous les coups de lance; à vous, voix tutélaires,
» Le doux soin de bénir, et les saintes prières.
» Oh! lorsque vous priez, du ciel qui vous entend
» Sur nous un feu sacré tout-à-coup se répand;
» Une force invincible élargit nos poitrines,
» Nos bras semblent d'airain, nos armes sont divines;

» Un génie accompagne et dirige nos coups;
» L'ange de la victoire et Dieu sont avec nous.
» Le nombre est impuissant contre un si grand courage;
» Une main nous conduit dans les champs du carnage;
» Alors brille à nos yeux qu'enflamme un saint désir,
» L'étoile du vainqueur, la palme du martyr.
» Du destin des combats que puis-je craindre encore?
» Ma force est toute en Dieu, dans la croix que j'adore;
» Sans Dieu, toute puissance est un phare menteur;
» Avec lui, le plus faible est puissant et vainqueur.
» A l'ennemi!... cherchons, au lever de l'aurore,
» La victoire, ou la mort plus glorieuse encore!.... »

Ainsi disait Montfort. A ce discours hardi,
Impatients d'ardeur, les preux ont applaudi.
Mais Foulque veut parler. Plus d'orgueil qui l'enflamme;
Les terreurs du légat ont passé dans son âme;
Lui si fier, si superbe, et qui veut commander,
Sous le mauvais destin il est prêt à céder.
Il tremble d'engager une lutte inégale;
Il craint que du combat la chance trop fatale
Ne le fasse tomber dans les mains de Raymond:
Triste effet de sa haine et de sa trahison!
Semblable à cet esclave audacieux et traître,
Qui tenta de souiller la couche de son maître,
Et qui tremble, en songeant à sa témérité,
De rentrer au pouvoir d'un vengeur irrité.

« Nobles guerriers, dit-il, héroïque assemblée
» Qu'un péril imminent n'a pas même ébranlée,
» J'espère, comme vous, dans le Dieu des combats;
» Notre force est en lui. Mais ce Dieu ne veut pas
» Qu'on brave obstinément d'invincibles obstacles,
» Pour forcer sa puissance au secours des miracles.
» Qui veut tenter le ciel mérite son courroux.
» Le Dieu que nous servons se nomme un Dieu jaloux;
» Il peut à d'autres bras, armés pour sa querelle,
» Remettre le succès de sa cause immortelle,
» Et nous laissant tomber du faîte de l'orgueil,
» Foudroyer notre espoir flottant sur un écueil.
» Cent mille combattants entourent ces murailles.
» Pour essayer contre eux le destin des batailles,
» Regardez, qu'avons-nous?... D'illustres chevaliers,
» Les plus vaillants héros, l'élite des guerriers....
» Hélas! vous tomberez dans un effort sublime;
» La valeur ne peut rien quand le nombre l'opprime.
» Qui plaindra votre sort? vous l'aurez mérité;
» Là gloire se refuse à la témérité;
» Votre saint dévoûment sera nommé folie;
» Notre cause est perdue et peut-être avilie.
» Nos destins sont changés; c'est à nous de souffrir.
» A d'autres sentiments nos cœurs doivent s'ouvrir;
» Oublions nos grandeurs, nos victoires communes;
» L'abaissement convient aux nobles infortunes.
» J'irai trouver le roi; j'irai, nous irons tous;
» Je me jette à ses pieds, j'embrasse ses genoux; [3]

CHANT ONZIÈME.

» J'implore sa pitié, je lui demande grâce;
» Je désarme son bras, j'écarte sa menace;
» Par mes cris, par mes pleurs, par les saints révérés... »

Montfort l'interrompant: « Courez-y donc, courez!
» Mais seul. N'attendez pas qu'une âme libre et pure
» D'un tel abaissement accepte la souillure.
» Partez!.... vous méritez qu'épris de son pouvoir,
» Ce roi présomptueux refuse de vous voir.
» Faites la paix. Pour nous, que rien ne peut abattre,
» Nous serons, s'il le faut, toujours prêts à combattre. »

Montfort s'est retiré; les guerriers l'ont suivi.

Le conseil des prélats, par la crainte asservi,
Délibère.... et gémit; sa confiance est morte;
Le courage est vaincu, la faiblesse l'emporte.
Lorsque le jour naissant rougira l'horizon,
Les prélats, descendus aux tentes d'Aragon,
Iront aux pieds du roi, solennelle ambassade,
Implorer sa clémence au nom de la croisade.
Leur douleur choisira le plus humble appareil.

Pierre de son côté rassemblait un conseil.
Au moment d'attaquer un puissant adversaire,
Il cherche pour sa marche un avis qui l'éclaire.
Dans la tente royale accourus à sa voix,
Le comte de Comminge et le comte de Foix,

Le Comte de Toulouse et sa haute noblesse,
Dont le soleil des camps a mûri la sagesse,
Ecoutent le monarque, et déjà de leurs vœux
Secondent en secret ses desseins généreux.

Pierre disait : « Montfort n'est donc pas invincible !
» Nous avons dans nos mains cet ennemi terrible ;
» Il est là, ce rempart l'enferme tout entier ;
» Le fleuve et nos soldats le tiennent prisonnier.
» Je crains qu'à notre insu quelque secrète voie
» Ne laisse s'échapper une si belle proie ;
» Gardons étroitement l'enceinte de ces murs ;
» Prenons, pour l'arrêter, les moyens les plus sûrs.

» Je pense que Montfort, trompant notre poursuite,
» Par la droite du fleuve ira prendre la fuite.
» Sur cette rive droite il faut le devancer,
» L'occuper avant lui. Ce fleuve à traverser,
» Comminge, vous sourit ; prenez, pour ce passage,
» Quelques bateaux légers qui bordent le rivage.
» Demain, quand le soleil nous rendra sa clarté,
» Vos soldats auront mis ce point en sûreté.
» Je donne au même instant le signal des batailles ;
» D'un assaut furieux je frappe ces murailles ;
» Les machines grondant, tonnant de toutes parts,
» Sous leur grêle homicide écrasent les remparts ;
» Les créneaux abattus cèdent à leur furie ;
» J'entre avec tous les miens dans la brèche élargie.

CHANT ONZIÈME.

» Tout cède à leurs efforts; j'abandonne à leurs coups
» Ces objets odieux du plus juste courroux,
» Ces hommes sans merci, triste effroi de la terre,
» Qui par leurs cruautés déshonorent la guerre,
» Et qu'on vit tant de fois, dans le sang des humains,
» Tremper avec bonheur leurs parricides mains.

» Tel est, pour le succès de la plus juste cause,
» Chers et nobles seigneurs, le plan que je propose.
» Examinez, jugez; voyez si mon avis,
» Ou si d'autres projets doivent être suivis. »

Le roi Pierre se tait; on approuve, on admire.
Le Comte de Toulouse ose seul contredire.
« Le projet que le roi vient de nous présenter
» Me charme, et cependant je n'ose l'accepter;
» Il cache des dangers qui peuvent compromettre
» Le succès de l'attaque, et nous-mêmes peut-être.

» Vous pensez que Montfort veut fuir. Détrompez-vous;
» Montfort ne fuira pas; il bravera nos coups,
» Dit Raymond. C'est surtout, chez ce guerrier sauvage,
» Par la tenacité que brille le courage.
» Avant de lui ravir un seul de ces créneaux,
» Vous en arracherez son cadavre en lambeaux;
» Il porte un de ces cœurs que rien ne peut abattre;
» Fût-il seul contre mille on le verrait combattre.
» Laissons la rive droite, évitons ce danger,

» Car c'est nous affaiblir que de nous partager.
» Loin de nous diviser, réunissons nos forces;
» D'un facile succès redoutons les amorces.
» Qui vous dit que Montfort, qu'ici nous menaçons,
» N'a pas de ses châteaux pressé les garnisons,
» Appelé Saverdun, et peut-être Auterive,
» Et de croisés nombreux hérissé l'autre rive?

» Vous voulez l'attaquer; vous ferez mal, je crois.
» Quand Montfort est pressé, sans ressource, aux abois,
» C'est alors qu'il déploie un courage indomptable,
» Et des combinaisons dont lui seul est capable.
» J'appris à le connaître, et je crois bien savoir
» Qu'il faut par-dessus tout craindre son désespoir.
» D'ailleurs, d'un tel assaut pourquoi tenter l'épreuve?
» Nous occupons la plaine et nous gardons le fleuve.
» Ni vivres, ni soldats, nuls secours aujourd'hui
» Ne peuvent malgré nous arriver jusqu'à lui.
» Cerné de toutes parts, son état l'inquiète;
» D'impérieux besoins vont fondre sur sa tête;
» La famine bientôt (elle n'y peut manquer)
» Le force de sortir et de nous attaquer.
» Qu'il vienne accompagné de ces prélats indignes!
» L'avantage est pour nous. Fortifions nos lignes;
» Rapprochons nos soldats; que le camp sans retard
» Oppose à la surprise un solide rempart.
» Modérons-nous; croyez ma longue expérience;
» La victoire se perd par trop d'impatience.

» Évitons cet écueil ; sachons, nobles seigneurs,
» Attendre le succès, et nous serons vainqueurs. »

Ainsi Raymond, qu'alarme une trompeuse ivresse,
Exprimait un avis dicté par la sagesse.
Sous les tentes des Grecs, ainsi le vieux Nestor
De ses prudents conseils dispensait le trésor,
Et prêtait de sa voix l'influence magique
Aux austères leçons de la sagesse antique.
Mais la lenteur déplaît aux esprits exaltés,
Et ses conseils prudents ne sont pas écoutés.

Roger-Bernard s'apprête à rompre le silence ;
Il allait se lever, mais Pierre le devance,
Et d'un front souriant : « Cher frère, dit le roi,
» Je ne puis partager votre modeste effroi.
» Vous craignez qu'une ardeur juvénile et peu sage
» Ne gâte des succès dont Toulouse est le gage ;
» Mais, dans de tels projets la lenteur est un mal,
» Et l'excès de prudence est bien souvent fatal.
» Voulez-vous en des cœurs qu'un jour d'attente lasse,
» Laisser se refroidir cette bouillante audace ;
» Laisserai-je amortir ce dévorant accès
» Que le succès inspire et qui fait le succès ?
» Mon frère, songez-y, la faute serait grande.
» Je connais vos guerriers et ceux que je commande ;
» Je sais tout leur espoir, leurs vœux, leur dévoûment,
» Et je veux profiter d'un noble emportement.

» D'ailleurs, que craignez-vous d'une troupe enfermée,
» Que la terreur assiège autant que notre armée?
» Quel effort voulez-vous qu'elle puisse opposer,
» Quand notre nombre seul suffit pour l'écraser?
» Attaquons-la; l'attaque est un feu qui dévore :
» Ce fut en l'attaquant que je vainquis le Maure.
» Vous redoutez Montfort; ce foudre des combats
» Est un épouvantail pour vous, pour vos soldats.
» Mais dans cette bataille à jamais glorieuse,
» D'où la ligue des rois sortit victorieuse,
» Des dangers bien plus grands et plus multipliés
» Pressaient de toutes parts les princes alliés.
» L'ennemi s'étendait comme un nuage sombre;
» Des sables de la mer il égalait le nombre;
» Jamais la noire Afrique et ses affreux déserts
» N'ont vomi sur nos bords tant de peuples divers.
» Leurs horribles clameurs répandaient les alarmes;
» Leur costume effrayait aussi bien que leurs armes.
» Tel l'immense Océan tout entier se roula,
» Lorsqu'on le vit franchir la digue d'Abyla,
» Et que, précipitant son avalanche humide,
» Il sépara les monts et noya l'Atlantide.
» L'Emir, que précédaient cent mille cavaliers,
» Entouré de ses fils, quatre vaillants guerriers,
» Dirigeait cette masse ardente, mais flexible,
» Qu'un fanatisme affreux semblait rendre invincible.
» Je l'attaquai de front; mes compagnons et moi
» Nous rompîmes ces rangs où nous jetions l'effroi.

» J'abattis ces guerriers sous les coups de ma lance;
» La déroute fut prompte, et le carnage immense.
» Sur les morts entassés, dans un chemin de sang,
» Aux tentes de l'Emir je marchai triomphant;
» Et cette main qu'aida le prince de Navarre,
» Des fers qu'il nous gardait enchaîna le Barbare.

» Par ce moyen puissant, si, dans ce grand combat,
» J'ai triomphé du nombre, et même avec éclat,
» Quel succès plus certain attend votre courage,
» Lorsque du nombre ici nous avons l'avantage!
» Qu'en pensez-vous, seigneurs? » L'assemblée applaudit;
L'attaque est résolue, et nul ne contredit.
Le plan ainsi fixé, le conseil se sépare;
Pour le prochain combat chaque chef se prépare.

Tandis que les mortels forment de vains projets,
L'Eternel va lancer d'immuables décrets.

Dans le centre éclatant des célestes demeures,
Séjour où les élus ne comptent plus les heures,
Un long frémissement trouble la paix des cieux.
La plaine de Muret a fixé tous les yeux.
C'est là que vont gronder les grands bruits de la terre;
Là, le sang va couler répandu par la guerre.
De sinistres rumeurs présagent des combats,
Une haute infortune et de nombreux trépas;

La tristesse des saints, leur angoisse profonde,
Tout dit qu'un jour de deuil va peser sur le monde.
Le ciel attend l'arrêt qui doit être porté;
Mais l'éternel vengeur cache sa volonté.
L'ange mystérieux, sombre comme un orage,
Qui du ciel à l'enfer transmet l'affreux message,
Aux regards des élus passe et fuit comme un trait,
Et les élus tremblants gémissent en secret.

Du palais de Satan les sombres avenues
S'étonnent d'étaler des splendeurs inconnues;
Aux vastes profondeurs de l'infernal séjour,
Le prince des démons a rassemblé sa cour.
Un faux air de bonheur brille en ce lieu funeste;
L'on attend à toute heure un messager céleste;
Sa voix réjouira les puissances du mal;
Elle va publier le jugement fatal
Qui donne aux habitants de ces brûlants royaumes
Le droit mystérieux de torturer les hommes. ⁵
C'est un de ces décrets, arcanes souverains,
Dont la sagesse échappe aux regards des humains;
Devant qui la raison s'humilie et s'incline,
N'osant pas en sonder la profondeur divine.

L'ange fend comme un flot un air opaque et lourd,
Qui frémit, agité d'un bruissement sourd;
Il plonge avec horreur dans ces sombres abîmes,
Où ses yeux n'ont trouvé qu'un vaste amas de crimes;

CHANT ONZIÈME.

Il détourne la face, et montre un front vermeil
Au seuil qui réunit le sinistre conseil;
Il promène un regard qui fait trembler les pôles,
Puis il jette à Satan ces superbes paroles :
« Au nom du Tout-Puissant, prince du mal, je viens
» Relâcher aujourd'hui tes antiques liens.
» Le grand roi d'Aragon, le Comte de Toulouse,
» Sont livrés pour un jour à ta fureur jalouse;
» Les soldats et les chefs sont soumis à ta loi;
» Enivre-toi de sang; Satan, réjouis-toi ! ».

L'ange dit; il s'envole, et retrouvant sa route,
Il perce des enfers la ténébreuse voûte,
Revoit avec bonheur l'espace lumineux,
Nage au sein de l'éther et monte dans les cieux.
Tel, après son exil, quand le Sauveur des hommes
Voulut reconquérir les éternels royaumes,
On le vit, comme un astre, aux rayons d'un jour pur,
S'élever triomphant dans le céleste azur.

Cependant, les démons, assurés de leur proie,
Par des cris, par des chants font éclater leur joie.
Satan lève son front, que d'un sillon brûlant
Semble encor labourer le foudre étincelant :
« Amis, voici, dit-il, un de ces jours de guerre
» Qui me font partager l'empire de la terre.
» Dieu, ce tyran cruel, m'opprime sous sa loi,
» Et pour châtier l'homme il a recours à moi;

» L'homme, enfant de ses mains, son œuvre la plus chère.
» Je devrais me venger en trompant sa colère ;
» Mais je ne puis trahir ma grande mission,
» Et d'un immense deuil perdre l'occasion.
» Je me venge aussi bien du despote suprême ;
» En frappant son enfant je le frappe lui-même.
» L'ordre sera suivi ; le tyran étonné
» Obtiendra plus encor qu'il n'avait ordonné.
» Faisons un jour fatal, tel enfin que l'histoire
» En conserve à jamais la sanglante mémoire.
» Nous sommes réunis ; concertons entre nous
» Les moyens les plus sûrs de diriger nos coups. »

Bélial s'est levé ; monstre impur et sauvage,
Dont un culte idolâtre a consacré l'image ;
A qui tout l'Orient, par un charme fatal,
Eleva des autels sous le nom de Baal.
Ce démon, fait un dieu par l'imposture antique,
A surtout en horreur l'unité catholique,
Et sa haine constante en poursuit les soutiens.
Ne pouvant s'attaquer au Père des chrétiens,
Il poursuit ses légats qu'on voit, comme un seul homme,
Fonder ou rétablir l'autorité de Rome.
« S'il est vrai que le ciel, cherchant à se venger,
» Daigne nous investir d'un pouvoir passager,
» Des mortels dans nos mains s'il met la destinée,
» Au moins ne perdons pas cette heureuse journée.
» Mon avis est, dit-il, de laisser à l'écart

» Cet amas de guerriers obscurs, pris au hasard,
» Dont la terre ne sait les vertus ni les crimes.
» Pour frapper avec fruit, choisissons nos victimes.
» Il faut nous attacher à répandre le sang
» Des guerriers distingués par l'esprit ou le rang ;
» Nous devons attaquer surtout l'intelligence
» Qui des peuples grossiers éclaire l'ignorance.
» Sachons envelopper dans un vaste trépas
» Cet odieux essaim de prêtres, de légats,
» Nos mortels ennemis, dont le sombre délire
» Contre notre pouvoir incessamment conspire.
» Sans eux, sans leurs clameurs, on verrait tous les fronts
» Se courber sous le joug des superstitions ;
» Le vulgaire qu'on trompe et qui veut des miracles,
» Vrais ou faux, eût bientôt rétabli nos oracles ;
» Et, vaincu par la crainte, ou séduit par les sens,
» Relevé nos autels, jadis si florissants.
» Je voue à ces tyrans une implacable haine ;
» Puissé-je contempler leur ruine prochaine ! »

Il dit. L'assentiment est prompt et général.
Mais soudain Belzébuth répond à Bélial.
« De ce discours, dit-il, j'approuve la pensée,
» Et déjà, pour ma part, je l'avais devancée.
» Ainsi que Bélial, chers compagnons, je crois
» Que pour frapper nos coups nous devons faire un choix,
» Et qu'il faut avec soin réserver nos vengeances
» Pour les cœurs généreux et les intelligences.

» Nous ne pouvons régner qu'à l'aide de la nuit;
» Partout où luit le jour notre empire est détruit.
» Par l'Eternel lui-même, en nos revers célèbres,
» Nous fûmes appelés les anges des ténèbres.
» Attaquons la lumière, immolons les vertus
» Et la raison par qui nous sommes abattus.
» Mais je voudrais aussi, ce serait un beau rêve,
» Livrer tous ces légats à la fureur du glaive;
» Mais Dieu ne s'est montré qu'à demi généreux;
» Notre pouvoir restreint ne s'étend pas sur eux.
» Il faut nous abstenir d'une si belle proie;
» Le ciel n'a pas voulu nous donner tant de joie;
» Le mandat insolent que l'on nous a transmis
» Nous force à respecter nos plus grands ennemis.
» C'est le roi d'Aragon, le Comte de Toulouse
» Que livre entre nos mains une faveur jalouse.
» Eh bien! puisqu'on trahit notre plus doux espoir,
» Autant qu'il peut s'étendre usons de ce pouvoir;
» Frappons, immolons tout. Aussi bien je déteste
» Les grandeurs de Toulouse, et son peuple funeste;
» Peuple amant des beaux-arts, cultivant la raison,
» Et devant les martyrs sans cesse en oraison.
» Détruisons cette race intelligente et fière,
» Qui prétend à la gloire et cherche la lumière. »

Astaroth, à son tour, prend la parole et dit:
« A tout ce que j'entends ma raison applaudit.
» Oui, frappons sans pitié cette exécrable race;

CHANT ONZIÈME.

» Les fils de Saturnin sont indignes de grâce.
» De ce peuple inquiet nous craignons l'ascendant ;
» Ne le ménageons pas. Nous devons cependant
» Du Comte de Toulouse épargner l'existence ;
» L'enfer même lui doit quelque reconnaissance.
» Des enfants de Manès que repoussait son cœur,
» Il ne s'est point montré l'ardent persécuteur ;
» Et même, soit orgueil, soit dévoûment sincère,
» A ces infortunés il a servi de père ;
» Il les protège encore au milieu des combats ;
» Pour eux il fait la guerre et brave les légats.
» Il nous sert aujourd'hui. De ces heureux caprices
» Sans doute l'avenir attend d'autres services. »

« Il est vrai, dit Satan ; par ton choix désigné,
» Le Comte de Toulouse a droit d'être épargné.
» Maintenant, que chacun, pour ces luttes prochaines,
» Fasse connaître ici ses faveurs ou ses haines ! »

« Pour le comte de Foix, dit un autre démon,
» Je réclame à mon tour votre protection. »

« C'est juste, » dit Satan.

D'un célèbre prophète
Au-devant du conseil on voit surgir la tête.
Un turban la surmonte, et, sous l'œil de Satan,
Un croissant lumineux domine le turban.

Tel, de la sombre nuit perçant l'humide voile,
Le phare au bord des mers fait briller son étoile,
Ce rayon protecteur, du pilote imploré,
Qui fixe à l'horizon son regard égaré.
« Ecoute ! Mahomet te demande une grâce. »

« Parle, répond Satan, que veux-tu que je fasse ?
» Prophète, sans détour, explique ton désir.
» Ce qui peut te flatter, sois sûr de l'obtenir;
» Toi qui, par tes succès, rangeas sous ma bannière
» La plus grande moitié des peuples de la terre ! »

« Vengeance ! elle m'est due et je l'attends de toi,
» Dit alors Mahomet. Satan, écoute-moi !
» Parmi tous ces guerriers qu'en ce jour si prospère,
» L'anathème du ciel livre à notre colère,
» Je compte un ennemi détestable, fatal,
» Qui m'a fait, à lui seul, un effroyable mal.
» Tolosa voit fumer sa plaine, encor trempée
» Du sang de mes enfants qu'égorgea son épée;
» C'est le roi d'Aragon, c'est ce monstre. A mes yeux,
» Nul n'est plus criminel, nul n'est plus odieux.
» Tu dois cette victime à ma haine assouvie;
» Je demande son sang, je demande sa vie. »

« Ami, tu l'obtiendras, a répondu Satan;
» Nous frapperons ce prince, ennemi du Coran.

» Mais qu'ici notre ardeur ne soit point abusée;
» Si la victoire est belle, elle n'est point aisée.
» Pour immoler ce prince et venger notre affront,
» D'incroyables efforts à peine suffiront.
» Il est impétueux, jeune, plein de courage;
» Il a reçu la force et l'adresse en partage;
» Il compte dans ses rangs d'intrépides soldats;
» Une garde nombreuse escorte tous ses pas;
» Les armes qu'il revêt, habilement trempées,
» Bravent impunément le choc de vingt épées.
» Ce triomphe superbe, objet de tous nos vœux,
» Me paraît difficile autant que périlleux;
» A moins qu'en découvrant quelque secrète amorce,
» L'artifice ne vienne au secours de la force.
» Mais, qui nous apprendra ce secret précieux? »

« Ce sera moi, » répond, d'un air mystérieux,
Une voix qui s'élève au sein de l'assemblée.
On se tourne, on veut voir, et la vue est troublée;
Car soudain se découvre au regard enchanté
Un type ravissant de grâce et de beauté.
La forme, heureux emprunt de l'art à la nature,
Jamais ne se montra plus suave et plus pure,
Ne traça plus parfaits les gracieux contours
Que la femme reçut de la main des amours.
L'or mat de ses cheveux descend en nattes blondes
Dont une main légère avait tressé les ondes,
Enlaçant à demi de méandres soyeux,

L'albâtre palpitant d'un sein voluptueux.
Son regard velouté semblait une caresse;
Sa bouche était de rose et respirait l'ivresse;
Ses bras, qui de nos lis effacent la blancheur,
Dans leur chaîne vivante appellent le bonheur.
Cet ange, dont sa chute a fait l'amour profane,
Est de la volupté le dangereux organe.
« Ce sera moi; j'irai. Le grand roi d'Aragon
» Acceptera ma coupe et boira le poison.
» Cette tâche est facile et n'a rien qui m'effraie;
» J'ai sondé de son cœur la plus secrète plaie;
» J'allumai dans ce cœur la flamme du désir;
» Car, s'il aime la gloire, il aime le plaisir.
» Souvent je l'enivrai d'un bonheur qu'il adore;
» Je me charge du soin de l'énerver encore.
» Dans mes molles langueurs lorsque je le berçais,
» Dans son sein généreux lorsque je me glissais,
» Je l'ai trouvé toujours voluptueux et tendre.
» Je sais, pour le charmer, la route qu'il faut prendre;
» Reposez-vous sur moi. De plaisirs accablé,
» Par le cri du clairon au combat appelé,
» Il vaincra sa faiblesse, il prendra son armure;
» L'orgueil achèvera l'œuvre de la luxure. »

« J'approuve ton projet, dit Satan. Glisse-toi
» D'un vol silencieux dans la tente du roi;
» Livre-lui tes trésors, verse-lui ton ivresse;
» Dans ce corps vigoureux fais naître la faiblesse;

CHANT ONZIÈME.

» Et, plus tard, nous pourrons accabler à loisir
» Un débile guerrier, vaincu par le plaisir. [6]

» C'est assez de moments consacrés aux paroles.
» La nuit roule son char; distribuons les rôles.
» Belzébuth, Astaroth, illustres compagnons,
» Conduisez au combat mes noires légions.
» Armez-vous de ce fer que forgea votre audace;
» Dans les rangs des croisés choisissez votre place.
» Puis, sur les Toulousains fondez tous à la fois;
» Frappez; effrayez-les du geste et de la voix.
» A vos coups redoublés ajoutez les prestiges;
» Répandez autour d'eux la terreur des prodiges;
» Que leurs traits, conjurés par nos charmes heureux,
» Se retournent dans l'air et retombent sur eux.
» Quand vous verrez l'effet de ces terreurs nouvelles,
» Alors ouvrez vos rangs comme deux vastes ailes;
» De l'Eternel lui-même accomplissant le vœu,
» Enfermez les proscrits dans un cercle de feu;
» Portez là votre effort, redoublez d'énergie;
» Que d'une mer de sang la plaine soit rougie!
» Que succombe et périsse, au fer abandonné,
» Tout ce qu'embrassera le cercle condamné!
» Le fleuve, élargissant ses liquides abîmes,
» Comme un vaste réseau, recevra nos victimes.
» Allez; songez enfin qu'il faut à votre roi
» Un holocauste digne et de vous et de moi. »

Le conseil est dissous. Au sein des airs qu'ils fendent
Les démons triomphants aussitôt se répandent;
Et de leur vol rapide et léger comme un trait,
Ils atteignent bientôt la plaine de Muret.
Du sommet des coteaux, du sein profond des nues,
Les noires légions en secret descendues,
Marchent dans l'ombre obscure, et chacune sans bruit
Va s'emparer du poste où son chef la conduit.

Astarté (c'est le nom que reçoit sur la terre
Le démon tentateur qui veut séduire Pierre),
Astarté qui connaît l'art des enchantements,
D'une jeune Espagnole a pris les traits charmants;
Merveille d'Aragon, dont le prince volage
Gardait le souvenir, trop séduisante image.
Un prestige enivrant d'amour et de beauté
Revêt l'aspect fatal de la réalité.
Le fantôme adoré, voluptueux mensonge,
Transforme en vérité la douce erreur du songe,
Et sans cesse abusant le héros trop épris,
A ses feux renaissants offre des traits chéris.
De mystère et d'amour sa couche se couronne,
Et son âme trompée au bonheur s'abandonne.
Nuit funeste!.... où tombait le plus vaillant des rois,
Et que doit suivre un jour plus fatal mille fois!

Ainsi, l'affreux serpent entraîne à sa ruine
L'hôte ailé de nos bois que le regard fascine.

Au milieu de ses chants, il se sent défaillir
Sous un charme fatal qui le fait tressaillir.
Le reptile lui darde une ardente prunelle;
D'un éclat merveilleux son double œil étincelle;
L'oiseau se trouble, il tremble, il cherche à repousser
Cet aimant qui toujours le force d'avancer;
Il veut et ne peut fuir : voletant il se traîne,
Pressé dans les anneaux d'une invisible chaîne,
Jusqu'au terme fatal, où, plaintif, haletant,
Dans la béante gueule il s'engloutit vivant.

NOTES DU CHANT ONZIÈME.

¹ .... Arnaud préside le conseil.

C'est là une inexactitude historique commise très volontairement par l'auteur. Arnaud, alors archevêque de Narbonne, n'assista pas à la bataille de Muret, ni au conseil qui la précéda; les sept évêques qui s'y trouvèrent étaient ceux de Toulouse, de Nîmes, d'Usez, de Lodève, de Beziers, d'Agde et de Comminges; mais le poète, au point de vue de l'art, a bien pu associer le premier chef de la croisade à ce fait décisif, qui doit être considéré comme le point culminant de la guerre contre les Albigeois. Cette grande figure absente eût fait un vide dans le tableau.

² Labarre, dont la voix, grondant comme un orage,
Conduit les combattants dans les champs du carnage.

Labarre, ainsi appelé par l'auteur de *la Canso*, n'est autre que Guillaume des Barres, frère utérin de Montfort. C'est le même chevalier des Barres qui est un des personnages de la tragédie de M. Ponsard, *Agnès de Méranie*.

³ J'irai trouver le roi ; j'irai, nous irons tous ;
Je me jette à ses pieds, j'embrasse ses genoux....

Ici la poésie ne fait que traduire l'histoire. Il est très vrai que les prélats réunis à Muret avaient résolu d'aller, les pieds nus, trouver le roi d'Aragon et d'implorer sa clémence. Montfort avait fait en vain tous ses efforts pour les en empêcher ; ils étaient en marche pour le camp des assiégeants ; mais l'attaque qui avait déjà commencé, les empêcha de sortir de Muret.

⁴ Le Comte de Toulouse ose seul contredire.

Conforme à l'histoire. L'on raconte que le Comte de Toulouse était d'avis d'attendre les croisés de pied ferme dans le camp dont il était aisé de défendre l'approche à coups de dards et de flèches. Il soutenait qu'après les avoir affaiblis de cette manière, on fondrait sur eux, qu'on les mettrait plus aisément en fuite, et qu'on les forcerait à rentrer dans le château, où, manquant de vivres, ils seraient bientôt affamés et obligés de se rendre. Mais le roi d'Aragon rejeta ce sentiment qui était le plus sage, et le taxant de crainte et de lâcheté, il fit résoudre les autres généraux à sortir des retranchements et à marcher au-devant des croisés. — (Voir l'*Histoire générale de Languedoc*, et la *Note sur la bataille de Muret*, à la suite du 12ᵉ chant.)

⁵ .... Qui donne aux habitants de ces brûlants royaumes
Le droit mystérieux de torturer les hommes.

Le livre de Job nous offre un exemple de ce pouvoir donné aux démons de tourmenter le juste pour éprouver sa vertu. L'on lit au chap. 1ᵉʳ, verset 12 : *Dixit ergo Dominus ad Satan : Ecce, universa quæ habet* (Job), *in manu tua sunt : tantum in eum ne extendas manum tuam.* « Le Seigneur répondit à Sa- » tan : Va, tout ce qu'il (Job) a est en ton pouvoir ; mais je te » défends de porter la main sur lui. » L'on sait jusqu'à quel point Satan usa de la permission.

⁶ .... Et plus tard, nous pourrons accabler à loisir
Un débile guerrier vaincu par le plaisir.

Jacques Iᵉʳ, roi d'Aragon, fils de Pierre II, a écrit des mémoires sur la vie de son père. Il raconte que ce roi, d'humeur un peu galante, avait couché la nuit qui précéda la bataille de Muret avec une de ses maîtresses, et qu'il était si fatigué, que lorsqu'il entendit la messe avant le combat, il ne put demeurer debout durant l'Evangile et qu'il fut obligé de s'asseoir. C'est cette circonstance un peu délicate que le poète n'a pas voulu passer sous silence et qu'il a indiquée à l'aide de la fiction du démon de la volupté.

Puisque nous avons l'occasion de parler de Jacques Ier, le lecteur nous saura quelque gré de lui faire connaître les circonstances piquantes qui se rattachent à la conception de ce prince et à la manière dont il reçut le nom de Jacques.

Nous avons parlé du penchant un peu vif du roi Pierre II à la galanterie. Il avait épousé par ambition Marie de Montpellier, princesse fort laide, déjà mariée avec le comte de Comminges qui l'avait répudiée. Marie apportait la seigneurie de Montpellier au roi d'Aragon qui était seigneur suzerain du comté de Carcassonne. Cette circonstance explique le mariage. Du reste, les nobles époux ne vivaient pas ensemble. Tandis que le roi d'Aragon menait vie joyeuse à Saragosse avec d'aimables maîtresses, seule et dans une sorte d'exil, la malheureuse Marie se morfondait dans sa seigneurie de Montpellier. Les consuls et les habitants de cette ville gémissaient d'une si triste destinée, et se trouvaient frustrés dans l'attente d'une lignée royale.

Mais Pierre ayant été obligé de se rendre à Montpellier, ce voyage fut merveilleusement exploité; on complota de le rendre père, et jamais complot ne fut couronné d'un succès plus complet. Il s'était subitement enflammé pour une belle dame du lieu, à laquelle il donna un rendez-vous qu'elle feignit d'accepter; mais au lieu de la belle maîtresse, l'officieux négociateur profitant des ombres de la nuit, introduisit Marie dans la couche royale. Pierre rêva une nuit de délices. Cependant les consuls et quelques autres grands personnages, veillaient dans l'antichambre avec des flambeaux, attendant le jour. Dès qu'il parut, ils entrèrent sans ménagement dans la chambre du roi. Pierre, réveillé en sursaut, crut qu'on venait l'assassiner. Mais il vit les consuls qui se jetaient à ses pieds, lui demandant grâce pour leur indiscrétion, en lui déclarant qu'à son insu ils l'avaient fait coucher avec sa femme. Pierre, dont le caractère était facile, quoique un peu mystifié, prit la chose d'assez bonne grâce. C'est à cet heureux artifice que Jacques Ier dut la vie.

La manière dont il reçut son nom n'est pas moins singulière. Le jour du baptême, la princesse Marie fit porter à l'église cathédrale de Montpellier douze grands cierges de même poids, de même longueur, de même grosseur ; chaque cierge reçut le nom d'un apôtre. Il fut convenu que le cierge qui s'éteindrait le dernier donnerait le nom de l'apôtre auquel il était consacré. On les alluma en même temps ; le cierge de Saint-Jacques ayant brûlé quelques minutes de plus que les autres, le jeune prince fut nommé Jacques. — (Voir *l'Histoire générale de Languedoc*, liv. 21, ch. 36, et la note 6.)

CHANT DOUZIÈME

SOMMAIRE.

Aspect du camp des assiégeants. — Les Légats se présentent pour implorer la paix. — Pierre refuse de les recevoir. — Dispositions de Montfort pour le combat. — Les Croisés veulent commencer l'attaque. — Le comte de Comminges conduit sa troupe sur la rive droite du fleuve. — Montfort attaque les Toulousains. — Raymond et plusieurs chevaliers viennent à leur secours. — Raymond attaque Montfort et le blesse. — La troupe du comte de Foix les sépare. — Le roi Pierre projette une nouvelle attaque. — Il est attaqué par Labarre. — Pierre engage avec lui un combat singulier. — Une troupe de Croisés se précipite sur le Roi. — Il est tué. — Epouvante et déroute de l'armée. — Labarre brûle les machines de guerre. — Défaite complète des assiégeants.

CHANT DOUZIÈME.

—

La nuit a replié dans ses humides voiles
Les songes des mortels, l'or mouvant des étoiles,
Et les sylphes légers qui composent sa cour.
Les naissantes lueurs qui précèdent le jour
En sillons lumineux s'élèvent dans l'espace;
Un astre brille encore, et par degrés s'efface.
L'aurore au front de rose embrase de ses feux
L'horizon rougissant et la voûte des cieux,
Et les sommets lointains où la neige étincelle;
La nature s'éveille et se montre plus belle.
L'ombre fuit au couchant; la flottante vapeur
Fume le long du fleuve et monte avec lenteur.
Les clairons dans le camp chantent l'air de Diane; [1]
Le pêcheur qui se cache au fond de sa cabane,
Troublé de ces accents, de l'appareil guerrier,

Abrite ses filets dans l'antre hospitalier.
Les soldats sont debout ; au-devant de leurs tentes
Reluisent en faisceaux les armes éclatantes ;
Ils sortent par essaims, comme ce peuple ailé ;
Dans la cire et le miel par la nuit rappelé,
Qui vers les feux du jour en bourdonnant s'élance ;
Et l'armée en travail semble une ruche immense.

Debout, devant le seuil du pavillon royal,
L'homme de la prière a donné le signal.
Sa parole descend sur la troupe immobile ;
Les soldats et les chefs, courbant un front docile,
Cent mille combattants prosternés à la fois,
Élèvent vers le ciel et le cœur et la voix ;
Ils offrent à ce Dieu, maître de toute chose,
Leur sang qui va couler pour la plus juste cause.
Dans l'enceinte du camp, sur un sol consacré,
D'armes et de drapeaux richement décoré,
Un autel s'élevait. Dans ces pompes guerrières,
Un prêtre a célébré les augustes mystères ;
Le pur sang de l'agneau, doux symbole d'amour,
Préside au choc sanglant qui va marquer ce jour.
Oh ! puissent tant de vœux, unis à la prière,
Du ciel qui les entend désarmer la colère !

Les légats cependant, pleins d'un nouvel effroi,
Préparent leur message à la tente du roi.
La tête et les pieds nus, le front noirci de cendre, ²

Des remparts crénelés on les voyait descendre ;
Une croix les précède, et leur voix dans les pleurs
Murmure en sons plaintifs le psaume des douleurs.
A la porte du camp leur troupe se présente ;
On l'arrête. Un héraut, pour servir leur attente,
Annonce le message au prince d'Aragon ;
Il expose en ces mots leur triste mission :
« Les légats suppliants demandent audience ;
» Ils viennent implorer, sire, votre clémence ;
» Ils proposent la paix. »

« La paix ! répond le roi ;
» Il n'en est plus pour eux, il n'en est plus pour moi.
» Ils demandent la paix !.... O justice suprême !
» Il fallait l'accepter quand je l'offrais moi-même.
» Mais aujourd'hui qu'avec cent mille combattants,
» Je les tiens dans mes mains ; la paix ! il n'est plus temps !
» Porte-leur ma réponse, et fais-leur bien comprendre
» Que le roi ne veut pas les voir, ni les entendre ;
» Dis-leur qu'il va donner le signal du combat,
» Et qu'il ne répond plus des fureurs du soldat.
» Va ! »

Le héraut rapide a franchi l'intervalle,
Et transmet aux légats la réponse fatale.
Consternés, abattus, la terreur dans le sein,
Des remparts en silence ils prennent le chemin.
Arnaud ne contient plus le courroux qui l'enflamme ;

L'épouvante et l'orgueil se disputent son âme ;
Il éclate, et Montfort, que charme son récit,
Le gourmande en ces mots : « Je vous l'avais bien dit;
» J'avais prévu le sort d'un indigne message :
» La honte sans succès, tel est votre partage !
» Ne valait-il pas mieux affronter le trépas,
» Tenter avec honneur le hasard des combats,
» Que de trahir ainsi, par un cri de détresse,
» Le secret de vos peurs et de notre faiblesse ?
» Enfin, plus de ressource ; il faut vaincre ou mourir.
» Ils refusent la paix ; j'ose m'en réjouir :
» Avec les Philistins un éternel divorce !
» Dans notre désespoir nous puiserons la force;
» Pour la cause du ciel ici nous combattons,
» Et Dieu nous aidera, si nous le méritons.
» Allons ! que, bannissant de honteuses alarmes,
» Chacun de nous prépare et son cœur et ses armes;
» Lançons tout à la fois sur un prince insolent,
» Vous, la prière ardente, et nous, le fer sanglant! »

Il disait. De Montfort l'héroïque langage
Des prélats abattus relève le courage ;
Ils sentent, sous le choc d'un superbe dédain,
Qu'une vive étincelle électrise leur sein ;
Plus confiants, ils vont au pied du sanctuaire
Retremper leur vertu dans des flots de prière.

Montfort dispose tout pour le prochain combat;

Son front calme et serein rassure le soldat.
Labarre est près de lui; certain de sa prudence,
Du secret de l'attaque il lui fait confidence :
« Suivi de cent chevaux, moi j'irai vers le nord,
» Contre les Toulousains tenter un brusque effort.
» L'aspect de ma bannière, à vaincre accoutumée,
» Va bientôt sur ce point précipiter l'armée;
» Ces nombreux ennemis que mon nom fait trembler,
» Ils vont tous accourir, espérant m'accabler.
» Montrons-leur ce que peut la résistance habile
» De douze cents guerriers opposés à cent mille.
» Je m'offre à soutenir leur choc. Vous, cependant,
» Profitez du combat, portez-vous au couchant;
» Fondez par une attaque impétueuse et vive;
» De nos preux chevaliers que l'élite vous suive.
» Aux tentes d'Aragon lancez tous vos guerriers;
» Courez, précipitez le vol de vos coursiers.
» Surpris par cette attaque, exempt de défiance,
» Le roi Pierre en vos mains tombera sans défense. »

Sous les feux du soleil, la plaine cependant
Présentait un aspect sublime et menaçant.
On s'apprête, on attend le signal des alarmes;
Cent mille combattants ont revêtu leurs armes.
Aux regards éblouis, les javelots, les dards,
Les cimiers éclatants parmi les étendards,
La hache à deux tranchants, les lances reluisantes,
Les larges boucliers, les cuirasses pesantes,

Les armures d'airain jettent de vifs éclairs,
Dont les feux renaissants se croisent dans les airs ;
Météore enflammé, bientôt l'armée entière
Scintille et resplendit comme un champ de lumière.

Ici, le dos couvert de carquois allongés
Qu'a fournis le sapin des sommets ombragés,
Marchent au premier rang les archers intrépides ;
La branche du cormier fournit leurs traits rapides ;
Leurs arcs sont empruntés aux flexibles rameaux
Du frêne qui se plaît à couronner les eaux.
Ailleurs, des fantassins les piques se hérissent ;
Sur les flancs élargis, les coursiers qui hennissent,
A la fumante haleine, aux pieds retentissants,
Rongent leurs freins dorés, d'écume blanchissants ;
En mobile rideau leur légion formée,
Ouvre, en se déployant, les ailes de l'armée.
Le centre a réuni, par pelotons égaux,
Et la hache acérée, et les courts javelots,
L'arbalète vibrante à la corde tendue ;
Le montagnard armé de sa lourde massue ;
Le frondeur à l'œil sûr, dont le bras affermi
Lance le plomb mortel sur un front ennemi.
Au milieu de leurs rangs, sur deux lignes égales,
Pierre fait avancer les machines fatales
Par qui sont abattus les remparts orgueilleux.
Lui-même, environné d'un cortège nombreux,
De pages, d'écuyers, de hérauts, de trompettes,

CHANT DOUZIÈME.

De coursiers bondissants aux flottantes aigrettes,
A travers cet éclat des casques, des écus,
Des hauberts que l'argent et la soie ont tissus,
Rayonne, comme un astre éclairant les orbites
Que décrit un essaim d'ondoyants satellites.

Montfort voit ces guerriers tout prêts à l'assaillir;
Il prévoit une attaque, il veut la prévenir.
Il a de ses remparts abandonné l'enceinte.
Le héros, en l'honneur de la Trinité Sainte,
Divise son armée en trois corps différents, [3]
Dont lui-même dispose et visite les rangs.
Il est prêt à marcher. Suspendant leur prière,
Les prélats un moment quittent le sanctuaire;
Ils viennent pour bénir les armes des guerriers
Que leur courage entraîne aux combats meurtriers.
Foulque s'avance; il porte en sa main redoutable
De la croix du Sauveur un fragment vénérable;
De la croix où coula, sous le bras des pervers,
Le pur sang qui devait racheter l'univers.
A ce pieux aspect, la troupe qui s'incline
Tombe à genoux devant la relique divine,
Et se relève; on voit ces guerriers s'approcher;
Et chacun de son glaive aspire à la toucher.
Sur un tertre élevé Foulque monte et se dresse: [4]
« Magnanimes héros, l'heure fuit, le temps presse;
» L'ennemi vient à nous et nous brave, dit-il;
» Hâtons-nous; le retard augmente le péril.

» Que de ce bois sacré qui sur vos fronts rayonne,
» La puissante vertu vous couvre et vous couronne !
» Marchez à la victoire ! ô bras prédestinés !
» Vrais élus ! saints martyrs ! athlètes fortunés !
» Avec l'appui du ciel, quels revers sont possibles ?
» Consacrés par la croix, vous êtes invincibles ;
» La croix fait un héros du plus faible soldat ;
» La voix du Tout-Puissant vous appelle au combat.
» Partez ! je vous bénis, immortelle phalange !
» Dieu met entre vos mains le glaive de l'Archange ;
» Ce glaive qui frappa l'Amalécite en deuil,
» Qui des Egyptiens épouvanta le seuil,
» Alors que d'Israël Dieu vengeant les tortures,
» Ravit les premiers fruits de leurs amours impures.
» Le superbe hérétique est là qui vient à vous ;
» Nombreux et triomphant, il dédaigne vos coups ;
» Il croit vous accabler. Mais vous avez pour guide
» Le Dieu fort en qui seul le triomphe réside ;
» Le Dieu qui, conduisant la fronde d'un berger,
» Abattit un géant qui pensait l'outrager ;
» Qui, pour sauver son peuple et venger Béthulie,
» Mit aux mains de Judith une tête ennemie ;
» C'est le Dieu des combats. L'ange exterminateur
» Dans les rangs ennemis va semer la terreur.
» Point de merci ; frappez une race adultère ;
» Que de ce glaive ardent la soif se désaltère ;
» De ce sang criminel abreuvant sa fureur,
» Offrez un holocauste agréable au Seigneur ! »

CHANT DOUZIÈME.

Il dit; et de ses mains sur la troupe étendues,
Les bénédictions à grands flots répandues,
Descendent aussitôt, comme descend des cieux
La féconde rosée à flots silencieux.
Ces modestes héros, au courage invincible,
Sous le signe sacré courbent leur front terrible,
Qui bientôt se relève, étincelant d'ardeur;
L'attente du combat leur fait battre le cœur.
Montfort prend avec lui cent chevaux, qu'il sépare
Des guerriers frémissants commandés par Labarre.

Tandis que ces apprêts, précurseurs des combats,
Occupent des deux parts les chefs et les soldats,
Le comte de Comminge a rallié ses troupes.
Il les conduit au fleuve, où de longues chaloupes
Transportent, par convois sur la plage attendus,
Les hardis combattants dans leurs flancs descendus.
Sur le fleuve écumant ils passent sans obstacle,
Même aux yeux de Montfort qu'étonne ce spectacle.
Voyant son ennemi, par l'orgueil aveuglé,
Diviser des moyens qui l'eussent accablé,
Il le laisse accomplir une folle entreprise;
Les flots sont traversés et la rive conquise.
Pour lui, donnant l'essor aux élans de son cœur,
Des guerriers qu'il commande il entretient l'ardeur.
« Chers compagnons, dit-il, quel jour pour moi s'apprête;
» Triompher ou mourir, toujours à votre tête!
» Mais quel serait l'abîme où nous irions tomber?

» Nous, vainqueurs tant de fois, pourrions-nous succomber?
» Nous défendons les droits du Pontife suprême;
» Dieu ne se doit-il pas la victoire à lui-même?
» A l'ennemi du ciel ce jour sera fatal;
» Marchons, suivez mes pas! » Il donne le signal.

La trompette a sonné. Riche d'or et de soie,
Du farouche lion l'étendard se déploie; 5
Montfort conduit sa troupe; intrépide, il accourt;
Sur le camp toulousain il fond comme un vautour.
Tel un vaisseau lancé sur les grèves fumantes,
Refoule devant lui les vagues écumantes;
Tel Montfort et ses preux, sous l'effort de leurs bras,
Refoulent comme un flot des masses de soldats.
Sur le camp tout ému la terreur plane et vole;
La lance à coups pressés frappe, disperse, immole;
Et, dégouttant du sang qui coule sous sa main,
Sur des corps mutilés Montfort s'ouvre un chemin.
Rien ne peut ébranler la colonne épaissie,
Jusqu'aux pieds des chevaux de fer toute noircie;
Une grêle de traits tombe et vient s'amortir
Contre l'armure en feu qu'on entend retentir;
Mélange de métaux qu'une main exercée
Forgea pour l'Orient dans les murs de Nicée.
Ces braves chevaliers, aux remparts d'Ascalon,
Du prince d'Antioche acceptèrent ce don;
Et, plus tard, de Montfort adoptant les bannières,
Ils vinrent lui porter leurs armes meurtrières.

Raymond voit ses soldats de terreur éperdus,
Le tumulte et l'effroi dans son camp répandus.
A l'aspect du désordre, il s'élance, il s'écrie,
Il retient les fuyards et sa voix les rallie :
« Guerriers, chers compagnons au courage éprouvé,
» Que vois-je? à quel affront m'avez-vous réservé?
» Amis, où courez-vous? Oh! comment, sans combattre,
» Un ennemi si faible a-t-il pu vous abattre?
» Sachez qui vous poursuit; regardez! »

« C'est Montfort,
» Répondent les soldats; ou plutôt, c'est la mort.
» Lion de fer, torrent aux vagues indomptées,
» Montfort porte sur lui des armes enchantées;
» Nos bras sont impuissants, un dieu retient nos coups
» Et repousse nos traits qui retombent sur nous. »

Le Comte alors : « Le ciel vous mit sous ma conduite;
» Amis, cessez de craindre et marchez à ma suite. »

Il dit. Pour leur prêter un formidable appui,
Deux mille cavaliers s'élancent avec lui;
Le soldat se rassure, et, d'un cœur qui s'indigne,
Rétablit le combat sur le front de la ligne;
Sous les yeux de ses chefs au long panache blanc,
Une nouvelle ardeur fait bouillonner son sang.
Là brillait, prodiguant l'éclat de sa richesse,

Du pays toulousain l'héroïque noblesse,
Tous ces cœurs généreux que la gloire exalta :
Le baron de Verfeil, le sire de Lanta,
Villeneuve, Rangueil, Tauriac, d'Ayguevive,
Le comte de Clermont, le seigneur d'Auterive,
Vingt autres pleins d'ardeur et dont les noms fameux
Seront dans l'avenir l'orgueil de leurs neveux.
Avide de périls et de son sang prodigue,
Cette troupe au torrent vient opposer sa digue.
Sort fatal! Oh! pourquoi, dans ce jour, loin des tiens,
Tes bras languissent-ils sous d'indignes liens,
Jeune Raymond! combien ta valeur signalée
Remplirait de terreur la sanglante mêlée!
Oh! comme on te verrait, exhalant ton courroux,
Ou terrasser Montfort, ou tomber sous ses coups!

Mais le chef des croisés, que l'orage menace,
Sur un terrain choisi s'arrête et lui fait face.
Là, comme un mur d'airain, l'escadron affermi
Attend, la lance au poing, le choc de l'ennemi.
Les seigneurs toulousains s'avancent en tumulte;
Leurs cris jettent au loin les défis et l'insulte.
Le sire de Lanta, de sa gloire jaloux,
Revendique pour lui l'honneur des premiers coups.
Monté sur un coursier, enfant de ces rivages,
Que l'Hers avait nourri dans ses frais pâturages,
Intrépide, il s'élance et frappe un chevalier
Dont un panache noir ombrage le cimier,

Beauregard le Breton. Guerrier sombre et farouche,
Jamais joyeux propos n'est sorti de sa bouche ;
Le combat fait sa joie ; il met tout son bonheur
A railler un vaincu dont il perce le cœur.
La lance de Lanta glisse sur sa cuirasse ;
Beauregard à Lanta jette sa lourde masse,
Le frappe droit au front ; son casque est fracassé ;
Le Toulousain chancelle et tombe renversé.
Beauregard court à lui ; sans pudeur il l'outrage,
Le foule sous les pieds de son coursier sauvage ;
Et contemplant son front flétri par la douleur :
« C'est presque humiliant pour un noble seigneur
» D'avoir parmi les morts sa tête confondue.
» Aussi bien, lui dit-il, ta tête était perdue
» Quand tu vins t'attaquer à moi, pauvre insensé ! »
A ces mots, lui jetant un regard courroucé,
De son glaive terrible il tranche, et puis il traîne
La tête qui frémit sur la sanglante arène.

A ce meurtre insolent qui les remplit d'horreur,
Ses nobles compagnons, lui cherchant un vengeur,
S'élancent à la fois. Tel qu'un bruyant orage,
Un combat furieux fait trembler le rivage.
D'un choc impétueux aussitôt l'air frémit ;
Le fer contre le fer se heurte et retentit ;
Un affreux cliquetis de lances et d'épées,
Qui d'un sang tout fumant se redressent trempées,
Le fracas renaissant des boucliers percés,

Des hauberts en lambeaux, des casques enfoncés,
Le long trépignement de cette foule immense
Qui se jette à la mort en cherchant la vengeance ;
Les mugissements sourds et les cris déchirants
Des coursiers abattus, des guerriers expirants,
Epouvantent la terre ; et l'enfer se déchaîne
Pour augmenter l'horreur de cette horrible scène.

Un prodige funeste alors frappe les yeux
Et semble révéler la colère des cieux.
Sous les coups, sous les traits dont la grêle l'accable,
La troupe de Montfort résiste invulnérable ;
De ces guerriers si fiers aucun n'a succombé,
Et chaque instant signale un Toulousain tombé.
Le comte de Clermont, qu'emporte sa vaillance,
Combat encor, le bras traversé d'une lance ;
Un javelot aigu, terminant ses destins,
S'enfonce au pli de l'aine, et lui perce les reins.
D'Auterive est atteint par une horrible hache ;
Malheureux ! que lui sert son casque au long panache ?
L'acier fend la visière, et par un coup profond,
En deux égales parts lui divise le front ;
Il tombe ; les coursiers ont broyé dans la fange
De sang et de cervelle un horrible mélange.
Bientôt, auprès de lui succombe aussi Ranguëil
Qu'une pique a frappé dans le globe de l'œil.
Villeneuve subit un étrange supplice ;
Le fer impétueux qui lui perce la cuisse,

CHANT DOUZIÈME.

Pénètre plus avant ; l'irrésistible acier
Plonge son dard aigu dans le flanc du coursier ;
Couple à l'horrible aspect que la douleur enchaîne,
Cheval et cavalier se roulent sur l'arène.
Le jeune d'Ayguevive expire sans douleur,
Sous un fer inconnu qui lui perce le cœur.
Pleurez, amours ! et toi, gloire en vain attendue,
Vous rendrez un cadavre à sa veuve éperdue !

Dans ce combat fatal, des prodiges nouveaux
Signalent la fureur des esprits infernaux.
Dans les rangs de Montfort combattants invisibles,
Ils portent à l'envi des coups irrésistibles ;
La mort est dans leurs mains avares de merci ;
D'un nuage de traits le ciel est obscurci ;
L'œil ne peut découvrir le bras qui les dirige,
Mais des torrents de sang révèlent le prodige.

Le Comte cependant a vu, les yeux en pleurs,
Tomber autour de lui ses plus chers défenseurs.
Un noble désespoir relève son courage ;
Il veut chercher la mort dans ce champ de carnage,
Rendre sa chute illustre, et, par un grand effort,
Tomber, en combattant, sous le bras de Montfort.
Il le cherche, il l'insulte : « O vaillant capitaine !
» Viens aussi dans mon sang, viens assouvir ta haine !
» Lâche persécuteur de ma triste maison,

» Ma tête manque seule à ton ambition;
» Viens la prendre; et par là couronnant ton ouvrage,
» Tout couvert de mon sang, saisis mon héritage! »

Et Montfort lui répond, troublé de ses accents :
« Qu'ai-je à faire, ô vieillard, de tes cris impuissants!
» Une lance sied mal à ton âge débile.
» Pourquoi charger ton bras de son poids inutile?
» Va dans l'ombre d'un cloître expier ton erreur;
» D'un trépas glorieux n'espère pas l'honneur.
» Je laisserai ton sang, je prendrai ta couronne.
» Va te plaindre au légat, au ciel qui me la donne;
» Dans ce ciel qui nous juge, on te l'a dit assez,
» Mes titres sont écrits, les tiens sont effacés.

« Que tardes-tu? Viens donc, instrument d'anathème,
» Viens donc avec mon sang les écrire toi-même, »
A reparti Raymond; et, brandissant l'acier,
Sur Montfort qui l'attend il pousse son coursier
Et lance un javelot. Le fer qui se dégage,
Entre le gantelet et le brassard s'engage,
Déchire le poignet; et Montfort a frémi
De voir couler son sang sous un fer ennemi.
Mais sous un froid mépris cachant sa violence,
D'un acier homicide il désarme sa lance,
Et menaçant Raymond qu'il veut humilier :
« C'est assez pour te vaincre et pour te châtier;

» C'est assez de ce bois pour punir ta démence :
» La vieillesse à mes yeux est semblable à l'enfance. »

Il dit ; et ses deux mains soulevant le cormier
Qu'a durci dans la flamme un rustique ouvrier,
Il porte un coup terrible, et sa haine assouvie
Peut-être du vieux Comte aurait tranché la vie.
Mais Raymond se dérobe à ce coup déloyal,
Qui, ne pouvant l'atteindre, étourdit son cheval.
Soudain, un corps nombreux, qui surprend le barbare,
Entre ces deux guerriers se jette et les sépare.
C'est le comte de Foix, qui des fiers Catalans
Conduit à pas pressés les rapides élans.
L'aspect de ce héros qu'enflamme un noble zèle,
Anime le combat d'une fureur nouvelle.
Raymond d'un tel appui proclame le bienfait ;
Au cœur des Toulousains l'espérance renaît ;
Leur effroi se dissipe ; ils commencent à croire
Qu'ils pourront avec Foix ressaisir la victoire.

Mais, tandis que leurs rangs osent se rallier,
L'ennemi semble croître et se multiplier ;
Les guerriers de Montfort les refoulent sans cesse ;
De leurs traits acérés la grêle est plus épaisse,
Et les fiers Catalans, du prodige étonnés,
Sous d'invisibles coups succombent moissonnés.
Roger-Bernard pâlit ; l'impétueux orage
Redouble autour de lui de puissance et de rage.

Arnaud le Toulousain succombe à ses côtés ;
Guerrier des plus vaillants et des plus redoutés,
Glorieux rejeton d'une famille aimée,
Dont l'austère vertu grandit la renommée,
Il tombe sous les coups du vainqueur inhumain,
Dont le glaive odieux lui traverse le sein.
Montfort qui l'a frappé, retrouvera le père
Dans les fils et la veuve, en un jour de colère.

Parfois le voyageur, loin des riants abris,
Dans un vaste désert par l'ouragan surpris,
Lorsque des flancs ouverts de la noire tempête
Les torrents pluvieux descendent sur sa tête,
Sent tout-à-coup l'espoir renaître dans son cœur,
En voyant la tourmente apaiser sa fureur.
Mais, sur l'aile des vents, dans un second nuage,
Accourt et se déploie un plus terrible orage ;
L'air s'enflamme et mugit ; de ses flancs agités
La grêle impétueuse, à flots précipités,
S'élance, et jette au loin sur le sol qu'elle efface
Sa bruyante colère et ses flèches de glace ;
Les oiseaux dans leur vol sont atteints et meurtris ;
L'arbre incline ses bras mutilés et flétris ;
Le voyageur pensif, l'œil troublé, le front pâle,
S'arrête et croit toucher à son heure fatale.
Ainsi les Toulousains, par les Franks mutilés,
Dans un premier combat tristement refoulés,
Espéraient cette fois, sous un heureux présage,

CHANT DOUZIÈME.

Avec Roger-Bernard ressaisir l'avantage.
Mais le Comte, entouré de douloureux débris,
A vu ses Catalans repoussés et meurtris;
Les croisés triomphants sèment les funérailles;
Il ne peut ébranler ces vivantes murailles;
Il affronte la mort, sans pouvoir l'obtenir;
Il frappe sans succès.... ni vaincre, ni mourir !
Désespéré, trompé dans cette double attente,
Haletant, inondé d'une sueur sanglante,
Il se laisse entraîner au flot de ces soldats
Que Montfort met en fuite, ou qu'immole son bras.
Des guerriers Catalans la déroute est complète,
Et leur chef, malgré lui, survit à sa défaite.

Le prince d'Aragon, morne et silencieux,
D'un regard inquiet voit ce désordre affreux.
Il a fait avancer les terribles machines
Qui jettent aux remparts la mort et les ruines;
Il est prêt, et déjà, sans ce trouble fatal,
Son glaive de l'attaque eût donné le signal.
Mais soudain il apprend que Montfort en personne,
Désertant le château, commande la colonne
Qui porte l'épouvante aux tentes de Raymond.
Aussitôt, il revient à son premier soupçon :
Il pense que Montfort, par un excès d'audace,
Ne pouvant la défendre, abandonne la place;
Et que, voulant sans doute échapper à ses mains,
Il s'ouvre devant lui de périlleux chemins.

Il conçoit à l'instant le dessein téméraire
D'opposer à Montfort une immense barrière.

Pierre, s'abandonnant à ses projets nouveaux,
Divise son armée en trois corps inégaux.
Le plus nombreux, formé de cavaliers rapides,
Court au nord arrêter les vainqueurs homicides.
Les rangs des fantassins, à leur tour appelés,
Marchant entre Montfort et les murs crénelés,
Lorsque les cavaliers presseront sa défaite,
Iront sur tous les points lui fermer la retraite;
Enfin, pour conserver leur glorieux emploi,
Les jeunes Hidalgos, restés auprès du roi, [6]
Vont protéger sa tente, insigne privilège,
Et défendre surtout les machines de siége.
L'ordre est donné, tout marche, et chaque combattant
Vers le poste assigné s'avance au même instant.

Montfort, qui voit au loin dans des flots de poussière
L'armée à pas pressés s'ébranler tout entière,
Vers les fossés profonds courir les fantassins,
Du prince d'Aragon pénètre les desseins.
Pour défendre la Louge et garder le rivage,
Il dépêche à Labarre un rapide message,
Et lui mande en secret : « Dieu combat avec nous;
» C'est le moment, courez, la victoire est à vous! »
Soudain, contre un assaut la rive est protégée;
Bientôt, de toutes parts, la lutte est engagée.

Alors, vers le couchant, le vieux pont suspendu,
Des créneaux élevés à grand bruit descendu,
Sur le bord opposé qui le fixe et l'arrête,
Vomit mille guerriers et Labarre à leur tête;
Ils pressent leurs coursiers, et d'un rapide essor
Aux tentes d'Aragon ils vont porter la mort,
Les Hidalgos, surpris dans ce moment d'alarmes,
Ont à peine le temps de ressaisir leurs armes.
Comme on voit un rocher qui s'élance par bonds,
Détaché tout-à-coup de la cime des monts,
Tomber avec fracas dans un vert pâturage,
Ecraser les pasteurs couchés sous le feuillage,
Rouler mille débris qu'entraîne sa fureur,
Et remplir les hameaux de trouble et de terreur;
Tel Labarre accourait; telle, et plus furieuse,
La troupe qui le suit s'élance impétueuse.
Les soldats d'Aragon, repoussés, abattus,
Veulent former leurs rangs qui sont toujours rompus;
Sous le choc des coursiers, sous les grands coups de lance,
Tombe et s'évanouit leur noble résistance;
Les démons furieux volent de rang en rang,
Echauffent le carnage et s'enivrent de sang.
A ces rangs abattus, à ces soldats qui tombent,
De nouveaux combattants succèdent et succombent.
L'air au loin retentit de lamentables cris;
Déjà le sol sanglant est jonché de débris,
Et de casques poudreux, et de lambeaux d'armures,
Et de corps mutilés par d'horribles blessures,

Et de membres épars, triste objet de terreur!
De blessés, implorant pour dernière faveur
Le coup qui doit finir leur vie et leur supplice;
Holocaustes perdus dans ce grand sacrifice!

Labarre, s'entourant de carnage et de deuil,
De la tente royale allait toucher le seuil,
Lorsqu'il voit accourir une troupe rapide
De nombreux cavaliers, sous un chef qui les guide.
Pierre était là; trahi par son fatal destin,
Il ouvrait à sa perte un glorieux chemin.
Pour mieux se dérober dans une foule obscure,
D'un écuyer modeste il a choisi l'armure;
Il veut, jusqu'à Montfort en secret parvenu,
Combattre un ennemi qui ne l'a point connu,
Le vaincre; et rehausser d'une palme nouvelle
Les lauriers qu'il teignit du sang de l'Infidèle.
Il brûle d'arrêter ce bras victorieux;
Son superbe courage éclate dans ses yeux.
Il monte un fier coursier, dont la race choisie
Boit la flamme et l'azur du ciel d'Andalousie,
A la riche encolure, aux muscles frémissants;
Le feu sort de ses yeux, de ses naseaux fumants.
Si l'accent du clairon anime son audace,
Son oreille se dresse, il dévore l'espace;
De ses hennissements s'échappe tour à tour
Un noble cri de guerre, un cri brûlant d'amour;
Ardent, impétueux, il franchit la barrière,

Laisse ondoyer aux vents les flots de sa crinière;
Du combat qui commence il aspire le bruit;
Dans l'ardente mêlée où l'instinct le conduit,
Partage du héros les périls et la gloire,
Et porte sur son front l'orgueil de la victoire.

Pierre, pour le succès de son déguisement,
Revêt son écuyer du royal vêtement;
Il lui livre son casque, il l'arme de sa lance,
Et l'enseigne du roi devant lui se balance.
Devant cet étendard, Labarre sans effroi,
En se jetant sur lui croit attaquer le roi.
Il porte un coup de lance à son faux adversaire,
Qui mollit et répond comme un guerrier vulgaire,
Sans force, sans élan, qu'un premier choc abat,
Et qui semble déjà vouloir fuir le combat.
« Non, tel n'est point le roi que l'Espagne idolâtre;
» Le grand roi d'Aragon que j'aspire à combattre,
» Est un preux chevalier; chacun sait que son bras
» Manie avec vigueur la lance des combats,
» Dit Labarre. Je vois, sous la royale armure,
» Un vol, ou tout au moins une ignoble imposture;
» Au lieu d'un prince auguste, elle couvre un goujat :
» Je laisse à qui le veut l'honneur d'un tel combat. »

Pierre entend ce reproche, et le dépit l'enflamme;
Le démon de l'orgueil aiguillonne son âme;
Oubliant sa faiblesse, il cède à son ardeur,

Et déjà de Labarre il se croit le vainqueur.
Il dit alors : « Le roi n'était point là ; cet homme,
» Vous ne vous trompez pas, n'en est que le fantôme.
» Mais le voici lui-même, on n'en saurait douter ;
» On peut le reconnaître aux coups qu'il va porter. » 7

Il dit ; et, renversant tout ce qui les sépare,
Il pousse son coursier pour attaquer Labarre.
Zarcos, qu'enorgueillit son héroïque emploi,
Précipite son vol sous l'éperon du roi ;
La terre retentit sous le coursier rapide.
Pierre, du premier coup de sa lance homicide,
Frappe un jeune guerrier qui s'offre à lui. Le Frank
Mord la poudreuse arène et la teint de son sang.
Labarre est accouru ; ces héros invincibles
Font le funeste essai de leurs armes terribles.
Leurs coursiers indomptés, dont la colère bout,
Se heurtent avec rage et sont restés debout ;
Leurs boucliers fendus, leurs cuirasses froissées
S'entr'ouvrent sous le fer des lances émoussées.
Ils s'élancent trois fois ; leur effort renaissant
Trois fois vient se briser dans un choc impuissant.

Ainsi deux fiers taureaux, dans un gras pâturage,
Les yeux étincelants d'une jalouse rage,
Combattants acharnés, disputent tout un jour
La superbe génisse objet de leur amour.
La terre tremble au loin sous leur lutte implacable ;

CHANT DOUZIÈME.

Le feu brûle et noircit leur corne formidable.
Tantôt l'un contre l'autre ils s'élancent par bonds,
Dans un assaut terrible entre-choquant leurs fronts;
Tantôt tordent leur queue, et de son fouet sonore
Battent l'air et leurs flancs que la fièvre dévore;
Le reste du troupeau s'écarte, épouvanté,
Et contemple de loin ce combat redouté.
Tels les deux champions, sur ce sanglant théâtre,
Exhalent leurs fureurs; tels, pour les voir combattre,
Les guerriers, suspendant leur choc impétueux,
Tracent des deux côtés un grand cercle autour d'eux.

Ne pouvant d'un rival vaincre la résistance,
Leurs mains jettent au loin les débris de leur lance,
Et, saisissant le glaive, épouvantent les yeux
D'un combat qui renaît encor plus furieux.
Flamboyante d'éclairs, l'épée impatiente,
Ainsi que le marteau sur l'enclume bruyante,
Frappe, tombe, s'abat sur les casques de fer,
Et fait jaillir un feu non moins vif que l'éclair.
Enfin, d'un coup hardi Pierre atteignant Labarre,
Fait voler en éclats le cimier du barbare.
Soudain, d'un second coup plus fort que le premier,
Il ouvre avec fracas le casque du guerrier;
Par un troisième effort, cette illustre journée
Eût vu le roi vainqueur fixer sa destinée;
Mais, lorsqu'il veut frapper son coup le plus hardi,
Son bras levé s'arrête et retombe engourdi;

Il chancelle; on a vu sa faiblesse fatale.
Aussitôt, une troupe indigne et déloyale,
Poussant d'horribles cris et répandant l'effroi,
S'élance avec fureur pour accabler le roi.
Deville, Alain Roussy, Corbeil se précipitent,
Et trempent dans le sang leurs glaives qu'ils agitent.
Les guerriers d'Aragon, par de brillants efforts,
Font à leur souverain un rempart de leurs corps.
La lutte au même instant s'engage plus terrible,
Et dans l'air obscurci s'élève un bruit horrible,
Comme l'écho bruyant qu'éveillent dans les bois
Mille haches tombant et frappant à la fois. [8]
Les noires légions, ardentes à l'ouvrage,
Moissonnent à l'envi dans ce champ de carnage.
Les défenseurs de Pierre éprouvent leur courroux:
Aznard avec son fils expirent sous leurs coups;
Michel de Lusiat à leurs côtés succombe;
Luna veut le venger et le suit dans la tombe.
Enfin, c'est un démon, c'est l'affreux Bélial,
Qui, pour frapper le roi, porte le trait fatal:
Au flanc gauche du prince il enfonce une épée
Qu'aux fourneaux de l'enfer Belzébuth a trempée.
Pierre tombe, entraînant son coursier qui gémit;
Il tombe, et sous leur poids la terre retentit.

Quand le roi des forêts, le chêne au vaste ombrage,
Tombe, déraciné sous les coups de l'orage,
Sa chute gronde au loin sur le flanc des coteaux;

Aussitôt, sur le sol que couvrent ses rameaux,
Accourt le bûcheron, dont l'avide insolence
Mutile sans pitié sa chevelure immense,
Et le géant déchu, le front chauve et souillé,
N'offre plus à nos yeux que son tronc dépouillé.
Ainsi Pierre, tombant sur la sanglante arène,
A bientôt dépouillé la grandeur souveraine;
Sur ce front où brillaient la gloire et la valeur,
La mort a répandu sa hideuse pâleur.
Personne autour de lui; de sa nombreuse suite,
Les uns sont écrasés et les autres en fuite;
Tout s'ébranle, tout cède à ce commun effroi,
Et Labarre a conquis le cadavre d'un roi.

Une immense rumeur s'élève dans l'armée;
Avec la mort du roi l'épouvante est semée;
Les combattants ont fui devant l'heureux vainqueur.
Labarre, profitant d'un moment de stupeur:
« Amis, un autre soin maintenant nous réclame;
» Achevons notre ouvrage, et livrons à la flamme
» Ces instruments de mort, ces machines, ces tours
» Qui menacent encor nos remparts et nos jours.
» Apportez une torche, et que ma main hardie
» Aux yeux des Toulousains allume l'incendie. »

Il disait; de l'enfer secondant les fureurs,
Un démon, sous les traits d'un de ses serviteurs,
Accourt au même instant, et lui porte, et ranime

Une torche allumée aux brasiers de l'abîme.
L'affreux brandon pétille et court de main en main;
Cent torches à la fois brûlent d'un feu soudain.
A l'aspect de la flamme à grands cris agitée,
La garde qui veillait s'enfuit épouvantée.
Labarre, le premier, applique de sa main
La résine embrasée aux poutres de sapin.
Sous les noirs tourbillons disparaît la vallée.
Bientôt, la flamme brille, ardente, échevelée,
Entoure les béliers de dards étincelants,
De ses langues de feu semble lécher leurs flancs;
Chevelure ondoyante, erre et se multiplie;
Sur les plans inégaux serpente, se replie,
Glisse, rampe, s'élève, et, vers les hauts sommets,
Etend comme un réseau ses innombrables jets.
Le vent souffle; il remplit d'une audace nouvelle
L'incendie orageux qu'il fouette de son aile :
C'est un torrent qui gronde, un volcan furieux
Dont le cratère ardent semble embraser les cieux.
Tout succombe, tout cède à sa marche brûlante;
Le bruyant mangonneau, la baliste puissante
De débris calcinés déjà jonchent le sol;
La flamme les poursuit, les atteint dans son vol.
On entend, dans ces feux qui jaillissent en gerbes,
Sous d'affreux craquements crouler leurs fronts superbes.
L'incendie et le vent, ministres de terreur,
L'un par l'autre excités, redoublent de fureur;
La flamme en se courbant s'épanche comme une onde :

C'est un fleuve de feu qui bouillonne et qui gronde.
Les guerriers de Toulouse, éperdus, frémissants,
Epuisent leur courage en efforts impuissants.
L'ouragan les attaque; il jette sur l'armée
Un orage brûlant de cendre et de fumée;
L'air même est embrasé; les nombreux bataillons
Succombent, étouffés par de noirs tourbillons;
Partout s'offre à leurs yeux, du couchant à l'aurore,
Et le glaive qui frappe, et le feu qui dévore.
Comminge, à cet aspect, veut porter des secours;
Mais le fleuve gonflé, précipitant son cours,
Emporte les bateaux que ses soldats remplissent,
Et dans les flots bruyants la plupart s'engloutissent.
Raymond rallie en vain ses compagnons épars;
Il n'a pu retrouver ses propres étendards.
En vain Roger-Bernard, qu'assiège la tourmente,
Au soldat consterné jette sa voix puissante;
Le soldat n'entend plus, dans ces affreux moments,
Ni la voix de ses chefs, ni leurs commandements.
Tous les rangs sont rompus; chacun, rempli d'alarmes,
Veut assurer sa vie et court jetant ses armes.
Un cri fatal succède à l'oubli du devoir;
C'est le cri du salut, le cri du désespoir.
Le fantassin, qu'assiège une ardente poursuite,
Veut fuir; tous les chemins sont fermés à la fuite.
Par le feu, par les eaux, par le fer menacé,
Cerné de toutes parts, de toutes parts pressé,
Dans le désordre affreux dont l'horreur l'environne,

Sans force et sans défense au fer il s'abandonne.
Parmi les dards rompus, les glaives émoussés,
Les blessés, les mourants gémissent entassés.
Bientôt, on ne voit plus qu'une horrible mêlée,
Une masse confuse, errante, mutilée,
Qui se roule, s'abat, se traîne dans le sang;
La mort fauche au hasard dans ce chaos mouvant.
Poussés, précipités par le rapide orage,
Vingt mille combattants sont lancés au rivage;
Dans le fleuve rapide ils courent se jeter,
Et trouvent le trépas qu'ils croyaient éviter.
O pitié! cette troupe, en héros si féconde,
Se débat, s'engloutit, lutte en vain contre l'onde,
Et dans le lit profond les cadavres pressés
Opposent une digue à ses flots courroucés.

Du haut de ces remparts que Dieu voulut défendre,
Aussi loin que de là le regard peut s'étendre,
L'heureux Montfort contemple un spectacle d'horreur;
La guerre et la victoire, émules de fureur..
Au couchant, l'incendie à son heure dernière,
Dans des débris fumants éteignant sa colère;
Quelques infortunés jetés par des bourreaux
Dans la flamme expirante ou dans le sein des flots;
Et la terre exhalant un fétide nuage,
Une immonde vapeur de sang et de carnage :
Abominable encens qui soulève le cœur,
Mais pare le triomphe et charme le vainqueur.

Montfort a parcouru cette sanglante arène ;
Il cherche, il reconnaît dans la fatale plaine
La place où le roi Pierre a terminé son sort.
Dans une foule obscure il voit l'illustre mort ; [9]
Il le voit dépouillé : le vol, le vol infâme
Ravit jusqu'au tissu que la pudeur réclame ;
L'outrage a violé la majesté du rang,
Et ce corps froid et nu nage encor dans le sang.
Montfort paraît ému ; cet aspect le désarme ;
Son œil brille, humecté de sa première larme.
Est-ce donc la pitié qui parle en ce moment,
Ou d'un sombre avenir le sourd pressentiment ?
Qui lui dit que la mort, près d'une autre muraille,
Ne le frappera pas sur un champ de bataille ?
Par son ordre, un suaire aussitôt préparé,
Couvre le corps du roi, de respects entouré.
Lui-même, descendu de son char de victoire, [10]
Eprouve le besoin d'humilier sa gloire ;
Et, dans un temple auguste, il va, sombre et rêveur,
La tête et les pieds nus, rendre grâce au Seigneur.

NOTES DU CHANT DOUZIÈME.

¹ *Les clairons dans le camp chantent l'air de Diane.*

Cet appel du soldat au point du jour qu'on nomme *la Diane*, remonte à la plus haute antiquité ; nous en avons hérité des Romains. On lit dans les *Martyrs*, de M. de Châteaubriand (chant 6ᵉ, récit d'Endore) : « Souvent il m'arrivait, pendant
» ce court repos, d'oublier ma nouvelle fortune ; et lorsqu'aux
» premières blancheurs de l'aube, les trompettes du camp
» venaient à sonner *l'air de Diane*, j'étais étonné d'ouvrir les
» yeux au milieu des bois. »

M. de Châteaubriand ajoute dans ses notes :

« *La Diane* est restée à nos armées. »

² *La tête et les pieds nus, le front noirci de cendre.....*

Voir aux notes du chant précédent.

³ Le héros, en l'honneur de la Trinité-Sainte,
Divise son armée en trois corps différents......

Historique, comme on verra plus bas dans le récit de la bataille, emprunté à l'*Histoire de Languedoc*.

⁴ Sur un tertre élevé, Foulque monte et se dresse.

Le fait est historique; mais ce fut l'évêque de Comminges qui monta sur une élévation de terrain pour bénir l'armée en masse. (Voir la gravure dont le dessin est pris du bas-relief de M. Barry.)

⁵ Du farouche lion l'étendard se déploie.

L'enseigne de Montfort portait un lion avec une queue fourchue à l'extrémité.

⁶ Les jeunes Hidalgos restés auprès du roi.....

On appelle *Hidalgos*, en Espagne, les fils des plus nobles familles.

⁷ Mais le voici lui-même, on n'en saurait douter;
On peut le reconnaître aux coups qu'il va porter.

Tout cet épisode est historique, comme on le verra plus bas.

⁸ Et dans l'air obscurci s'élève un bruit horrible,
Comme l'écho bruyant qu'éveillent dans les bois
Mille haches tombant et frappant à la fois.

On lit dans la chronique de Guillaume de Puylaurens:
« Deinde ad regis aciem, ubi vexilum ejus noverant, se
» convertunt, tantâque pressurâ in ipsum irruunt, quod
» armorum collisio et sonus ictuum ad locum, ubi erat
» ipse qui hæc dicebat, aere ferebantur, ac si multæ secures
» nemora detruncarent; mortuus que erit ibi rex, et magnates
» plurimi de Aragonia circa eum. »

⁹ Dans une foule obscure il voit l'illustre mort.

Ce fait est encore historique. Il est certain qu'après la bataille, Montfort rechercha lui-même le cadavre du roi d'Aragon et qu'il le traita avec respect.

« Pierre, roi d'Aragon, dont tous les anciens historiens font un grand éloge, était à la fleur de son âge, lorsqu'il fut tué à la bataille de Muret. Il était grand, bien fait, libéral, gracieux, magnifique jusques à la prodigalité, et d'une probité à toute épreuve. Il avait donné des marques de sa valeur en différentes occasions, surtout dans les guerres d'Espagne contre les Sarrasins, sur lesquels il avait conquis diverses places. Jamais prince ne porta aussi loin que lui son dévouement envers le Saint-Siége ; et le seul défaut qu'on peut lui reprocher, c'est d'avoir eu un penchant trop violent pour les femmes. Cette passion l'engagea sans doute à cultiver la poésie provençale, dans laquelle il se distingua, et à protéger les poètes provençaux qu'il aida de ses libéralités. On le met, en effet, au nombre des plus célèbres poètes de son temps, dans un ancien manuscrit de la bibliothèque du roi, où on trouve une pièce de sa façon. (*Histoire générale de Languedoc*, liv. 22, ch. 57.)

» Simon ayant remis le corps de ce prince aux frères de l'hôpital de Jérusalem, ils le firent transporter et l'inhumèrent dans le monastère de Sixena, en Aragon, fondé pour des filles de cet ordre par la reine Sancie, sa mère. Un ancien auteur remarque qu'on l'inhuma en terre sainte, parce qu'il avait eu privilége du Pape de ne pouvoir être excommunié sans son ordre spécial. On prétend que le tombeau de ce prince ayant été ouvert en 1555, on trouva son corps tout entier et seulement un peu gâté du nez. On jugea, par l'inspection, que Pierre avait beaucoup de majesté, et qu'il était d'une taille qui approchait de la gigantesque. Jacques Ier, son fils unique et de Marie de Montpellier, âgé seulement de cinq ans et demi, hérita de tous ses états. Simon de Montfort, qui avait mis ce jeune prince dans son palais de Carcassonne, prit encore de nouvelles précautions pour s'assurer de sa personne ; et un ancien historien [*] le loue beaucoup de ne l'avoir pas fait mourir, pour se venger de ce que le roi Pierre avait rompu l'alliance qu'ils avaient contractée ensemble. » (*Ibid.*)

---

[*] Guillaume de Puylaurens.

¹⁰ Lui-même, descendu de son char de victoire......

Voici le récit de cette fameuse bataille de Muret, tel qu'on le trouve dans l'*Histoire générale de Languedoc.*

« Muret est une petite ville dépendante du comté de Comminges, dans le diocèse et à trois lieues de Toulouse, vers le sud-ouest, sur la rive gauche de la Garonne, au confluent de la rivière de Louge dans ce fleuve. L'armée du roi d'Aragon et de ses alliés y arriva le mardi 10 septembre de l'an 1213. On commença aussitôt à dresser les machines et à les faire jouer pour abattre les murailles. Le lendemain on donna l'assaut à une des portes de la ville, et on emporta le premier faubourg, malgré la vigoureuse défense des assiégés, qui se réfugièrent dans le second et dans le château. Si les alliés avaient suivi leur pointe, ils se seraient alors rendus entièrement les maîtres de la place; mais ayant été avertis qu'on voyait paraître les signes militaires de Simon de Montfort, ils cessèrent le combat, abandonnèrent le faubourg qu'ils avaient déjà pris, et se retirèrent dans leur camp pour s'y mettre en sûreté. On blâme beaucoup le roi d'Aragon de cette retraite précipitée, car il lui était aisé de prendre Muret, et il eût évité le malheur qui lui arriva.

» Montfort parut, en effet, peu de temps après, avec un petit corps d'armée. La garnison de Muret se voyant menacée d'un siége, lui avait envoyé demander un prompt secours, et l'informer que la place était absolument dépourvue de vivres. Simon était à Fanjaux, où il s'était rendu sur le bruit de l'approche du roi d'Aragon; et prévoyant que ce prince pourrait bien entreprendre le siége de Muret, il avait déjà résolu de s'y jeter avec un convoi pour ravitailler la place, et de tout hasarder pour la secourir. Il était prêt à se mettre en marche le lendemain au matin, lorsque la comtesse sa femme l'arrêta pour lui faire part d'un songe qu'elle avait eu durant la nuit, et dont elle tirait un fort mauvais augure. Simon la voyant extrêmement troublée à cette occasion, se moqua d'elle pour la rassurer, et lui dit de laisser ces sortes de superstitions *aux Espagnols.* Il part ensuite et s'avance vers Saverdun dans le comté de Foix. En chemin, il rencontra un second exprès de

la garnison de Muret, qui lui donnait avis que les princes confédérés avaient investi la place et commencé le siége. Il dépêcha aussitôt un courrier à la comtesse sa femme, qui était partie pour Carcassonne, et la pria d'assembler promptement un corps de troupes. Elle exécuta cet ordre du mieux qu'il lui fut possible, et engagea le vicomte de Corbeil, dans le diocèse de Paris, qui, ayant achevé sa quarantaine, était prêt à s'en retourner, à demeurer encore quelque temps dans le pays, et à se joindre au secours qu'elle envoya au comte son époux. Montfort continua cependant sa route. En passant à l'abbaye de Boulbonne, il dit à Maurin, sacristain, et depuis abbé de Pamiers, qui était venu à sa rencontre, qu'il allait secourir Muret; et que si les assiégeants l'attendaient dans leur camp, il ne ferait aucune difficulté de les attaquer : « Vous n'êtes pas
» assez fort, lui répliqua Maurin, pour vous mesurer avec le
» roi d'Aragon, prince très expérimenté dans l'art militaire,
» qui a sous ses ordres une nombreuse armée, et qui est uni
» à divers comtes très braves. Dans cette situation, il ne con-
» vient nullement que vous hasardiez le combat avec si peu
» de monde. » Simon, dit-on, tira alors un papier de son portefeuille, et pria Maurin de le lire. C'était une lettre que le roi d'Aragon écrivait à une dame, femme d'un grand seigneur du diocèse de Toulouse, dans laquelle il lui marquait, après l'avoir saluée, qu'il venait pour l'amour d'elle chasser les Français du pays, et lui disait plusieurs autres choses obligeantes. Maurin, après la lecture de cette lettre qu'un domestique de la dame avait interceptée et envoyée à Simon, dit à ce général en la lui rendant : « Que prétendez-vous dire par
» là ? » — « Ce que je prétends, répondit Simon, c'est que je
» ne crois pas possible que le roi d'Aragon renverse l'œuvre
» de Dieu pour une femme. » La plupart des modernes qui ont parlé de ce fait l'ont interprété en mauvaise part, et ont fait entendre que le roi Pierre avait écrit cette lettre à une de ses maîtresses; mais un habile critique * nous en donne la clé, en faisant voir, comme il est certain, que cette dame n'est pas différente ou d'Eléonor, ou de Sancie, sœurs de ce prince,

* Baluz. Marc. hisp., p. 522.

et femmes, la première du Comte de Toulouse le père, et l'autre, du fils, et que c'est pour l'amour d'elles et pour leurs intérêts que le roi leur frère prit les armes contre les croisés.

» Simon entra dans l'église de Boulbonne, et y demeura quelque temps en prière ; puis il ôte son épée et la met sur l'autel en disant : « Seigneur, vous m'avez choisi, tout indigne que
» je suis, pour combattre pour vous ; je prends cette épée de
» dessus votre autel, afin que, combattant pour votre gloire,
» je le fasse avec justice. » Il va ensuite joindre ses troupes, et s'avance jusqu'à Saverdun. Il était accompagné des évêques de Toulouse, Nîmes, Usez, Lodève, Beziers, Agde et Comminges, et des abbés de Clairac, Villemagne et Saint-Tibéri. — L'archevêque de Narbonne, légat du Saint-Siége, avait ordonné à ces prélats de le suivre, pour tâcher de moyenner la paix ; mais cet archevêque n'y était pas en personne, comme un historien de nos jours le suppose.

» Montfort, outre les milices du pays qu'il avait rassemblées, et les chevaliers qui s'étant liés avec lui, ne le quittèrent jamais, avait reçu depuis peu un renfort de trente chevaliers français, qui étaient venus pour faire leur quarantaine de service, entre lesquels était Guillaume des Barres, son frère utérin ; Guillaume d'Aire, seigneur flamand, et ses frères, etc. Etant arrivé à Saverdun sur le soir, il y assembla son conseil de guerre ; il souhaitait marcher cette nuit-là même au secours de Muret ; mais tous ses officiers furent d'avis d'attendre au lendemain, pour donner le temps de se reposer aux troupes qui étaient extrêmement fatiguées de leur marche, et il se rendit à ce sentiment. Foulque, évêque de Toulouse, qui avait déjà tenté plusieurs fois inutilement de porter ses diocésains à la soumission, envoya alors un exprès au roi d'Aragon, et fit demander un sauf-conduit à ce prince, tant pour lui que pour les autres évêques ses collègues, dans le dessein de faire des propositions de paix. Le lendemain, Simon de Montfort ayant fait appeler de grand matin son chapelain, se confesse et fait son testament ; puis il se rend à l'église avec les évêques ; et l'un d'entre eux ayant célébré la messe, ces prélats déclarèrent excommuniés pendant le saint sacrifice, le Comte de Toulouse et son fils, le comte de Foix et son fils, le comte de Comminges et tous leurs associés ; ils ne voulurent pas, par ménagement, comprendre expressément le roi d'Aragon dans l'excommunication. Après la messe, Montfort ayant assemblé ses troupes dans une plaine, se met en marche en ordre de bataille, et s'arrête à Auterive, lieu situé entre Saverdun et Muret, à deux lieues de l'un et de l'autre. L'exprès que l'évêque de Toulouse avait dépêché au roi d'Aragon, rapporta en ce lieu la réponse de ce prince, qui était, que puisque les évêques venaient à main-armée, il ne leur donnerait pas de sauf-conduit. Sur cette réponse, l'armée continue sa marche, et passe heureusement un défilé où il était aisé aux confédérés de l'arrêter au passage. Enfin, Simon arrive au bord de la Garonne, vis-à-vis de Muret, situé à la gauche de ce fleuve.

» Le prieur de l'hôpital de Toulouse vint en cet endroit trouver Foulque, évêque de cette ville, et lui remit des lettres de la part des Toulousains, qui déclaraient qu'ils étaient disposés à obéir au Pape et à ses légats. Foulque renvoya le prieur au roi d'Aragon pour lui demander un passeport ; mais ce prince le refusa, et dit que si ce prélat voulait aller à Toulouse traiter avec les habitants, il l'y ferait conduire sûrement. L'évêque ayant pris cette réponse pour une raillerie, dit : « Il ne » convient pas à un serviteur d'entrer dans une ville d'où » son maître est exilé ; je ne retournerai pas dans un lieu d'où » le corps de Jésus-Christ a été chassé, jusqu'à ce que mon » Dieu et mon Seigneur y retourne lui-même. » On peut avoir remarqué que c'était Foulque lui-même qui avait chassé Jésus-Christ de Toulouse, par l'ordre qu'il avait donné à son clergé de sortir de cette ville et d'emporter le Saint-Sacrement. A l'arrivée de Simon, de l'autre côté de Muret, la plupart des croisés qui témoignaient une extrême ardeur de se battre, lui demandèrent avec empressement qu'il les menât au combat ; mais ce général ne le jugea pas à propos, tant parce qu'il était déjà tard, et que ses troupes et ses chevaux étaient fort fatigués, que dans l'espérance d'engager le roi d'Aragon à abandonner la défense de ses alliés. Il passa donc la Garonne sur le pont de bois qui était près de Muret, favorisé par la garnison, dont une partie vint à sa rencontre, et il entra ainsi dans la ville avec toutes ses troupes, sans trouver aucun obstacle de la part des assiégeants. Foulque, évêque de Toulouse, et les autres prélats, sachant que le sort des armes est journalier, s'entremirent de nouveau pour porter le roi d'Aragon à la paix, ou du moins à conclure une trêve. Ils lui députèrent, de même qu'aux Toulousains, deux religieux, pour lui demander une conférence. Le roi répondit : « Pour quatre *ri-* » *bauds* que ces évêques ont amenés avec eux, ce n'est pas la » peine de leur accorder une conférence. » Pour les Toulousains, ils déclarèrent qu'ils feraient eux-mêmes réponse le lendemain, et on suspendit jusqu'alors toutes les hostilités. Le vicomte de Corbeil et les autres chevaliers qui venaient de Carcassonne et qui marchaient sur les pas de Simon de Montfort, entrèrent bientôt après dans Muret.

» Le lendemain jeudi 12 de septembre, Simon se rend de grand matin dans l'église du château de Muret, et y entend la messe. Les évêques et les chevaliers en font de même dans l'église du bourg. Simon descend ensuite dans ce bourg, pour délibérer avec les principaux officiers de l'armée. Ils étaient tous sans armes, parce que la négociation des évêques pour la paix durait toujours. Un auteur contemporain * assure que, durant cette négociation, Montfort offrit au roi d'Aragon de lui remettre le château de Muret avec tout le pays des environs ; que le roi rejeta la proposition, à moins que ce général ne se rendît à discrétion avec son armée, et que, sur cela, Montfort se détermina à vaincre ou à périr. Les Toulousains, de leur côté, envoyèrent dire à leur évêque, par les deux religieux qui les étaient venus trouver la veille, qu'étant unis avec le roi d'Aragon, ils ne feraient rien sans sa participation. Les évêques et les abbés étaient résolus néanmoins d'aller nu-pieds trouver ce prince pour l'exhorter à ne pas persécuter l'Eglise, et ils lui avaient déjà député un religieux pour lui annoncer leur arrivée, lorsque Simon, qui avait fait ouvrir les portes de Muret pour laisser passer cet envoyé, se vit assaillir par une troupe de gendarmes ; il les repousse ; mais les assiégeants faisant en même temps jouer leurs machines et pleuvoir une grêle de flèches et de traits sur la maison où les évêques

---

* Caffa, annal. gen., tom. 6. — Script. rer. ital., p. 405.

étaient logés, il dit à ces prélats : « Vous voyez que nous
» n'avançons rien, et qu'il y a déjà un grand tumulte ; il est
» temps que vous nous permettiez de combattre ». Après
avoir obtenu cette permission, il ordonne à un chacun de
prendre ses armes. En passant devant l'église du château, il
voit l'évêque d'Usez qui disait la messe ; il entre, et interrompant le sacrifice, il se met à genoux les mains jointes, et dit
tout haut : « *Mon Dieu, je vous offre, et je vous donne mon*
» *âme et mon corps* ». Il fait la même cérémonie en repassant.
En voulant monter sur son cheval de bataille qu'on lui avait
amené au sortir de l'église, le cheval se cabre et le fait reculer ; les assiégeants qui virent ce mouvement de leur camp, se
mirent aussitôt à faire de grandes huées. Simon, reprenant son
cheval, monte dessus ; et adressant la parole à ses ennemis, il
dit tout haut : « Vous vous moquez de moi présentement par
» vos clameurs ; mais je me confie dans le Seigneur, et j'es-
» père de crier après vous jusqu'aux portes de Toulouse. » Il
descend ensuite dans le bourg, où il trouve tous ses gens armés prêts à marcher. Il n'avait qu'environ mille cavaliers, tant
cavaliers que sergents, mais tous braves et bien aguerris. Les
principaux étaient : Guy, son frère germain ; Guillaume des
Barres, son frère utérin ; Baudouin, frère du Comte de Toulouse ;
Alain de Rouci, le vicomte de Corbeil, Bouchard de Marly ou
de Montmorency, etc. Enfin, il se dispose à partir après avoir
laissé son infanterie, qui n'était pas très nombreuse, à la garde
de la place.

» Les croisés étant assemblés, Foulque, évêque de Toulouse, qui faisait dans leur armée la fonction de vice-légat au
nom de l'archevêque de Narbonne, s'avance la mitre en tête,
revêtu de ses habits pontificaux, et tenant dans ses mains un
morceau de la vraie croix. Aussitôt tout le monde descend de
cheval, et chacun va l'un après l'autre adorer la relique. L'évêque de Comminges craignant que la longueur de la cérémonie
ne ralentît l'ardeur des croisés, prend cette relique des mains
de l'évêque de Toulouse, et étant monté sur une élévation, il
en bénit toute l'armée en disant : « Allez, au nom de Jésus-
» Christ, je vous servirai de témoin, et je vous serai caution
» au jour du jugement que tous ceux qui mourront dans ce

» glorieux combat, obtiendront la récompense éternelle et la
» gloire des martyrs, sans passer par le purgatoire ; pourvu
» qu'ils se soient confessés et qu'ils soient contrits, ou qu'ils
» aient du moins une ferme résolution de déclarer à un prê-
» tre, aussitôt après l'action, les péchés qu'ils n'ont point en-
» core confessés. » Ce prélat ayant répété plusieurs fois la
même promesse à la demande des troupes, et les autres évêques l'ayant confirmée, les croisés qui s'étaient déjà confessés
s'embrassent, se pardonnent tout ce qu'ils pouvaient avoir les
uns contre les autres, et se mettent en marche. Les évêques et
le clergé, parmi lesquels un écrivain du xive siècle * met
saint Dominique, entrèrent dans l'église et y demeurèrent en
prières pendant le combat.

» Montfort rangea ses troupes dans une esplanade située au
dehors de Muret, et les partagea en trois corps. Il donna le
commandement de l'avant-garde à Guillaume d'Encontre,
gouverneur de Castel-Sarrasin ; Bouchard de Marly occupa le
centre, dans lequel étaient Alain de Rouci, et Florent de Ville,
chevaliers français ; il se mit lui-même à la tête de l'arrière-
garde. Les assiégeants voyant cette évolution, tinrent conseil.
Le Comte de Toulouse fut d'avis d'attendre les croisés de pied
ferme dans les retranchements du camp, dont il était aisé de
défendre l'approche à coups de dards et de flèches ; il soutenait qu'après les avoir affaiblis de cette manière, on fondrait
sur eux, qu'on les mettrait plus aisément en fuite, et qu'on
les forcerait à rentrer dans le château, où, manquant de vivres, ils seraient bientôt affamés et obligés de se rendre. Le
roi d'Aragon rejeta avec beaucoup de hauteur ce sentiment,
qui cependant était le plus sage ; et le taxant de crainte et de
lâcheté, il fit résoudre les autres généraux à sortir des retranchements et à marcher au-devant des croisés. Toute la cavalerie des assiégeants, au nombre d'environ deux mille chevaliers,
se mit donc en marche, et laissa à la garde du camp toute l'infanterie qui était infiniment plus nombreuse, mais très peu
aguerrie, n'étant composée la plupart que des bourgeois de
Toulouse et de quelques places des environs. Les anciens his-

* Præcl. franc. facin. apud Catel, p. 116.

toriens ne nous marquent pas bien l'ordre de bataille de l'armée du roi d'Aragon et des comtes ses alliés ; ils se contentent d'observer que leur ordonnance était très mauvaise ; que le comte de Foix, à la tête d'une troupe de Catalans, commandait l'avant-garde ; que le roi d'Aragon, par un effet de son courage, se mit au corps de bataille, au lieu que, suivant l'usage ordinaire des rois, il devait se porter à l'arrière-garde, et qu'il changea ses armes avec celles d'un de ses chevaliers pour n'être pas reconnu dans l'action. Nous inférons de là que Raymond, comte de Toulouse, commandait l'arrière-garde ; quant au fils de ce comte, comme il n'était pas encore en âge de combattre, il se posta sur une élévation d'où il pouvait être témoin du combat, sans être exposé au péril.

» Montfort fit défiler ses troupes par la porte orientale de Muret, située sur la Garonne, dans un ordre extrêmement serré ; il prit exprès ce chemin, tant pour donner le change aux assiégeants et leur faire croire que la crainte l'obligeait à prendre la fuite, que pour éviter, s'il avait marché droit vers leur camp posté du côté du couchant, d'exposer ses chevaux aux traits des Toulousains, qui étaient demeurés à la garde des retranchements. Enfin, ce général ayant fait un détour et passé un ruisseau, il étend son armée dans la plaine, et va donner brusquement sur les princes confédérés ; son avant-garde attaque la leur avec tant de force, qu'elle l'oblige à se replier sur les ailes. Le corps de bataille où était le roi d'Aragon se voit alors exposé à la fureur des croisés, qui, ayant reconnu l'endroit où était ce prince à ses enseignes, l'entourent de toutes parts et le pressent vivement. Le choc fut si violent, que, suivant l'expression d'un ancien historien *, le bruit des armes qui se fit en ce moment était semblable à celui que fait une troupe de bûcherons lorsqu'ils tâchent d'abattre à grands coups de coignée les arbres des forêts. La seconde ligne de l'armée des croisés étant survenue pour soutenir la première, Alain de Rouci et Florent de Ville, qui avaient conjuré la mort du roi d'Aragon, comptant de s'assurer la victoire par sa mort, donnent vivement sur le chevalier qu'ils voient re-

* Guill. de Pod.

vêtu de ses armes ; mais Alain reconnaissant bientôt que *le roi était meilleur chevalier*, s'écrie que ce n'est pas lui. Ce prince, qui était assez près, entendant ces paroles, pique son cheval, et, se montrant à découvert, dit à haute voix : *Vraiment ce n'est pas lui, mais le voici*. En disant ces mots, il porte un coup à un chevalier français, le renverse par terre, et se jette dans la mêlée où il fait des prodiges de valeur. Alain et Florent ayant en même temps rallié leur troupe, l'environnent et lui portent de si rudes coups, qu'enfin il succombe, et demeure mort sur la place, avec plusieurs des principaux de sa cour qui combattaient à ses côtés. Les croisés, animés par cet avantage, poussent encore plus vivement leurs adversaires. Simon voyant que son avant-garde et son corps de bataille s'étaient mêlés si avant parmi les escadrons ennemis qu'ils ne paraissaient plus, marche alors pour les prendre en flanc sur leur gauche, et achever leur défaite ; il est arrêté par un fossé qui séparait les deux armées ; mais ayant heureusement rencontré un sentier qui le traversait, il tombe enfin sur les confédérés; ceux-ci se défendent avec force, et un chevalier atteint Simon d'un si grand coup d'épée du côté droit, que par l'effort que ce général fait pour le parer, il rompt son étrier gauche, et ayant enfoncé l'éperon dans le caparaçon de son cheval, il se voit sur le point d'être désarçonné; s'étant enfin raffermi et ranimant son courage, un autre chevalier lui porte un coup sur la tête. Simon, sans se déconcerter, va droit à ce chevalier, le renverse de cheval d'un coup de poing qu'il lui donne sous le menton, et jette la terreur parmi les autres qui, n'osant pas résister, se débandent de toutes parts. En même temps, les comtes de Toulouse, de Foix et de Comminges, ayant appris la mort du roi d'Aragon, perdent courage, prennent la fuite, et entraînent après eux le reste de la cavalerie qui se met en déroute, et dont les croisés qui la poursuivent pendant quelque temps font périr une grande partie. Simon, en habile général, se tient à la tête de l'arrière-garde, et marche lentement en ordre de bataille pour soutenir ses troupes qui s'étaient dispersées à la poursuite des fuyards, afin que si ses ennemis venaient à se rallier, elles trouvassent une retraite assurée auprès de lui.

» Tandis que la cavalerie des deux armées était aux prises, les Toulousains et le reste de l'infanterie font une tentative pour emporter d'assaut le château de Muret ; mais ils sont repoussés avec vigueur, et obligés d'abandonner leur entreprise. L'évêque de Toulouse députe alors à ces peuples un religieux pour les exhorter à mettre bas les armes, avec promesse de leur sauver la vie ; et en témoignage de la sûreté qu'il leur promet, il leur envoie sa coule qu'il portait toujours parce qu'il était religieux. Les Toulousains répondent qu'ils savent que le roi d'Aragon avait remporté la victoire, et que leur évêque ne cherchait qu'à les faire périr ; et ôtant la coule à cet envoyé, ils le maltraitent et le blessent dangereusement à coups de lance. Ils ne demeurèrent pas longtemps sans être informés du succès de la bataille ; et voyant de loin les signes militaires des croisés qui revenaient triomphants, ils se jettent en foule sur les bateaux qui les avaient amenés par la Garonne. Plusieurs s'échappent ainsi ; mais tous les autres furent noyés, tués ou faits prisonniers ; en sorte que l'on compte que les princes alliés perdirent quinze à vingt mille hommes dans cette journée. Entre les principaux seigneurs aragonais qui furent tués avec leur roi, on met : Aznard Pardi, Pierre son fils, Gomez de Luna, et Michel de Luna. Il n'y eut aucun Catalan de marque de tué. Quant aux seigneurs qui servaient sous les enseignes des comtes de Toulouse, de Foix et de Comminges, ils trouvèrent la plupart leur salut dans la fuite. Ainsi, la plus grande perte des alliés fut du côté de leur infanterie, milice alors peu propre à combattre contre un corps de cavalerie pesamment armé, composé de tout ce qu'il y avait de plus brave parmi la noblesse. Simon n'eut, de son côté, qu'un seul chevalier et huit autres croisés de tués.

» Ce général, après s'être emparé de tout le butin du camp ennemi, d'où il remporta de riches dépouilles, ordonna qu'on gardât soigneusement tous les prisonniers, dont les uns moururent dans les fers, et les autres furent obligés de payer une grosse rançon. Il se rendit sur le champ de bataille, et là il pria Malfred de Belveze et quelques autres chevaliers, qui étaient présents lorsque le roi d'Aragon avait été tué, de lui montrer l'endroit où ce prince était mort en combattant. Il reconnut bientôt son corps qu'il trouva étendu tout nu sur la terre ; car la garnison de Muret ayant appris la victoire des croisés, s'était empressée de sortir ; et après avoir achevé de tuer les blessés qui étaient restés sur le lieu du combat, elle avait entièrement dépouillé tous les morts. A cette vue, Simon descend de cheval, fait enlever le corps du roi, et ne peut refuser, comme un autre David, des larmes sur la mort de ce prince. Puis il quitte sa chaussure, se rend nu-pieds dans l'église de Muret, offre à Dieu ses actions de grâces pour la victoire qu'il venait de remporter, fait vendre son cheval et ses armes, et en distribue le prix aux pauvres. La plupart de ces circonstances sont rapportées dans une relation que les sept évêques et les trois abbés qui étaient à la suite de Simon, et qui demeurèrent dans Muret durant l'action, adressèrent le lendemain à tous les fidèles, pour leur faire part d'une si glorieuse victoire. Un ancien historien ajoute que Simon de Montfort, pour récompenser le comte Baudouin de Toulouse des services qu'il avait rendus en cette occasion, lui donna en fief toutes les conquêtes que les croisés avaient faites en Querci.

» On trouve encore quelques autres circonstances de cette bataille dans les Mémoires que Jacques Ier, roi d'Aragon, fils du roi Pierre, qui y fut tué, nous a laissés de sa vie : « Simon de
» Montfort, dit ce prince, était à Muret, et avait avec lui
» huit cents à mille chevaliers. Le roi mon père vint contre
» lui avec plusieurs seigneurs de son royaume, dont quel-
» ques-uns furent tués dans l'action ; les autres prirent lâche-
» ment la fuite. Dom Nuguez Sanche (fils du comte de Rous-
» sillon), Guillaume de Montcade et quelques autres, ne s'y
» trouvèrent pas ; ils avaient envoyé prier le roi de les atten-
» dre ; ce qu'il ne voulut pas faire. Le roi avait couché cette
» nuit avec une de ses maîtresses, et il était si fatigué, que
» lorsqu'il entendit la messe avant le combat, il ne put de-
» meurer debout durant l'Evangile, et qu'il fut obligé de
» s'asseoir. Avant la bataille, le roi mon père voulut que
» Simon se rendît à discrétion, et c'était une condition qu'il
» exigeait. Simon et ceux qui étaient avec lui la trouvant trop

» dure, eurent recours au sacrement de pénitence, reçurent
» le corps de Jésus-Christ, et déclarèrent qu'ils aimaient mieux
» mourir en rase campagne que renfermés dans la ville. Ils
» sortirent ensuite pour livrer bataille. Les troupes du roi ne
» surent pas bien se ranger, et autant par leur mauvaise
» ordonnance que pour leurs péchés, elles furent vaincues.
» Ainsi mourut mon père; car c'est de cette manière qu'en
» ont toujours usé mes ancêtres dans les batailles qu'ils ont
» données, et que j'en userai dans celles que je livrerai :
» Vaincre ou mourir! Je demeurai à Carcassonne au pouvoir
» de Simon de Montfort, qui prit soin de mon éducation, etc.»
(*Histoire générale de Languedoc*, liv. 22, ch. 56. — Voir aussi la Note IX qui accompagne ce chapitre.)

FIN DU TOME PREMIER.

TABLE DES MATIÈRES.

INTRODUCTION.

CHANT PREMIER.

Exposition. — Invocation à Clémence-Isaure. — Le Pape veille au maintien de l'unité catholique. — L'hérésie a levé de nouveau son étendard. — Le Pape a fulminé l'anathème. — Il a envoyé dans la Provence ses Légats. — Raymond, comte de Toulouse. — Tableau de sa cour. — Son fils, né de Jeanne d'Angleterre. — Le troubadour Marcel, ami du jeune Raymond. — Portrait de Montfort. — Les partisans de Raymond : le comte de Foix, le comte de Comminges, les seigneurs. — Le jeune Raymond est armé chevalier. — La guerre recommence. — Les Croisés, battus devant Toulouse, se retirent dans Castelnau-d'Arry. — Combat. — Lévis et Bouchard de Marly se signalent. — Déroute de l'armée toulousaine. — Montfort est vainqueur. — Le jeune Raymond est fait prisonnier.   1 à 28

Notes du Chant premier.   29 à 46

CHANT DEUXIÈME.

Villeneuve apprend au vieux Raymond la défaite de son armée et la captivité de son fils. — Arrivée de Marcel. — Le chef des Capitouls offre les dons des habitants pour la rançon du jeune Raymond. — Réponse du vieux Comte. — Il ordonne la procession des saintes reliques. — Description de la basilique Saint-Saturnin. — La porte en est fermée par ordre de l'Evêque. — Il excommunie le peuple. — Le peuple enlève les reliques. — Procession. — Hymne du troubadour Marcel. — Saturnin s'émeut. — Avec Etienne, il va implorer le Christ en faveur de Toulouse. — Discours d'Etienne au Christ. — Réponse du Christ. — Oracle prononcé par l'Eternel. — Le vieux Raymond envoie Marcel à Pierre d'Aragon pour lui demander des secours.   47 à 77
Notes du Chant deuxième.   79 à 88

CHANT TROISIÈME.

Récit de Marcel. — Commencement de l'hérésie. — Pierre de Bruïs. — Saint Bernard à Toulouse. — Après sa mort, l'hérésie renaît plus puissante. — Raymond refuse de persécuter ses sujets. — Le pape Innocent III. — Il envoie des Légats. — Le vicomte de Beziers est favorable aux hérétiques. — Punition du vieux Morand. — Troubles de l'Eglise de Toulouse. — Diégo de Azébes, évêque d'Osma. — Saint Dominique. — Arnaud, abbé de Citeaux. — Foulque, évêque de Toulouse. — Conférence de Montréal. — Le Légat Pierre de Castelnau est tué. — Le Comte Raymond est accusé de ce meurtre. — Innocent III délègue Milon pour instruire cette affaire. — Concile de Montélimart. — Milon soumet Raymond à une pénitence publique.   89 à 115
Notes du Chant troisième.   117 à 142

CHANT QUATRIÈME.

Suite du récit de Marcel. — Milon publie la croisade. — L'armée se rassemble à Lyon. — L'abbé de Citeaux est nommé généralissime. — Les Croisés descendent le Rhône. — Montpellier leur ouvre ses portes. — Arnaud députe à Beziers son évêque Réginald, avec sommation de lui livrer les hérétiques. — Refus des habitants de Beziers. — Sac de Beziers. — Siége de Carcassonne. — Détresse des assiégés. — Un chevalier croisé invite Trencavel à capituler. — Il se rend à la tente d'Arnaud où il est retenu pri-

sonnier. — Prise de Carcassonne. — Trencavel est enfermé dans une tour. — Montfort accepte la souveraineté des provinces conquises. — Chant de mort de Trencavel. 143 à 168
Notes du Chant quatrième. 169 à 187

CHANT CINQUIÈME.

Suite du récit de Marcel. — Intrigues de Foulque. — Voyage de Raymond à Rome. — Le Pape ordonne qu'il soit reçu à se justifier. — Concile de Saint-Gilles. — Les Légats refusent d'entendre Raymond. — Concile d'Arles. — Concile de Lavaur. — Ambition des Légats. — Montfort est abandonné par une foule de seigneurs. — Il reçoit des renforts. — La guerre recommence. — Guiraud de Pépieux. — Traitement qu'il fait subir à deux chevaliers français. — Prise du château de Minerve par Montfort. — Prise du château de Termes. — Prise du château de Bram. — Cruauté de Montfort. — Aventure de Bouchard de Marly. 189 à 214
Notes du Chant cinquième. 215 à 239

CHANT SIXIÈME.

Suite du récit de Marcel. — Siége de Lavaur. — Le comte de Foix détruit six mille croisés allemands. — Foulque sort de Toulouse. — Il lance l'Interdit. — Prise de Lavaur. — Défection de Baudouin. — Prise du château de Penne. — Siége et prise de Moissac. — Mort tragique de Baudouin. — Montfort met le siége devant Toulouse. — Il tente l'assaut ; il est repoussé. — Premières armes du jeune Raymond. — Prouesses du Comte de Foix. — La disette se met dans le camp des Croisés. — Montfort lève le siége. — Fin du récit. 241 à 266
Notes du Chant sixième. 267 à 286

CHANT SEPTIÈME.

Pierre promet des secours à l'ambassadeur de Raymond. — Il invite Marcel aux fêtes qui durent trois jours. — Première Journée : Tournoi. — Le jeune Raymond fait hommage de son triomphe à Elma. — Deuxième Journée : Course de Taureau. — Raymond et Elma ne paraissent pas dans le Cirque. — Troisième Journée : Marche triomphale des rois de Navarre, de Castille et d'Aragon. — Char des Triomphateurs. — Images des peuples soumis à la loi du Coran. — Illumination de Saragosse. 287 à 313
Notes du Chant septième. 215 à 319

CHANT HUITIÈME.

Description du palais enchanté d'Atland. — Histoire d'Elma. — Le démon se sert d'Elma pour venger la défaite des Maures. — Il lui inspire de l'amour pour Raymond. — Elma le délivre de sa prison. — Après le tournoi, elle l'enlève et le transporte dans le palais enchanté. — Prestiges qui entraînent Raymond. — Amours de Raymond et d'Elma. — Artifices d'Elma pour enchaîner Raymond. — Raymond se plonge dans la mollesse. — Douleur du grand Raymond et d'Elvire dans les cieux. — Leur prière à Marie. 321 à 346

Notes du Chant huitième. 347 à 350

CHANT NEUVIÈME.

Pierre rassemble son armée. — L'armée franchit les Pyrénées. — Elle s'arrête à Saint-Gaudens. — Le Comte de Comminges joint sa troupe à l'armée d'Aragon. — L'Ermite du mont voisin. — Pierre va le consulter. — L'armée quitte Saint-Gaudens et va camper dans la plaine de Calagurris (Martres). — Le Comte de Foix conduit un renfort. — Banquet dans la tente royale. — Discours de Pierre. — Discours de Roger-Bernard. — Discours du Comte de Comminges. — Présage heureux. — Le roi annonce qu'il va partir pour proposer la paix à Montfort. 351 à 375

Notes du Chant neuvième. 377 à 378

CHANT DIXIÈME.

Pierre quitte l'armée. — Il traverse le pays de Foix. — Il entre dans Carcassonne. — Conférence avec les Légats et Montfort. — Discours de Pierre. — Réponse de Montfort. — Discours d'Arnaud. — Réponse de Pierre. — Discours de Dominique. — Discours de Foulque. — Réponse de Pierre. — La Conférence est rompue. — Pierre retourne vers l'armée. — Il s'égare à l'entrée de la nuit dans les montagnes du Maz-d'Azil. — Le lendemain, il rejoint l'armée et annonce la reprise des hostilités. — L'armée se met en marche pour Muret. — Le Comte de Toulouse va joindre l'armée d'Aragon. — Préparatifs dans le camp des Croisés. — Montfort court à la défense de Muret. — En passant à l'abbaye de Boulbonne, il consacre son épée sur l'autel. 379 à 404

Notes du Chant dixième. 405 à 408

CHANT ONZIÈME.

Les chefs de la Croisade sont assemblés au château de Muret. — Arnaud propose de demander une trêve au roi d'Aragon. — Montfort rejette cette proposition. — L'avis des Prélats est adopté. — Pierre réunit un conseil dans sa tente; il propose un assaut pour le lendemain. — Le projet du Roi est adopté. — Satan assemble son conseil. — Diverses propositions sont faites. — Mahomet demande que le Roi d'Aragon lui soit sacrifié. — Le démon de la volupté s'offre pour le séduire et l'énerver. — Satan trace la marche et nomme les chefs des légions. — Les démons se répandent dans la plaine de Muret.   409 à 435
Notes du Chant onzième.   437 à 440

CHANT DOUZIÈME.

Aspect du camp des assiégeants. — Les Légats se présentent pour implorer la paix. — Pierre refuse de les recevoir. — Dispositions de Montfort pour le combat. — Les Croisés veulent commencer l'attaque. — Le comte de Comminges conduit sa troupe sur la rive droite du fleuve. — Montfort attaque les Toulousains. — Raymond et plusieurs chevaliers viennent à leur secours. — Raymond attaque Montfort et le blesse. — La troupe du comte de Foix les sépare. — Le roi Pierre projette une nouvelle attaque. — Il est attaqué par Labarre. — Pierre engage avec lui un combat singulier. — Une troupe de Croisés se précipite sur le Roi. — Il est tué. — Epouvante et déroute de l'armée. — Labarre brûle les machines de guerre. — Défaite complète des assiégeants.   441 à 473
Notes du Chant douzième.   475 à 489

FIN DE LA TABLE.

Toulouse. — Imprimerie de veuve DIEULAFOY, rue des Chapeliers, 13.

www.ingramcontent.com/pod-product-compliance
Lightning Source LLC
Chambersburg PA
CBHW051403230426
43669CB00011B/1745